Deutschlands Städtebau
Köln

Wir danken den Förderern – Institutionen, Firmen und Personen –, die durch finanzielle Unterstützung die Edition zu verwirklichen halfen.

Bund Deutscher Architekten, BDA, Köln

Bund Deutscher Baumeister, Architekten und Ingenieure, BDB, Köln

Bundesverband der Deutschen Zementindustrie e.V., Köln

Berufsförderungswerk des Rohrleitungsbauverbandes GmbH, Köln

Deutsche Bank AG, Köln

Dyckerhoff und Widmann AG, Köln

Eichhorn & Co. GmbH, Köln

Gesellschaft von Freunden zur Förderung der Fachbereiche
Architektur, Bauingenieurwesen u. Versorgungstechnik der Fachhochschule Köln e.V.

Heilit und Woerner, Köln

Höpfner Stiftung, Köln

Holzmann AG, Köln

Kölner Bank, Köln

Kreissparkasse Köln

Dr. Jochen Perthel, Köln

Robert Perthel GmbH, Köln

Seidelt-Kreutzer, Köln

Stadtsparkasse Köln

Technisch Wissenschaftliches Vortragswesen, TWV, Köln

Technowart GmbH, Köln

Deutschlands Städtebau
Köln

unveränderter Nachdruck

der im Auftrage des
Oberbürgermeisters Dr. Konrad Adenauer herausgegebenen und von
Prof. Dr. Franz Bender bearbeiteten 3. Auflage 1926

Der Reprint wird herausgegeben vom
Architekten- und Ingenieurverein
Köln e. V. von 1875

Redaktion und Koordination:
Heribert Hall

Grußwort und Einleitungen:

Norbert Burger,
Oberbürgermeister der Stadt Köln

Dr. Ulrich Krings,
Konservator der Stadt Köln

Karlernst Vetter,
1. Vorsitzender Architekten- u.
Ingenieurverein Köln e.V. von 1875

J. P. Bachem Verlag Köln

Die Deutsche Bibliothek – CIP-Einheitsaufnahme

Deutschlands Städtebau. – Nachdr. / [hrsg. vom Architekten-
und Ingenieurverein Köln e. V. von 1875.
Red. und Koordination: Heribert Hall]. – Köln: Bachem.
NE: Hall, Heribert [Red.]

Köln / hrsg. im Auftr. des Oberbürgermeisters Konrad Adenauer.
Bearb. von Franz Bender. – Nachdr. der 3. Aufl.
Berlin-Halensee, Dt. Architektur- und Industrie-Ver., 1926, 1. Aufl. – 1994
ISBN 3-7616-1136-6
NE: Bender, Franz [Bearb.]

Erste Auflage · 1994
© J. P. Bachem Verlag, Köln 1994
Einbandentwurf: Bettina Hartmann, Köln
Einband: Hunke & Schröder, Iserlohn
Satz und Druck:
Druckerei J. P. Bachem GmbH & Co. KG Köln
Printed in Germany
ISBN 3-7616-1136-6

KÖLN

Grußwort

Als im Jahre 1922 der Köln-Band der Serie „Deutschlands Städtebau" erschien, schrieb mein Vorgänger, Oberbürgermeister Konrad Adenauer, in seinem Geleitwort: „Bürgersinn und Bürgerstolz möge dies Buch wecken, Kraft möge es geben zum Ausharren und Weiterarbeiten."

Weitergearbeitet an ihrer Stadt haben Kölns Bürgerinnen und Bürger damals, in den schwierigen zwanziger Jahren. In diesem Buch werden nicht nur Geschichte und Zustand der Stadt in der Mitte der zwanziger Jahre beschrieben. Ohne die historischen, konservatorischen und musealen Gesichtspunkte zu vernachlässigen, ging es den Verfassern auch darum, das damals Entstehende und die seinerzeitigen Planungen vorzustellen.

So steht neben Themen wie „Geschichte", „Kirchen" oder „Museen" Aktuelles aus der Publikationszeit, etwa zur Baukunst, Universität, Musikhochschule und der Messe. Firmenportraits dokumentieren die Kölner Wirtschaft jener Jahre. Schließlich widmen sich Planungsbeschreibungen dem zukünftigen Köln, den Häfen, den Grün- und Sportanlagen, den Schulen und vielen anderen Aspekten der Stadt.

Heute können wir vergleichen, was von den Plänen realisiert, was zerstört, verändert oder ersetzt wurde. Köln ist inzwischen nicht nur eine große Kunst- und Medienstadt, sondern das industrielle und dienstleistende „Wirtschaftszentrum West" im Herzen Europas. Beachtenswerte Bauten, städtebauliche Neuorientierungen und zukunftsorientierte Planungen, wie etwa der MediaPark oder der Rheinauhafen, machen Köln auch heute zu einer interessanten Stadt. Mit großem Einsatz wird die Entwicklung der Stadt für die Zukunft gesichert. Das gilt für Arbeitsmarkt und Wirtschaft ebenso wie für die ökologischen Grundlagen, den Wohnungsbau und die öffentliche Infrastruktur.

Ich freue mich, daß dieser Köln-Band in der Form der 3. Auflage von 1926 wiedererscheint. Damit wird der Öffentlichkeit ein Stück verloren geglaubter Bauliteratur wieder zugänglich gemacht. Dafür gebührt allen Beteiligten Dank und Anerkennung.

Norbert Burger
Oberbürgermeister der Stadt Köln

Kölns Städtebau

Der Nachdruck des Bandes „Köln" aus der erfolgreichen Reihe des DARI-Verlags, 3. Auflage von 1926, bietet ein lebendiges, trotz aller Schwarz-Weiß-Aufnahmen im wahrsten Sinne des Wortes „farbenprächtiges" Bild von Köln in der Mitte der 20er Jahre. Herausgegeben im Auftrage des damaligen Oberbürgermeisters Konrad Adenauer und bearbeitet von dem Köln-Kenner Franz Bender zeichnen die Autoren ein facettenreiches Portrait der Stadt, die gerade den ersten Weltkrieg, die Inflationszeit und die damit zusammenhängenden, gewaltigen Umbrüche bewältigt zu haben scheint und im Begriff ist, mit beiden Beinen in die Moderne zu springen. Wir wissen heute, daß viele der damals geträumten Träume sich nicht haben realisieren lassen, wissen aber auch, daß vieles, was heute die Kölner Stadtlandschaft entscheidend prägt, damals geschaffen oder geplant wurde. Zur Anschaulichkeit und zum Eindruck des Vitalen tragen nicht zuletzt die zahlreichen Anzeigen bei, die in Stil, Typographie, Bildauswahl den zeitgenössischen Geschmack, das Stilempfinden, aber auch die Aufgabenstellung der verschiedenen Branchen oder Korporationen in charakteristischer Weise für den heutigen Leser „konservieren".

Ganz selbstverständlich stehen zu Beginn einführende Aufsätze zur Geschichte, zum Selbstbewußtsein der Kölner, zur zeitgenössischen Verkehrs-, Wirtschafts- und Entwicklungsplanung, sodann die Vision des „zukünftigen Köln" vom Städteplaner Fritz Schumacher, den Köln sich für ca. drei Jahre aus Hamburg „ausgeliehen" hatte. Es folgt die Darstellung der „vorhandenen und geplanten Grünanlagen und Sportplätze" aus der Feder des hervorragenden Gartenarchitekten Fritz Encke, die engagierte und in vielen Details präzise Schilderung der „Kölner Kirchen und ihrer Schätze", erarbeitet vom damaligen Provinzialkonservator der Rheinprovinz, Edmund Renard. Die Evokation der reichsstädtischen Kunst- und Kunsthandwerk-Produktion des alten Köln, besonders aber auch die Darstellung der „weltlichen Bauten im alten Köln", Schwerpunkt der Forschungstätigkeit des späteren Stadtkonservators Hans Vogts, lassen einerseits den Reichtum des damaligen Köln erkennbar werden, andererseits den Verlust, der in den 30er, 40er und 50er Jahren Köln so schmerzhaft betroffen hat. Industrialisierung, Citybildung, „verkehrsgerechter Ausbau", Stadtplanungs-Hybris im sog. „Dritten Reich", Kriegszerstörung und Neubauplanung nach 1945 haben den Bestand an charakteristischen, kostbaren und für Köln prägenden Bauten drastisch vermindert. Das Kapitel „Neuzeitliche Baukunst", aus der Feder des damaligen Stadtbaurates Stooß, führt ein in die zeitgenössische Bauszene, die, entsprechend dem Erscheinungsdatum des vorliegenden Bandes (1926) die Architekturproduktion des sog. Neoklassizismus, des Heimatstils und des Expressionismus anschaulich vor Augen führt. Die eigentliche „Bauhaus-Moderne" ist noch nicht realisiert. Die soeben zurückliegende Epoche des gründerzeitlichen Historismus wird bezeichnenderweise mit wenigen Sätzen erwähnt und, das wird im Tenor deutlich, abgelehnt.

Interessant sind die Darstellungen des damals ganz aktuellen Universitätswesens (Gründung der Universität 1919), des Schulwesens sowie der Musik- und Theaterszene. Die Abbildung des neubarocken Opernhauses am Rudolfplatz läßt Nostalgie hinsichtlich der „verlorenen Sprache der Ringe" im heutigen Betrachter aufkommen. Der dann folgende Reigen der Museen läßt deutlich werden, daß sich die Museumslandschaft Kölns von heute, in allem ihren Reichtum, sehr wesentlich von der damaligen unterscheidet: Vollkommen verschwunden sind die Museen für Naturkunde, das Museum für Vor- und Frühgeschichte, für Handel und Industrie sowie für Volkshygiene. Ihre Bestände sind nach dem Zweiten Weltkrieg neu geordnet und anderen Häusern wie dem Kölnischen Stadtmuseum, dem Römisch-Germanischen Museum zugeordnet worden.

Für den heutigen Leser bieten die Kapitel zur sozialen Fürsorge, zum Gesundheitswesen, zum Schlacht- und Viehhof, zur Milchversorgung, zum Badewesen sowie zu den übrigen Versorgungseinrichtungen den wohl „exotischsten" Ein- und Rückblick in eine vergangene Welt.

Der Köln-Band in der Reihe „Deutschlands Städtebau" des DARI-Verlages gewinnt so die Qualität einer „Zeitmaschine": Er stellt dem heutigen Leser ein Köln vor Augen, das es einmal als Gegenwart und auch schon damals als – vergangen empfundene – Erinnerung gab. Nur weniges in den hier vorgestellten „Rückblick-Kapiteln" müßte heute korrigiert werden. Ein kritischer Kommentar ist hier nicht gefordert.

Ich wünsche allen Leserinnen und Lesern das gleiche Vergnügen, welches die Herausgeber des Nachdrucks immer wieder bei der Begegnung mit den kunstvoll gestalteten, engagiert beschriebenen, von namhaften Fotografen illustrierten Seiten dieses großartigen Stadtportraits empfanden.

Dr. Ulrich Krings
Stadtkonservator

Geleitwort

Die Überschrift könnte auch lauten „Von den Schwierigkeiten, ein altes Buch als Reprint neu herauszugeben".

Dies vorausgeschickt, danke ich dem Bachem Verlag sowie unserem Koordinator, Herrn Dipl.-Ing. Heribert Hall, für ihre Beharrlichkeit und Geduld bei den Verhandlungen mit dem Ursprungsverlag, der mehr per Zufall als noch oder wieder existent entdeckt wurde.

Bei allen Interessenten, die auf die Neuerscheinung warten, bitte ich um Verständnis, daß sich aus vorgenanntem Grund der vorgesehene Erscheinungstermin um rund ein Jahr verschoben hat.

Nach endgültiger vertrags- und verlagrechtlicher Klärung schreibe ich nun dieses Geleitwort bei einem Toskana-Urlaub, nach einem Besuch in Sienna und im Angesicht von San Gimignano. Noch erfüllt von den Eindrücken drängt sich mir die Frage auf, kann man toskanische Städte, die man im Urlaub erlebt, mit Köln, wo man wohnt und arbeitet, vergleichen?

Die Wohntürme von San Gimignano erinnern mich an die Hochhausuntersuchung und an die Hochhausdiskussion in Köln. Bei der Urbanität und der Lebensqualität Siennas denke ich an den bevorstehenden und in Planung befindlichen Stadtumbau Kölns.

Sollte ich besser nicht nach Vergleichen suchen?

Die gegenwärtige Stadtplanung Kölns bietet sich als ein zufälliges Ergebnis der Tagespolitik an, wenig befruchtet von positiven Beispielen in anderen Städten. Es fehlen Visionen und Entwicklungskonzepte, die langfristig auf ein qualitätsvolles und erreichbares Ziel hinarbeiten und dies auch allen Betroffenen und Beteiligten anschaulich vermitteln. Der seit einigen Jahren tätige Gestaltungsbeirat hatte bisher nie Gelegenheit, sich mit zukunftsweisenden Vorschlägen für die Stadtentwicklung und für die Stadtplanung zu beschäftigen, die sich an einem gesamtstädtischen Konzept orientieren. Seine Stellungnahmen galten räumlich begrenzten Wettbewerben und Einzelobjekten. Ein z. Zt. in Arbeit befindliches Innenstadtmodell, das seine Existenz einer BDA-Initiative verdankt, wird hoffentlich die Bereitschaft und den Mut zum großräumigen und gesamtstädtischen Denken anregen und positiv beeinflussen.

Der AIV Köln hat sich in seiner 120jährigen Vereinsgeschichte immer wieder nachdrücklich und engagiert für Baukultur und Stadtqualität eingesetzt. Dies ist heute ebenso notwendig wie in der Vergangenheit. Ich wünsche mir, daß dieser Reprint über den Städtebau in Köln, der in den zwanziger Jahren endet, die Diskussion belebt und befruchtet und in Legislative und Exekutive die Erkenntnis nährt, zum Wohle Kölns alle anstehenden Probleme offen und vorurteilsfrei zu diskutieren. Die fast 2000jährige Stadtgeschichte sollte unter Mitwirkung aller fachkundigen Kräfte fortgeschrieben werden. Wir sind bereit, unseren Beitrag zu leisten.

Karlernst Vetter
Vorsitzender des AIV Köln

Vorwort

Die einzigartige Bausubstanz Kölns aus nahezu 2000 Jahren wurde im 2. Weltkrieg zum großen Teil vernichtet und auch die Literatur zur Baugeschichte der Stadt hat darunter erheblich gelitten.

Darum hat der Architekten- und Ingenieurverein Köln e.V. in den letzten Jahrzehnten Nachdrucke der wichtigsten Dokumentationen angeregt und gefördert.

So konnten die Bände „Köln – Seine Bauten bis 1888" und „Köln – Bauliche Entwicklung bis 1927" wieder erscheinen. Fortgesetzt wurde diese Reihe von Standardwerken im Jahre 1991 mit der Neuerscheinung „Köln – Seine Bauten 1928–1988".

Ihr folgt nun ein Reprint des 1926 herausgegebenen Bandes „Köln" aus der Serie „Deutschlands Städtebau".

Er ist vor allem deshalb wichtig, weil er viele Details, Bauten, Anlagen und Stadtteile beschreibt und im Bild vorstellt, die nicht mehr existieren.

Er macht für uns heute die damaligen Stadtstrukturen verständlicher. Vor allem aber läßt er die Ideen und Planungen zur Stadtgestaltung aus den dreißiger Jahren erkennen, etwa in den Beiträgen von Fritz Schumacher über „Das zukünftige Köln" und von Walther Tuckermann zu „Köln als Verkehrszentrum."

Daß die Sorgen und Probleme von 1926 auch noch in der Gegenwart aktuell sind zeigt der Schlußsatz von Schumachers Beitrag:

„Köln hat unter den deutschen Städten eine besonders schwere Vergangenheit und wahrscheinlich eine besonders schwere Zukunft vor sich, aber eben deshalb muß es mutig und tatkräftig nach vorwärts blicken. Dazu gehört aber als erstes, daß es die Ziele, die seinem Organismus gesteckt sind, richtig und auf weite Sicht erkennt."

Nicht zu unterschätzen sind auch die anzeigenartigen Selbstdarstellungen vieler damaliger Baufirmen, die bereit und in der Lage waren, zum Erscheinen des wichtigen Buches beizutragen.

Heute werden Denkmalpflege und Stadterhaltung erheblich aufmerksamer beobachtet und kritischer diskutiert als nach dem ersten Weltkrieg.

Dazu gehört die Vorbereitung eines „Kölner Bauarchivs", das auch die nicht mehr existierenden Bauten und Anlagen dokumentiert - im Dienste der Kölner Bauwirtschaft, der Kooperation mit der Stadt und als Auskunftsinstitution für alle Bürger.

Herrn Manfred Wandtke, Gesellschafter des DARI-Verlages GmbH & Co., möchte ich für das Entgegenkommen und die Zustimmung zum Nachdruck meinen besonderen Dank aussprechen

Dem Verlag und der Druckerei J. P. Bachem möchte ich danken für die originalgetreue Wiedergabe der Texte und der Illustrationen, sowie für die Gestaltung des Einbandes, der auf seine Art der Ausgabe von 1926 trefflich entgegenkommt.

Heribert Hall

Die neue während des Krieges fertiggestellte Hängebrücke

DEUTSCHLANDS STÄDTEBAU

KÖLN

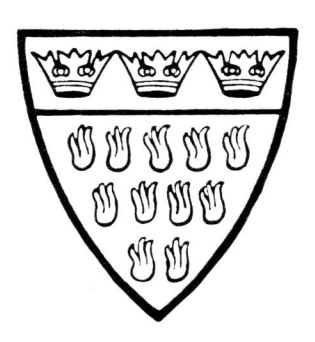

HERAUSGEGEBEN IM AUFTRAGE DES
OBERBÜRGERMEISTERS Dr. H. C. KONRAD ADENAUER
BEARBEITET VON
PROFESSOR Dr. FRANZ BENDER

III. AUFLAGE (21.-30. TAUSEND)

» DARI «

DEUTSCHER ARCHITEKTUR- UND INDUSTRIE-VERLAG
BERLIN-HALENSEE, 1926

INHALTSVERZEICHNIS

	Seite
Zum Geleit. Von Oberbürgermeister Dr. Adenauer	4
Vorwort. Von Prof. Dr. Bender	5
Zweitausend Jahre Kölner Geschichte. Von Prof. Dr. Bender, Köln	6
Wir Kölner. Von Wilhelm Schneider-Clauß	15
Köln als Verkehrszentrum. Von Dr. Walther Tuckermann, Professor an der Handelshochschule Mannheim	17
Kölns Handel und Industrie. Von Geheimrat Dr. h. c. Louis Hagen, Vorsitzender der Handelskammer	23
Der Rhein und die Hafenpläne der Stadt Köln. Von Oberbaurat Bock, Köln	29
Das zukünftige Köln. Von Prof. Dr. Ing. h. c. Fritz Schumacher, Oberbaudirektor, Hamburg	34
Die vorhandenen und geplanten Grünanlagen und Sportplätze. Von Gartendirektor Fritz Enke	52
Kölner Kirchen und ihre Schätze. Von Prof. Dr. Edmund Renard, Provinzialkonservator der Rheinprovinz	66
Kunst und Kunsthandwerk im alten Köln. Von Museumsdirektor Prof. Schaefer	85
Weltliche Bauten im alten Köln. Von Reg.-Baumeister Dr. Ing. Hans Vogts	92
Neuzeitliche Baukunst. Von Stadtbaurat Stooß	108
Köln als Universitätsstadt. Von Geh. Regierungsrat Prof. Dr. Eckert	124
Das Kölner Schulwesen. Von Dr. Linnartz, Beigeordneter der Stadt Köln	127
Musik und Theater. Von Dr. h. c. Meerfeld, Beigeordneter der Stadt Köln	135
Köln als Museumsstadt	
Das Wallraf-Richartz-Museum. Von Prof. Dr. Schaefer	137
Das Kunstgewerbe-Museum. Von Prof. Dr. Schaefer	138
Das Schnütgen-Museum. Von Dr. Egid Beitz	138
Museum für Ostasiatische Kunst. Von Frau Dir. Fischer-Wieruszowski	140
Das Museum für Naturkunde. Von Prof. Dr. Janson	141
Das Historische Museum. Von Geheimrat Prof. Dr. Hansen	142
Das Rautenstrauch-Joest-Museum. Von Prof. Dr. Foy	142
Städtisches Museum für Vor- und Frühgeschichte. Prähistorisches Museum. Von Direktor Rademacher	144
Das Museum für Handel und Industrie, Köln. Von Dr. Seyffert	145
Museum für Volkshygiene. Von Prof. Dr. med. Czaplewski	146
Die Kölner Bibliotheken. Von Prof. Dr. Kl. Löffler	146
Soziale Fürsorge unter besonderer Berücksichtigung der Gesundheitsfürsorge. Von Stadtarzt Dr. Vonessen, Köln	155
Der Flughafen der Stadt Köln. Von Flughafenleiter Major a. D. Hantelmann	170
Aus der Geschichte der Kölner Maschinenindustrie. Von Dipl.-Ing. Prof. Karch, Direktor der Maschinenbau-Anstalt Humboldt	175

*

Institut für religiöse Kunst der Stadt Köln	180
Universität Köln	183
Die musikpädagogischen Anstalten der Stadt Köln	184
Die Friedhöfe. Von Friedhofsdirektor Ostertag	186
Zoologischer Garten in Köln. Von Dir. Dr. L. Wunderlich	192
Der städtische Schlacht- und Viehhof Köln. Von Direktor Veterinärrat Dr. Bützler	194
Die Milchversorgung der Stadt Köln. Von Ernst Zander, Geschäftsführer d. „Milchversorgung Köln G. m. b. H."	202
Die städtischen Bäder	205
Die Gas- und Wasserwerke	207
Rheinische Wasserwerks-Gesellschaft Köln	217
Die Bahnen der Stadt Köln	220
Gustav Cords	230
Felten & Guilleaume Carlswerk Actien-Gesellschaft, Köln-Mülheim	232
Entwicklung der Firma Gebrüder Stollwerck A.-G.	235
Linke-Hofmann-Lauchhammer A. G.	236
Motorenfabrik Deutz A.G., Köln-Deutz	238
Maschinenbau-Anstalt Humboldt, Köln-Kalk	239
„Musag" Gesellschaft für den Bau von Müll- und Schlacken-Verwertungsanlagen Aktiengesellschaft, Köln-Kalk	240
Köln-Lindenthaler Metallwerke Aktiengesellschaft	243
Johann Maria Farina, gegenüber dem Jülichs-Platz	244
Farbwerke Franz Rasquin Aktiengesellschaft, Köln-Mülheim	246

INHALTSVERZEICHNIS

	Seite
M. Lissauer & Co.	248
Die Gemeinnützige Aktiengesellschaft für Wohnungsbau in Köln. Von Beigeordneter Dr. Greven	249
Heimstätten-Baugenossenschaft „Fortschritt", Köln-Mannsfeld	258
Gemeinnützige Wohnungsbaugenossenschaft „Am Vorgebirgspark", E. G. m. b. H.	260
Kölner Hausbau-Gesellschaft m. b. H.	262
Architekt B.D.A. E. Scheidt, Köln-Riehl	264
Baugenossenschaft Kölner Gartensiedlung, Eingetr. Genossenschaft m. b. H.	266
Beamten-Wohnungsverein zu Köln	268
Erbbauverein Köln E. G. m. b. H.	270
Gemeinnützige Baugenossenschaft der städtischen Bahnangestellten Kölns, E. G. m. b. H. zu Köln	272
Köln-Lindenthaler Vereinigte Spar- und Baugenossenschaft	274
Kölner Gemeinnützige Siedlungs-Vereinigung E. G. m. b. H., K.-Lindenthal	276
Wohnbau-Aktiengesellschaft Köln	279
Gemeinnützige Baugenossenschaft E. G. m. b. H., Köln-Dellbrück	280
„Gagfah", Gemeinnützige Akt.-Ges. für Angestellten-Heimstätten	281
Regierungsbaumeister Otto Scheib, Architekt, B. D. A.	282
Dipl.-Ing. Helmuth Wirminghaus, Architekt B. D. A.	284
Heinr. Benoit & Joh. Bergerhausen, Architekten B. D. A.	286
Hans Bluhme, Architekt B. D. A., Köln-Klettenberg	287
Karl Colombo, Architekt B. D. A.	288
E. Wedepohl, Reg.-Baumeister A. D., Architekt	289
Architekt B. D. A. B. Rotterdam, Bensberg bei Köln	290
Adam Lang, Architekt B. R. A., K.-Niehl	291
Reg.-Baumeister Erberich & Scheeben, Architektur- und Ingenieurbüro	294
Dipl.-Ing. Ullmann & Eisenhauer, Arch.	296
J. Volberg, W. u. K. Philippson, Arch., Köln-Lindenthal	298
Gottfried Hagen Aktiengesellschaft, Köln-Kalk	299
Die Elektrizitätswerke der Stadt Köln	300

	Seite
Rhein. Elektricitätswerk im Braunkohlenrevier A.-G. Die Kraftwerke Fortuna	306
Baugeschäft und Ringofenziegeleien Gebr. Marx, Köln-Riehl	312
Grün u. Bilfinger Aktiengesellschaft	315
Peter Selbach, Bauunternehmung	318
Adolf Buhlmann, Unternehmen für Hoch- und Tiefbau, Beton- u. Eisenbeton, Köln-Mülheim	321
Franz Stürmer, Bauunternehmung für Hoch-, Tief- und Eisenbetonbau, Köln-Lindenthal	322
„Colonia" Kölnische Feuer- und Kölnische Unfall-Versicherungs-Aktiengesellschaft	323
Das öffentliche Versicherungswesen in der Rheinprovinz	328
Westdeutsche Bodenkreditanstalt in Köln am Rhein	331
Rheinisch-Westfälische Boden-Credit-Bank Aktiengesellschaft	332
Rheinische Verkehrsgesellschaft, A.-G.	334
Reichsverband Deutscher Konsumvereine E. V.	336
Hirsch-Brauerei Köln A.-G., Köln-Bayenthal	337
Balsam Bergische Löwen-Brauerei, Köln-Mülheim	342
Rheinisch-Bergische Konsumgenossenschaft „Hoffnung" e. G. m. b. H.	345
Hitdorfer Brauerei Friede, Akt.-Ges.	346
Gebr. Sachsenberg A.-G., Köln-Deutz	348
Trepochen-Kellerei Mathias Beckmann	349
Brauhaus Wwe. Heinrich Kolter	350
„Em Birbäumche"	350
P. Josef Früh	351
Emil Hagen, Ingenieurbüro	352
Literatur-Verzeichnis	352

Zum Schluß Anzeigen Kölner Firmen

Dieses Werk wurde gedruckt mit Prachtillustrationsfarbe der Farbwerke Franz Rasquin Aktien-Ges., Köln-Mülheim

ZUM GELEIT

Es ist ein kühnes Unterfangen, in unserer Zeit ein Buch hinausgehen zu lassen, das von einer großen Vergangenheit und von neuen Plänen für die Zukunft spricht. Und doch ist ein solches Buch zeitgemäß: Denn nur das Studium und die Kenntnis der Vergangenheit ermöglicht uns die schwarzverhangene Zukunft zu erkennen; nur die Erkenntnis der inneren Gesetze, nach denen sich alles Geschichtliche vollzieht, gibt uns die Kraft und den Mut, unsere Tage zu überstehen und an die Zukunft zu glauben. Bürgersinn und Bürgerstolz möge dies Buch wecken, Kraft möge es geben zum Ausharren und Weiterarbeiten.

ADENAUER

VORWORT

Unser verdienter Archivar Leonhard Ennen, der zuerst eine umfassende Gesamtgeschichte der Stadt herausgab, behauptet, daß es nächst Rom nur wenige Städte gäbe, auf deren Vergangenheit die ganze Bürgerschaft mit so gerechtem Stolze zurückblicken könne, wie die alte Reichsstadt Köln. Jedenfalls ist unter den deutschen Städten keine, die ihr an geschichtlicher Bedeutung gleichkommt. Wie die älteste Stadt am Rhein war, wie sie ist und wie sie sein wird, das in einem farbenreichen Bilde zu zeigen, haben eine Reihe angesehener Fachleute sich vereinigt. Wenn auch im allgemeinen durch die Einfügung in die Serie „Deutschlands Städtebau" die Richtlinien für die Bearbeitung des Stoffes gegeben waren, so trägt doch der Band Köln, wie alle anderen bisher erschienen Ausgaben, sein besonderes Gepräge. Die rheinische Metropole ist wieder international geworden wie zu den Zeiten ihrer höchsten Blüte im Mittelalter. Da gilt es vor allem, an dem von den Vätern Ererbten getreulich festzuhalten, ohne darum die Aufgaben der Gegenwart zu verkennen, die neuzeitliche Kultur mit der uralten Geschichte zu verknüpfen, eine Verbindung herzustellen von ausgeprägtem Heimatsinn mit zielbewußtem Weltbürgersinn, wie sie der praktische Engländer von jeher gepflegt hat. In diesem Sinne möge das Buch dazu beitragen, daß unseres kölnischen Dichters Wort zum Gemeingut aller werde:

„Von allen Städten, die ich sah,
Die liebste mir, landaus, landein,
Bleibt immerdar Colonia,
Die Domstadt am geschäft'gen Rhein."

BENDER

Köln aus der Vogelschau

ZWEITAUSEND JAHRE KÖLNER GESCHICHTE

VON PROF. DR. BENDER, KÖLN

Uralte Stadt! Der Dichter jauchzt Dir zu!
Wie breitest Du von Toren hin zu Toren
Am Strome Dich in majestät'scher Ruh!
Die Türme stehen in blauen Duft verloren,
Indeß die grüne Welle Dir mit Lust
Den Fuß umspült. O zwiefach auserkoren,
Schwebst Du gespiegelt auf des Stromes Bucht
Mit Kirchen, Türmen, Mauern und Palästen
Ein stolzes Bild, das freudig, selbstbewußt
Den Blick entzückt den Wohnern und den Gästen.

Wie hier Wolfgang Müller von Königswinter in seinem epischen Gedicht „Jan von Werth", so haben zahllose Dichter Kölns Größe und Schönheit besungen, zahllose Historiker seinen Ruhm gefeiert.

Eine geradezu dithyrambische Schilderung gibt uns eine kleine, lateinisch geschriebene Schrift aus dem 14. oder 15. Jahrhundert. Da heißt es u. a.: Du bist nicht die geringste unter den fürstlichen Städten Germaniens; Dir ist keine andere Stadt gleich; alle werden von Dir überragt; Du begreifst alle Vorzüge in Dir; Dich hat weder Christ noch Heide je bezwungen." Dann werden die Vorzüge im einzelnen aufgezählt, insbesondere wird die Bezeichnung „Heiliges Köln" eingehend begründet und durch Aufzählung der Stifte, Klöster und Reliquienschätze, und schließlich gipfelt das Loblied in der Ableitung: Colonia — colens omnia, d. h. „Ueberin aller Tugenden". Weiterhin heißt es dann: „Freue Dich und frohlocke, Du glückselige Stadt, Du heiliges Köln, dem weder Paris noch Brügge noch London noch sonst irgend ein Stadt unter der Sonne gleich ist."

Mit diesen Schlußworten hat der fromme Schreiber für seine Zeit nicht unrecht, denn gleichfalls im 15. Jahrhundert schreibt der gelehrte Schriftsteller und spätere Papst Aeneas Sylvius: „Findest du in ganz Europa Großartigeres und Prächtigeres als Köln?" Und wenn die deutschen Chronisten des Mittelalters irgend eine Stadt besonders preisen wollten, so stellen sie diese auf die gleiche Stufe wie Köln, die croyn, boven allen steden schoyn, die reiche, die hillige Stadt, das deutsche

Als der große Cäsar das keltisch-germanische Mischvolk der Eburonen auf dem linken Rheinufer ausgemerzt hatte, siedelten sich in dem verödeten Gebiet die germanischen Ubier an. Der Hügel, der sich am Rhein hinzieht, gab eine ausgezeichnete Verteidigungsstellung ab. Der nahe Fluß verstärkte diese und war für die damals schon stark Handel treibende ubische Bevölkerung ein bequemer Handelsweg. Unter dem Schutze der römischen Legionen blühte die Siedlung schnell empor. Hier wurde Agrippina, die größte aller Cäsarenfrauen, geboren, die der Geburtsstadt dauernd ihre Huld bewies, deren Gründung ja auf ihren Großvater Agrippa zurückgeführt wird. Sie veranlaßte ihren Oheim und Gemahl, den Kaiser Claudius, im Jahre 50 n. Chr. die Siedlung mit dem Legionslager zu verschmelzen und ihr Stadtrechte zu gewähren. Zahlreiche Offiziere und Beamte kommen in die neue Kolonie, Gewerbetreibende und Kaufleute aus aller Herren Länder. Vor allem ist griechischer Einfluß in der Kunst unverkennbar. Gar mancher Grabstein weist griechische Namen auf. Selbst aus dem fernen Kleinasien sind sie nach hier gekommen.

Militärisch hatten die Ubier die Aufgabe, die Grenzwacht gegen die eigenen Stammesgenossen zu bilden. Gar bald hatten sie ihre Herkunft vergessen und nannten sich lieber Agrippinenser nach dem Namen ihrer Stadt, als Germanen. Ja, im Bataveraufstand verrieten sie sogar ihre eigenen Stammesgenossen. Auch in der Gesamtgeschichte der Zeit wird Köln wiederholt genannt. Hier ist die große Meuterei der römischen Legionen beim Regierungsantritt des Tiberius, die uns Tacitus so anschaulich schildert. Hier ruft die rheinische Grenzarmee den Schlemmer Vitellius zum Kaiser aus. Hier erhält Trajan die Mitteilung, daß er zum Herrscher des römischen Welt-

*Agrippina die Jüngere, die Gründerin der Stadt Köln
Stich von E. Picart nach einer Gemme
Aus Bender, Illustr. Geschichte der Stadt Köln*

Rom. Und ebenso wissen die Kreuzfahrer die wundersame Pracht des Orients und den Reichtum seiner Städte nicht anschaulicher zu schildern, als indem sie die Kölner Verhältnisse zum Vergleiche heranziehen. So konnte wohl das stolze Wort geprägt werden: „Qui non vidit Coloniam non vidit Germaniam", d. h. wer Köln nicht sah, hat Deutschland nicht gesehen, in welchem das ganze Selbstbewußtsein des Kölners so recht zum Ausdruck kommt, ebenso wie in dem anderen Spruche:

    Extra Coloniam nulla vita,
    Si est vita, non est vita,

d. h. außerhalb Kölns gibt es kein Leben, und wenn es auch ein Leben gibt, so ist es doch nicht lebenswert.

Voll Stolz rühmt das Annolied:

    „Köln ist als schönste Stadt bekannt,
    Die je es gab im deutschen Land."

Tatsächlich ist unter den deutschen Städten des Mittelalters Köln die bedeutendste. Ist es doch die älteste Rheinstadt, die älteste Großstadt und, so sonderbar es klingen mag, die älteste Seestadt in Deutschland. Und doch — im Vergleich zum heutigen Köln war das mittelalterliche recht bescheidener Natur, denn mehr als 40 000 Einwohner hatte es nicht aufzuweisen, also nicht mehr wie das römische Köln, obwohl das Areal damals vierfach größer war. Immerhin war es damit die größte Stadt Deutschlands, die alle anderen weit überflügelte und sich ruhig neben die anderen damaligen Weltstädte, z. B. neben Paris und London stellen konnte.

Erzbischof Anno, nach einer alten Siegburger Handschrift

Rekonstruktion des römischen Nordtors. Photographie nach einem Modell von
Professor Klinkenberg Aus Bender, Illustr. Geschichte der Stadt Köln

reiches ausersehen ist. Ja, zeitweilig ist Köln sogar Residenz eines selbständigen gallisch-germanischen Reiches.

Kaiser Constantin, der zum letzten Male die Kräfte des Reiches gegen die Germanengefahr sammelt, wird der Schöpfer der ersten festen Rheinbrücke, aus deren Brückenkopf nachmals Deutz erwuchs. Zu seiner Zeit wird auch der erste Kölner Bischof urkundlich erwähnt. Es ist der heilige Maternus, der auf einem Konzil als Schiedsrichter mit auftrat. Er muß also hohe Achtung genossen haben und demgemäß die Kölner Christengemeinde damals schon von besonderer Bedeutung, also auch schon ziemlich alt gewesen sein. Auch eine Judengemeinde wird schon früh erwähnt. Vielleicht ist sie die älteste Deutschlands überhaupt.

Reges Leben und Treiben herrschte in der Römerstadt. Hochbedeutend ist vor allem die sich selbständig entwickelnde Terrakotta- und Glasindustrie, deren Erzeugnisse wir im ganzen römischbesetzten Gebiet vorfinden. Eine Reihe stattlicher Bauten, vor allem Tempel, müssen die Stadt geziert haben, wenn auch wenig davon erhalten ist, darunter glücklicherweise eines der großen Stadttore, nämlich das Nordtor mit der ältesten Visitenkarte der Stadt: CCAA = Colonia Claudia Augusta Agrippinensis, d. h. Pflanzstadt des Claudius zu Ehren der Kaiserin Agrippina. Vielfach wird die Stadt auch als Ara (= Altar) bezeichnet nach der Opferstätte, die dort dem Kaiser Augustus zu Ehren errichtet war; sollte doch Köln für Germanien eine ähnliche Stellung einnehmen, wie Lyon mit seinem Augustus-Altar für Gallien. Zahlreiche Straßen gingen von der Stadt nach den nächsten Festungen, noch heute in ihrem Verlauf gekennzeichnet durch die Gräberfunde, darunter die große Heerstraße, welche Neuß mit Mainz verband, von der ein Teil noch heute als Hohe Straße die wichtigste Verkehrsader der Stadt bildet und so einen Beweis liefert von der mehr als tausendjährigen Stetigkeit des Menschenverkehrs.

Zahlreiche Villen römischer Gutsbesitzer umrahmten die Stadt bis zum Vorgebirge hin. Eine mächtige Anlage, der Eifelkanal, „das großartigste Bauwerk römischer Ingenieurkunst", brachte das von den Römern so geschätzte Trinkwasser nach Köln und Bonn. Von der Vortrefflichkeit der Entwässerungsanlage zeugt der Umstand, daß sie zum Teil heute noch brauchbar ist. Unsere städtischen Architekten wissen ein Lied davon zu singen, wie die Römer zu bauen verstanden; denn wo man auf Reste der alten Stadtmauer stößt, sind sie äußerst schwierig zu beseitigen.

Seitdem Cäsar Julian in der großen Alemannenschlacht bei Straßburg den letzten Römersieg auf deutschem Boden erfochten hatte, erfolgte Schlag auf Schlag die Zertrümmerung der römisch-germanischen Grenzwehr. Köln wurde besonders von den kriegerischen Franken bedroht, die es schon 356 vorübergehend in der Hand hatten und gegen Ende des 4. Jahrhunderts dauernd in Besitz nahmen. Mit derselben Schnelligkeit, wie sich die Ubier mit den Römern verschmolzen, vereinigten sie sich jetzt mit dem fränkischen Element, das übrigens zunächst in der Stadt nicht allzu stark vertreten war, da die freien Franken in den Stadtmauern ein Zeichen der Knechtschaft sahen. Köln wird Residenz der fränkischen Könige, seine Bischöfe, insbesondere der heilige Kunibert, ihre bevorzugten Ratgeber. Hier residieren in der Gegend des Kapitols die Hausmeier, hier befreit sich Karl Martell aus der Gefangenschaft der Plektrudis, hier gründet Plektrudis das berühmte Stift Maria in Kapitol. Seit der Wanderregierung der deutschen Könige steigt der Einfluß des Erzbischofs. Karl der Große hatte seinen Freund Hildebold zu dieser Würde erheben lassen und ihn mit Privilegien und reichen Gütern ausgestattet, u. a. ihm ein großes Stück des Hügels übertragen, auf dem sich der heutige Dom erhebt. Ungefähr auf derselben Stelle erhob sich auch der Dom Hildebolds, während ursprünglich die Hauptkirche in der Gegend von St. Cäcilien gestanden hatte. Die Kölner Kirche entfaltete eine rege Tätigkeit bei der Christianasierung der von Karl unterworfenen Sachsen. Eine Reihe neugegründeter Bistümer wurde dem Kölner Metropoliten unterstellt.

Die Reichsteilung und die Normannengefahr brachten Köln viel Unheil. Schließlich wurde es sogar mit dem westfränkischen Reiche vereinigt und kam erst unter Heinrich I. wieder an Deutschland zurück. Mit dessen Sohn und Nachfolger Otto I. setzte die mittelalterliche Blüte Kölns ein. Ihr Begründer ist der Erzbischof Bruno, des Kaisers Bruder. Er wird der Schöpfer des Marktgebietes am Rhein. Der Römerstadt war nach dem Rhein zu ein Ueberschwemmungsgebiet vorgelagert, das jetzt bewohnbar gemacht wurde. Diese Erweiterung wurde die Grundlage für den mächtig aufblühenden Rheinhandel, an dem sich vor allem die Sachsen und Friesen beteiligten. Jetzt konnte Köln die Gunst seiner Lage an der großen Straße vom Mittelmeer zur Nordsee erst richtig ausnützen. Die Rheinmündung wies mit zwingender Notwendigkeit auf den Handel mit England hin. Es ist charakteristisch, daß der einzige Großkaufmann der mittelalterlichen deutschen Sage, nämlich der gute Gerhard, aus Köln stammt und daß er besonders mit England ausgedehnte Handelsbeziehungen pflegt. Noch heute ist jenes Gebiet das dichtbesiedeltste der ganzen Stadt. Die Gebeine Brunos ruhen in seiner Lieblingskirche St. Pantaleon, wo auch die Gattin seines Neffen, Otto II., die griechische Prinzessin Theophanu ihre letzte Ruhestätte gefunden hat. In der Nähe erinnert der Griechenmarkt noch heute daran, daß mit ihr zahlreiche Landsleute nach Köln kamen und Kunst und Kunsthandwerk nach hier verpflanzten.

Seit Bruno nahmen die Kölner Erzbischöfe eine führende Stellung in der deutschen Reichsgeschichte ein, vor allem in ihrer Eigenschaft als Kanzler für Italien, das ja den Angelpunkt der ganzen Kaiserpolitik bildet. Heribert ist der Freund und Berater des unglücklichen Otto III., dessen Leiche er allen Gefahren zum Trotz aus Italien nach Aachen bringt. Anno II., der

Erzbischof Bruno, nach einer Zeichnung im Eigelsteintor. In der Linken die von ihm gegründete Kirche St. Pantaleon, seine Grabstätte; in der Rechten die Herzogsfahne von Lothringen

Grinköpfe

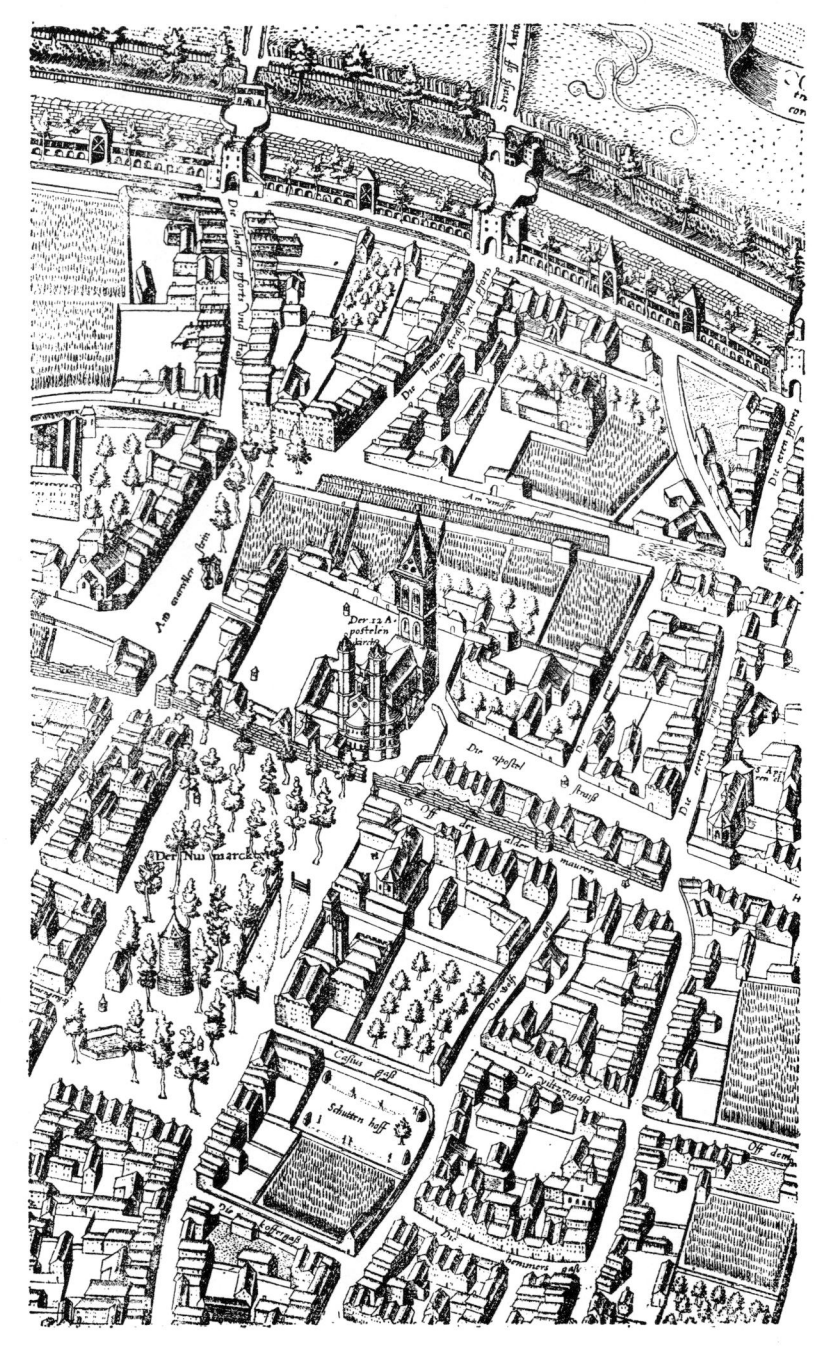

Ausschnitt aus dem Merkatorplan   Nach Bender, Kölner Heimatkunde

Heilige, bemächtigt sich des jungen Heinrich IV. und macht sich zum Reichsregent. Mit blutiger Strenge wirft er den ersten Aufstand der Kölner Bürger nieder. Noch heute sieht man in der Stadt vielfach die sogenannten **Grinköpfe**, die als Wahrzeichen seiner unbeugsamen Strenge galten. Seitdem hören die Streitigkeiten zwischen den bischöflichen Stadtherren und der freiheitlich gesinnten Bevölkerung nicht mehr auf. Man spielt den Kaiser gegen den Erzbischof aus. Heinrich IV. findet in seiner Bedrängnis eine Zuflucht in der Stadt, die nunmehr die neuerstande-

Die Weberschlacht nach der Koelhoffschen Chronik
So wie der Rayt van Coellen mit den broderschaffte gewapet tzogen mit der Stat Banneir zo Airsburch up der bach ind va dan up den weit mart dae eyn groiss slachtunge was ind vort an up den kriech mart, dae geschiede des gelychen

nen Siedlungen, nämlich Oversburg und Niederich am Rhein sowie im Westen St. Aposteln in eine neue Befestigung mit Wall und Graben einbeziehen. Dadurch erhielt die Stadt militärische und finanzielle Hoheitsrechte, letztere, da ja die Befestigung auch erhalten werden mußte.

Sind auch die Berichte der heimatstolzen Kölner über ihre Heldentaten vielfach übertrieben, so haben sie sich doch wiederholt kriegerisch ausgezeichnet. Kölner Kreuzfahrer halfen Lissabon und Damiette erstürmen, Kölner kämpften wacker mit in dem großen Kampfe zwischen Kaiser Barbarossa und Papst.

Geistiger Urheber des Streites war der Erzbischof R e i n a l d von Dassel, an dessen fürstlicher Hofhaltung der berühmte Erzpoet Walter seine Weisen zum Preise von Erzbischof und Kaiser erklingen ließ. Der Streit zwischen Staufen und Welfen führt zu dem Bau der großen Stadtmauer, wie sie uns auf dem bekannten P l a n e d e s M e r k a t o r 1570 entgegentritt. Leider ist sie nur noch in kleinen Stücken am Hansaring und Sachsenring erhalten. König Philipp suchte vergeblich die Stadt zu erstürmen. Seitdem hat Köln eigentliche Kriegsnöte bis auf unsere Zeit nicht wieder zu leiden gehabt.

Es folgt die Zeit des großen Erzbischofs und Reichsverwesers E n g e l b e r t. Er ist der geistige Vater des gewaltigen heutigen Domes, dessen Grundsteinlegung 1248 unter Konrad von Hochstaden erfolgte. Engelbert ist der letzte Erzbischof, der souverän die Stadt regierte. Unter seinen Nachfolgern kommt es zu ständigen Kämpfen mit den Geschlechtern und Z ü n f t e n, die, wenn auch unter sich uneins, doch den Erzbischöfen als Stadtherren geschlossen gegenüberstanden, wie sich das bei dem berühmten Ueberfall an der Ulrepforte zeigte. Langsam aber sicher bildete sich die städtische Gewalt. Schon 1149 taucht das berühmte kölnische S t a d t s i e g e l auf, das größte und vielleicht älteste von ganz Deutschland mit der berühmten Umschrift: Sancta Colonia Dei Gratia Romanae Ecclesiae Fidelis Filia — Heiliges Köln, durch Gottes Gnade der römischen Kirche getreue Tochter. Seit 1271 wird es durch das g o t i s c h e S t a d t s i e g e l ersetzt. Mit welcher Erbitterung der Kampf geführt wurde, zeigt uns die bekannte Sage vom Bürgermeister H e r m a n n G r i n und seinem Kampf mit den Löwen der heimtückischen Domherren. Die Schlacht bei W o r r i n g e n bringt im Jahre 1288 den Entscheid zugunsten der Städter. Der besiegte Erzbischof muß die Stadt verlassen und sich dauernd eine andere Residenz suchen. Die kriegerischen wie handelspolitischen Erfolge hoben das Selbstbewußtsein der Kölner mächtig. Nach wie vor blieb England das Haupthandelsgebiet, wo die alte Kölner Gildhalle sich allmählich zur deutschen ausgewachsen hatte. Kölns Blüte hängt zusammen mit der Blüte des Hansabundes. In Köln fand dessen glänzendste Tagung im Jahre 1367 statt, in welcher der Krieg gegen Waldemar von Dänemark beschlossen wurde.

Bald kam es zu inneren Streitigkeiten der früher durch gemeinsame Interessen gegenüber den Erzbischöfen verbündeten Geschlechter und Zünfte. Vorübergehend errang die mächtige Weberzunft die Herrschaft, die ihr in der blutigen Weberschlacht 1371 wieder entrissen wurde. Aber schon das Jahr 1396 brachte den vereinigten Zünften den endgültigen Sieg. Als sein Wahrzeichen ragt noch heute der massige Rathausturm empor. Der von dem Stadtschreiber Gerlach vom Hauwe entworfene Verbundbrief der 22 Gaffeln wurde die Grundlage einer durchaus demokratischen Verfassung.

Zur Zeit der Reformation war Köln ein starker Hort des Katholizismus infolge seiner ganz unter geistlichem Einfluß stehenden Universität, die der alte Rat noch kurz vor seinem Falle gegründet hatte. Der unerquickliche Streit mit den Humanisten ist durch die Briefe der Dunkelmänner ja allgemein bekannt. Im übrigen ist daran festzuhalten, daß in Köln der Gegensatz weniger konfessionell als vielmehr handelspolitisch war. Denn wenn man einerseits einige Anhänger der neuen Richtung als Ketzer mit dem Tode bestrafte, so nahm man andererseits flüchtige niederländische Geusen allen Drohungen Albas zu Trotz in die Stadt auf. Die Stärke der katholischen Partei zeigt sich vor allem in der Beseitigung des übergetretenen Gebhard Truchseß von Waldburg, an dessen Stelle Ernst von Bayern trat. Dieses Erstarken ist besonders dem Einfluß der Jesuiten zuzuschreiben, die in Köln wie anderswo als Jugendbildner eine hervorragende Stellung einnehmen. Der berühmte Vorkämpfer gegen den Hexenwahn, der Jesuit Friedrich von Spee, hat in der Stadt als Schüler gelernt und als Lehrer gewirkt. Im Jahre 1618 legten sie den Grundstein für ihre großartige Kirche. Es ist dies das Unglücksjahr, in dem der Dreißigjährige Krieg ausbrach, der soviel Unheil über unser Vaterland bringen sollte. Die Stadt selbst hat zwar infolge ihrer eigensüchtigen Politik unmittelbar nicht viel darunter zu leiden gehabt, — die Leiden von Deutz ließen sie kalt —, aber seitdem ist ein steter Rückgang bemerkbar. Der Sturz der Hanse und die allgemeine Lage zeitigten üble Folgen für die alte Reichsstadt. Vergeblich suchten einsichtige Bürger gegen die Mißwirtschaft des Rates anzukämpfen, so z. B. Nikolaus Gülich, an dessen Schandsäule noch heute der nach ihm benannte Platz erinnert. Aber selbst diese Revolution vermochte die Klüngelwirtschaft des Rates nicht zu beseitigen, bis sie schließlich durch die französische Revolution mit eisernem Besen weggefegt wurde.

1794 erfolgte der Einzug der Franzosen, der gleichbedeutend war mit dem Verlust der städtischen Selbständigkeit. Die Fremdherrschaft brachte, abgesehen von zahlreichen Uebeln, wie die Assignatenwirtschaft und die Plünderung der Kunstschätze, auch manches Gute. Vor allem sorgte sie für bessere Reinigung und Beleuchtung der Straßen und bessere Orientierung durch Einführung von Hausnummern an Stelle der früheren Hauszeichen. Sie dauerte rund 20 Jahre. Nach dem Verlust des russischen Feldzuges erhielt der französische Kommandant am 11. Januar 1814 den Befehl zum Abzug. Es war der edle General Sebastiani, der sich dem blinden Zerstörungswerk widersetzte, das der Kriegsrat für den Rückzug vorgesehen hatte. Im Pariser Frieden wurden die

Französisches Papiergeld (Assignate).

Das gotische Kölner Stadtsiegel
Künstlerische Nachbildung des Kölner Fröbelhauses Matthias Weiden, Köln, Martinstr. 37
Erläuterung dazu ebenda von F. Bender

Rheinlande und damit auch Köln Preußen wieder zugesprochen und damit hatten die Träume von einem neuen selbständigen Gemeinwesen ein Ende.
Man stand der neuen Herrschaft in Köln zunächst ziemlich fremd gegenüber, umsomehr, als die altpreußischen Beamten, die in ansehnlicher Zahl ins Rheinland kamen, den rheinischen Sinn wenig verstanden. Allerlei Maßnahmen bewirkten Unzufriedenheit der Kölner, so u. a., daß die rheinische Universität nach Bonn verlegt wurde, und insbesondere das Verhalten der preußischen Regierung in den kirchlichen Streitigkeiten. Infolge des Aufblühens von Handel und Schiffahrt wurde das Verhältnis bald ein besseres. Als Friedrich Wilhelm im September 1842 den Grundstein zum Weiterbau des Kölner Domes legte und bedeutsame Worte für die „deutsche Einigkeit" fand herrschte eitel Freude überall. Das „tolle Jahr" 1848 ging in Köln ohne besondere Nachwirkungen, um nicht zu sagen gemütlich, vorüber. Im ersten deutschen Parlament zu Frankfurt stellten die Kölner Gustav Mevissen, Franz Raveaux und Jacob Venedey, trotz aller Spöttereien Heines über letzteren, ihren Mann. Irgendein Opfer hat diese Revolution in Köln nicht gefordert, wohl aber erregte in der Stadt tiefes Mitgefühl die Erschießung Robert Blums, der ja geborener Kölner war. Einem anderen Achtundvierziger, dem „roten Becker", war es beschieden, die Stadt Köln lange Zeit auf der Bahn des großartigen Aufschwunges zu führen, den sie gegen Ende des 19. Jahrhunderts nahm. Er befreite die Stadt von dem engen Festungsgürtel, der ihren Aufstieg behinderte. Unter Männern wie Mevissen, Kamphausen, Merkens u. a. erlebte Köln eine ungeahnte wirtschaftliche Blüte, bei welcher die neuentstehende Dampfschiffahrt auf dem Rhein einen wichtigen Entwicklungsfaktor bildete. Für den Landverkehr hatte der preußische Zollverein 1834 freie Bahn geschaffen und war deshalb in Köln besonders freudig begrüßt worden. Bald darauf begann der Bau zahlreicher Eisenbahnen. Als erste Strecke von Köln nahm man die Strecke

Das romanische Kölner Stadtsiegel
Künstlerische Nachbildung des Kölner Fröbelhauses Matthias Weiden, Köln, Martinstraße 37

Köln/Aachen in Angriff, die 1839 begonnen wurde. 1880 wurde durch den ersten Kaiser des neuen Deutschen Reiches die Einweihung des unvergleichlichen Domes gefeiert. Es sollte ihm nicht beschieden sein, ein Symbol des Friedens zu bleiben, wie dies als frommer Wunsch an jenem Tage so oft geäußert wurde.

Ueber Köln im Weltkriege ist hier nicht der Ort, sich ausführlich zu verbreiten, umsoweniger, als die Stadt selbst ein ausführliches Werk hierüber schon in Angriff genommen hat und zudem jene traurigen Tage ja noch allen in leider allzu frischer Erinnerung sind. Neben Aachen hat unter allen deutschen Großstädten Köln die Pulsschläge des Krieges vor allem an der Westfront am stärksten mitgefühlt und durch wiederholte Fliegerangriffe, die neben verhältnismäßig geringen Sachschäden eine Anzahl blühender Menschenleben forderten, auch unmittelbar die Wirkungen des Krieges verspürt. Und wie in dem Kriege bei wiederholten Anlässen der Opfersinn der B ü r g e r das vielgerühmte goldene kölnische Herz offenbarte, so hat auch die S t a d t v e r w a l t u n g trotz der schwierigen Zeitläufte unverrückt das Ziel der weiteren Entwicklung im Auge behalten. Kurz vor dem Kriege war unter dem Oberbürgermeister M a x W a l l r a f die größte aller S t a d t e r w e i t e r u n g e n erfolgt, die Eingemeindung von Mülheim und Merheim. Dadurch wurde Köln an Flächenraum die größte Stadt Deutschlands und die vierte der Einwohnerzahl nach. Und wenn bei dieser Eingemeindung der Oberbürgermeister sagte, sie sei „das zukunftsreichste Ereignis, das die stadtkölnische Geschichte der letzten Jahrzehnte kennt", so war das vom damaligen Standpunkt aus gerechtfertigt. Inzwischen ist unter seinem Nachfolger D r. A d e n a u e r eine zwar räumlich geringere, aber für die Entwicklung von Handel und Industrie vielleicht noch bedeutsamere Einverleibung erfolgt, die ungeahnte Entwicklungsmöglichkeiten in Aussicht stellt und Köln vielleicht als der verbindenden Kulturzentrale von West und Ost weltgeschichtliche Bedeutung verleiht, besonders seitdem es durch den Abzug der englischen Besatzung am 30. Januar 1925 wieder vollkommene Bewegungsfreiheit erlangt hat.

WIR KÖLNER

VON WILHELM SCHNEIDER-CLAUSS

Des Kölners Eigenart?? — — — Wer, wie ich, seit fünfzig Jahren bewußt sie belauscht, seit dreißig künstlerisch sie zu erfassen und zu gestalten sich bemüht hat, der dürfte — sollte man meinen — leichtlich imstande sein, sie auf einen kurzen Nenner zu bringen. Und doch, — je mehr ich mich in sein . . . unser Wesen, Fühlen, Denken vertiefe, umsomehr zerfließt es mir qecksilbergleich unter den formend schaffenden Händen und zerrinnt in silberglitzernde Atomkügelchen. Etwas Weiches, Unbeständiges, schwer Faßbares, läßt es sich nicht alsobald und leicht in eine Formel zwingen.

Quecksilber! Ja, quicklebendig ist der Kölner, kein Grübler, Grämler und Sinnierer, — ein Lebensbejaher ist er, wie kaum deutsche Erde sonstwo Menschen schuf. Wie die Stadt, auf freiem Plan gebaut, von der Sonne umschienen, sich in des breiten Stromes lichtem Spiegel schaukelt, nur am fernen Horizont blaue Berge schaut, in Licht und Luft gebadet, sich stolz-behaglich streckt, — so kostet des Kölners Seele den Tag, das Jahr, die Stunde aus mit vollen, freien, ungehemmten Atemzügen: Das Leben ist schön; ich **will** es leben!

Nennt es Leichtsinn, scheltet's Phäakentum, nehmt's, wie ihr's wollt, — — ihr versteht es nicht! Wir aber, die wir in dieser Luft geboren und erzogen sind, wir wissen's zu schätzen und segnen die Scholle, die uns des Lebens stärksten Atem gab, die Freude am Dasein!

Schwere Schicksale sind auch über unsere Stadt niedergegangen. Jahrhunderte hat sie, in ihrem engen Bering ein- und abgeschlossen, der frischen, freien Bewegung entbehrt, stagniert — wie man sagt — und doch von ihrem Besten, Eigenartigen nichts eingebüßt. Ja, wer die Unglückszeit französischer Besatzung um die Wende des 18. zum 19. Jahrhundert recht studiert, der wird gerade in den Kümmernissen jener Tage die Spur der stolzen Hansazeit ebenso wiederfinden wie die Wurzeln seiner jetzigen Aufblüte: Lebensmut, Zukunftsfreudigkeit, Tatwille.

„Uns kritt nix kapott!" haben die Kölner allezeit getrotzt — gegen Schicksal, Drang und Druck. Waren sie auch keine Helden verwegenen Angriffs, kecken Widerstandes, — in klugem Dulden, beständigem Aushalten und treuem Abwarten haben sie oft Gefahren überwunden, die dem Eiferer nur nutzlose Selbstopferung gebracht hätten.

Seit seinen Gründungstagen von Roms Gnaden her Brückenkopf der Straßen längs des Rheines auf und ab, herüber und hinüber, — waren Handel und Wandel Kölns Beruf; Vermittler zu sein zwischen Menschen, Stämmen und Völkern, — seine Aufgabe. Das Geschäft des ehrlichen Maklers stand bei ihm allzeit in bestem Ruf. Die anschmiegsame Natur des Rheinfranken kam dem entgegen, jahrtausendalte Erfahrung trugen's ihm in's Blut; — der Kölner Kaufmann war, ist und wird geboren, wie der rechte Bauer es sein muß oder der Bergmann.

Daß dabei Kunst und Wissenschaft nicht zu kurz kamen, versteht sich ebenso wie die Beschränkung, daß sie hier nur als Begleiterscheinungen kaufmännischer Tüchtigkeit und Tätigkeit gewertet wurden und nur dann zu rechter Pflege und Blüte kamen, wenn der Quell zu ihrer Speisung floß, wenn Handel und Wandel gediehen. Um ihrer selbst willen sie zu betreuen, liegt dem praktisch veranlagten Kölner weniger. Und wenn schon, so betrachtet er sie doch immer nur noch als Schmuck des Lebens, dem die Notwendigkeiten des Tages voran und voraufgehen.

Politisch ist der Kölner von Hause aus Demokrat. Wie wäre das auch anders denkbar in einer Stadt, die das Dynastenjoch des Kurfürsten schon früh abschüttelte, die dann durch sechs Jahrhunderte sich der Reichsunmittelbarkeit erfreute, sich in Selbstherrlichkeit sonnte und nur unwillig sich der Einverleibung zu Preußen anno 1815 fügte, die einer ihrer bedeutendsten Köpfe, Abraham Schaaffhausen mit dem Seufzer begrüßte: „Do ha'mer en en ärm Familje eren geheerot!" Erst die Ereignisse und Folgen von 1870/71 söhnten den Kölner mit diesem Gedanken allmählich aus, wenn auch alsbald wieder der berüchtigte „Kulturkampf" die Gemüter auf's neue erschütterte. Denn mehr noch als seiner volksherrlichen Einstellung ist der Kölner dem Glauben der Väter und seiner Kirche treu. Spät erst und schwer nur gab er dem Protestantismus Einlaß und Bürgerrecht in seinen grauen Mauern. Der Katholizismus wurzelt fest in der stammhaften Bevölkerung, Religiosität ist ein Erfordernis, ohne das der Kölner seinen Stammesbruder sich schlecht denken kann. Dabei aber liegt Unduldsamkeit ihm ganz und gar nicht. Bleibt ihm der Andersgläubige auch innerlich vielleicht zeitlebens fremd, ihn das merken oder gar fühlen zu lassen vermag er nicht. Religiöse Hetze gar findet beim Einheimischen keinen Widerhall; es sei denn, daß er von der andern Seite herausgefordert wird. Wahre Frömmigkeit, — nicht Scheinheiligkeit, wie Unverstand und böser Wille es jeweils wohl einmal wissen wollten! — ist dem Stammkölner ein

Herzensbedürfnis; Werke der Barmherzigkeit und Nächstenliebe eine selbstverständliche Pflicht. Muckertum aber ist ihm verhaßt. Dem Herrn in Freuden zu dienen, ist seine Losung; Frommsinn und Frohsinn ergeben den Gleichklang seines Herzens. Kopfschüttelnd vielleicht sieht es der Fremde, wie dieselben Massen, die in der Sonntagsfrühe die Gotteshäuser füllen, lachend und scherzend den Heimweg schon über den Frühschoppen nehmen, nachmittags die Vergnügungs- und Ausflugsorte und abends alle die vielen Stätten bevölkern, wo's froh und lustig zugeht und wo, wie der Kölner von der Kneipe sagt, „unsen Herrgott nen Aerm erusgereck hät". Das ist nun einmal rheinische und kölnische Art, und wir befinden uns wohl dabei.

Frohes Gemüt gibt guten Tag, und als Bestes gesellt sich dem Kölner dazu die Wiegengabe des Humors. Von ihm, dem Kölner Humor zu reden, heißt Glocken läuten wollen, die schon von allen Türmen klingen. Und dennoch ist's gut, dem Fremden zu sagen, daß wir Kölner noch lange nicht alles das als „Kölschen" Humor passieren lassen, was in Bühne und Buch draußen als „Kölsch" angepriesen wird. Nicht die tausend Bonmots, nicht die Legion „Krätzger", nicht die Geste und Grimasse ist es, die wir Altkölner schon als Humor ansprechen und gelten lassen. Was uns erst als dieses Ehrentitels wert erscheint, ist der latente Schalk und Schelm, den jeder Echtgebürtige bei uns im Nacken trägt, die Tarnkappe, die er im Lebenskampfe gen Mißgeschick und Ungebühr hervorlangt, das Elixier, mit dem er sich des Tages Arbeit würzt und die Stunde der Erholung beschwingt. Lest es nicht aus Büchern, sucht es nicht in Theatern; erhorcht es von des Volksmundes Lippen: Es geht um, tagtäglich, stündlich, allüberall; auf den Straßen, noch mehr in den Gassen; in Kontoren und Ratssälen, mehr doch in Werkstätten und Fabriken; in den Gesellschaftssälen der vornehmen Welt, am meisten und besten aber in der schlichten kölschen Kneipe, dem „Bräues" oder dem „Winghus". Hier hat der echte kölsche Humor seine Wiegenstätte, und wer ihn hier aufsucht, wird nie leer ausgehen: Herzliches, harmloses, befreiendes Lachen ist seine köstliche Fanfare, mild und nie verletzend sein Pritschenschlag, oft genug die erfreuliche Lösung drohenden Konflikts. Doch allzumeist Held in der Tarnkappe! Fangen, fassen und fesseln und dann zur Schau stellen läßt er sich nur selten und schwer; am schwersten da, wo er am echtesten ist, — Situationshumor. Kaum geboren, ist er verklungen; lebt nur dem Augenblick, der ihm das Leben gab, der rechte Bruder des Kölnischen Wassers: Ein Tröpflein in Hand oder Tuch, — köstlich erquickender Ruch, verklingender Duft, aber haftendes Wohlgefühl!

Unzertrennlich von ihm, sein Leib und Gewand, ist die Sprache, unsere kölnische Mundart. Wie der Kölner insgesamt, liegt auch sie im Streit der Meinungen und des Geschmackes. Von Freunden gelobt und gepriesen, fand sie in alter wie in jüngster Zeit doch auch ihre Widersacher und Verächter. Die zu belehren, lohnt nicht der Mühe. Nur Snob und Banause verachtet eine Mundart. Daß sie wie all ihre niederdeutschen Schwestern und hochdeutschen Kusinen vollen, reinen und urtümlichen Klang und Ausdruck gibt dem Hohen wie dem Gemeinen, der Lust wie dem Leid, dem Ernst wie dem Scherz, das hat ein Jahrhundert bewußt literarischer Uebung in gewiß nicht zahlreichen, aber jedenfalls ernst zu nehmenden Erscheinungen in Epik, Lyrik und zuletzt auch Schauspiel dargetan. Sie ist wirklich nicht allein die Sprache des Karnevals und des Hännesgen, obwohl sie auch hierfür den Dank verdient. Ist doch der Kölner Karneval immerhin noch der geistig am höchsten stehende, von Goethe, Arndt u. a. als solcher begrüßt; hat doch auch das Hännesgen seine Sonderart unter den vielgestaltigen Puppenbühnen deutscher und welscher Art. Daß beide urkölnische Institutionen die Mundart in Treue und Ursprünglichkeit pflegten, war ein starker Schutz gegen Verkümmerung und Entartung. Die reinste Mundartliteratur, besonders der letzten vierzig Jahre wäre ohne jene beiden Vorläufer und Mitkämpfer für Volkstum und Eigenart nicht denkbar.

So aber hat sich die Volkssprache selbst durch die Zeit schmachvoller Verkennung und Mißachtung in der letzten Hälfte des neunzehnten Jahrhunderts im allgemeinen rein und gut erhalten trotz des Anschwellens der Bevölkerung von 70- auf 700 000 Seelen und einer Ueberfremdung, wie sie wohl wenige deutsche Städte jemals erlitten. An der Mundart aber, die jetzt wieder in Schule und Haus, in Geschäft und Gesellschaft ebenbürtig mit der „vornehmeren" hochdeutschen Verkehrssprache geschätzt und geübt wird, hängt und haftet die Eigenart; der Baum, der die Laubkrone verliert, dorrt an der Wurzel. Daß die Altkölner das erkannt haben, gibt gute Hoffnung und mindert die Befürchtung, daß unsere kölnische Eigenart schmerz- und spurlos im Hexenkessel der Groß- und Weltstadt untergehen werde. Fehlt auch dem schmiegsamen Wesen des Kölners die Kraft des Berliners und Müncheners, alles Fremde zu sich herauf oder herab zu amalgamieren, nimmt der Kölner, wie überhaupt der Rheinländer gar zu gern Fremdes an, — so haben doch die letzten kritischen Jahrzehnte ihn gelehrt, sich auf sich selbst zu besinnen. Der Mahnruf, den ich vor 25 Jahren an meine Mitbürger richtete, ist nicht ungehört verhallt. Als Probe zugleich unserer Mundart mag er diese Skizze beschließen:

Et ahle Kölle geiht ze Troor??

„Et ahle Kölle geiht zu Troor!"
Höt kühme mer un klage,
„Ganz krank süht us der Kölschen Boor,
Als hätt hä Stein em Mage.

De Stadt weed groß, et Ahle stirv
Un fremb eß all dat Neue,
Un wann de Katz kein Junge wirf,
Kann Mus un Ratt sich freue!" — —

Leev Lück, höt ob met däm Verzäll,
Dat litt an Uech geläge;
Wä hückzedage levve well,
Muß Elleboge wäge.

Wä sich nit wäht, dä hät kei Räch
För hingerdren ze klage,
Un wä sich kneent, dat eß ne Knäch,
Dä muß et dann och drage.

Halt' faß an däm, wat kölsch un äch,
Un loht et Uech nit nemme,
Wäd wie de Fremde grad su frech:
Dann weed et zicklich stemme.

Halt' huh de kölsche Hätzlichkeit
Un Fründschaff un Genögde
En Glöck un Pech, en Loß un Leid,
En Hüser un Gehögde.

Un wä vun buße kütt, dä dot
Ob kölsche Aat begröße;
Mungk im dat nit, dann schmießt der Hot
Im jielig vör de Föße.

Doch well hä kölsch en Kölle sin,
Soll hä sich bei uns setze:
„Kutt her, Här Nohber, schött Uech en
Un drinkt, — et kütt vun Hätze!"

★

KÖLN ALS VERKEHRSZENTRUM
VON DR. WALTHER TUCKERMANN
PROFESSOR AN DER HANDELSHOCHSCHULE MANNHEIM

Die Lage Kölns am Rheinstrom ist für die Stadt sicherlich von jeher sehr wertvoll gewesen, wenn auch in ihr allein noch nicht die Größe der Stadt begründet liegt. In der ältesten Geschichte spielt der Rhein im Wirtschaftsleben nur eine bescheidene Rolle. Erst im 9. und 10. Jahrhundert erhielt er die Bedeutung, die er seitdem behalten hat, den Wert einer großen Verkehrsstraße, wenn daneben zeitweise auch wie in der römischen Aera Bestrebungen auftauchen, den Gedanken der Grenzlinie wieder aufzunehmen, einen Gedanken, der in unserem Zeitalter der vervollkommneten Rüstungsmittel und der engsten wirtschaftlichen und kommunalen Verknüpfung beider Ufer, von allem anderen abgesehen, ganz besonders töricht ist. Man muß sich freilich hüten, den Rheinverkehr der älteren Zeit, ähnlich wie den unserer Zeit, zu überschätzen. Mindestens gleichwertig, wenn nicht überlegen, tritt in allen Zeiten der Landverkehr dem Flußverkehr zur Seite.

Die Kölner beherrschten im Mittelalter die Stapelstrecke Mainz—Köln. Der Ausbau des Systems landesherrlicher Zollschranken, das nachlassende Interesse für die Pflege des Strombettes tun das ihrige, um in den neueren Jahrhunderten die einst blühende Schiffahrt auf ein Minimum herabzudrücken. Erst nachdem seit 1815 die lästigen Rheinzölle beschränkt und seit 1866 nach langjährigen Verhandlungen mit Holland ganz weggefallen waren, erst seitdem die staatliche Stromverwaltung sich dem inneren Ausbau der Wasserstraße widmete und mit der Einführung der Dampfschiffahrt auch Köln abermals ein, allerdings nicht der Mittelpunkt der Schiffahrtsbestrebungen geworden war, konnte die Stadt wieder an die größere Tradition anknüpfen.
Von besonderer Bedeutung sind hier die mit dem Jahr 1879 eingeleiteten Bestrebungen, das Strombett auf eine der modernen Großflußschiffahrt genügende Tiefe zu bringen. Mit der Vertiefung

des Strombettes von Köln abwärts konnte auch der Rhein—Seeverkehr wieder aufgenommen werden. 1885 wurde die Dampferlinie Köln—London eröffnet, einige Jahre später (1889) die Strecke Köln—Bremen, der weitere Routen auch zur Ostsee folgten. In der Folgezeit wurde die Rhein-Seeschiffahrt, namentlich unter dem Gesichtspunkt der Frachtverbilligung, weiter ausgebaut. Die Schiffsgefäße für den eigentlichen Flußverkehr wurden immer größer. Auch die zur Zeit größten Kähne, die den Strom befahren, können, allerdings sehr günstigen Wasserstand vorausgesetzt, bis nach Mannheim gelangen. Für die eigentliche Seeschiffahrt, für die Fahrt von Schiffen mit besonderem, auch der See angepaßtem Tiefgang ist freilich Köln, so sehr auch im einzelnen Bestrebungen laut geworden sind, die Fahrstrecke auch noch weiter oberhalb zu vertiefen, der Endpunkt. Als Endpunkt der Rhein-Seeschiffahrt hatte Köln gewisse Vorzüge, die auch den weiter unterhalb gelegenen größeren Häfen nicht zukamen. Wenn man heute an Kölns verkehrsgeographische Lage denkt, so erinnert man sich gleich der bedeutenden Stellung der Stadt im Eisenbahnverkehr, der die ältere Bevorzugung des Flußverkehrs längst beseitigt hat. Das in den 1830er Jahren neu erwachte wirtschaftliche Leben macht Köln frühzeitig wie nur wenige andere Städte auf dem Kontinent zum Mittelpunkt großzügiger Verkehrspläne. Das schöne Wort E. Gotheins: „Nie hat es eine Stadt gegeben, die so ihrem Strome gehört, in deren Gesamtleben — physisches, geistiges, ökonomisches, politisches — der Strom überall so bedeutend eingreift wie diese, die ein jeder „Köln am Rhein" nennt. Jedem Kölner ist der Rhein ein Stück seiner selbst", verliert im Zeitalter der Eisenbahnen doch manches von seiner ausschließlichen Bedeutung. Der Gegensatz der deutschen Rheinstädte zu den nördlichen Niederlanden in der Rheinfrage lenkt die Aufmerksamkeit Antwerpen zu, wo man bezeichnenderweise das erste Bahnprojekt auch nach dem Rhein richtete und wo Camphausens Schlagwort vom „Eisernen Rhein" freudig aufgegriffen wurde. Das Zusammenarbeiten des belgischen Staates und der in Köln begründeten Rheinischen Eisenbahngesellschaft schafft die erste Eisenbahn, welche nicht nur die deutschen Reichsgrenzen, sondern auch die Grenzen eines europäischen Staates überhaupt überschreitet. Die in einzelnen Abschnitten von 1839 bis 1841 eröffnete Bahnlinie von Köln über Düren nach Aachen, die verhältnismäßig bedeutend von der alten großen Straßenrichtung abweicht, ist eine der wichtigsten Bahnen des Kontinents geworden. Der Ausbau des zweiten Gleises hat sich sehr bald nach ihrer Vollendung als notwendig erwiesen. Die Linie von Köln bis Düren läßt die bedeutenderen Siedlungen sowohl nördlich (Bergheim) wie südlich (Frechen, Kerpen) abseits liegen. Die Linienführung ist schwerlich durch die natürlichen Verhältnisse erfordert worden. Dafür hat die Bahn mit der Ausdehnung des Braunkohlenbergbaues und der Abzweigung von Linien in das Erfttal einen lebhaften Ort, Horrem, großgezogen, der vor dem Bahnbau nichts bedeutete. Die Bevorzugung Dürens gegenüber dem seit dem 18. Jahrhundert recht ruhig und still gewordenen Jülich war berechtigt. Die Wahl der Linienführung über Düren wie die Trassierung der Route zwischen Düren und Aachen am Nordrande des alten Gebirges, wodurch die bisher von den großen Straßen gemiedenen Industriestädte Eschweiler und Stolberg berührt wurden, erfolgte erst nach langen Kämpfen, hat sich aber ganz besonders bezahlt gemacht. Die Aachen—Kölner Linie leitet den Verkehr der beiden größten internationalen Routen des belgischen Nachbarstaates dem Rhein zu. Die nördlichere dieser Linien übernimmt in Ostende den englischen Verkehr und führt ihn durch die flandrische Ebene über Brügge, Gent und Aalst nach Brüssel und durch Brabant, über Löwen und Thienen hinab ins Maastal nach Lüttich. In Brüssel nimmt diese Route aber auch noch die große Strecke von den französischen Kanalhäfen und aus dem Textilbezirk von Lille auf. Kurswagen von Calais und über Lille, Tournai und Halle verkehrten schon länger nach Köln, vor dem Kriege waren auch solche, von Boulogne kommend, hinzugekommen. In Löwen gehen auf diese große Strecke die Kurswagen von Antwerpen und Mecheln über. In Lüttich stößt auf die Flandrisch-Brabanter Linie die Route aus dem Pariser Becken, die dem Nordwestrande des französisch-belgischen Anteils des rheinischen Schiefergebirges entlang durch das Sambre- und Maastal führt. Beide Routen gehören zu den wichtigsten Europas. Indem die Linie Lüttich—Aachen—Köln den Verkehr beider weiterleitet, erhält sie eine überragende Bedeutung. Wie ungewöhnlich eng sich gerade das belgische Bahnnetz an die alte rheinische Hauptbahn anschließt, ersieht man daraus, daß vor dem Kriege sämtliche vier Großstädte und acht von den zehn Mittelstädten über 30 000 Einwohner in unmittelbarer Verbindung mit Aachen und Köln standen. Man kann ohne Uebertreibung sagen, die große internationale Bedeutung Kölns im Verkehrsleben beruhte in erster Linie auf dieser Route. Indem sie auf den Mittelpunkt der Kölner Bucht hinzielt, dient sie in gleicher Weise den Bahnen, die von Köln rheinabwärts, wie denen, die flußaufwärts führen. Darin liegt ihre wichtige Aufgabe. Es gibt kaum eine Verkehrsschlagader

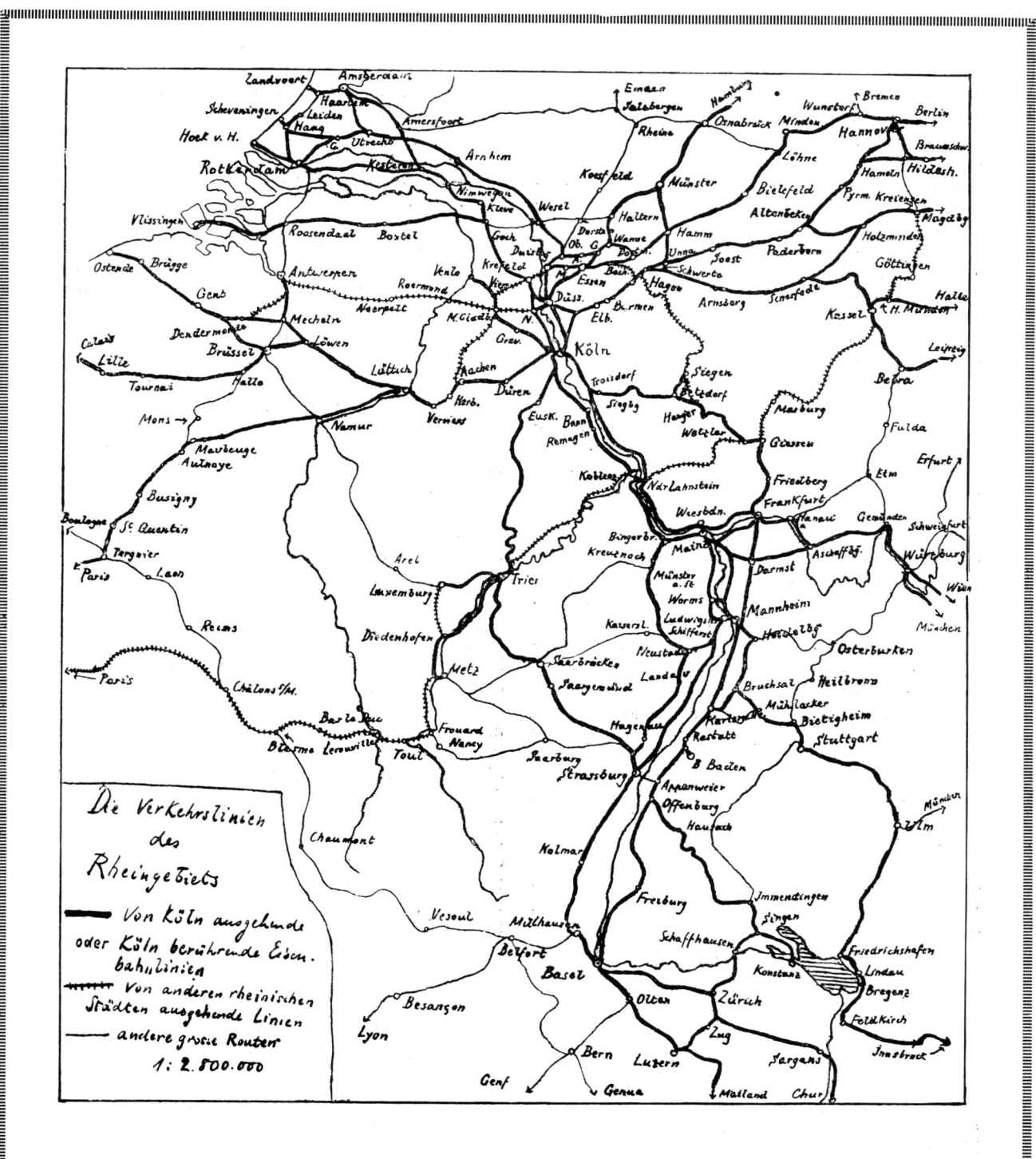

auf der Erde, die in so vielseitiger Weise den mannigfachsten Interessen und den verschiedensten, weit auseinander gelegenen Zielen gerecht wird wie die alte berühmte Stammbahn der Rheinischen Eisenbahngesellschaft, deren erhoffte und erwartete Bedeutung schon bei ihrer Gründung klar durchdacht und erkannt war. Es ist die Bahnlinie, die nach den verschiedensten Richtungen hin epochemachend gewirkt hat. Bei der Uebernahme der Leitung der Rheinischen Gesellschaft konnte der junge Mevissen sagen, daß die Linie Antwerpen—Köln hinsichtlich des Warenverkehrs an der Spitze sämtlicher Kontinentalbahnen stünde. 1847 war ihre Warenbewegung bereits so groß, daß sie, zum ersten Male auf dem Gebiete des Eisenbahnwesens überhaupt, den Personenverkehr übertraf. Und wenige Jahre später (1853) nannte der junge Stephan die Linie Köln—Aachen—Ostende (—London) die „Schlagader des Weltverkehrs". Man wird ferner an das Wort des Abgeordneten Biolley in der belgischen Kammer vom Jahre 1834 erinnert, wonach er gelegentlich der ersten Eisenbahnvorlage sagte, ohne freie Verbindung der Schelde mit Deutschland habe er niemals an ein unabhängiges Belgien gedacht. Die große internationale Bedeutung der Linie für den bürgerlichen Verkehr hat sich auch bald nach Kriegsende wieder eingestellt. Und die Verknüpfung der Antwerpener Interessen an diese Bahnlinie wie ehemals kann auf die Dauer nicht ausbleiben, so sehr auch augenblicklich gegensätzliche Strömungen noch vorhanden sind.

Zeitlich so ziemlich übereinstimmend tauchten die Pläne auf, über Köln hinaus die Bahn flußabwärts wie aufwärts fortzuführen. 1844 wurde die Bahn Köln—Bonn gebaut, die, um der Rheinschiffahrt nicht zu starken Wettbewerb zu bereiten, in einem großen, nach Westen fast bis an den Rand des Vorgebirges gezogenen Bogen angelegt wurde. Die von einer selbständigen Gesellschaft erbaute Strecke wurde 1857 von der Rheinischen Bahn erworben, welche wenig später die Strecke über Coblenz, dann durch die schwierige Engpaßstrecke nach Bingerbrück führte (1859), wo sie Anschluß an die hessische Ludwigsbahn erhielt. Alle die mittleren und kleinen Rheinstädte von Bonn bis zur Nahemündung berührt diese Bahn. Im großen und ganzen hat aber diese Linie den meisten der durch die Lage zwischen dem Absturz des Schiefergebirges und der Rheinfurche allzu beengten Orten doch nicht den Aufschwung bringen können, den man in der Zeit hoffnungsvoller Anfänge der Eisenbahnen erwartet hatte. Zwischen dem tiefeingeschnittenen Rheintal und den beiderseitigen Höhen blieben trotz der Bahnbauten noch bis in die neueste Zeit die Beziehungen doch recht klein. Vielleicht noch mehr als von der Aachen—Kölner Bahn, die dem schnell aufgeblühten Industrie- und Bergwerksgebiet an der Wurm, an der Vicht und an der Inde dient und den Interessen der wohlhabenden Industriestadt Düren, in jüngerer Zeit auch dem kräftig aufstrebenden Braunkohlenbergbau des Vorgebirges zugute kommt, wiegt bei der von Köln ausgehenden mittelrheinischen Strecke die Tatsache ob, daß sie vorzugsweise den Zwecken des großen Verkehrs dient. Die Gründer sahen in ihr von vornherein das notwendige Glied einer Weltbahn. Nicht nur die Weiterleitung des englisch-belgischen Verkehrs, sondern auch den niederländisch-niederrheinischen besorgte sie. Zu Beginn der 1850er Jahre hatte eine selbständige Gesellschaft Köln über Neuß mit Crefeld verbunden. Aehnlich wie bei der mittelrheinischen Route hatte die Rheinische Bahngesellschaft, die auch die Crefelder Linie erwarb, die Strecke über die kleinen Städte Kempen, Geldern, Kevelaer, Goch, Cleve bis Cranenburg bezw. Nymwegen ausgebaut (1863—1865). Die Bahn, die fruchtbare Gefilde und den Crefelder Industriebezirk durchfährt, sowie die Ausläufer des Gladbachers berührt, wird in ihrer Bedeutung zwar von der rechtsrheinischen Linie übertroffen und hat erst neuerdings die Wichtigkeit wiedererlangt, die sie bereits in der Zeit des Privatbahnwesens hatte. Für den internationalen Verkehr hatte auch diese linksrheinische Bahn, nicht zuletzt auch durch den Anschluß in Goch an die Nordbrabant-Deutsche Bahn, über die die Vlissinger Züge geleitet werden, erhebliche Bedeutung.

Den linksufrigen Verkehr der Niederlande und des Niederrheins, aber auch einen Teil der rechtsrheinischen Verkehrsinteressen und endlich den Verkehr der belgisch-rheinischen Bahn führt die mittelrheinische Bahn aufwärts, und zwar durch die Pfalz und das Elsaß bezw. durch Baden nach der Schweiz und durch Norditalien bis an die Riviera. In Baden (Bruchsal) wird ein Teil des Verkehrs über Stuttgart und über die Alb nach Ulm, ferner an den Bodensee und durch den Arlberg nach Innsbruck abgeleitet. Neben diesem Nord-Südverkehr dient die Strecke auch zur Aufrechterhaltung mehr südöstlich gerichteter Beziehungen, indem der englisch-belgische und der niederländische Verkehr über Mainz und Frankfurt, durch das bayerische Franken (Würzburg, Nürnberg), Altbayern (Regensburg, München) nach den östlichen Alpenländern (sowohl nach Triest wie nach Wien) und nach Ungarn (Budapest) geführt wird.

Wie die Köln—Bingerbrücker Route mit der Aachen—Kölner Bahn korrespondiert, so in ähnlicher Weise auch die große Stammlinie der gleich der Rheinischen Gesellschaft sehr angesehenen Köln—Mindener Bahn. Auch ihr Bau ist schon bald nach der Anlage der belgisch-rheinischen Strecke ins Auge gefaßt worden, um den westlichen Verkehr zu den niederrheinischen Städten und nach Norddeutschland zu lenken. Es ist die dritte berühmte Bahn, die von Köln ihren Ausgang nimmt und deren spätere Bedeutung ebenfalls klar bei ihrer Begründung erkannt wurde. Die Strecke Deutz—Düsseldorf wurde 1845, die Fortsetzung über Duisburg durch den Ruhrbezirk und durch Westfalen bis Minden, wo sie Anschluß an die hannoversche Staatsbahn fand, 1847 fertiggestellt. Man hat diese

Straße, da eine von Köln aus mehr östlich gerichtete Route zu große Schwierigkeiten im Schiefergebirge des Bergischen Landes und des Sauerlandes gefunden hätte, naturgemäß durch die Rheinebene gesteckt, dann aber ostwärts Duisburg in der nördlichen, flachen Abdachung des Ruhrbeckens über Altenessen, Gelsenkirchen, Wanne, Herne und Dortmund gelegt, um auf dieser durch ebenes Gelände gerichteten Linie besonders große Zuggeschwindigkeiten entwickeln zu können. Von vornherein standen also den Gründern **bedeutende Ziele** vor Augen. In jüngerer Zeit trat mit der Vervollkommnung der technischen Mittel diese nördlichere Strecke zurück gegenüber der schwierigeren südlicheren, von der Rheinischen Bahn gebauten Route, die dafür aber die drei jungen Großstädte Mülheim a. d. Ruhr, Essen und Bochum berührt.

Schon früh leitete die Köln—Mindener Bahn von dem erst im Eisenbahnzeitalter entstandenen **Oberhausen** eine Route über Wesel rheinabwärts, die in **Emmerich** Anschluß an die Niederländische Staatsbahn findet. Der linksufrigen Linie der Rheinischen Bahn über Crefeld—Cleve entsprach also auch eine rechtsufrige der Köln—Mindener Gesellschaft, die zwar auch durchweg ziemlich erheblich vom Strom weg trassiert wurde, diesen aber immerhin in Düsseldorf, Duisburg, Wesel und Emmerich berührte. Wie die Stammbahn der Köln—Mindener Gesellschaft, so ist auch ihre nach **Holland** abzweigende Linie aus dem großen **internationalen Verkehr** nicht wegzudenken. Obendrein baute dieselbe Gesellschaft, die sich übrigens ebensowenig auf das rechte Ufer beschränkte wie die Rheinische auf dem linken blieb, die in **Wanne** abzweigende Route durch die Münsterländische Bucht nach Münster und über den Teutoburger Wald nach Osnabrück und endlich weiter nach Bremen und **Hamburg**. Kein Wunder, daß mit diesen großen Zielen im Laufe der Zeiten, mit der großen Volkszunahme, mit der riesenhaften, ungeahnten Entwicklung der Siedlungen und der Industrie die Strecke Köln—Düsseldorf—Duisburg eine außerordentliche Belastung erfuhr. Die Strecke von Köln bis zur Ruhrmündung war tatsächlich vor dem Kriege die **stärkstbefahrene auf dem europäischen Kontinent.** Schon zur Zeit der Privatbahnen hatten die konkurrierenden Gesellschaften in geringer Entfernung parallel der Hauptbahn laufende Linien angelegt, um auf diese Weise den Wettlauf vom Rheinhafen zum Ruhrgebiet bestehen zu können. Nach der Verstaatlichungsaktion wurden diese Bahnen wichtig, um von der Hauptlinie wenigstens einen Teil des Verkehrs abzuleiten, so die rechtsrheinische Bahn Köln—Opladen—Hilden—Düsseldorf, die Route Düsseldorf—Kettwig—Essen, aber auch die Linie Köln—Neuß—Düsseldorf. Ueber die Linie Köln—Duisburg zog der größte Teil des Verkehrs von Paris und Belgien nach Norddeutschland, sowohl in der Richtung Hamburg—Kiel als in der Richtung Berlin und über dieses hinaus nach Königsberg und an die russische Grenze. Die in Oberhausen abzweigende Strecke besorgte wie die linksrheinische Bahn den schweizerisch—oberrheinischen und den süddeutsch—österreichischen Verkehr mit Holland.

Auch eine weitere ältere Hauptbahn, die Strecke **Köln—Elberfeld—Hagen**, dient seit jüngerer Zeit zur Bewältigung des rheinisch-norddeutschen Verkehrs und damit gleichfalls zur Entlastung der Köln—Mindener Linie. Die Bahn wurde von der **Bergisch-Märkischen Gesellschaft**, deren Ziel die Verkehrserschließung des Bergischen Landes, der anschließenden westfälischen Mark, sowie der Landschaften des östlichen Westfalen war, erbaut. Sie ging aber ebenfalls mit ihren Plänen auf das linke Ufer über. Die Linie von Köln zum **Wuppertal** ist eine der schwierigeren Bahnen geworden, indem sie von der Rheinebene aus sich dem westlichen Abfall des Bergischen Landes entlang bewegt und unter erheblicher Steigung der Scheide zwischen Düssel und Wupper erreicht, um sich dann hinab ins Wuppertal zu senken. Vom Wuppertale aus gewinnt die Bahn wieder einen bedeutenden Aufstieg, um dann ins Ennepe- und ins Volmetal hinabzuführen. Die Streckung dieser Bahn zu den Siedlungen ist nicht überall günstig. Die große industriereiche Stadt **Solingen** mußte bei ihrer beträchtlichen Höhenlage abseits bleiben. Oft genug ist seit der Vollendung der Bahn die Rede von einem unmittelbaren Bahnbau Köln—Solingen gewesen. Dafür entstand am Abzweigungspunkt der Strecken nach Solingen und andererseits hinab ins Rheintal nach Hilden und Düsseldorf eine neue Siedlung aus unbedeutenden Anfängen, Ohligs, die sich schnell zur Mittelstadt entwickelte. In der Zeit der Privatbahnen spielte die Bahn zum Wuppertal noch nicht eine sehr bedeutende Rolle, wiewohl z. B. 1877 zwei Schnellzüge in jeder Richtung auf ihr verkehrten, die die Strecke zwischen Köln und Elberfeld schneller bewältigten als im Sommer 1922! Auch diese Bahn diente vor dem Kriege sehr mannigfachen Zwecken, zumal auch über sie ein wichtiger Teil des **belgischen und des nordfranzösischen Verkehrs** nach Norddeutschland geleitet wurde. Die Linie war auch dadurch bemerkenswert, daß sie mehreren weiteren Routen den Verkehr nach **Berlin** zuführte. Oestlich von Hagen teilt sich der Verkehr an auffallender Verzweigung derartig, daß eine nördlichere Route über Unna in Hamm wieder auf die Köln—Mindener Bahn stößt. Der mittlere Zweig führt von Unna über Soest und Paderborn nach Altenbeken, teilt sich aber hier wieder, indem er einerseits über das Erzgebirge, Hameln, Hildesheim, Braunschweig, Magdeburg, andererseits über Holzminden, Kreiensen, Seesen, Bössum, und endlich über Seesen, Goslar, Halberstadt, Magdeburg und Berlin erreicht. Der südlichere Zweig führt von Hagen über Schwerte durch das Ruhrtal nach Scherfede und erreicht von hier wieder in Holzminden die mittlere Route. Wichtiger ist der von der Ruhrtalbahn, übrigens auch von der mittleren Route (über Paderborn) vermittelte Verkehr nach Kurhessen, Thüringen, Sachsen (Leipzig, Plauen, Eger, D r e s d e n) und Schlesien (B r e s l a u).

Wenn unterhalb Kölns auf beiden Rheinseiten Bahnen mit gutem Erfolg angelegt werden konnten, so mußte auch wohl oberhalb der Stadt ein beidufriger Ausbau des Eisenbahnsystems sich lohnen. Die Idee ist an sich ebenfalls alt: wenigstens in dem Gehirn des genialen F r i e d r i c h L i s t taucht sie sehr früh als durchaus empfehlenswert auf. Man denke, in der Frühzeit der Eisenbahnen begnügt ein Mann wie List sich nicht mit dem Bauplan des linken Ufers. Er tritt für den Bau von Bahnen auf beiden Seiten ein, da die Rheinstraße als Schlagader des europäischen Verkehrs so bedeutend sei, daß sie die beiden Schienenwege und die Schiffahrt auf dem Strom noch dazu zur Blüte bringen werde. Lange Jahrzehnte hat es gedauert, bis die r e c h t s r h e i n i s c h e   B a h n   a u f w ä r t s   e r r i c h t e t   w u r d e. Die Anlage der Bahn ähnelt in vielem sehr der linksrheinischen. Auch sie ist in ihrem nördlichen Teil stark einwärts gerichtet, da sie neben dem Bahnkörper der älteren Sieglinie einherläuft und erst hinter Beuel an den Rhein kommt. Diesem folgt sie dann aufwärts. Die Trassierung war namentlich in dem Durchbruchstal bei den sehr beschränkten Raumverhältnissen noch schwieriger als auf der linken Seite. Auch technisch ist die Bahn nicht einwandfrei angelegt worden. Hinsichtlich der Entwicklung der Talorte gilt mehr oder weniger dasselbe wie von der älteren Parallelbahn: auch hier sind einige der Städtchen ganz klein geblieben. Bis Wiesbaden-Biebrich hat kein Ort 20 000 Einwohner. An Verkehrsbedeutung steht die Linie hinter der älteren zurück. Jedoch bediente sie z. B. einen Teil des großen Verkehrs von Belgien und den Niederlanden nach München. Die Ausstattung der Linie wurde nach dem Kriege weiter betrieben. So werden jetzt über sie Züge geführt, die früher der linksrheinischen Route vorbehalten waren.

Aelter als die obere rechtsrheinische Bahn ist die S i e g - L a h n - B a h n (1859 bis 1861), deren Anlage von der K ö l n - M i n d e n e r   G e s e l l s c h a f t im Verein mit der Errichtung der Rheinbrücke bei Köln betrieben wurde. Auch diese Linie ist ein schwieriger Bau geworden. In dem reichgewundenen Siegtal, das die Bahn bei Siegburg erreicht, wurden Tunnels zur Durchbrechung der vorstehenden Bergnasen erforderlich. Die starke Mäandrierung machte weiter eine sehr große Zahl von Brücken nötig. In Betzdorf teilt sich die Bahn. Der nördliche Strang führt durch das Siegerländer Eisengebiet vorbei an Hütten und Hochöfen nach S i e g e n, die großen Flußwindungen auch hier durch Tunnels abkürzend. In Siegen findet die Bahn Anschluß an die Ruhr-Siegbahn der Bergisch-Märkischen Gesellschaft. In der älteren Zeit ist die nördlichere Teilstrecke die bedeutendere und befahrenere gewesen: begreiflich, da das dem übrigen Westfalen ziemlich fremd gegenüberstehende fränkische Siegerland enge Beziehungen zum Rheinland und namentlich auch zu Köln hatte, dessen Kapital sich im oberen Sieggebiet, z. B. bei der Gründung des Köln-Müsener Bergwerksvereins, rege betätigte. Die eigentliche Sieg-Lahnbahn verläßt in Betzdorf das Siegtal, führt, vorbei an Hüttenorten wie Herdorf, das kleine Hellertal hinauf und läuft dann, einen eleganten Bogen beschreibend, scharf hinab ins Dilltal. Die Bahn durchfährt dann das nassauische eisenreiche Dillgebiet, bis sie in Wetzlar die Lahn erreicht, die sie aufwärts bis Gießen begleitet. In Gießen stößt sie auf die Main—Weserbahn, auf der südwärts durch die Wetterau ein weiterer Weg von Köln nach F r a n k f u r t ermöglicht wird. Die von Köln ausgehende Siegbahn dient also bedeutenden wirtschaftlichen Aufgaben. Die wichtigsten Eisenerzgebiete des rheinischen Schiefergebirges werden in enge Nachbarschaft zum Rhein gebracht. Der große Personenverkehr war dagegen in der älteren Zeit nicht bedeutend. Der Schnellzugverkehr ist erst in jüngerer Zeit ausgebaut worden. Zuletzt nahm auch diese Strecke, um die durch ungewöhnlich viele Güterzüge außerordentlich belasteten Rheinstrecken zu entlasten, an dem großen Verkehr von Köln über Frankfurt nach S ü d d e u t s c h l a n d und der Z e n t r a l s c h w e i z teil.

Aber noch eine vierte Route trägt zur Bewältigung des großen Verkehrs zwischen dem Niederrhein, Köln und den oberrheinischen Landen bei. Auch dieser Strecke, der Linie K ö l n — T r i e r, hat man ähnlich wie bei der Siegbahn diese Bedeutung bei ihrer Anlage nicht voraussagen können. Die Einrichtung des Schnellverkehrs erfolgte auf dieser Strecke erst sehr spät. Für den großen Güterverkehr kommt diese Route, der man vielleicht im Hinblick auf die benachbarte Lage ihres ursprünglichen Endziels Trier zum lothringischen

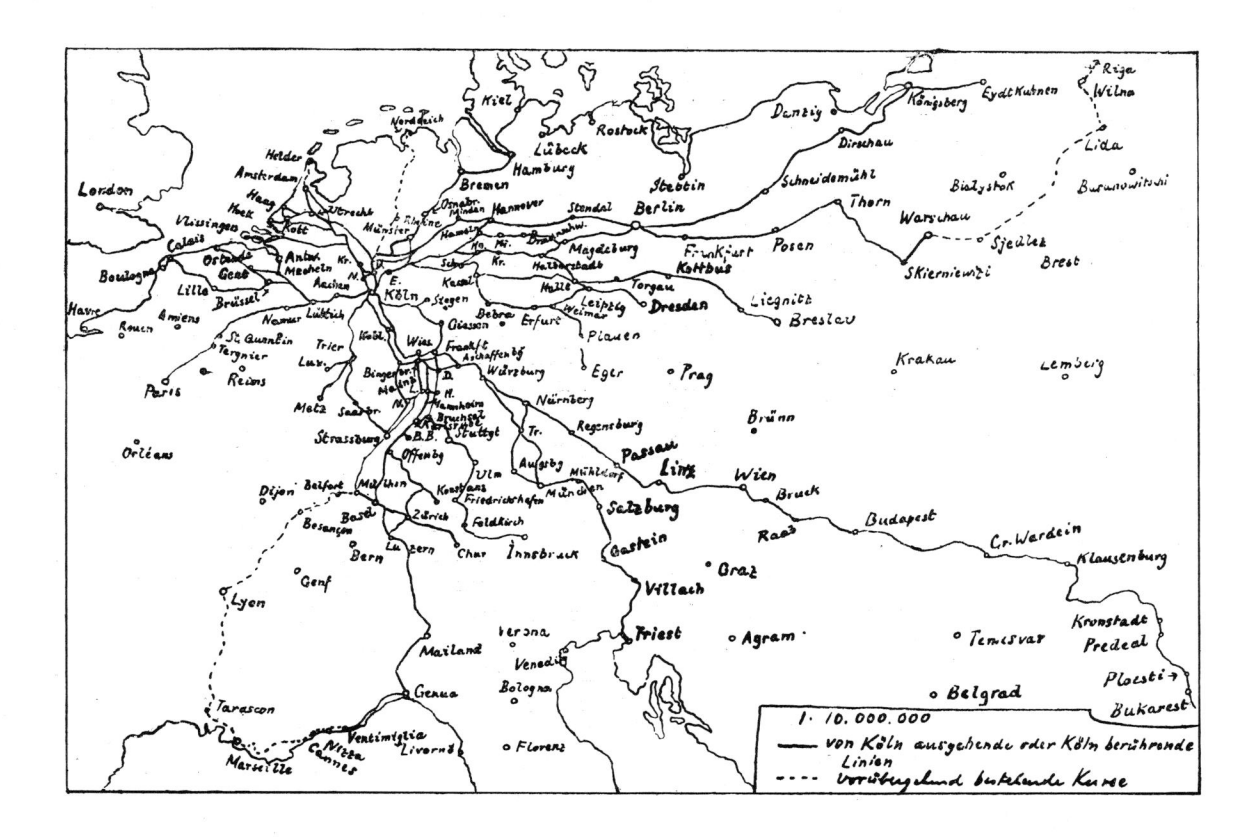

Eisenerzgebiet eine ganz besondere Aufgabe zuspricht, infolge der sehr schwierigen, technisch mangelhaften Linienführung weniger in Betracht. Die Bahn überschreitet im Gegensatz zu der älteren Köln—Aachener Linie das Vorgebirge westlich von Brühl und führt bei Liblar in ziemlich steilem Fall zur Erftsohle hinab. Von Euskirchen ab folgt sie dem kleinen Veybach aufwärts und überschreitet abermals in schwierigem An- und Abstieg eine Wasserscheide, die das Erft- und Ruhrgebiet trennt. Die Bahn folgt der Urft von Kall aufwärts bis Schmidtheim, um hier die dritte Wasserscheide, die schwierigste, die das Maasgebiet von dem der Mosel scheidet, in der Höhe der Rumpffläche zu überschreiten. Bei Jünkerath erreicht die Bahn das tief eingeschnittene und gering besiedelte Kylltal, dessen zahlreiche Krümmungen durch Brücken und Tunnels abgekürzt werden, bis sich bei Ehrang das Moseltal öffnet. Bei Trier teilt sich die Strecke in dreifacher Weise, der westliche Ast führt nach L u x e m b u r g, der mittlere in der Fortsetzung der Linie Coblenz—Trier nach Diedenhofen und M e t z, der östliche das Saartal aufwärts nach Saarbrücken und durch Lothringen und das Elsaß nach S t r a ß b u r g. Dementsprechend gestaltet sich auch der Zug- und Wagenverkehr. Ueber die Saarbahn wurden die Züge über Straßburg hinaus bis B a s e l geführt. In jüngster Zeit wurde auf dem linken Ufer auch der nordwestliche Sektor durch eine Bahn erschlossen, ein lange Jahrzehnte vernachlässigtes Gebiet, das durch die Versäumnis stark gelitten hat. Den sehr fruchtbaren Abschnitt um „die Gyllbach", die mittlere Erft und das Erft-Niersgebiet erschloß nach dem Versagen der Bergisch-Märkischen Gesellschaft erst der Staat vor ein paar Jahrzehnten, indem er eine Bahn von K ö l n über G r e v e n b r o i c h an der Erft nach M ü n c h e n - G l a d b a c h anlegte. Trotz des Bestrebens der jüngsten Zeit, die Linie innerlich auszubauen, hat sie bisher einen größeren Verkehr kaum erlangen können. Der durchgehende Verkehr endet in der holländischen Maasstadt V e n l o, wiewohl eine Fortführung der Züge über Venlo hinaus über Eindhoven und Boxtel eine neue und verkürzte Route nach Vlissingen herstellen könnte, wie ja auch der Verkehr über Gladbach und Roermond nach Antwerpen nicht nur für das Bergische Land und Düsseldorf, sondern auch für Köln eine 25 km betragende Verkürzung erreichen würde.

Die Tatsache, daß nur die Köln—Grevenbroicher Linie auf der linken Seite seit der Verstaatlichung der Bahnen gebaut worden ist, beweist, wie vortrefflich die Privatgesellschaften der Erschließung des Landes gedient haben. Auf der rechten Seite, wo allerdings die Verhältnisse anders, schwieriger liegen, ist jedenfalls nichts Wesentliches in den letzten 40 Jahren hinzugekommen.

Kölns Stellung im großen Verkehr findet nicht viele Parallelen. In besonders ausgewählter Stromlage liegt die Stadt an dem verkehrsreichsten Fluß Europas, der sich in das Meer gegenüber dem verkehrsreichsten Mündungstrichter der Erde ergießt. Der Strom berührt die bevölkertsten Gebiete des Festlandes, Gegenden höchstentwickelter Wirtschaft. In seiner unmittelbaren Nähe liegen aber auch dichtbesiedelte fremde Staatsgebiete, Länder alter, hoher Kultur, die gerade hinsichtlich des Verkehrs auf Kölns und der rheinischen Städte Entwicklung mit großem Nachdruck eingewirkt haben. Kölns Lage ist so prägnant, daß **Philippson sie ungefähr mit dem Mittelpunkt der europäischen Vollkulturländer identifiziert. Blum** verlegt den Pol der Halbkugel der größten Landesmasse in die Nähe der Loiremündung, entscheidet sich aber, um für seine wirtschafts- und verkehrsgeographischen Beobachtungen auf realeren Boden treten zu können, für den Pol in Köln, da an diesem wirtschaftlich und verkehrlich so bedeutungsvollen Punkt auch der **Mittelpunkt des höchsten Kulturkreises** liegt. So hat die Stadt große, in den natürlichen Verhältnissen beruhende Vorzüge. Diese **Naturlage** ist von den großen Gründern des rheinischen Eisenbahnwesens klar erkannt und sehr geschickt ausgenutzt worden. Man kann ihnen nicht nachsagen, daß sie die natürlichen Verhältnisse vergewaltigt hätten, wie man das eher von einigen großen Städten im deutschen Süden sagen kann, denen politische und dynastische Einwirkungen die Vorherrschaft im Eisenbahnverkehr verschafft haben, durch die nachbarliche, von Haus aus durch ihre Lage begünstigtere Siedlungen zurückgedrängt worden sind. Fast zwanglos, nur auf Grund der Naturgegebenheiten, hat sich der Ausbau des Verkehrssystems ermöglichen lassen. Das **verkehrsreichste europäische Küstengebiet** sendet seine Linien nach Köln. Boulogne, Calais, Ostende, Antwerpen, Vlissingen, Hoek van Holland und Rotterdam, Scheweningen und der Haag, Zandvoort, Haarlem und Amsterdam, der Helder, Bremen und Hamburg sind am Verkehr mit Köln beteiligt, an der fernen und für Köln so entlegenen Ostsee Kiel und, wenn die von den rheinischen Wirtschaftskreisen so sehr gewünschte Fehmarnbahn gebaut würde, sicherlich auch Lübeck. Eine große Zahl wichtigster Binnenpunkte ist über Köln hinaus mit den Küsten verbunden.

Es sind nämlich **zwei große Verkehrsrichtungen, die wichtigsten des Kontinents**, die den Pol von Köln berühren. Die Nord-Südrichtung führt von den Küstenstädten der Niederlande und Belgiens, den Verkehr von England mit übernehmend, rheinaufwärts und sendet, sich teilend, ihn an die Brennpunkte des Mittelmeeres und seiner Nebenmeere. Die westöstliche Richtung übernimmt den Verkehr der gleichen Nordwestküsten und der beiden großen Weltstädte Paris und London, und führt ihn ostwärts am Nordrande des deutschen Mittelgebirges und durch die norddeutsche Tiefebene sich abermals teilend zu den osteuropäischen Weltstädten. Freilich handelt es sich hier um die Feststellung der Hauptrichtung. Man wird sich hüten müssen, von einer einzelnen Verkehrslinie zu sprechen. Es ist ein ganzes Bündel von Linien, die, in mehr oder weniger geringer Entfernung nebeneinander laufend, in die Zone der Hauptverkehrsrichtungen fallen. Verteilt sich doch im Rheinland selbst der Verkehr nicht nur auf die Hauptlinien zu beiden Seiten des Stromes. Daß in dem Gebiet stark wechselnder politischer Bildungen, das stets im Vordergrund der großen Weltereignisse gestanden hat, die einzelnen Staatsgebilde mit mehr oder weniger großem Erfolge für die Führung des großen Verkehrs über ihre Linien sich bemühten, ist nur allzu begreiflich. Man denke an die drei großen ostfranzösischen Eisenbahngesellschaften, die den britischen Verkehr von den Kanalhäfen, teilweise sogar über Paris, zu den einzelnen Mittelmeerhäfen leiten, an die alte Interessengemeinschaft der belgischen und der reichsländischen Eisenbahn, auf deren Hauptlinie man ebenfalls vom Kanal zum Mittelmeer gelangen konnte, aber auch an das vor dem Kriege zustandegekommene Einvernehmen der belgischen Staatsbahn mit der französischen Ostbahngesellschaft, nach dem die deutschen Bahnen ausgeschaltet werden sollten.

So ist Köln in seiner Sonderstellung durchaus nicht ohne Konkurrenz und jedenfalls gerade jetzt infolge politisch staatlicher Einflüsse stark bedroht. Aber die ungeahnte Entwicklung, die es trotz der schrecklichen Kriegsjahre in so kurzer Zeit genommen hat, zeigt, daß es unter allen Umständen eine hervorragende Stellung in Handel und Verkehr behalten wird; ja, wir können behaupten, es wird auch noch auf voraussichtlich lange Zeit der Brennpunkt des Verkehrs bleiben, immer aber einer seiner wesentlichsten Faktoren sein.

KÖLNS HANDEL UND INDUSTRIE

VON GEHEIMRAT DR. H. C. LOUIS HAGEN
VORSITZENDER DER HANDELSKAMMER

Die Bedeutung des Kölner Bezirks für das rheinische und deutsche Wirtschaftsleben hat im Laufe der Jahrhunderte manche Umwandlung erfahren. Aus der von den Römern gegründeten Grenzfeste wurde im Laufe des Mittelalters mehr und mehr ein wichtiger Handelsplatz, der, die Beziehungen Deutschlands zu den westeuropäischen Ländern, insbesondere zu Holland, England, Flandern und Brabant pflegend, ein internationales Leben entwickelte und in der Blütezeit der Hansa eine führende Stellung in ihr zu erringen wußte. Nach allen Richtungen der Windrose liefen die Fäden des Kölner Handels und verknüpften Süddeutschland, Mittel- und Norddeutschland mit den genannten Westländern, aber auch mit der Schweiz, Italien, Oesterreich, Ungarn, Polen, Rußland und den baltischen Landen. Als Mittelpunkt eines reichen kirchlichen Lebens zog Köln auch auf diese Weise einen großen Verkehrsstrom an sich, der vor allen Dingen befruchtend auf das geschäftliche Leben wirkte. Das 16. Jahrhundert brachte diese Entwicklung zum Stillstand, nachdem das Zeitalter der überseeischen Entdeckungen den Schwerpunkt des Welthandels von Mittelmeer und Ostsee nach dem Atlantischen Ozean verlegte und dadurch den Holländern und Engländern, später auch den deutschen Seehäfen Bremen und Hamburg einen Vorsprung vor Binnenplätzen wie Köln gab, der dieses in die zweite Linie hinter die westlichen Seehäfen zurückschob. Nach einem fast dreihundert Jahre währenden Stillstand, der schließlich zu einem tiefstehenden Niveau des wirtschaftlichen Lebens führte, brachte das 19. und 20. Jahrhundert mit ihren starken politischen und wirtschaftlichen Veränderungen auch der alten Hansastadt Köln neue Möglichkeiten, durch deren Ausnutzung sie sich zu neuer Blüte entfaltete und wieder in die vorderste Reihe der deutschen Handelsstätte stellte, stark dahin strebend, diese Stellung nicht nur zu erhalten, sondern erfolgreich weiter auszubauen.

Die Grundlagen dieser wirtschaftlichen Stellung und Bedeutung Kölns sind mannigfache — zum Teil solche der Lage, auf denen schon die Stellung des mittelalterlichen Kölns beruhte, wie sie bereits im zweiten Kapitel eingehend geschildert wurden.

Die Neuzeit hat diesen Vorzügen noch weitere hinzugefügt. War Köln in der Zeit der Landstraßen ein Knotenpunkt des Straßenverkehrs, so blieb es dieser Knotenpunkt nicht minder, als in der ersten Hälfte des 19. Jahrhunderts die Eisenbahn die Landstraße ablöste und das westdeutsche Eisenbahnnetz von Köln seinen Ausgang nahm, Ursache und Wirkung der neuen Blüte Kölns zugleich. Die nach allen Seiten ausstrahlenden Eisenbahnlinien machten Köln zu einem der wichtigsten Brennpunkte des westdeutschen Eisenbahnverkehrs und zum Durchgangspunkt der großen westöstlichen und nordsüdlichen Verbindungen. Für die industrielle Entwicklung erwies sich in den letzten Jahrzehnten dann die zunehmende Erschließung des benachbarten Braunkohlenreviers und die daran anschließende Errichtung großer Kraftwerke besonders förderlich. Schließlich wirkte auf Handel und Industrie anregend und befruchtend die Lage Kölns am Rande des Ruhrgebietes, des bergischen, des Siegener und des Aachen—M.-Gladbach—Crefelder Industriegebietes, da sich hieraus eine Fülle von Anregungen und Beziehungen ergab, für den Handel durch die Versorgung dieser wichtigen Industriegebiete und der Absatz ihrer Erzeugnisse, für die Industrie durch die Weiterverarbeitung der Erzeugnisse der Nachbarindustrien und viele sonstige Wechselbeziehungen.

Der Handel Kölns hat im Laufe der Jahrhunderte wechselvolle Schicksale durchgemacht. Seine glänzende Stellung im Mittelalter hatten die Kölner Kaufleute durch Handelsvorrechte wie das Umschlags- und Stapelrecht zu erhalten und befestigen gesucht, konnten aber den Rückgang nicht aufhalten, den die andere Richtung der Weltverkehrsstraßen im 16. Jahrhundert brachte. Um die Mitte des 19. Jahrhunderts hatte der Kölner Eigenhandel bereits wieder einen beachtenswerten Umfang erreicht. Die hauptsächlichsten Handelswaren waren damals Wein, Getreide, Sämereien, Rüböl, Zucker, Kolonialwaren, Häute und Webwaren. Die Entwicklung der heimischen und benachbarten Industrie gab in der weiteren Folge dem Handel so starke Impulse, daß heute der Kölner Groß- und Kleinhandel an Vielseitigkeit hinter keinem deutschen Handelsplatze zurückstehen dürfte. An erster Stelle ist der Handel mit Textilwaren zu nennen, der mit mehreren hundert Betrieben sich auf den Handel mit Geweben, Tuchen, Leinen, aller Art von Manufakturwaren, Wäsche, Trikotagen, Garnen, Samt, Seide, Spitzen, Bändern, Besätzen, Putz, Damenhüten usw. erstreckt und in einigen dieser Zweige wie z. B. Putz und Modewaren nicht nur führend in Deutschland, sondern auch von internationaler Bedeutung ist. Charakteristisch für den Kölner Textilhandel ist seine häufige Verbindung mit eigener Herstellung, z. B. von Arbeiterkleidung, Wäsche, sonstiger Konfektion, Putz usw. An zweiter Stelle mit ebenfalls mehreren hundert Betrieben steht der Handel mit Nahrungs- und Genußmitteln, Kolonialwaren, Kaffee usw. Im Einfuhrhandel dieser Waren aus dem Auslande nimmt der Kölner Platz eine führende Stellung ein und erstreckt sein Absatzgebiet weit über die nähere Umgebung Kölns hinaus. Der Weinhandel hat längst nicht mehr die führende Stellung inne wie im alten Köln, das als „Weinhaus der Hanse" galt, ist aber immer noch von ansehnlicher Bedeutung. Unter den übrigen Handelszweigen sind als besonders hoch entwickelt noch der Handel mit Chemikalien und Drogen, Fetten, Oelen, Stahl, Eisen und Eisenwaren, Metallen und Metallwaren, Bergwerks- und Hüttenerzeugnissen, Holz, Häuten und Leder, Tabak und Tabakwaren, Glas, Schiefer, Kohlen, Papier, Rohstoffen, Vieh, Getreide- und Futtermitteln und ein reich gegliedertes Handelsvermittlergewerbe zu nennen, ohne daß diese Aufzählung schon erschöpfend wäre. Der branchenmäßige Aus- und Einfuhrhandel hat in allen diesen Zweigen von jeher eine erhebliche Rolle gespielt, während Einfuhr- und Ausfuhrhäuser allgemeinerer Natur, wie sie namentlich Hamburg und Bremen auszeichnen, früher in Köln nur wenig vertreten waren. Das hat sich in den letzten Jahren wesentlich geändert und heute zählt Köln unter den Handelsfirmen über hundert solcher allgemeinen Import- und Exporthäuser. Auch im übrigen hat die Zeit nach dem Kriege im Zusammenhang mit der Fremdherrschaft über die Westgrenze gerade dem Handel einen weiteren starken Anstoß gegeben. Wie der Handel im Ausland vielfach der Flagge folgt, so zog die Besatzung des Rheinlandes und die Wiedereröffnung der Grenzen eine große Zahl von englischen, französischen, belgischen, amerikanischen Firmen herein, denen die Niederlassung einer ganzen Reihe von zum Teil bedeutenden ausländischen Banken folgte. Das berüchtigte „Loch im Westen" zog allerdings auch eine nicht geringe Zahl von zweifelhaften Elementen an, aber diese treibhausartige ungesunde Blüte hat nach Herstellung geordneter Verhältnisse nicht ausgehalten und diese Parasiten großenteils bald wieder verschwinden lassen. Geblieben ist eine große Zahl von ausländischen Firmen, die sich vielfach durch Grundstückskäufe seßhaft gemacht haben und ernsthaft an der Wiederanknüpfung der durch den Krieg zerrissenen Handelsfäden tätig geblieben sind, mehrere tausend altansässige und zahlreiche neubegründete oder nach Köln aus anderen Städten verlegte deutsche Firmen, die in Einfuhr und Ausfuhr den Verkehr mit dem Auslande und die Versorgung des deutschen Marktes mit deutschen und ausländischen Waren pflegen. So hat der Kölner Handel seit dem Kriege einen neuen Aufschwung erfahren, der ihm eine wichtige Aufgabe für den Wiederaufbau der deutschen Wirtschaft und ihre Einschaltung in den Weltverkehr zuweist.

Die Begründung einer britischen, französischen, deutsch-österreichischen, niederländischen Handelskammer und die geplante Gründung einer italienischen in Köln, ebenso die 24 in Köln errichteten fremdländischen Konsulate, von denen eine ganze Anzahl von Berufskonsuln geleitet werden, beweisen, daß man auch im Auslande gerade Köln als Handelsplatz die entsprechende Bedeutung beimißt. In den letzten Jahren vor dem Kriege und in der Kriegszeit wies das Handelsgewerbe nach den Aufzeichnungen des Statistischen Amtes der Stadt Köln 5 000 bis 5 500 Betriebe auf. Im Jahre 1919 schnellte diese Zahl auf 11 500, im Jahre 1920 sogar auf 13 600 Betriebe herauf und dürfte sich inzwischen noch weiter erhöht haben.

Den Mittelpunkt des Kölner Handels bildet die B ö r s e. Während vor dem Kriege die Effektenbörse ein verhältnismäßig bescheidenes Dasein führte, bestand bereits seit Jahrzehnten eine ansehnliche Getreide- und Produktenbörse, die schon damals die größte in Westdeutschland war. Ihr wurde im August 1919 auf Beschluß der Handelskammer eine Warenbörse angegliedert, die bereits Ende 1919 tausend Mitglieder zählte und diese Zahl seitdem etwa verdoppelt hat. Auch die Getreide- und Produktenbörse nahm an Mitgliedern und Bedeutung zu, ebenso die Wertpapierbörse, an der sich neben einem immer beachtenswerteren Handel mit Wertpapieren ein erheblicher Devisenmarkt gebildet hat. Die großen Räume des alten Gürzenich vermochten die starke Besucherzahl nicht mehr zu fassen, sie mußten durch einen Notbau erweitert werden, der schon in Kürze seiner Bestimmung übergeben wird. Inzwischen wird das neue große K a u f -

mannshaus heranwachsen, das bestimmt ist, künftig den Mittelpunkt für die Kölner Kaufmannschaft zu bilden, der Börse reichliche und würdige Unterkunft zu bieten, auch Büro- und Sitzungsräume für Verbände und Firmen zu schaffen. Auf Anregung und unter Führung der Handelskammer und mit Unterstützung der Stadt Köln und der maßgebenden wirtschaftlichen Verbände und Firmen von Bankwelt, Handel und Industrie konnte am 1. April die Gründung der Kaufmannshaus-Aktiengesellschaft mit 50 Millionen Mark Aktienkapital vollzogen werden, ein immerhin stolzes Zeichen für den trotz der Schwere der Zeit ungebrochenen Wagemut der Kölner Kaufmannschaft. Die Anfänge der Kölner Industrie sind aus dem Handel und Handwerk hervorgegangen. Aus dem Handel mit Häuten entwickelte sich Gerberei und Lederindustrie, aus dem Zuckerhandel die Zuckerraffinerie, aus dem Tabakhandel die Tabak- und Zigarrenindustrie, aus dem Getreidehandel Mühlenindustrie, aus dem Handel mit Textilwaren manche Zweige der Textilindustrie und Konfektion, aus dem Handel mit Blei die bleiverarbeitende Industrie. Aus dem Seilerhandwerk entstanden zwei der bedeutendsten Kölner Industrien, nämlich zunächst die Seilerei, Hanfspinnerei und Bindfadenfabrikation und hieraus die Kabelindustrie. Ebenso ist die Kölnisch-Wasser-Industrie aus handwerksmäßigen Anfängen emporgewachsen. Die erste fabrikmäßig betriebene Unternehmung dürfte die Samtfabrikation gewesen sein. Einen nennenswerten Umfang nahm die industrielle Entwicklung im Kölner Bezirk wie im übrigen Deutschland erst in der Mitte des 19. Jahrhunderts an, machte dann aber rasche Fortschritte, zumal die sich gleichzeitig entwickelnden benachbarten Industriebezirke der Kölner Industrie für die Weiterverarbeitung ihrer Erzeugnisse und ihre Versorgung mit Maschinen und sonstigem Bedarf mannigfache Anregungen gaben. Die industrielle Entwicklung vollzog sich aber bei dem Festungscharakter Kölns und der damit gegebenen Enge überwiegend nicht im alten Köln, sondern in den später eingemeindeten Nachbarorten Deutz, Kalk, Mülheim, Ehrenfeld, Nippes usw. und in der weiteren Umgebung, so daß das alte Köln in seinem Kern mehr der Sitz des Handels, der den Kern umschließende Kranz von Vororten aber der Sitz der Industrie wurde. Mit dem Fall der Festungsbeschränkungen sind neuerdings auch die Schranken industrieller Ausdehnung im Stadtbereich gefallen und die Möglichkeit zur Erschließung neuen Industriegeländes mit Bahn- und Wasseranschluß gegeben worden, wofür die Stadtverwaltung bei Niehl in vorbildlicher Weise Vorsorge zu treffen beabsichtigt. Die Niederlassung zweier großer Unternehmungen, einer Waggonfabrik und einer Oelfabrik, in diesem neuen Industriegelände ist bereits gesichert.

Die Industrie des Kölner Bezirks zeigt eine ähnliche Vielseitigkeit wie der Handel. Die beiden hervorragendsten Industriezweige sind die Metall- und Maschinenindustrie und die chemische Industrie, beide mit vielseitigen Verzweigungen in reichster Mannigfaltigkeit. In der Metall- und Maschinenindustrie finden wir Walzwerke, Eisengießereien, Dampfkesselfabriken, Waggon- und Lokomotivfabriken, Herstellung von sonstigem Eisenbahnbedarf, Schiffsbau, Eisenkonstruktionsbau, Herstellung von Zerkleinerungsanlagen, Walzwerksanlagen, Drahtseilbahnen, Kranen, Maschinen für Bergwerke, für Hüttenwerke, für chemische Fabriken, für Brauereien usw., Werkzeugmaschinen, Gasmotoren, Elektromotoren, Akkumulatoren und elektrotechnischen Fabrikaten, Trieuren, Kabeln und vielen anderen Erzeugnissen. Neben einer Anzahl von hervorragenden Großbetrieben, die jeder Hunderte und Tausende von Arbeitern beschäftigen, sind es eine große Anzahl leistungsfähiger Mittel- und Kleinbetriebe, die mit den Großbetrieben darin wetteifern, den Ruf der Kölner Qualitätsarbeit in die ganze Welt zu tragen.

Von ähnlicher Vielseitigkeit ist die chemische Industrie, auch diese sowohl durch bedeutende Großbetriebe, wie durch zahlreiche Mittel- und Kleinbetriebe vertreten. Zu nennen wäre hier vor allem die Fabrikation von Anilin-, Blei-, Zink- und Buntfarben, von Lacken und Rußprodukten, anorganischen Produkten, Düngemitteln, insbesondere auch Stickstoffdünger, Asphalt- und Teerprodukten, Zelluloid, Aluminium, dann die Kautschukindustrie, pharmazeutische Industrie, Fabrikation photographischer Utensilien, Sprengstoff-Industrie und Kölnisch-Wasser-Industrie. An diese beiden Hauptindustriezweige schließt sich als dritter in ähnlicher Mannigfaltigkeit noch die Nahrungs- und Genußmittel-Industrie an, die hervorragende Erzeugungsstätten für Schokolade, Zuckerwaren, Zucker, Nährmittel, Margarine, Tabak, Zigarren und Zigaretten, ferner größere Mühlen, zahlreiche Brauereien und Kaffeeröstereien aufweist. Von Bedeutung sind ferner die Leder- und Schuhindustrie, Papier- und Tapetenindustrie, Kleider-, Wäsche-, Korsettindustrie, Glasindustrie, Möbel-, Goldleistenindustrie, die Industrie feuerfester Steine, Samt- und Segeltuchweberei und die polygraphischen Gewerbe. Während es im Jahre 1876 im Kölner Regierungsbezirk nur 414 Betriebe mit mehr als 10 Arbeitern gab, die zusammen noch nicht ganz 30 000 Arbeiter beschäftigten, bestehen heute nach Mitteilung des Vereins der Industriellen des Regierungsbezirks

Köln im Kölner Wirtschaftsbezirk allein schon etwa 30 Großbetriebe mit je über 1 000 Arbeitern und insgesamt mehrere tausend Betriebe mit schätzungsweise 180 000 Arbeitern. In der Stadt Köln allein betrug die Zahl der Industrie- und Handwerksbetriebe zusammen in den Jahren 1911 bis 1918 etwa 5 000 bis 5 400 und stieg im Jahre 1919 auf 7 900, im Jahre 1920 auf 8 900.

Die Eigenart der Kölner Industrie als einer überwiegend der Herstellung hochwertiger Qualitätswaren gewidmeten, wird sie besonders befähigen, den großen Aufgaben der Zukunft für den Wiederaufbau und die Hebung unserer Ausfuhr, an der für uns alles hängt, gerecht zu werden. Der in der Höhe der Löhne liegende ungünstige Faktor wird sich durch die Gunst der Lage und Verkehrsbedingungen für den Bezug von Rohstoffen und den Absatz der Erzeugnisse, ferner durch das Vorhandensein einer intelligenten und geschulten Arbeiterschaft, vor allem aber durch die Nähe der Braunkohle mit der dadurch gegebenen leichteren Versorgung mit Kohle und elektrischer Kraft ausgleichen lassen. So wird Köln namentlich für Industrien der Veredelung und Verfeinerung wie bisher so auch künftig zur Niederlassung geeignet erscheinen, namentlich nachdem nunmehr die Stadtverwaltung Industriegelände mit Bahn- und Wasseranschluß in reichlichem Ausmaß zur Verfügung stellen kann.

Das Verkehrsgewerbe hat von alter Zeit in Köln einen besonderen Rang eingenommen, stützte sich doch der Kölner Handel durch Jahrhunderte wesentlich auf das hochentwickelte Kölner Speditionsgewerbe. Auf die Stellung Kölns in der Rheinschiffahrt und im Eisenbahnverkehr wurde bereits hingewiesen. Nach dem Kriege haben Zahl und Umfang der Speditionsbetriebe und Betriebe des Verkehrsgewerbes außerordentlich zugenommen, wuchs doch die Zahl der Betriebe im Speditions- und Verkehrsgewerbe von etwa 300 bis 400 auf über 1 000. Es gibt heute kaum ein größeres deutsches Speditionshaus, das nicht wenigstens eine Filiale in Köln unterhält, und auch der Einfluß ausländischer Speditionsfirmen macht sich bemerkbar. Daneben haben sich das Lastfuhrgewerbe, der Kraftverkehr und Möbeltransport kräftig entwickelt. Ueber den Rheinschiffahrtsbetrieb orientiert ein besonderer Abschnitt dieses Werkes, so daß hier nicht weiter darauf einzugehen ist (vergl. den Aufsatz: Der Rhein und die Hafenpläne der Stadt Köln, S. 29). Nachdem der Versailler Frieden die deutschen Begünstigungstarife für die deutschen Seehäfen beseitigt und damit die Reichweite der holländischen und belgischen Seehäfen tiefer nach Deutschland hinein erstreckt hat, wird Köln erfolgreich bemüht sein können, einen Teil dieses Verkehrs an sich zu ziehen und damit deutschem Einfluß zu retten. Die Niederlassung hanseatischer Firmen in Köln dürfte ähnlichen Gedankengängen gefolgt sein.

Die Entwicklung des Handels und der Industrie in Köln wird durch ein hochentwickeltes Bank- und Versicherungswesen wesentlich gefördert. Im Versicherungsgewerbe ist Köln mit einer großen Anzahl bedeutender und gutfundierter Gesellschaften aller Versicherungszweige von jeher führend gewesen und hat im Bankgewerbe die schon im Mittelalter errungene Stellung als Bank- und Finanzierungsplatz selbst in den Zeiten des Niedergangs zu behaupten gewußt. Zahlreiche einheimische Aktiengesellschaften und Privatfirmen, außerdem aber auch Zweigniederlassungen der großen im übrigen Reich ansässigen Gesellschaften arbeiteten in den letzten Jahrzehnten im Bank- und Versicherungswesen Kölns. In neuester Zeit haben sich Banken und Versicherungen mit der fortschreitenden Entwicklung von Handel und Industrie noch stärker ausgedehnt. Neben der Begründung neuer Firmen haben noch weitere außer den bereits in Köln vertretenen deutschen Großbanken Zweigniederlassungen in Köln errichtet und sich eine Anzahl namhafter englischer, französischer und belgischer Banken niedergelassen. So reichen sich Handel und Industrie, Banken, Versicherungen und Verkehr die Hände, um in gemeinsamer Arbeit zu Kölns steigender Höhe beizutragen. Wie in den ersten Jahrzehnten des 19. Jahrhunderts führende Männer dem Kölner Wirtschaftsleben neue Bahnen wiesen und es aus seinem jahrhundertelangen Stillstand aufweckten, so werden auch in der Folge rheinischer Unternehmungsgeist und Gewerbefleiß die Nöte der Zeit zu überwinden trachten und das Kölner Wirtschaftsleben einsetzen in die großen Aufgaben des Wiederaufbaus Deutschlands und Europas, immer eingedenk, daß Kölns Wirtschaft untrennbar ist von seiner engeren Heimat Preußen, seinem weiteren Vaterlande Deutschland, von seiner politischen und namentlich wirtschaftlichen Entwicklung.

★

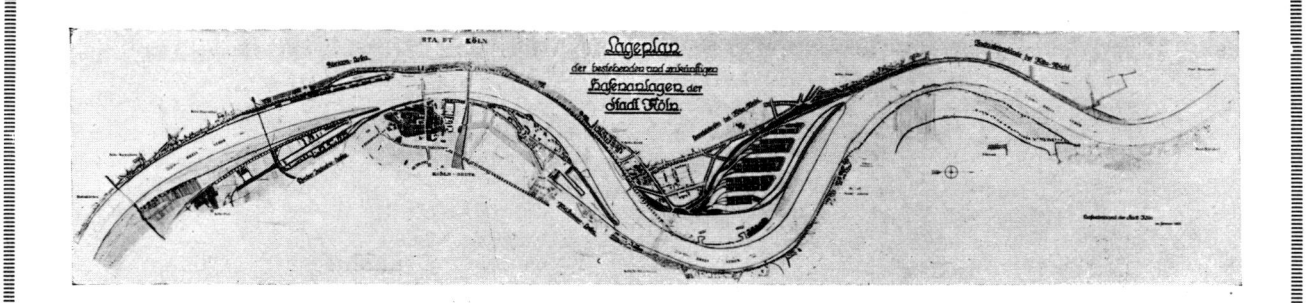

DER RHEIN UND DIE HAFENPLÄNE DER STADT KÖLN

VON OBERBAURAT BOCK, KÖLN

Die lebhafte industrielle Entwicklung in Deutschland, die mit der Neugründung des Reiches ihren Anfang nahm, hat in erster Linie diejenigen Landstriche erfaßt, die an den Hauptwegen des Verkehrs liegen und von der Natur durch reiche Bodenschätze ausgezeichnet sind. Der Rheinschiffahrtsweg stellt einen solchen Verkehrsweg von erster Rangordnung dar: dieser Strom trägt dank seiner auch in den heißen Sommermonaten überaus günstigen Wasserführung die größten Binnenschiffe des europäischen Verkehrs, seine beiden Ufer säumen Eisenbahnlinien von internationaler Bedeutung, seine Mündungshäfen Rotterdam, Amsterdam und Antwerpen stehen unter den europäischen Seehäfen an erster Stelle. Durch sie ist der Rhein an die Hauptweltverkehrsstraße, an die Straße von Dover, unmittelbar angeschlossen. Reiche Kohlen- und Erz-Vorkommen zeichnen das Stromgebiet des Rheines aus; zu beiden Seiten des Niederrheines beherrschen das Landschaftsbild ungezählte Fördertürme der Kohlenzechen. Das Siegerland und das Lahngebiet liefern bedeutende Mengen Erze; der Bezirk von Aachen neben Kohle auch Bleierze; das mittelrheinische Gebiet bietet wertvolle Natursteine und für den Verhüttungsprozeß hochwertige Tone dar; das Saargebiet wiederum Eisenerze und Kohle.

An der Rheinwasserstraße bildete sich darum eine nur durch die enge Felsenstrecke von Bingen bis Coblenz unterbrochene Reihe von Industriezentren. Diejenigen Plätze, welche durch die Ueberführung von westöstlichen Verkehrslinien ausgezeichnet wurden, erfuhren unter ihnen eine besonders lebhafte industrielle Entwicklung.

Seit dem Ende des Krieges hat die Rheinwasserstraße an Bedeutung für den innerdeutschen wie für den internationalen Verkehr in erheblichem Maße gewonnen. Die Ursache hierfür liegt einerseits in der Steigerung der wirtschaftlichen Beziehungen der Weststaaten zu den Völkern Mitteleuropas, da infolge des Verlustes von Rohstoffgewinnungsstätten und Gebieten landwirtschaftlicher Produktion für Deutschland die Einfuhr von Rohstoffen aller Art und von Lebensmitteln aus dem Auslande eine zwingende Notwendigkeit wurde; andererseits vergrößerte sich der Aktionsradius der Rheinschiffahrt seit der Eröffnung des Rhein—Herne-Kanals in den Kriegsjahren durch die damit gewonnene unmittelbare schiffbare Verbindung in das rheinisch-westfälische Industriegebiet, nach der Ems und den Emshäfen, nach der Weser mit ihren Mündungshäfen und in nicht zu ferner Zeit nach Durchführung des Ems—Weserkanals bis zur Elbe mit diesem Stromgebiet und mit dem nordostdeutschen Wasserstraßennetz überhaupt. Der Rhein, der bis in die jüngste Zeit jeglicher Zubringer-Schiffahrtsstraßen von einiger Bedeutung entbehrte, gewinnt nunmehr endlich Anschluß an das übrige deutsche Wasserstraßennetz; dieser bedeutenden Vergrößerung seines Einflußgebietes am Niederrhein wird zukünftig am Oberrhein ein Gegenstück gegeben werden durch die geplante und in der Ausführung bereits begriffene Schiffahrtsverbindung über den Main nach der Donau, durch die Neckarkanalisation, nicht zuletzt auch durch die schon lange erwünschte Verbesserung der Schiffahrtsstraße auf dem Oberrhein bis Basel. Vornehmlich erstere neue Verbindung dürfte durch die Erschließung der landwirtschaftlichen Erzeugnisse und sonstige Rohstoffe ausführenden Länder an der mittleren und unteren Donau für die Lande am Rhein von allergrößter Bedeutung werden.

Die Industrien in Westdeutschland beginnen sich dieser Neueinstellung des Verkehrs an der Rheinstraße anzupassen; allenthalben spürt man von neuem die starke Zugluft der Rheinschiffahrtsstraße; denn es leuchtet auch dem Laien ein, daß der Zustand, wie er bis in die jüngste Zeit bestand, wonach die Güterbeförderung auf dem Schienenwege billiger war als auf der natürlichen Schiffahrtsstraße, auf die Dauer nicht wird beibehalten werden können.

Von den drei von der städtischen Verwaltung erbauten und betriebenen Häfen liegt der eine, der sogenannte Rheinauhafen, auf der linken Stromseite, er ist, wie auch die beiden anderen Häfen, der Wohnstadt unmittelbar vorgelagert; aus diesem Grunde sind auch alle Häfen nicht mehr erweiterungsfähig.

Der Rheinauhafen besteht aus einem etwa 150 m langen und 570 ar großen Hafenbecken mit anstoßenden Werften am offenen Strom. Die nutzbare Werftlänge im Gebiet des Rheinauhafens mißt 4700 m. Insgesamt haben 27 Lagerhäuser, Getreidespeicher und Schuppen in diesem Hafengebiet Platz gefunden mit rund 100 000 qm Lagerraum.

Von den beiden auf der rechten Rheinseite liegenden Häfen ist der eine, nämlich der Deutzer Hafen, vorwiegend Industriehafen. Er besteht aus einem etwa 1 100 m langen Becken von 925 ar Größe und einem 700 m langen Werft am offenen Strom; in dem Hafen haben sich bedeutende Mühlenwerke, eine Eisfabrik mit Gefrierhaus, Holzbearbeitungswerke, Asphaltwerke, Erdöl- und Spiritusgroßhandelsfirmen niedergelassen.

Der Mülheimer Hafen endlich umfaßt ein 2 000 m langes Werft im Anschluß an den staatlichen Sicherheitshafen mit Lagerräumen von insgesamt rund 8 100 qm Flächengröße. An diesen Hafen, der vorwiegend dem Handels- und Massengutumschlag dient, sind auch zahlreiche industrielle Unternehmungen angeschlossen.

Sämtliche Häfen haben Verbindung mit der Staatsbahn, die Bahnbetriebsführung wird darin aber städtischerseits mit 13 Lokomotiven ausgeübt. An Kranen aller Art, von 1,8 t bis zu 30 t Tragfähigkeit, sind insgesamt 80 Stück vorhanden.

Wie schon erwähnt wurde, ist die Erweiterungsfähigkeit der Hafenanlagen infolge ihrer Umklammerung durch die Wohnstadt, teilweise auch — wie in Deutz — durch die Anlagen der Staatsbahn sehr beschränkt, andererseits ist die Stadt nicht mehr in der Lage, in den Häfen Grundstücke für industrielle Niederlassungen oder gar Lagerräume der Spedition zur Verfügung zu stellen. Lagerraum mußte daher nach dem Kriege teilweise mit Behelfsmitteln, so durch Erhöhung geeigneter Lagerhäuser um ein oder mehrere Stockwerke oder durch Ueberbauen von Freiladeflächen oder gar durch den Ersatz einstöckiger Schuppen durch mehrstöckige Lagerhäuser geschaffen werden. Für größere Industrien vollends, die Bahn- und Wasseranschluß benötigen, war im ganzen Strombereich von Köln keine Gelegenheit zur Niederlassung mehr vorhanden.

Durch das Fallen des Festungspanzers ergab sich von selbst die Notwendigkeit der Aufstellung eines Generalbebauungsplanes, für den die Festlegung der neu zu schaffenden Verkehrseinrichtungen für den Bahn- und Wasserverkehr und die Entscheidung über die zweckmäßige Unterbringung von Industrien und der hierfür erforderlichen Arbeitersiedlungen unbedingte Voraussetzung ist.

Die Ueberprüfung dieser Verkehrsfragen führte zu der Planung der neuen Anlagen, die in folgendem kurz gewürdigt werden sollen.

Für neue Hafen- und Werftanlagen eignet sich der Natur, der Ufer- und der Geländeverhältnisse nach aus der langen Rheinfront im Stadtgebiet von Köln nur das linksufrige Gelände ober- und unterhalb von Köln-Niehl zur Anlage großzügiger, für viele Jahrzehnte ausreichender Hafen- und Industrieflächen. Oberhalb Niehl kann eine ausgedehnte Handelshafenanlage geschaffen werden, und unterhalb Niehl läßt sich ein die Stromkrümmung begleitendes hochwasserfreies Ufer auf etwa 2 200 m Länge zu einer Industriewerft umgestalten. Industriegelände und Hafen gruppieren sich demnach um Niehl in günstiger Lage zum Strom. Der der Altstadt zunächst gelegene Handelshafen wird in das vom Rheinstrom in weitem Bogen umzogene Gelände zwischen Riehl und Niehl hineingebettet und unter dem Schutze eines Hochwasserdeiches liegen. Den Zugang zur Stadt bildet die den Bogen als Sehne begrenzende Boltensternstraße, die als solche weiter ausgebaut werden wird. Auf ihr wird auch die Straßenbahn an den Hafen herangeführt werden.

An den stromabwärts tangential in die Schiffahrtsrinne einführenden Hafenmund schließt sich binnenwärts ein etwa 800 m langes Vorbecken mit einem Schiffswendeplatz an, von dem aus parallel zum Hafendeich der Hafenkanal vorgetrieben ist; an ihn reihen sich vier gleichgerichtete Hafenbecken an. Diese vier Hafenbecken sollen vorzüglich dem Handelsverkehr mit Stückgut und Getreide dienen, die Werfte werden daher in diesen Becken mit senkrechten Ufermauern eingefaßt und mit Gleisen, Schuppen, Speichern und Verkehrsstraßen versehen. Das Ufer zwischen Hafenkanal und Hafendeich soll dagegen den Massengutverkehr von Kohle, Steinen, Holz und

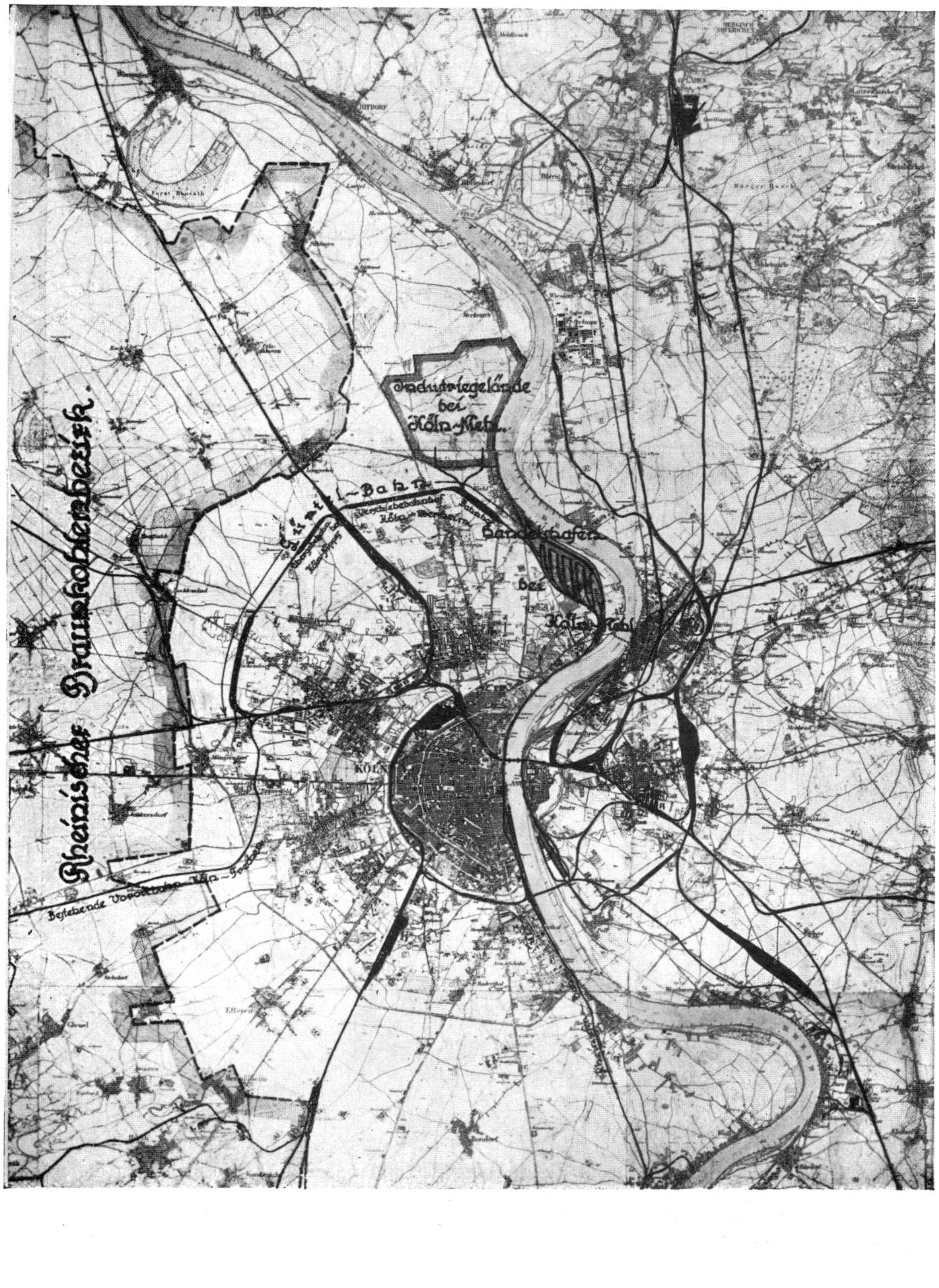
Industriegelände
bei
Köln-Niehl

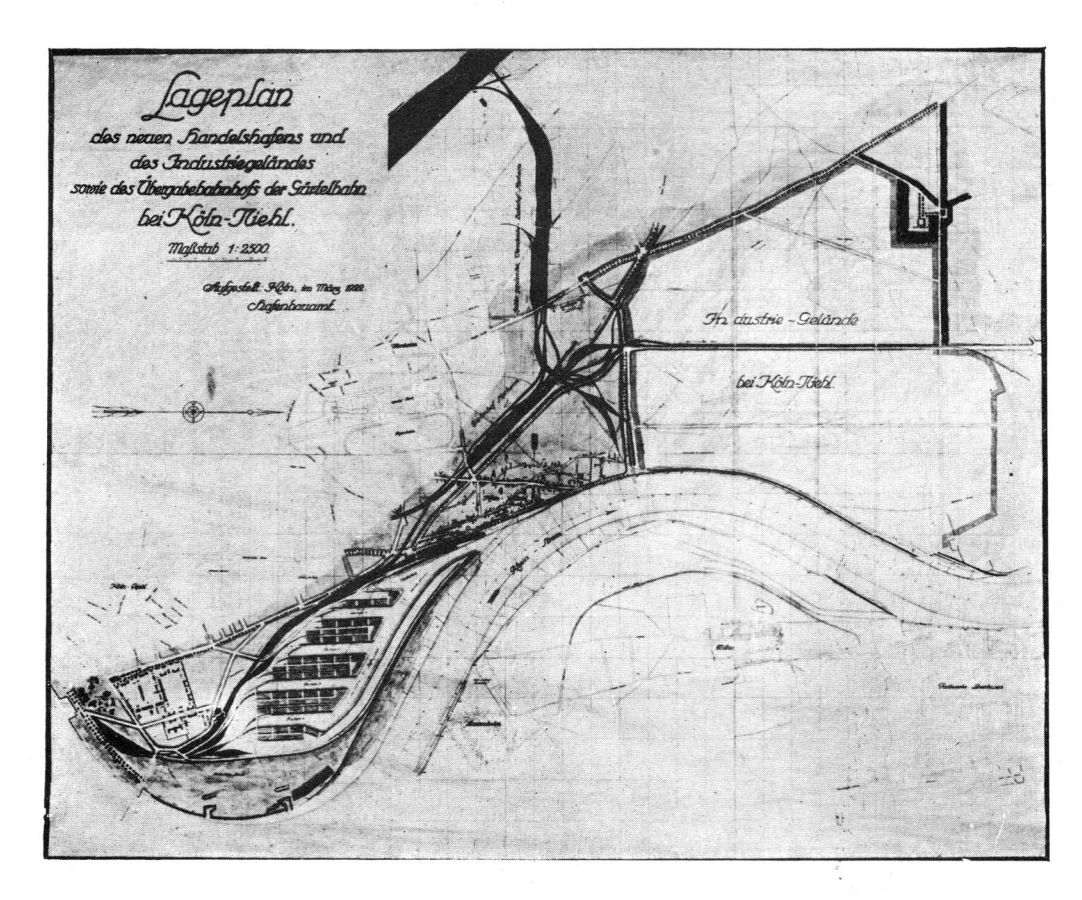

Lageplan des neuen Handelshafens und des Industriegeländes sowie des Übergabebahnhofs der Gürtelbahn bei Köln-Niehl. Maßstab 1:2500. Aufgestellt Köln, im März 1922. Hafenbauamt.

Chemikalien aufnehmen; diese Werft ist entsprechend einfacher mit steingeböschter Befestigung ausgestattet. Auf dem landseitigen Ufer des Vorbeckens kommen Kipper für den Stein- und Braunkohlenverkehr zur Anlage.

Neuartig ist die Gestaltung der Bahnausrüstung für das ganze Hafengebiet. Dieses ist in einzelne Teile zerlegt, und jeder Teil hat seinen besonderen Bezirksbahnhof, in dem möglichst nahe den einzelnen Ladestellen das Ordnen der Wagen nach letzteren vorgenommen wird.

Das gesamte Hafengebiet umfaßt 8050 m Werftlängen, 33,5 ha Werftflächen, 41,3 ha Bahnflächen, 15 ha Straßenflächen und 52,2 ha nutzbare Lagerflächen.

Das nördlich von Niehl zur Ausführung bestimmte **Industriegelände** hat bei 2200 m Werftlänge eine Flächenausdehnung von 507,3 ha. Durch mehrere mit dem Strom gleichlaufende Straßenzüge und senkrecht zum Strom verlaufender Straßen zweiter Ordnung ist es in weiträumige Blöcke eingeteilt. Neben den mit dem Strom gleichgerichteten Straßen verlaufen die Stammgleise, von welchen aus Anschlüsse in die Industriegrundstücke vorgestreckt werden.

Die Grundstücke der dem Rhein zunächst gelegenen Zone sind für Industrien mit vorwiegendem Schiffsverkehr bestimmt; in den weiter rückwärts gelegenen Zonen sollen Fabriken Platz finden, bei denen der Schiffsverkehr nicht die ausschlaggebende Rolle spielt; sie stehen gleichwohl in direkter Gleisverbindung mit der Industriewerft sowohl wie mit dem Handelshafen.

Industriegelände wie Handelshafen erhalten hinter der Ortschaft Niehl einen großen Gemeinschaftsbahnhof, in dem das Ordnen der Züge nach den einzelnen Bezirken stattfinden soll. Dieser Gemeinschaftsbahnhof steht durch die neu zu schaffende Gürtelbahn mit den Staatsbahnhöfen Köln-Nippes und Köln-Ehrenfeld in Verbindung. Die Gürtelbahn ist also die Zubringerlinie für die gesamten Hafen- und Industrieanlagen, sie stellt gleichzeitig die natürliche Fortsetzung der aus dem Braunkohlenbezirk herausführenden Köln-Frechen-Benzelrather Eisenbahn dar.

Das Industriegelände umfaßt eine große zusammenhängende Fläche, die bisher zu einem großen Teil als Exerzierplatz, im Restteil landwirtschaftlich genutzt wurde. Wohnstätten befinden sich auf dieser Fläche nur in ganz bescheidenem Um-

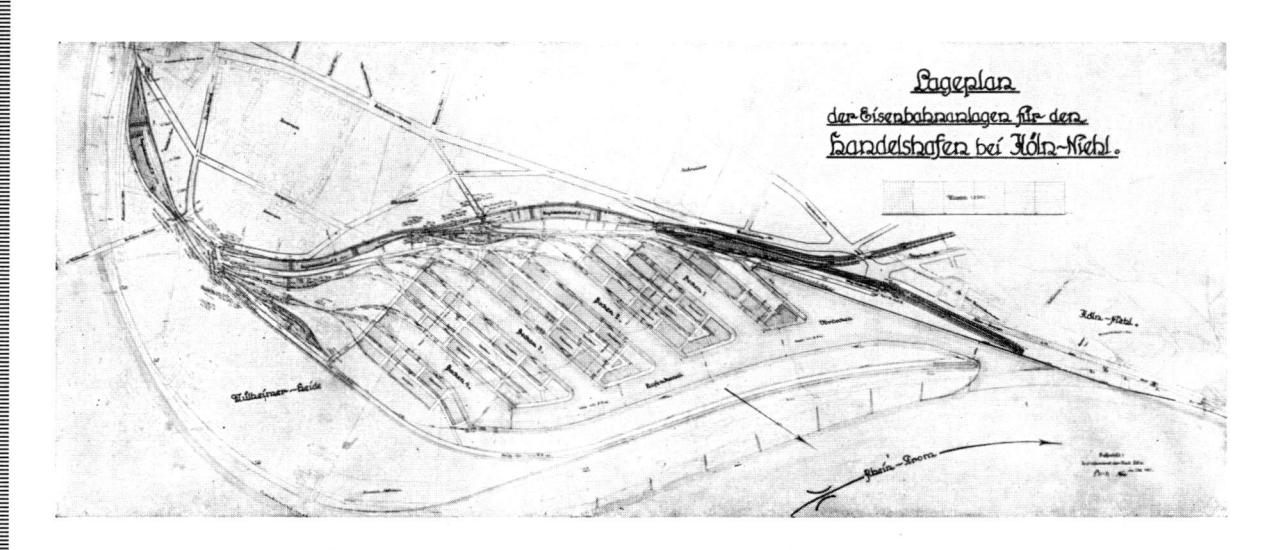

Lageplan der Eisenbahnanlagen für den Handelshafen bei Köln-Niehl.

fange. Dagegen erhoben sich am Rande des Geländes zwei Forts und ein Zwischenwerk, die geschleift worden sind. Ein nicht unerheblicher Teil des Geländes unterlag den Rayonbeschränkungen. Die Umgebung des Industriegeländes, das in seiner Ausdehnung etwa die Hälfte der Stadt Köln innerhalb des Bahngürtels einnehmen würde, weist gleichfalls vorwiegend landwirtschaftlichen Charakter auf; es ist als Siedlungsgebiet für die Anlage gesunder und allen sozialen Anforderungen gerecht werdender Arbeiterheimstätten vorgesehen. Grünanlagen werden sich durch diese Siedlungen durchziehen, ja der große im Zuge der Außenforts rings um die Stadt geplante Grüngürtel mit Sportplätzen, Volkswiesen und dergleichen, stößt an dieser Stelle auf das Industriegelände, so daß die Arbeiter auf kürzestem Wege von der Arbeitsstätte in die freie Natur gelangen können.

Industriestadt und Handelshafen werden einander ergänzen und sich gegenseitig befruchten. Niehl wird damit zum Zentrum einer neuen städtischen Entwicklung im Norden der heutigen Altstadt.

Die Pläne, deren Darstellung in Vorstehendem versucht wurde, sind so umfangreich, daß sie der Verkehrsentwicklung und Siedlungspolitik einer langen Reihe von Jahren genügen dürften. Der Ausbau soll nur schrittweise vorgenommen werden; zurzeit sind in der Ausführung begriffen das Vorbecken des Handelshafens mit einer Kipperanlage und insgesamt 380 m Werft für allgemeine Umschlagszwecke und im Industriegelände die Baureifmachung einer 53 ha großen Fläche in der rückwärtigen Zone für eine der bedeutendsten Waggonbauanstalten Deutschlands und einer 5 ha großen Fläche am Strom für die Errichtung eines großen Oelwerkes.

Aus folgenden besonderen Gründen — allgemeine Gründe wurden in der Einleitung bereits hervorgehoben — dürfte für Handelsniederlassungen wie für Industrien ein ganz besonderer Anreiz bestehen, sich in dem neuen Hafengebiet niederzulassen. Dieses Gebiet besitzt unmittelbare Bahnverbindung in das rheinische Braunkohlenrevier, dessen Produkte von Tag zu Tag an Bedeutung gewinnen. Wer heute dieses Gebiet durchwandert, wundert sich über die kraftvolle Entfaltung der Braunkohlenzechen und der Kraftwerke, die auf seinem Boden entstehen; hier wird billige elektrische Kraft gewonnen, auf deren Bezug sich die neuen Fabriken im Industriegelände einrichten können. Von hier aus können auch Brennstoffe in Gestalt von Industriebriketts, der Rohkohle oder der neuen Staubkohle den Feuerstätten im Industriegebiet unmittelbar zugeführt werden. Der Braunkohlenbezirk selbst aber wird mehr und mehr ein Absatzgebiet für Lebensmittel, für Baustoffe und sonstige Artikel des täglichen Bedarfs; hier entstehen in kurzen Zeiträumen immer wieder neue Siedlungen. Dieses entwicklungsfähige Gebiet wird zusammen mit der Großstadt Köln, die nahe an die 700 000 Einwohner heute schon zählt, und mit dem weiteren Hinterland eine große Aufnahmefähigkeit für Handelsgüter aller Art zeigen. Die Voraussetzungen für eine lebhafte Handelstätigkeit und eine gesunde industrielle Weiterentwicklung der Stadt sind also gegeben. In richtiger Erkenntnis dieser Sachlage fanden die Pläne der Stadt die einstimmige Gutheißung durch die Stadtverordnetenversammlung. An Handels- und Industriekreisen liegt es, sich die Gunst dieser Verhältnisse zu Nutze zu machen.

DAS ZUKÜNFTIGE KÖLN*)

VON PROFESSOR DR. ING. H. C. FRITZ SCHUMACHER
OBERBAUDIREKTOR, HAMBURG

Manchem wird es sicherlich etwas kühn erscheinen, wenn man von der Zukunft einer großen in lebendiger Unrast sich entwickelnden Stadt sprechen will. Wer kann vorausbestimmen, wie sich ihr Schicksal entfaltet, wer will, zumal in den Zeitläuften wie den jetzigen, wagen, Linien zu ziehen an der Nebelwand, die zwischen dem Heute und künftigen Zeiten aufsteigt.

In der Tat wäre es vermessen, glaubte man schildern zu können, was sein wird, aber das ist auch nicht die Meinung, wenn hier vom „zukünftigen Köln" die Rede sein soll. Was uns dabei vorschwebt, ist nicht eine prophetische Vision, sondern es ist ein Wunschbild; keine Behauptung, sondern eine Zielsetzung.

Solche Zielsetzung in Gestalt eines Wunschbildes hat aber jede große Stadt bitter nötig. Wenn wir heute den Entartungen der Großstadt vielfach hilflos gegenüberstehen und oft selbst da, wo scheinbar noch freier Spielraum für beliebige Bauabsichten bestehen, an tausend unsichtbaren Hindernissen stolpern, die unsichtbare Rechte, werdende Projekte, bestehende Verträge, kurz, zahlreiche einander kreuzende private und öffentliche Kräfte rings um eine Großstadt auszuspannen pflegen, so liegt der Hauptgrund für diese hoffnungslose Lage darin, daß nicht eine frühere Generation Ueberlegungen angestellt hat, die alle diese wirr durcheinander laufenden Fäden zu einem Wunschbild zusammenwob.

Auch wenn ein solches Wunschbild nicht Zug für Zug ausgeführt wird, gibt es doch den einzigen Schutz dagegen, daß nicht allerlei verschiedenartige Willensrichtungen sich auf einem Fleck Erde unvermerkt entwickeln können, die notwendigerweise in Konflikt geraten und einheitliche Absichten höheren Grades unterbinden müssen. Es gibt den Anhaltspunkt, an dem man, vor Entschlüsse in Einzelfragen gestellt, die Tragweite und Auswirkung des einzelnen Falles ermessen kann. Bei der Entwicklung einer großen Stadt ist die Hälfte aller Schwierigkeiten unbewußt entstanden und wäre oftmals ohne große Umstände zu vermeiden gewesen, wenn man ein Ziel gehabt und daraus die jeweiligen Notwendigkeiten erkannt hätte.

Solche Ziele müssen die Grundlage der technischen Entwicklungslinien geben, nach denen sich eine Stadt aufbaut. Sie können deshalb gar nicht früh genug erkannt und dann auch, — und das ist wichtig, — gar nicht früh genug in die Form fester Planungen gebracht werden, denn nur dadurch ist es möglich, all die kleinen Strömungen uneinheitlicher Bauabsichten, die jeder Tag des Lebens einer Stadt mit sich bringt, nicht aufhalten zu müssen, da man weiß, wie sie laufen dürfen, ohne zu schaden. Der Oberbürgermeister von Köln, Dr. Adenauer, hat aus der historischen Entwicklung der Stadt und den aus ihr erwachsenen Nöten die Leitmotive solcher Ziele herausgebildet. Die erdrückenden Ringe, die Kölns jahrhundertelange Festungseigenschaft immer neu um die Stadt legte, hat diese Ziele gebieterisch gesteckt, sie sind vor allem hygienischer Natur und finden als solche ihren Ausdruck in Grünanlagen, oder sie sind wirtschaftlicher Natur und finden als solche ihren Ausdruck in Hafen- und Industrieanlagen.

Alle Pläne, welche die Stadt in beiden Hinsichten bis zum Jahre 1918 haben konnte, waren beeinflußt von ihrem Festungscharakter. Der Phantasie blieb innerhalb dieses Zwanges nur ein geringer Spielraum. Man hatte sich längst gewöhnt, diesen Panzer als Schicksal für alles Endstehende hinzunehmen und war begreiflicherweise im Druck solcher Bande selbst in seinen Wünschen erschlafft. Das „zukünftige Köln", das sich bis zum Jahre 1918 dem planenden Geiste darstellt, war ein Gebilde, das sich linksrheinisch, — und nur von dieser Seite der alten Mutterstadt Köln wird zunächst zu sprechen sein, — dem Wesen seines Festungsgürtels folgend, in immer neuen Ringen zentrisch aufbaute.

Zwischen der festen Kernstadt, zu der die Altstadt und die Ende Neunzehnhundert entstandene Neustadt zusammengewachsen waren, und dem Kranz der Vororte sollte jenseits des Eisenbahngürtels, der hier die Stadt westlich mit einem Wall begrenzt, der leere Raum des einstigen inneren Festungsrayons durch eine lockere Villenstadt ausgefüllt werden. Jenseits der Vororte sollten neue ringförmige Straßenzüge das Gerippe der Weiter-

---

*) Vergl. das Werk: Köln, Entwicklungsfragen einer Großstadt, von Dr. ing. Fritz Schumacher unter Mitwirkung von Wilh. Arntz. Verlag Georg D. W. Callwey, München.

Abb. 1. Plan der historischen Entwicklung bis 1918

entwicklung geben. Ein neuer Schienenverkehrszug paßte sich in Gestalt der Gürtelbahn dem ringförmigen Aufbau des Stadtbildes an. An seiner Innenseite war die einzige Möglichkeit der Entwicklung von Industrie, die hier weit vom völlig besetzten Stromufer entfernt auf den Eisenbahnverkehr angewiesen war. So drohte besonders im Nordosten ein Kranz von industriellen Unternehmungen sich um die Wohnstadt zu legen, statt ihr hier im Gegenteil den Ausklang in die freie Natur zu geben.

Endlich schloß der äußere Festungsgürtel mit seinem Rayon alle Weiterentwicklung ab.

Das war ein Zukunftbild von einer unabänderlichen Struktur, die der Struktur genau entgegengesetzt ist, die wir heute für den Aufbau einer großen Stadt erwünschen. Nicht in Ringen, sondern in radialen Keilen muß sie sich entwickeln, wenn Bauland und Freiland gesund ineinander wachsen sollen.

Ich brauche kaum zu sagen, daß dieses „zukünftige Köln" von 1914 von keinem Kundigen ohne die größten Sorgen betrachtet werden konnte. Man sah ein Steingebilde, von daseinsfeindlichen Verknotungen durchwirkt, luftlos und freudlos eine unerwünscht gestaltete Gußform in zähem Fluß ausfüllen. Was dabei herauskam, konnte sozial und hygienisch nur ein Zerrbild werden.

Da sprengte das Jahr 1918 die verhängnisvolle Gußform; der Festungsgürtel fiel durch feindliche Siegerhand. Der unbebaubare Ring, der Kölns Entwicklungsbild beherrschte, wurde seiner Beschränkungen ledig.

Was bedeutete das für die Stadt? Man meint im ersten Augenblick einfach „Freiheit" sagen zu können. Aber wenn man näher zusieht, so kommt man zu dem Schluß: zunächst bedeutet es für die Stadt eine neue erhebliche Steigerung der ihr drohenden Gefahr. Wenn nun auch diese bisher unbebaubare Zone, die fast ganz im reich zersplitterten Privatbesitz ist, der spekulativen Bebauung anheimfällt, flutet die Steinmasse der Großstadt noch weiter und das Unheil verstärkt sich.

Die Stadt stand an einer Schicksalswende. Wenn sie entschlossen handelte, konnte sie Unheil in Segen verwandeln. Die Aufhebung der Festung wurde für sie zu einer wirklichen Freiheit, wenn sie den Rayon in die Gewalt der Allgemeinheit brachte und den eisernen Ring zu einem grünen Gürtel umgestaltete. Das erkannte der Oberbürgermeister, die Stadtverordneten folgten seinen Vorschlägen, das Reichsrayongesetz, das der Stadt unter bestimmten Beschränkungen im Rayongebiet das Enteignungsrecht zum Werte von 1914 zuspricht, gab die sachliche Unterlage zur Durchführung, und so entstand als wichtiger Wesenszug

das „zukünftige Köln", der Plan jenes 40 km langen Grüngürtels, der die Stadt umzieht. Aber zum Glück handelt es sich richtiger gesprochen nicht nur um ein Umziehen, sondern um ein Durchdringen. Denn da mit dem Fall der Festungsbeschränkung die Zwangsform der Ringentwicklung zugleich fällt, wird der Körper der zukünftigen Stadt andere Grundformen annehmen, so daß der grüne Ring sie nicht mehr abschließt, sondern mit seinem Arm in sie eingreift (vgl. Abb. 1). Diese Umentwicklung der Grundform ist der zweite wichtige Wesenszug, den wir für die zukünftige Stadt vorausschauen können, und zwar nicht nur als allgemeine Tatsache, sondern in den Grundlinien der kommenden Struktur. Und das hängt mit der zweiten großen Reform der Zukunftsabsichten von 1914 zusammen, der Verschiebung des an die Gürtelbahn sich anschmiegenden Industriegebietes aus dem Hinterland des Ringsystems heraus an den Rhein (Fläche A der Abb. 1). Es gehört naturgemäß an den Strom und jetzt, wo an seinem Ufer nördlich anschließend an den Rayon das große Gebiet des einstigen Exerzierplatzes frei wird, kann man es als grundlegende Tat für die Zukunft bezeichnen, dieses Gebiet sofort als Kern eines großen systematisch angelegten Industriegeländes festzulegen. Es steht in engem Zusammenhang mit den zukünftigen Hafenanlagen, für die der Rhein etwas südlich davon die einzige, und zwar höchst vorteilhafte Vorbedingung gibt, so daß sich in dieser Gegend der Stadt anschließend an Hafen und Industriegebiet ein neues Lebenszentrum entwickeln wird. Mit einem Wort: am Strom entsteht weiter nördlich eine neue Kraftquelle, ein Arbeitsgebiet von fast gleicher Größe wie die Altstadt. Es ist heute eine soziale Unmöglichkeit, ein solches Arbeitszentrum zu planen, ohne zugleich an die

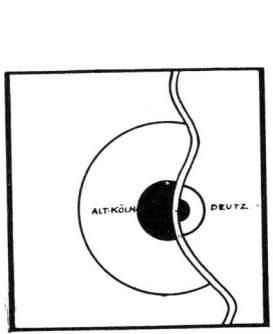

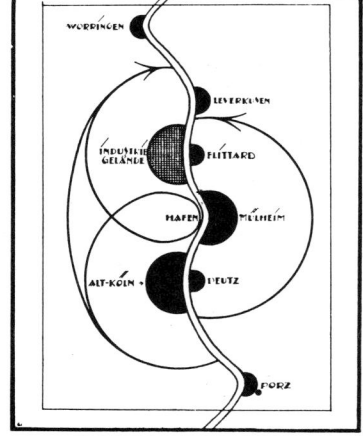

Abb. 2. Schema der alten und der neuen Entwicklungsbewegung von Köln

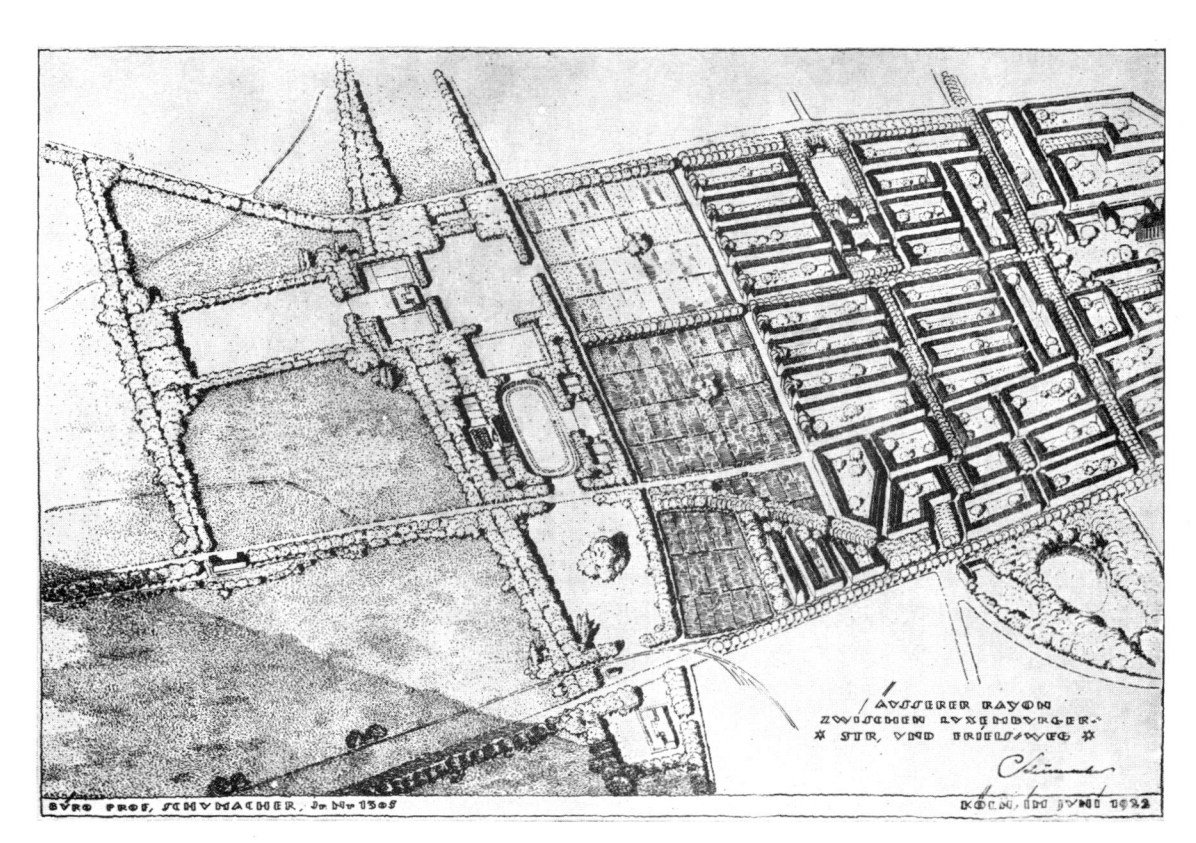

Abb. 3. Aeußerer Rayon. Uebergang von Bebauung, Pachtgartenstreif und Sportplatzzone   Umgestaltete Forts

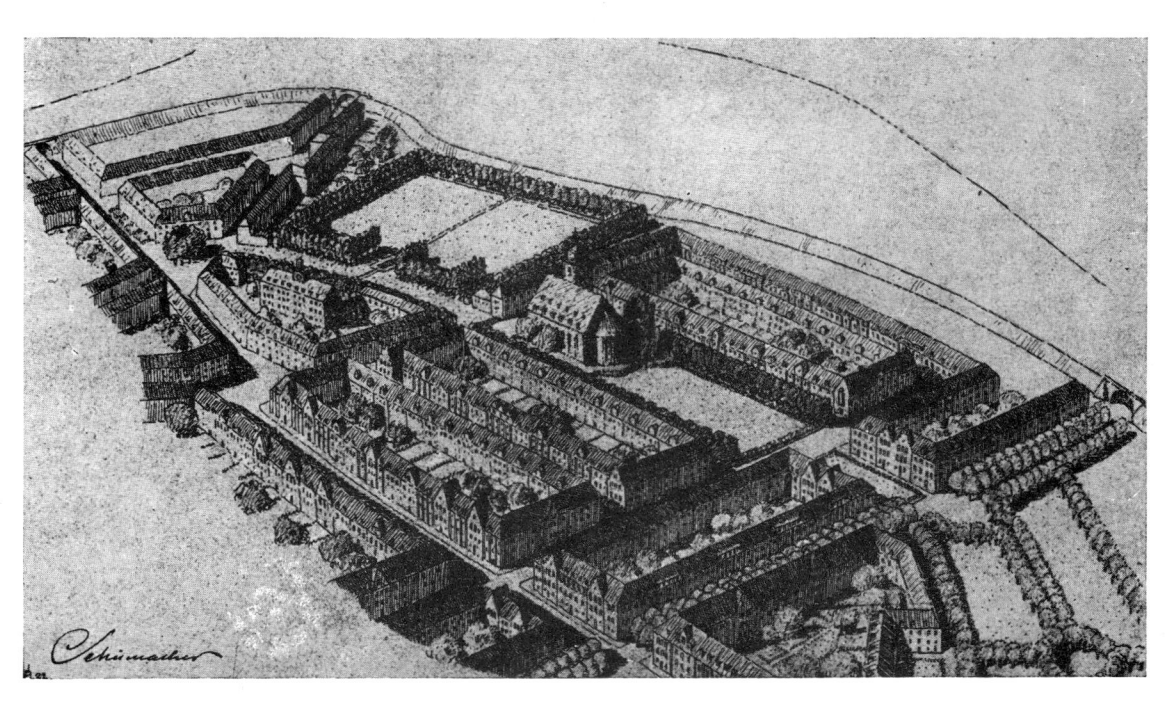

Abb. 4. Grünzug zwischen äußeren und inneren Rayon (linksrheinisch)

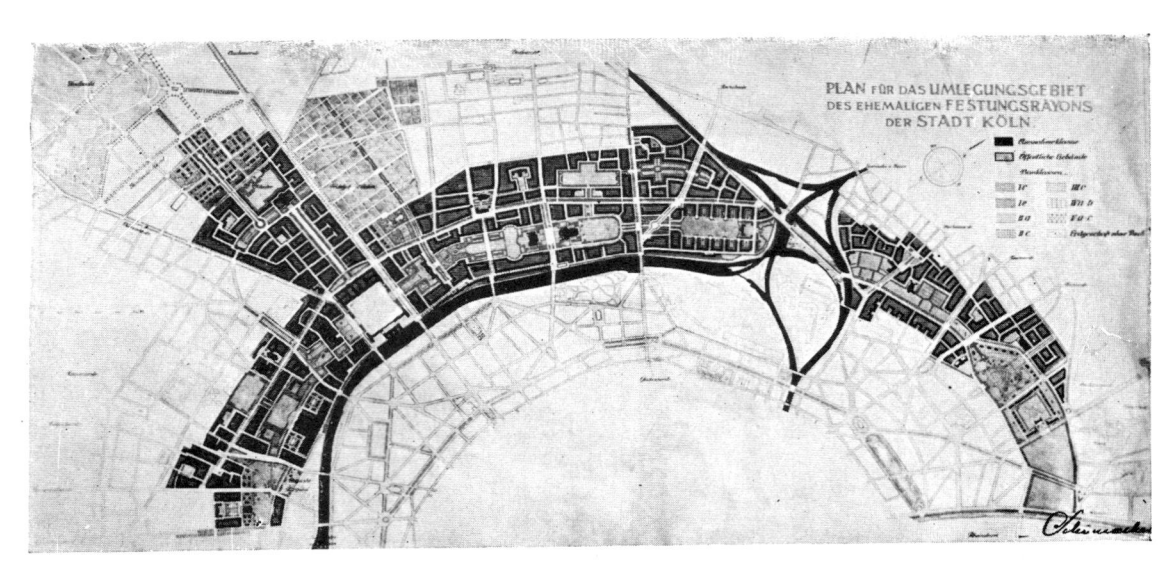

Abb. 5. Umlegungsgebiet des inneren Festungsrayons

Siedlungsfrage der mit ihm verbundenen Arbeiter zu denken. Alles in allem werden später einmal nahezu 200 000 Menschen mit diesen neuen Anlagen in Lebensbeziehungen stehen. Daß ihre Ansiedlung nicht in Form des bisherigen Großstadttypus geplant sein kann, ist selbstverständlich; man wird dafür ein weiträumiges neues System anstreben müssen, dessen Ansprüche sich in neuen Ringen um die Kraftquelle nach allen Seiten ausbreiten. Die neue (südliche) Hälfte dieser Ringe überschneidet sich mit den Ringen des bisherigen zum größten Teil bereits ausgesiedelten Stadtkörpers, die andere (nördliche) schneidet über das bisherige Kölner Stadtgebiet hinaus bis mitten in die Bürgermeisterei Worringen. Die Notwendigkeit, dieses Gebiet zwecks einheitlicher Gestaltung ebenfalls in Kölner Besitz zu haben, ist also die natürliche Folge der Planung des neuen großen Industriegeländes (vgl. Abb. 1).

So war das dritte große Projekt der letzten Zeit, die vielumstrittene Eingemeindung Worringens, ein notwendiger Bestandteil in der großen Neukonstruktur seines Organismus, die Köln für die Zukunft vorbereitet und in ihren Grundlinien bereits ins Werk zu setzen begonnen hat.

Das Schema der Abbildung 2 verdeutlicht, wie die Entwicklungsbewegung der Stadt von einem zentrischen zu einem elliptischen Gebilde führt, oder mit anderen Worten ausgedrückt: Köln wird von der Rückgratsverkrümmung seiner ringförmigen Gestalt erlöst und streckt seinen Körper in die Länge. Es streckt ihn in der für jede ungehemmte Entwicklung natürlichen Richtung längs dem licht- und lebenbringenden Strom nach Norden. Dieser orthopädische Prozeß der Umkonstruktion der Lebensform Kölns ist das wichtigste erste Ziel aller städtebildenden Bemühungen. Es gibt die Grundlage zu allen weiteren städtebaulichen Gedankengängen, die sich mit der Zukunft dieser Stadt beschäftigen.

Wenn ich hier von Ringen gesprochen habe, die sich um das neue Arbeitszentrum legen, so darf man nicht etwa daraus schließen, daß der Städtebauer beabsichtigt, hier nach dem gleichen verhängnisvollen System zu arbeiten, daß der Festungszwang der bisherigen Stadt auferlegte. Sein Ziel wird im Gegenteil sein, den kompakten Zusammenschluß der neuen Wohnflächen zu vermeiden und statt dessen verstreute Siedlungen mäßigen Umfanges entstehen zu lassen, die sich knollenartig um die Mutterpflanze legen. Nach der Eingemeindung von Worringen ist die zur Verfügung stehende Fläche groß genug, um ein Zukunftsbild vorzubereiten, bei dem der Ackerbau-Charakter der Gegend nicht verschwindet, sondern die Felder zwischen Ortschaften von etwa 20 000 Seelen noch eine wichtige Rolle spielen. Das ist um so eher möglich, als dies Gebiet nicht nur durch den jetzigen Zug der Staatsbahn, sondern auch noch durch eine eigene Bahnanlage zwischen Köln und Worringen, die in weiter Kurve zum Strom hin auslädt, erschlossen werden soll. Durch das ganze Gebiet hindurch wird sich ein Netz von Grünzügen erstrecken, das, vom Grüngürtel des äußeren Rayon ausgehend, die in der Natur hervorgehobenen landschaftlichen Punkte miteinander verbindet. Es berührt den großen künstlichen See, der sich durch die Ausschachtungsarbeiten der Eisenbahn bei Fühlingen gebildet hat, umfaßt den Merheimer Bruch und fin-

Abb. 6. Modell des inneren Rayon zwischen Luxemburger und Bachemer Straße

Abb. 7. Modell des inneren Rayon. Wissenschaftliches Forum

Abb. 8. Modell des inneren Rayon. Blick vom neuen Bahnhof bis zur Kirche Melaten

Abb. 9. Modell des inneren Rayon   Blick über das Wasserbecken am Aachener Tor nach Norden

Abb. 10. Wasserbecken am Aachener Tor

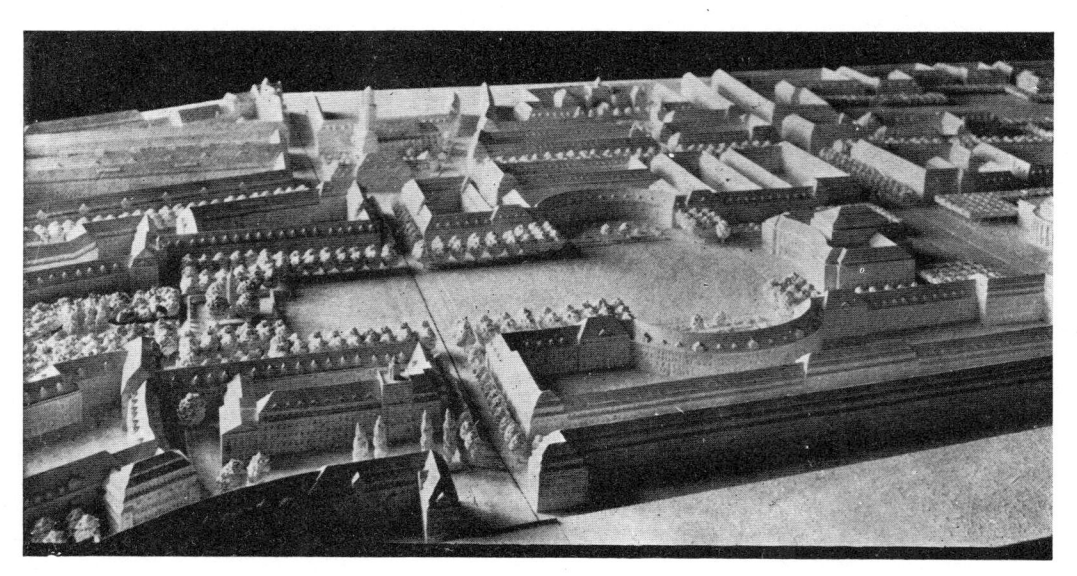

Abb. 11. Modell des inneren Rayon. Grünanlagen zwischen Aachener und Venloer Straße

Abb. 12. Modell des inneren Rayon. Anlagen an der Venloer Straße

Abb. 13. Modell des inneren Rayon. Wohngruppe mit Pachtgärten

Abb. 14. Modell des inneren Rayon. Wohngruppe an der Herkulesstraße

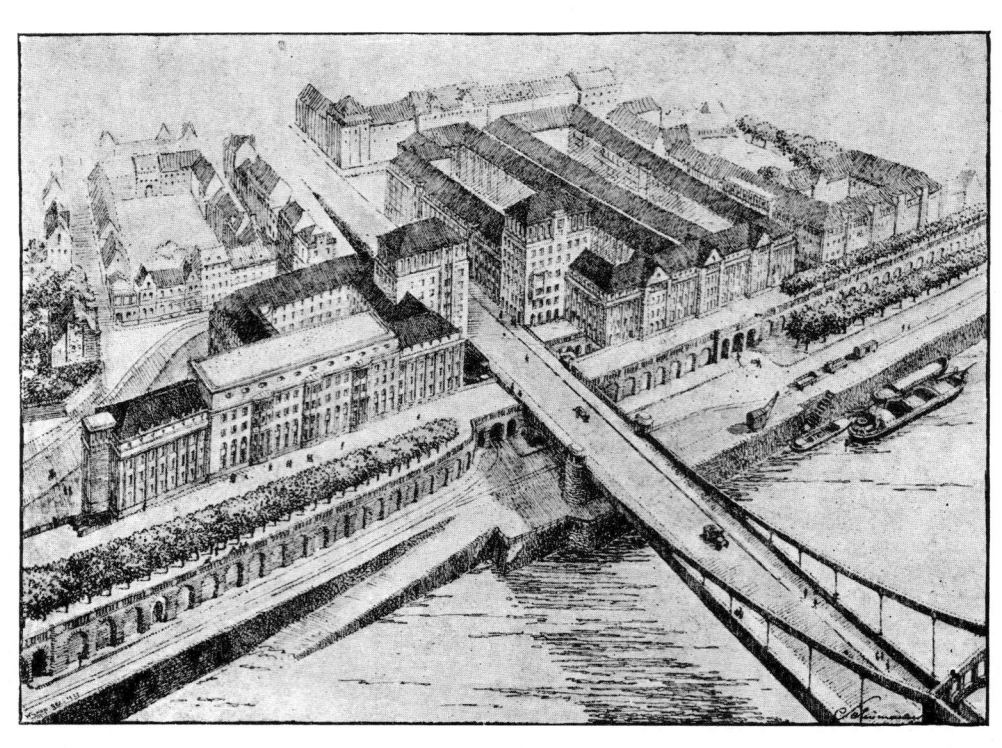

Abb. 15. Brückenkopf der Hängebrücke (rechtsrheinisch)

det seinen eigentlichen Zielpunkt in den wundervollen fiskalischen Forsten des Chorbusch. So ist für die Grünbedürfnisse der Außengebiete und der Neulandgebiete des linksrheinischen Köln ausgiebig gesorgt.

Ein Grünsystem wird hier vorbereitet, wie wohl nur wenige Städte es sich zu schaffen vermöchten. Seine Ausführung beginnt im äußeren Rayon mit der Umwandlung der Trümmerstätten der gesprengten Forts und Zwischenwerke zu Sportplätzen, Waldschulen und Volkswiesen. Ein ganzer Kranz sozialer Grünflecken entsteht hier aus dem Chaos der Verwüstung. Diese betonten Punkte werden durch die Felder hindurch mit baumbesäumten Wegen untereinander verbunden. Je nach Bedarf und Möglichkeit werden dann anschließend an dies Netz Feldstücke mit Bäumen besetzt, was besonders an den Teilen nötig sein wird, wo es gilt, einen Schutzwald zu ziehen gegen die Einflüsse der herandrängenden Braunkohlengruben und ihrer industriellen Anlagen. Diese Freiflächen mit dem Rand der Stadt in einen organischen Zusammenhang zu bringen, ist eine wichtige städtebauliche Aufgabe. Bei ihrer Lösung ist angestrebt, die Bebauung allmählich in flach gehaltenen Kolonien ausklingen zu lassen. Dann folgt möglichst nahe der Stadt ein durch die Bebauung gegliederter Streifen von Dauer-Pachtgärten, und als nächste Zone schließt daran der Kranz der Spiel- und Sportplätze. Das Ganze klingt dann aus in Felder und Anlagen. Abb. 3 und 4 zeigen die Art, wie diese Zusammenschlüsse der Lösung zugeführt werden.

Weit schwieriger ist es für die Innengebiete des bereits entwickelten Stadtkörpers, eine Grünpolitik durchzuführen, die wenigstens in etwas dem entgegenwirkt, was sich bisher entwickelt hat. Daß unter dem Zwang der mittelalterlichen Festungswälle in der Altstadt im Laufe der Jahrhunderte allmählich das ursprünglich reichlich vorhandene Grün von Häusern aufgefressen wurde, ist ein unhemmbarer Vorgang, den kein Wille aufzuhalten imstande gewesen wäre; wohl aber wäre es denkbar gewesen, durch die große Stadterweiterung, die im Jahre 1882 nach dem Falle dieser Wälle einsetzte und die Neustadt entstehen ließ, der erstickenden Stadt Luft zu schaffen. Das erkannte man damals nur in unvollkommener Weise; wohl schuf man breite baumbestandene Straßen, aber weder das Innere der Blöcke wurde für Gärten freigehalten, noch entwickelten sich Parks, die im Verhältnis standen zu der Masse der Häuser.

Eine letzte Gelegenheit, dieses Versäumnis nachzuholen, ergab sich, als auch der Rayon der herausgeschobenen inneren Festungswerke aufge-

Abb. 16. Modell der Kölner Messe   Arch. Verbeek und Pieper

hoben wurde. Aber auch diese Gelegenheit wäre um ein Haar verpaßt worden, denn schon war ein Bebauungsplan für diese weitgestreckte Zone genehmigt, der kaum nennenswertes öffentliches Grün, das Köln so bitter nötig war, hatte durchsetzen können. Nur der Krieg hinderte seine Durchführung, und als 1918 die Bautätigkeit wieder einsetzen wollte, erkannte der Oberbürgermeister noch im letzten Augenblick die Notwendigkeit, die Ziele dieses Planes umzustellen. Ein eigenes Gesetz, das der Stadt für dieses Gebiet das Recht freier Umlegung des zersplitterten Besitzes und dabei die Verwendung von 50 Prozent für öffentliche Zwecke gab, schuf die Grundlage dafür.

Der hier beigegebene Plan (Abb. 5) zeigt besser als eine Beschreibung mit Worten, was den damit gegebenen Möglichkeiten abzugewinnen versucht ist. Vor allem wurde, am Rhein beginnend, ein großer, zusammenhängender, öffentlicher Grünzug geschaffen, der sich, von Sportplätzen begleitet und von Volkswiesen, Pachtgartengruppen, Ziergärten und Mütterplätzen durchsetzt, durch das ganze Gebiet hindurchzieht. Ein früheres Fort ist im Norden, ein großer, alter Friedhof im Westen in diesen Grünzug einbezogen. Die Grünanlagen sind so mit der architektonischen Gestaltung des Ganzen in Verbindung gebracht, daß sich eine Kette abgeschlossener, großer Raumeindrücke ergibt, in die öffentliche Bauten ver-

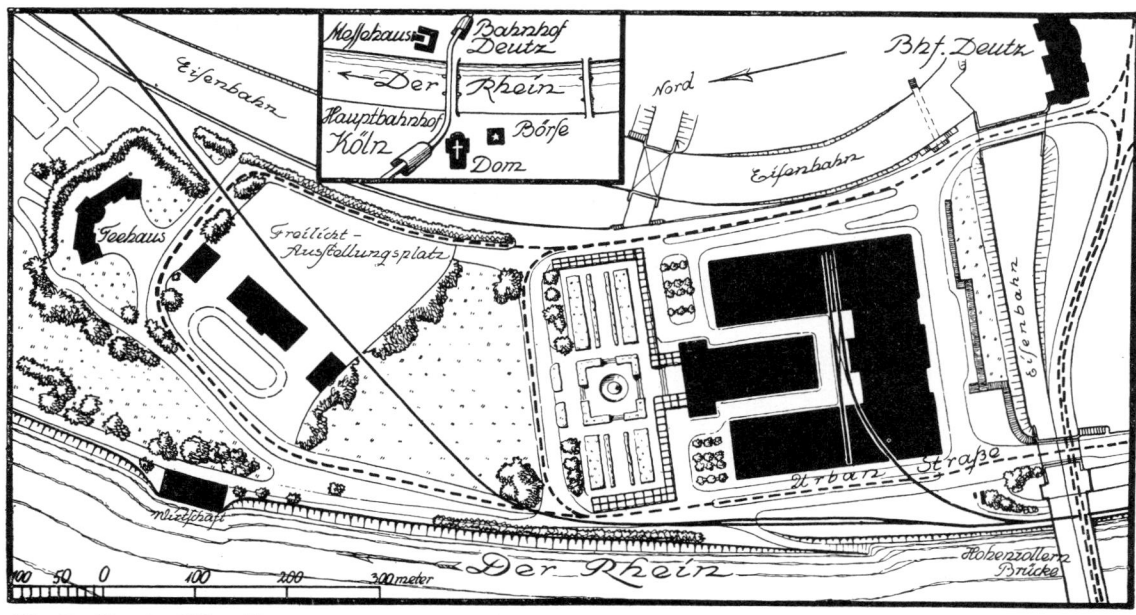

Abb. 17. Plan der Kölner Messe

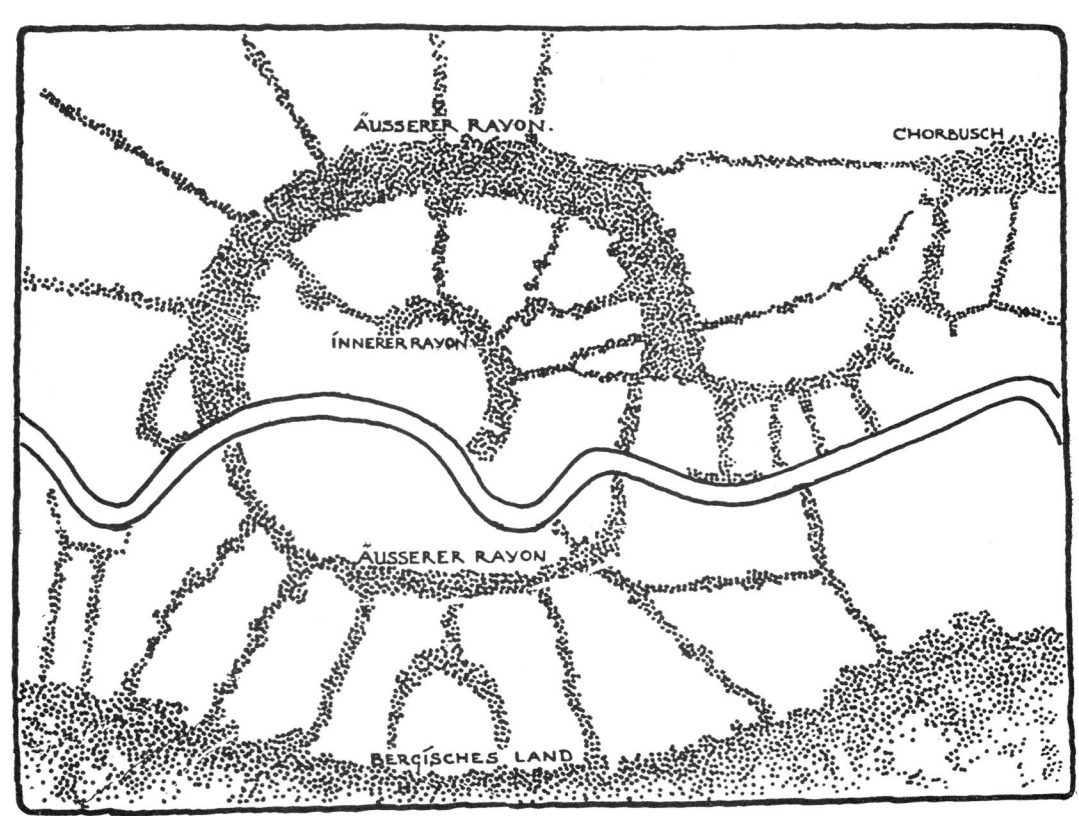

Abb. 18. Schema des Systems der Grünanlagen

schiedener Art eingreifen. Für ihre Unterbringung steht in Köln nur noch dieses Gelände zur Verfügung. Im Mittelpunkt der ganzen Anlage, da, wo die große Achse in der Aachener Straße das Gebiet schneidet, ist in den Zug der Grünanlagen ein großes Wasserbecken eingefügt, das von Geschäftshäusern und Hotels umsäumt ist. Hier ist anschließend an einen neuen Entlastungsbahnhof ein neues Geschäftsviertel zu erwarten und die ganze Anlage ist darauf zugeschnitten. An einzelnen Punkten soll sich die Bebauung über die Grenzen des von der Bauordnung Erlaubten zu höheren Gebilden erheben dürfen (Abb. 9). Die Arkaden, die sich am Wasserbecken entlangziehen, fassen den ganzen Baukomplex zu **einem** einheitlichen Motiv zusammen, dessen Achsen nach den verschiedenen Seiten in den anstoßenden Raumgebilden weitergeführt werden. Nach Westen leitet der Wasserzug eines Kanals die Verbindung ein, die von dem Ring der neuen Grünanlagen zum Stadtwald führt. Dieser greift seinerseits wieder in den Grüngürtel des äußeren Rayon ein, so daß der Zusammenhang in dem neuen Anlagensystem hergestellt wird. Die Abbildungen nach Teilen des Modells, das der Umlegung zugrunde liegt, zeigen, welche Wirkungen angestrebt werden (Abb. 6-14). Für den Typus der Bebauung war maßgebend, daß das Gesetz einen Wertausgleich verlangt für die Gewährung von 50 Prozent des Bodens für öffentliche Zwecke. Der Bebauungsplan muß so aufgestellt sein, daß jeder Besitzer trotz der Verkleinerung seines Grundstückes den gleichen Wert erhält, wie beim alten Bebauungsplan. Das läßt sich nur erzielen durch eine sparsame Straßenanlage, durch einen wirtschaftlichen Zuschnitt der Baublöcke und durch eine Steigerung ihrer Ausnutzbarkeit in der Höhe. Je geschickter die beiden ersten Mittel angewandt sind, um so weniger braucht man vom letzten Gebrauch zu machen. Man sieht, es ist unter den gegebenen gesetzlichen Umständen nicht möglich, in diesem Gebiete das soziale Bauideal des billigen Einzelhauses zu verwirklichen, man kann im allgemeinen nur gute bauliche Zusammenhänge für das reformierte Mietshaus schaffen. Zwei Obergeschosse wiegen vor, an den großen Verkehrszügen steigert sich die Bebauung zu drei Obergeschossen, an einzelnen Stellen sinkt sie

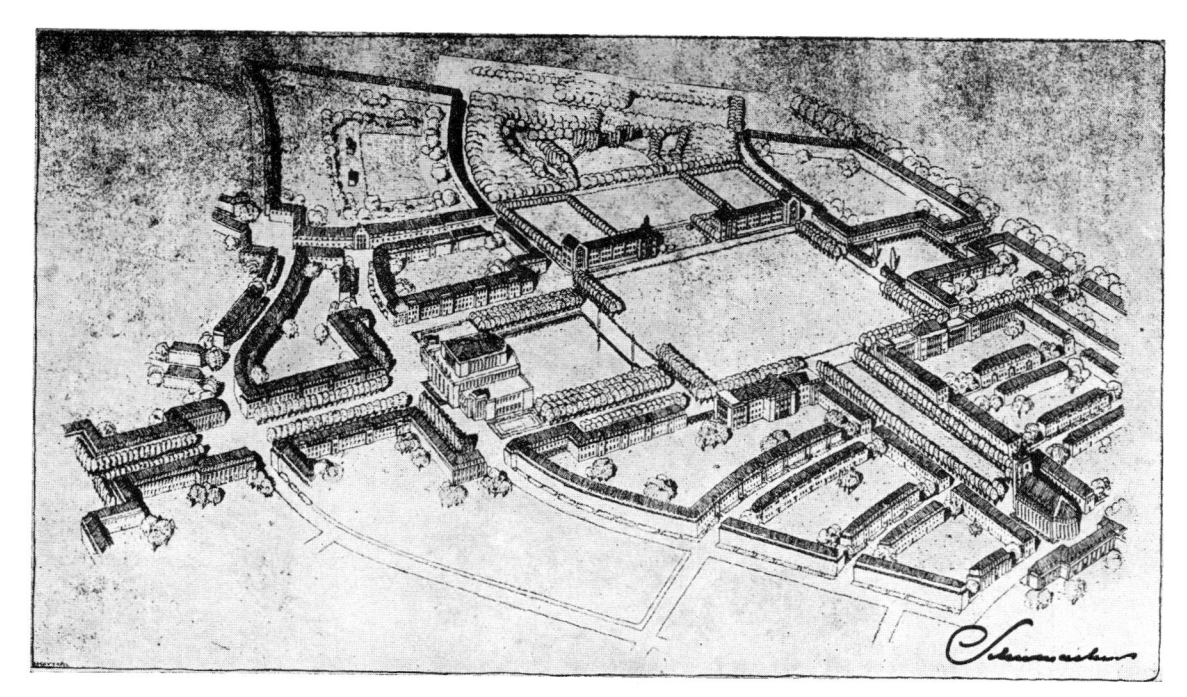

Abb. 19. Aeußerer Rayon (rechtsrheinisch), Platzanlage, anschließend an ein umgestaltetes Fort

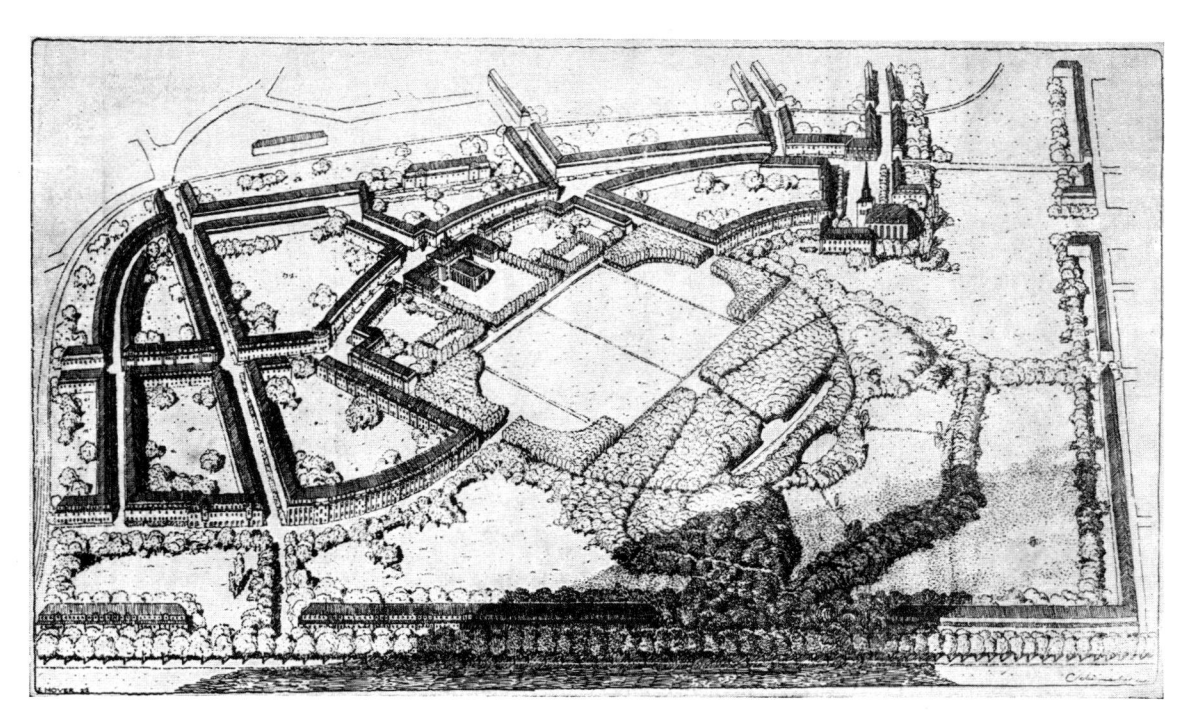

Abb. 20. Aeußerer Rayon. Anschluß von Sportanlagen und Bebauung an ein umgestaltetes Fort

zum Einzelhaustypus herab. Je vollkommener dieser Wertausgleich erreicht wird, um so näher kommt man dem sozialen Ziel, dies Gebiet möglichst weiten Kreisen zugänglich zu machen.

Diese ungeheure Umlegung ist ebenso wie die Umformung des äußeren Rayons eine bodenpolitische Aktion, wie sie in diesem Ausmaß wohl noch nie nach einheitlichen Gesichtspunkten unternommen ist. Der unendlichen Fülle von Schwierigkeiten, die im einzelnen dabei zu überwinden sind, steht ein großes, für das Schicksal der Stadt entscheidendes Ziel gegenüber.

Greift man mit dieser großen Umgestaltung bis weit in den Körper der bestehenden Stadt hinein, so werden solche Sanierungsabsichten natürlich immer schwerer, je mehr man mit Zukunftsplänen dem Kern der Altstadt näherrückt. Hier zeigen sich nur ganz selten Gelegenheiten, um größere neue Absichten dem gegebenen Gefüge der Stadt einzupassen. Eine solche ergibt sich dadurch, daß die Stadt ein Grundstück erworben hat, das in unmittelbarem Zusammenhang mit dem Rhein, dem Domhof, der Hohenzollernbrücke und dem Hauptbahnhof steht, also eine Lage besitzt, wie sie bedeutsamer in keiner Stadt gefunden werden kann. Hier will sie alte Gassen, ein veraltetes Hotel und die wenig erfreulichen Gebäude der Eisenbahndirektion niederlegen, um diesen Platz dem Neubau eines Börsenhauses zur Verfügung zu stellen, dessen Köln dringend bedarf. Der Bau wird für die Zukunft des Stadtbildes von größter Bedeutung werden.

Eine zweite für das Zukunftsbild Kölns wichtige Gestaltung knüpft sich an die zweite Rheinbrücke. Unter den mancherlei Durchbrüchen, die bei der Enge altstädtischen Gassengewirrs in Vorbereitung sind, ist bisher erst einer von ausschlaggebender Bedeutung in Angriff genommen, der Durchbruch der Schildergasse, der in eben jener neuen Hängebrücke seine Fortsetzung auf der rechten Rheinseite findet.

Ueber die Gestaltung dieses Gebietes sind weitgreifende Erörterungen entstanden. Die Vorschläge, die der Verfasser dieser Zeilen hierfür in einer langen Entwicklungsreihe von Prospekten gemacht hat, fanden die Zustimmung der städtischen Körperschaften und führten zu einem festen Auftrag.

Als der Bau bereits begonnen war, wurde die Oeffentlichkeit mit der Furcht vor der Gefahr, welche ein 13-geschossiger Aufbau am Neumarkt für das Rheinbild bedeuten sollte und den Bedenken vor der durch Ueberbauung der Brückenrampe gewonnenen symmetrischen geschlossenen Baumaße so in Aufregung gesetzt, daß der Verfasser von seinem Werk zurücktrat, um die wichtige Frage durch einen Wettbewerb klären zu lassen.

Das Preisgericht hat darauf aus den verschiedenartigsten Versuchen, die in 412 Arbeiten niedergelegt waren, als ersten Preis (Pepping und Dunkel) eine Arbeit herausgewählt, die im Gegensatz zu den assymmetrischen und den die Brückenbahn freilassenden Lösungen, eine symmetrische, geschlossene Baumasse zeigt, die durch Ueberbauung der Brückenrampe gewonnen ist und am Neumarkt 12 Geschosse aufweist. Der mit dem zweiten Preise ausgezeichnete ebenfalls mit Ueberbauung der Brückenrampe arbeitende Entwurf zeigt eine Höhenentwickelung von 26 Geschossen.

Die Verträge für die Ausführung sind inzwischen verfallen, sodaß die endgültige Gestaltung noch dahinsteht.

An die endgültige Ausgestaltung der Brücke werden sich auch auf der rechten Rheinseite Fragen knüpfen, die zu neuen architektonischen Lösungen drängen. Das neue technische Kolossalgebilde muß hier mit dem Stadtkörper organisch verwachsen und findet dafür in der großen Terrassenanlage, die sich zwischen den beiden Brücken in gegenwärtig stark verstümmelter Form erstreckt, einen höchst interessanten Anknüpfungspunkt. Diese Terrasse und ihr Hinterland ist eines der schönsten und wertvollsten Stücke der Stadt, und wenn man mit gestaltungsfreudigem Blick in ihre Zukunft schaut, so sieht man hier einstmals bedeutungsvolle, öffentliche Bauten sich hier zu einer forumartigen Gruppe vereinen. Baurat Moritz hat hierfür bereits früher großgedachte Studien gemacht.

Diese ganze Gegend wird nicht nur von der Uferseite aus, sondern auch von der inneren Deutzer Seite aus erheblich an Bedeutung gewinnen, wenn man die städtebaulichen Konsequenzen aus der Tatsache des Deutzer Bahnhofs zieht, die bisher noch völlig schlafen.

Sie werden einerseits in einer wirkungsvollen Verbindung mit der Hängebrücke, andererseits im Aufbau der Zusammenhänge bestehen, den dieser Bahnhof mit dem überaus wertvollen Gelände besitzt, das sich nördlich der Hohenzollernbrücke am Rhein entlang zieht.

Hier ist am Ufer entlang ein neuer Park entstanden, dessen Anlagen im südlichen Teil von den Gebäuden der Kölner Messe beherrscht werden. Der Deutzer Bahnhof ist wie geschaffen zu einem Messebahnhof. Unmittelbar an seine rückwärtigen Ausgänge schließen sich die neuen Hallen, in die das große Ausstellungsgebäude als Festsaal umgestaltet mit hineinbezogen ist, das Köln bisher an anderer Stelle bereits besaß.

So fügen die Planungen an beiden Ufern des Stromes gleichsam den ersten Ring, der die beiden spröde geschiedenen Hälften des links- und rechts-

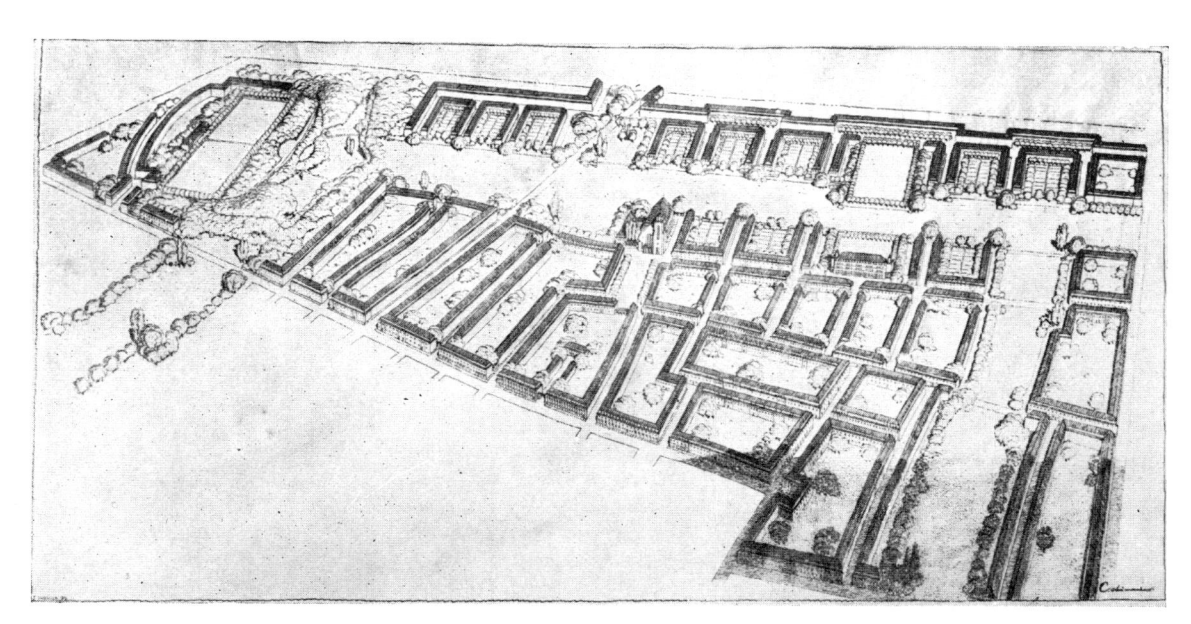

Abb. 21. Aeußerer Rayon (rechtsrheinisch). Anschluß eines Grünzuges und der Bebauung an ein umgestaltetes Fort

rheinischen Kölns zu einem Körper zusammenschließt. Es muß das Bestreben der Zukunft sein, diesen Zusammenschluß auch in den weiteren Gebieten immer enger und organischer zu gestalten. Dabei ist das Ziel, daß aus dem jetzigen Durcheinander zufällig ins Gelände gestreuter Städte und Siedlungen allmählich eine innere Einheit wird. Dazu ist vor allem zweierlei nötig: eine einheitliche Grünflächenpolitik und eine einheitliche Politik in der Verteilung von Industrie- und Siedlungsgebiet. Auf der rechtsrheinischen Seite liegen die Verhältnisse für die Grünpolitik wesentlich anders wie auf dem anderen Ufer. Bietet dort das von der Stadt bequem erreichbare Hinterland so gut wie keine Zielpunkte der Erholung, so klingt hier das Stadtgebiet aus in die Wälder des Bergischen Landes. Diese ersetzen gleichsam das, was linksrheinisch der Grüngürtel des äußeren Rayons leisten soll. Denn noch ein zweiter großer Unterschied besteht bezüglich dieser Grünfragen zwischen den beiden Stadtseiten: der Streif des äußeren Rayons legt sich hier weit näher an Teile der bereits ausgebauten Stadt, so daß man mit Weiterentwicklungen rechnen muß, die

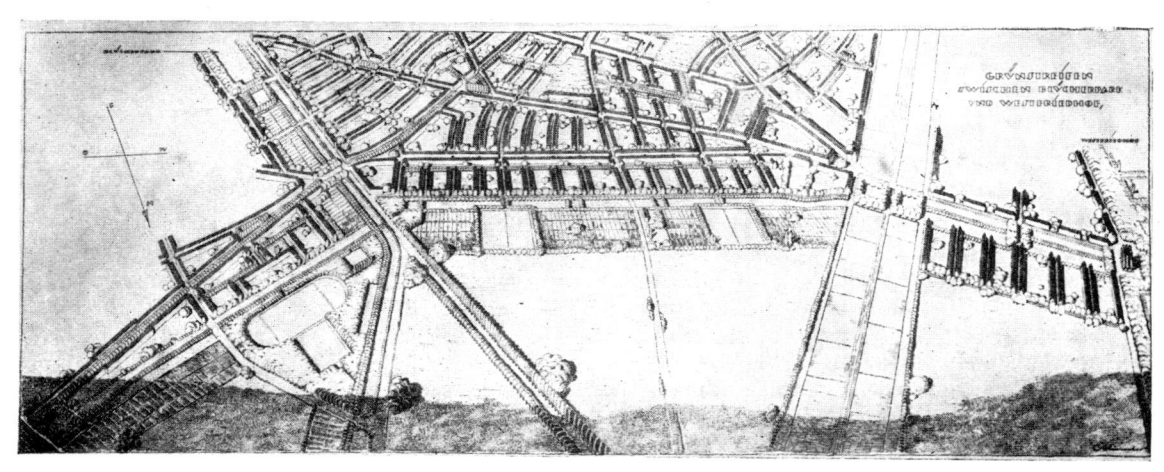

Abb. 22. Grünzug mit Pachtgartenstreif zwischen dem äußeren Rayon und dem Blücherpark

Abb. 23. Plan des künftigen Systems der Grünanlagen und Freiflächen

nicht etwa in ihm ihre Grenzen finden, sondern die lebhaft über ihn hinausgreifen. Schon deswegen würde es kaum möglich sein, seine Zukunft darin zu suchen, daß er sich als großer trennender Ring in das Fleisch des rechtsrheinischen Kölns legt, die Bebauung wird an bestimmten Stellen durch ihn hindurchgestoßen, und das ist kein Unglück, denn draußen liegt ja der Gürtel der Wälder, und so kann die Grünpolitik der Stadt nur die Grundtendenz haben, durch r a d i a l e Grün-

streifen diese Wälder möglichst bequem zugänglich zu machen. Das Schema für die Grünpolitik der Stadt, das in Abb. 18 dargestellt ist, zeigt, daß die linksrheinischen und die rechtsrheinischen Ziele entgegengesetzten Wesenscharakter haben. Für diese radialen Entwicklungen gibt der Rayon wertvolle Bestandteile. Aber mehr als das. Auch hier werden die alten Festungswerke gesprengt und auf den Trümmerstätten werden sich kleine Parks mit Spielplätzen erheben, an die weitere

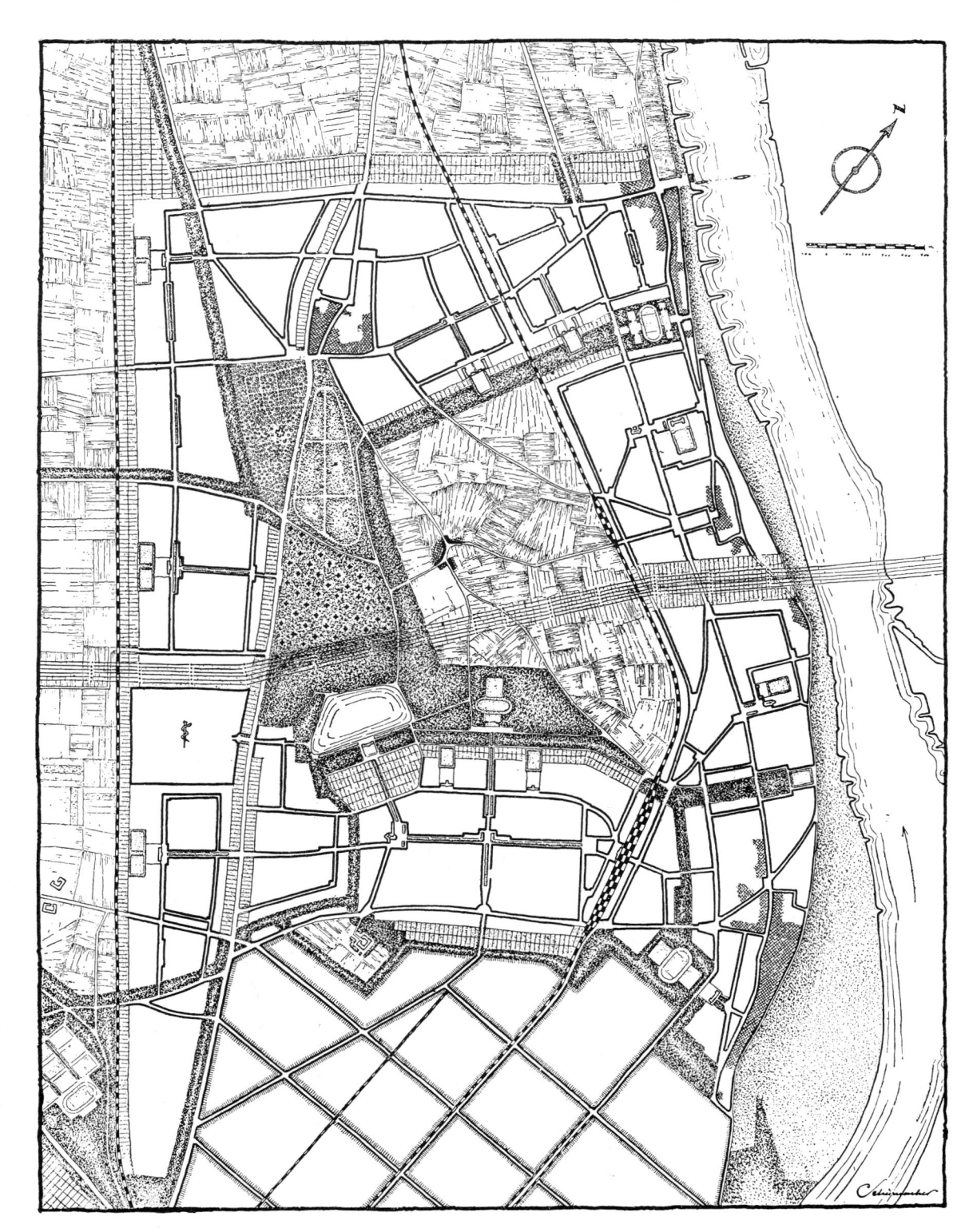

Abb. 24. Teilstück eines Gebietes von Arbeitersiedlungen (Schema der Haupt-Gliederungen)

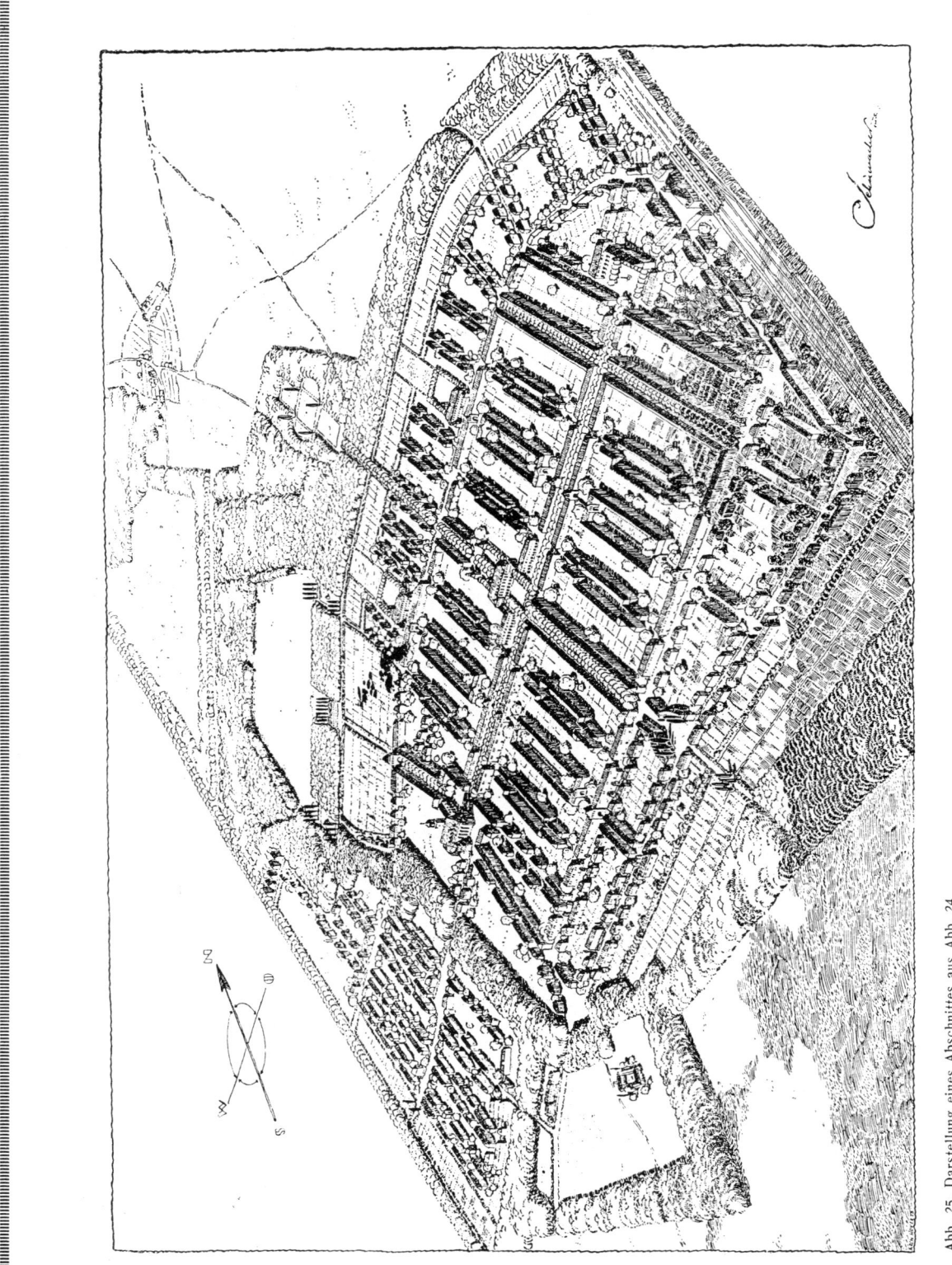

Abb. 25. Darstellung eines Abschnittes aus Abb. 24

Spielplätze ihren natürlichen Anschluß finden (vgl. Abb. 19). Auch in den weiteren Grünzügen bilden sich durch die Anforderungen des Sports natürliche Mittelpunkte, und diese wiederum werden Mittelpunkte für die neu entstehenden Siedlungen sein (vgl. Abb. 20).

So greift die Grünpolitik aufs engste in die Siedlungspolitik hinein. Vom Zentrum nach außen hin sich immer flacher abstaffelnd, werden die Wohngebiete zungenförmig die Grünstreifen begleiten, und es wird die Sorge eines guten Bebauungsplanes sein, möglichst zu verhindern, daß sie sich draußen wieder ringförmig zusammenschließen. Das Ziel muß vielmehr sein, daß Acker- und Wiesenland so in das Wohngebiet eingreift, daß gleichsam eine Verzahnung entsteht zwischen Stadt und Land. Diese freien Flächen, die natürlich nicht alle öffentliche Grünflächen sein können, dauernd von der Gefahr willkürlich einsetzender Bebauung trotz des Heranrückens der Großstadt freizuhalten, ist sicherlich ein ebenso wichtiges Problem des Bebauungsplanes, wie die Schaffung und Gliederung von Bauland.

Daß ein gesundes Wohnen nur erzielt werden kann durch planmäßige Scheidung von Industrie- und Siedlungsgebiet, braucht kaum betont zu werden. Für die Durchführung dieses Zieles geben die vorhandenen Bahnanlagen die maßgebenden Gesichtspunkte, denn die Stellen, wo Industrie konzentriert werden kann, werden durch die Möglichkeit des Bahnanschlusses bestimmt. Die Bahnanlagen haben gerade dieses rechtsrheinische Gebiet so rücksichtslos durchschnitten, daß es außerordentlich schwer ist, ihre zerreißenden und abschnürenden Wirkungen durch das Herausarbeiten großer, klarer Verbindungsgedanken an Straßenzügen, Grünstreifen und Siedlungsgebilden zu verwischen. Aber es ist die Kunst des Städtebaus mit solchen Schwierigkeiten zu ringen und aus Willkür Ordnung zu schaffen. Seit der ganze Kranz zusammenhangloser Städte und Orte des rechtsrheinischen Weichbildes durch die großen Eingemeindungen von 1910 (Kalk und Vingst) und 1914 (Mülheim und Merheim) „Köln" heißt, erwächst für die Mutterstadt das schwierige Problem, aus ihm ein einheitliches Stadtgefüge zu machen. Unter der Erde ist dafür ein einheitliches Kanalisationssystem, über der Erde ein einheitliches Grünsystem der erste Anfang. Sie sind der Anlauf zu gesunder Bewältigung der Massenballung von Menschen. Nach beiden Richtungen ist Köln gegenwärtig am Werke. Aus diesen Anfängen erwachsen dann die Grundzüge eines Generalsiedlungsplanes.

Im Rahmen dieses Buches läßt sich kein Einblick in diese Arbeit geben, es läßt sich nur einiges von den Gesichtspunkten andeuten, von denen ihr Aufbau ausgeht. Der ganze technische und gedankliche Zusammenhang dieses Planes, sowie viele städtebauliche Einzelprobleme der Stadt sind in dem eingangs erwähnten ausführlichen Werk über die Entwicklungsfragen Kölns behandelt.

So können hier von dem Wunschbild des zukünftigen Kölns nur einige Andeutungen gegeben werden. Sie mögen zeigen, daß Köln gewillt ist, sich mit aller Kraft aus den Schwierigkeiten herauszuarbeiten, in welche die bisherige Entwicklung es gebracht hat. Es sind nicht nur die typischen Schwierigkeiten, in die Mangel an Erfahrung im letzten Menschenalter alle Stände gebracht hat, die mit den schwierigen Erfordernissen der Massenhäufung von Menschen praktisch experimentieren mußten, nein, diese Schwierigkeiten wurden durch die Fesseln der Festung noch unendlich gesteigert. Und jetzt, wo dieser Druck früherer Zeiten fällt, tritt der Druck neuer politischer Verhältnisse in anderer Art schwer und drohend an seine Stelle.

Köln hat unter den deutschen Städten eine besonders schwere Vergangenheit und wahrscheinlich eine besonders schwere Zukunft vor sich, aber eben deshalb muß es mutig und tatkräftig nach vorwärts blicken. Dazu gehört aber als erstes, daß es die Ziele, die seinem Organismus gesteckt sind, richtig und auf weite Sicht erkennt.

★

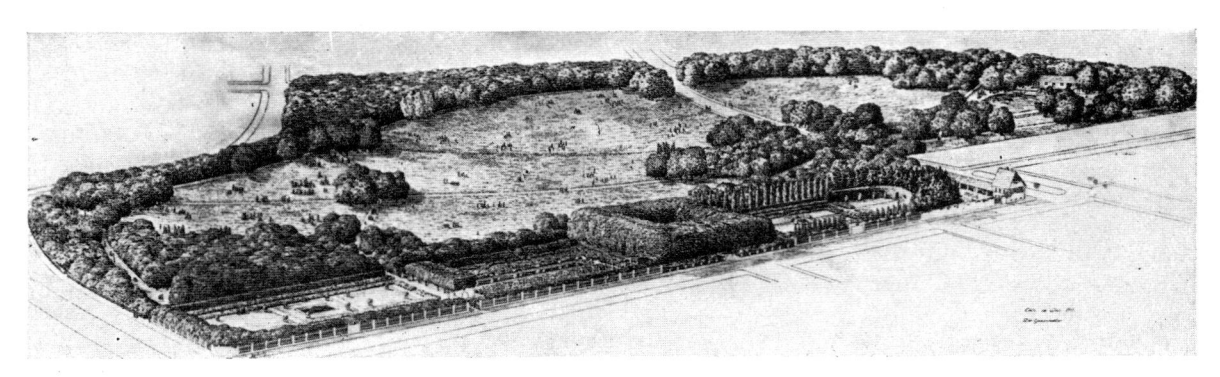

Vorgebirgspark (Vogelschau)

DIE VORHANDENEN UND GEPLANTEN GRÜNANLAGEN UND SPORTPLÄTZE

VON GARTENDIREKTOR FRITZ ENKE

Die Stadt Köln liegt in einer landschaftlich wenig reizvollen Gegend. Wohl gibt der Rheinstrom dem Stadtbild ein charaktervolles Gepräge, aber von der so anziehenden, für den Niederrhein bezeichnenden Auenlandschaft mit den malerischen Gruppen von Ulmen, Pappeln und Weiden sind nur Spuren am rechten Rheinufer vorhanden, besonders gegenüber Rodenkirchen und bei Mülheim. Die nächsten Wälder liegen so weit von der Stadt entfernt, daß sie als täglicher Spaziergang für die Kölner nicht in Frage kommen. Auch sie werden leider auf der linken Rheinseite zu einem großen Teile noch der Braunkohlenindustrie zum Opfer fallen. Köln besitzt aber auch keine der für viele Städte so bedeutsamen, ehemals fürstlichen Parke und Gärten, wie sie Berlin im Tiergarten, Hannover in den Herrenhäuser Anlagen, Dresden im Großen Garten, Bonn und Düsseldorf in ihren Hofgärten aufzuweisen haben. Die Einschnürung der Stadt Köln durch einen mehrmals erweiterten Festungsgürtel und die geringe Fürsorge für Großstadtgrün, die zur Zeit der Städteerweiterung im letzten Viertel des vorigen Jahrhunderts in Deutschland allgemein angetroffen wurde, taten das Ihre dazu, daß Köln bis etwa zur Jahrhundertwende im Vergleich mit anderen deutschen Städten recht arm an öffentlichen Grünanlagen war.

Die ersten als öffentliche Anlagen in Deutschland hergerichteten städtischen Gärten sind zu Beginn des 19. Jahrhunderts, in der napoleonischen Zeit entstanden. Meist waren es die Wälle und Gräben ehemals befestigter Städte, die zu Wallanlagen und Promenaden umgestaltet wurden. In Köln, das seinen Festungsgürtel noch über hundert Jahre beibehielt, entstand um 1803 der botanische Garten. Er mußte 1856 den neuen Bahnbauten weichen. Die Rheinauinsel, 1854 zu einer Erholungsanlage ausgestaltet, mußte 1892 neuen Hafenbauten Platz machen. So blieb nur der Stadtgarten. Er wurde 1826 als öffentliche Anlage eingerichtet, 1864 und 1888 dem Geschmack jener Zeiten entsprechend umgeändert. Leider ist er wiederholt verkleinert worden infolge Inanspruchnahme von Gartengelände zu Eisenbahnzwecken.

Im Jahre 1881 wurde mit der durch das Hinausrücken der Festungswerke ermöglichten Stadterweiterung durch Stübben begonnen. Sie sah an Grünflächen im wesentlichen die Anlagen am Ubierring, Sachsenring, Kaiser-Wilhelmring, Hansaring und Deutschen Ring, sowie den Volksgarten und den Königsplatz vor. Später gelangten noch der Römerpark, der Südpark und kleinere sogenannte Schmuckplätze zur Ausführung. Der Volksgarten, der größere Teil der Anlagen am Deutschen Ring, der Römerpark und der durch seine Kiefernbestände gekennzeichnete Südpark zeigen die konventionelle Gestaltungsweise der soge-

Planschwiese im Vorgebirgspark

nannten Landschaftsgärten, wie sie in der zweiten Hälfte des vorigen Jahrhunderts üblich war. Gehölzgruppen aus verschiedenen Baum- und Straucharten bilden die großen plastischen Massen der Parke. Sie sind so verteilt, daß sie, von den Hauptstandpunkten aus gesehen, kulissenartig hintereinander hervortreten, wodurch sie die dazwischenliegenden Grasbahnen für den Besucher vertiefen. Die Aussichten verlieren sich häufig in Gehölzpflanzungen, wodurch die Tiefenwirkung der Bilder noch verstärkt wird oder sie zeigen als Blickpunkt ein Gebäude. Liegt dieses außerhalb der Parkgrenzen, so sind diese durch Pflanzung dem Auge entzogen, wodurch die außerhalb des Parkes liegende, ferne Landschaft scheinbar in den Park hineingezogen wird. Die meist wellig geformten Grasflächen werden gewöhnlich als feiner Zierrasen behandelt. Als belebendes Element werden Teichflächen in die Grasbahnen hineingelegt, deren Ufer an den Vorsprüngen mit Baum- und Strauchgruppen bewachsen sind. In zahlreichen Anlagen erhebt sich ein hoher Springstrahl aus der unregelmäßig geformten Wasserfläche. Die Parkanlagen werden durch ein ziemlich verwickeltes Wegenetz zugänglich gemacht, wobei weniger darauf Wert gelegt ist, zielstrebige Verbindungen wichtiger Punkte im Parke zu erzielen, als auf krummen Wegezügen möglichst viele von einander abweichende Rundgänge in der Anlage zu gewinnen. Blumenschmuck wird in Rosen- und Blumengärten geboten, die in regelmäßiger Form in die künstliche Landschaft eingestreut werden. Der ästhetische Wert dieser Parkschöpfungen liegt in der wechselnden Folge der dem Spaziergänger gebotenen Ausblicke. Durch den Ausschluß der angrenzenden Bebauung mittels hoher Pflanzung ergeben sich idealisierte Naturausschnitte, die den Besucher bei geschickter Gestaltung durch den wohltuenden Gegensatz zum lärmenden, unruhigen Straßenbetrieb immer wieder aufs neue anziehen. Neben den Ruheplätzen für den Spaziergänger sind hier und da Sandspielplätze kleineren Umfanges angebracht. Die Wasserflächen werden, wenn es ihre Größe gestattet, zum Rudern und Schlittschuhlaufen benutzt.

Ruhigen Spaziergängern und den von ihren Pflegerinnen betreuten Kindern genügen diese Anlagen. Die großen Massen, die sie Sonntags besuchen, und die spiellustige Jugend kommen nicht zu ihrem Recht. Sie müssen sich damit begnügen, von den Wegen aus in die grüne Kunstlandschaft zu blicken mit der Sehnsucht im Herzen, auch einmal auf grüner Wiese zu lagern oder sich in frohem Spiel darauf tummeln zu dürfen.

Die Erkenntnis, daß die Stadt unbedingt Grünanlagen bedürfe, führte im Jahre 1895 zur Anlage des Stadtwaldes in Lindenthal. Günstig für seine Gestaltung war die Einbeziehung des Geländes der Kitschburg, eines Privatbesitzes mit schönem Baumbestand, das übrige war Feld. Er war bei der Anlage 105 ha groß, ist aber 1911 um 5 ha und 1918 um 43 ha vergrößert worden, so daß er jetzt 153 ha umfaßt. In seinen ältesten Teilen ist der Stadtwald ebenfalls ein Park der vorgeschilderten Art mit waldartiger Pflanzung, großen

Wiesenflächen und einem den Anschauungen des vorigen Jahrhunderts entsprechenden Wegenetz. Er berücksichtigt aber auch die Bedürfnisse der Bevölkerung nach Betätigung im Freien durch einen 4 ha großen Weiher für Kahnfahrt und Schlittschuhsport, durch zwei zusammen 1 ha große Volkswiesen, die den Besuchern freigegeben sind, und durch die später erfolgte Anlage von Tennisplätzen, einer Radfahr- und Radreigenbahn, sowie eines Planschweihers auf einer Volkswiese. Auch ein mit einem Wildgatter eingefriedigter Teil mit Wald und Wiesen, der mit einem Rudel Damwild bevölkert ist, erfreut sich besonderer Gunst von Alt und Jung.

Die 1914 hergestellte Erweiterung stellt einen Verbindungsstreifen zwischen Stadtwald und der nordwestlichen Hauptausfallstraße, der Aachener Straße, her.

Die in den Jahren 1919-20 und 1923 als Notstandsarbeiten ausgeführten Erweiterungen sind, wenn auch im Charakter ähnlich, doch mehr als zusammenhängender Wald gehalten. Um recht viel Arbeitsgelegenheit zu geben, wurden erhebliche Bodenbewegungen vorgenommen. Durch beträchtliche Steigerung der natürlichen Bodengestaltung ist ein Waldpark entstanden, der, nachdem sich die noch junge Pflanzung ausgewachsen hat, viele schöne Sichten und Landschaftsbilder enthalten wird. Die höchste Erhebung liegt rund 25 m über dem Gelände und fast 50 m über dem Rheinpegel. Sie bietet einen schönen Blick auf das Häusermeer der Stadt und auf das Vorgebirge. Mehrere Abhänge sind zu Rodelbahnen benutzt worden. Ein 6 ha großer Teich erhöht die Reize der Anlage. In der gleichen Zeit wurden auch die Wasseranlagen des alten Stadtwaldes durch einen kanalartigen Wasserlauf, der auch mit Kähnen befahren werden kann, bereichert. Der alte Stadtwald, seine Erweiterungen und der anschließende Sportpark umfassen ein Gebiet von rd. 250 ha, eine zusammenhängende Grünfläche, die selbst für eine Großstadt bedeutsam ist.

1892 wurde auch auf der rechten Rheinseite eine Waldparzelle von 73 ha, das Gremberger Wäldchen, in städtischen Besitz gebracht. Sie bestand aus Niederwald, der bisher in 18jähriger Wiederkehr abgetrieben wurde, unter einem Schirmstand alter Eichen und Buchen. Durch Unterbauen hauptsächlich mit Buchen unter Zurückdrängen des Hauwaldes ist ein lebensfähiger Wald entstanden, dessen verschiedene Altersklassen in Verbindung mit den alten Beständen schon jetzt reizvolle Bilder bieten. Dies umsomehr, als auf die Erhaltung und Bereicherung des Unterholzes und der Bodendecke durch Waldkräuter, sowie einer schönen Waldrandflora Wert gelegt wurde. Ein Spielplatz unter alten Eichen und eine Spielwiese am Rande des Waldes geben Gelegenheit zum Lagern und Spielen, eine ländliche Wirtschaft im Försterhause mit großem Platz im Freien unter prächtigen alten Buchen ladet zur Einnahme von Erfrischungen ein.

Die zu Beginn des neuen Jahrhunderts entfachte Bewegung gegen die Gartengestaltung des vergangenen bekämpfte, nicht ohne Berechtigung, auch die oben geschilderte konventionelle Art der Parkanlagen. Ja, man ging hier und da so weit, dem Park mit natürlicher malerischer Gestaltung überhaupt jeden Schönheitswert und jede Daseinsberechtigung abzusprechen. In dem 1906 an der Luxemburger Straße geschaffenen 7 ha großen **Klettenbergpark** ist gezeigt worden, daß es wohl angebracht erscheint, dem Großstädter die Reize vor Augen zu führen, die der Waldrand, der gestrüppbewachsene Rain, das Teichufer mit der Ufervegetation, der Bachlauf und die für die Heide bezeichnenden Pflanzengesellschaften bieten, wenn es mit Naturempfinden und unter Vermeidung des mit Recht gerügten Schematismus geschieht. Eine ausgeziegelte und ausgesandete tief gelegene Stelle war hierfür besonders geeignet. Ein malerisches, von Bransky in das Landschaftsbild hineinkomponiertes Wirtshaus trägt zur Bereicherung dieses Naturgartens bei.

In zwei weiteren Parkanlagen wurde dem Bedürfnis für die Benutzung möglichst großer Flächen durch Alt und Jung ausgiebig Rechnung getragen. 1911 wurde der 13 ha große **Vorgebirgspark** geschaffen. Bis auf einen beschränkten Teil, der sich an einer der begrenzenden Straßen hinzieht, ist die ganze Fläche als dauernd freigegebene Spielwiese angelegt. Einzelne Bäume und Baumgruppen sorgen für den nötigen Schatten. Dichtes Gehölz umschließt nach den höher liegenden Straßen zu die freien Grasflächen. Der erwähnte übrigbleibende Geländestreifen enthält drei Sondergärten, die als Rosen- und Staudengärten ausgebildet sind und bei straffer architektonischer Gestaltung die Schönheiten üppigen Blumenlebens zeigen. Um das Intime, das für derartige Pflanzenvorführungen unerläßlich ist, beibehalten und trotzdem die Gärten großen Menschenmassen nutzbar machen zu können, sind die Wege hier schmäler als in öffentlichen Gärten sonst üblich, ja sie verengen sich bis zu kleinen Pfaden zwischen einzelnen Reihen hochstämmiger Rosen. Dafür sind aber, zum Teil in verschiedenen Höhenlagen, so viele Parallelwege angeordnet, die durch Stützmauern, Gehölz, Blumen usw. voneinander getrennt sind, daß sich der Strom der Besucher bequem verteilen kann. Neben großen schattigen Plätzen ist auch für kleine, mitten in Blumen fast versteckte Ruheplätzchen gesorgt. Sie enthalten einen kleinen Tisch und einige Stühle. Auch diese

Rosengarten im Vorgebirgspark

Sitznische auf dem Lortzingplatz

Rosenlaube im Vorgebirgspark

Blumengarten im Vorgebirgspark

BLÜCHER-PARK-KÖLN
MASSTAB 1:1000

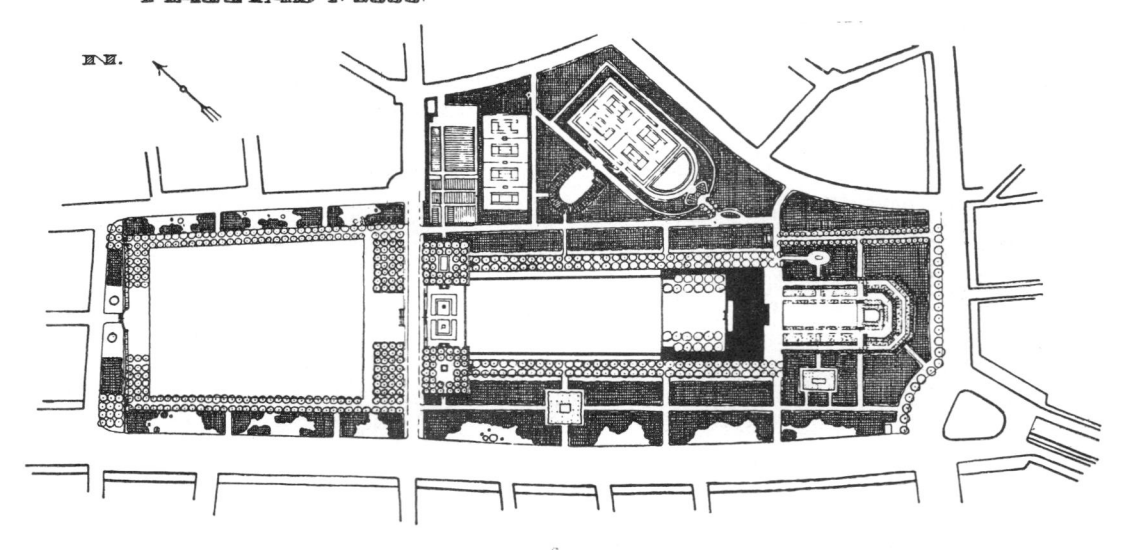

N.

Blücherpark, Grundplan

KÖLN, OKTOBER 1919
DER GARTENDIREKTOR

Einrichtung trägt dazu bei, diesen Blumengärten eine behagliche Stimmung, ja etwas Hausgartenähnliches zu geben.

Ganz anders ist der zwischen den volkreichen Stadtteilen Ehrenfeld und Nippes gelegene, 17 ha umfassende Blücherpark gestaltet, der etwa zur selben Zeit als der Vorgebirgspark entstanden ist. Seine Flächenaufteilung ist streng regelmäßig. Gerade Alleen, hohe Hecken, waldartige Gehölzpflanzung, massives Mauer- und zierliches Lattenwerk, steinumfaßte Wasserbecken, Rasenbeete und Blumenstreifen sind das Rüstzeug für die Gestaltung. Ein Hauptbestandteil des Parkes ist eine rechtwinklige Spielwiese, die von Ahornalleen umfaßt wird. Wenn die Bäume ein höheres Alter erreicht haben, wird dieser Parkteil einen ähnlichen Eindruck machen wie die große Wiese vor der Universität im Bonner Hofgarten.

So hat der Park starke Anklänge an den barocken Schloßgarten des 17. und 18. Jahrhunderts, der ja ebenfalls zur Aufnahme großer Menschenmengen bestimmt war. Doch wie der Zweck jener Gärten die Entfaltung fürstlichen Prunkes vor glänzender Hofgesellschaft war, während unser Park den breitesten Volksmassen zur Erholung dienen soll, wie dort die Allongeperrücke und prächtige Hofkleidung, hier kurzgeschorenes Haupthaar und einfaches Arbeitskleid vorherrschen, so ist denn auch hier statt des das Rückgrat des Schloß-

gartens bildenden Schlosses ein Gastwirtschaftsgebäude oder ein Volkshaus geplant. Die Barockgärten erhielten ihre Vollendung durch die Ausschmückung mit zierlichen Gartenbauten, Marmorstatuen, köstlichen Vasen und reichen Wasserspielen. Diese sollen auch die Volksparke zieren, wenn die ernste Gegenwart einer glücklicheren Zukunft Raum gegeben haben wird; denn die Aufgabe öffentlicher Grünanlagen erschöpft sich nicht in der Darbietung von Erholungsmöglichkeiten für die Bewohner, sie sollen auch mithelfen, der Bevölkerung Naturfreude und Freude am Kunstschönen zu vermitteln.

Ein auf der rechten Rheinseite nahezu fertiggestellter Park ist der Rheinpark. Der Strom, an dessen Ufern er sich mehrere Kilometer weit hinzieht, war bestimmend für die Gestaltung. Der das Parkgebiet der Länge nach durchschneidende Hochwasserdamm ist zu einem breiten Wandelgang ausgebildet worden. Die zwischen Damm und Strom liegenden Flächen sind zu Wiesenflächen hergerichtet worden, das Ufer zieren hier typische Pappeln und Weiden. Das „niederrheinische Dorf", das stromabwärts den Abschluß der Parkwiesen bildet, erinnert an die vor Kriegsbeginn auf dem Gelände errichtete Deutsche Werkbundausstellung. Oberhalb des Hochwasserdammes ist der Park in Beziehung gebracht zu einem alten Fort, das durch sein mit einem Teehaus von Kreis gezierten Kernwerk, seinen mit mächtigem Pap-

Wasserbecken im Blücherpark

pelkranz umgebenen Gräben und einer die Achse des Forts aufnehmenden, den Graben überspannenden Brücke einen Schwerpunkt des Parkes darstellt. Von hier aus gehen achsengemäße Schneisen durch waldartige Pflanzung bis zu der Stelle, an der später das Parkgelände von der Rampe einer neuen Rheinbrücke durchschnitten wird. Ein Rosengarten dehnt sich längs dieser Brückenrampe aus und nimmt als Hauptquerachse die durch die oben erwähnte Brücke über den Wallgraben bezeichnete Fortachse auf. Stromaufwärts von dem ehemaligen Festungswerk verengert sich der Park zu einem wegedurchzogenen Wiesenstreifen am Rhein längs der dahinter erstehenden Messebauten. Infolge seiner günstigen Lage zu dem linksrheinischen alten Köln an der Ufern des Rheinstromes wird der Park mit seinen weiten Wiesenflächen, die allerdings vorläufig zum Teil als Sportplätze dienen, einer der besuchtesten Erholungsstätten von Köln werden.

Der Volkspark Raderthal ist die zuletzt geschaffene Parkanlage Kölns. Sie liegt auf Gelände des ehem. Pulvermagazins der Festung im Süden der Stadt an der Militärringstraße. Seine Größe beträgt 36 ha. Vier bewachsene Ringwälle, die ehemals Pulverschuppen umschlossen, sind erhalten worden. Sie geben der Anlage eine besondere Note. Eine zwischen den vier Ringwällen liegende Volkswiese ist der Kern des Parkes, um den sich ein Naturtheater, eine Kinderspielanlage mit Planschbecken und Sandbuddelplatz, ein Leseraum im Grünen, eine Anlage für Reigenspiele und zwei kleinere Kinderspielplätze gruppieren. In einer von der Wiese nach Norden führenden Parkachse ist der Platz für ein noch zu bauendes Volkshaus freigelassen. Langgestreckte Sondergärten in verschiedenartiger Bepflanzung lagern sich zu beiden Seiten des geplanten Bauwerkes am Nordrande des Parkes. Westlich der Wiese liegt am Ende einer schmäler ausgebildeten Achse der Platz für eine Parkschenke. Eine breite, durch die ganze Anlage führende und den mittleren Teil umschließende Promenade faßt alle Teile fest zusammen. Im Osten und Westen schließen sich Kleingärten an den Park an. In Verbindung mit den östlichen liegt eine dorfartige Siedlung, die durch Ausbau ehem. Lagerräume entstanden ist. Durch Einbettung der einzelnen Häuser in Gärten und malerische pflanzliche Behandlung der Dorfstraße hat das Ganze ein freundliches, heimliches Aussehen bekommen.

Neben den Wald- und Parkanlagen sind die Stadtplätze, soweit sie Begrünung aufweisen,

Pappelplatz im Blücherpark

ein wichtiger Bestandteil der öffentlichen Grünanlagen. Wertvolle Erholungsplätze sind selbstverständlich ebenso die Plätze der Stadt, die weder Bäume noch sonstiges Pflanzengrün besitzen. Als Grünanlagen im weitesten Sinne kommen die in Betracht, welche rings mit Bäumen umstanden sind, wie der N e u m a r k t, oder die ganz mit Bäumen bepflanzt sind, wie der G e o r g s p l a t z. Die Plätze aus dem vorigen Jahrhundert sind meist sogenannte Schmuckplätze, d. h. solche, die mit Rasen und Blumen versehen, nur zur Verschönerung der Stadt dienen sollten, wie der Platz v o r d e m D o m h o t e l u n d v o r d e m O p e r n h a u s, der S u d e r m a n n p l a t z u n d v o r d e m M a r g a r e t e n k l o s t e r. In neuerer Zeit wurde diesen Schmuckplätzen die Anlage von solchen Grünplätzen vorgezogen, die neben der Bereicherung des Stadtbildes den Anwohnern zur Erholung dienen. Ihre gartentechnische Gestaltung bietet durch die Art der Blumenverwendung und der Aufteilung der Platzfläche durch Wege, sowie die Anordnung und Art der Ruheplätze Anklänge an den Hausgarten. Eine andere Zweckbestimmung haben die Spielplätze, die nach dem Alter der Jugend, für das sie bestimmt sind, in solche für die Schuljugend und solche für kleine Kinder zerfallen. Die großen Spielplätze für die ältere Jugend enthalten nur Baumpflanzung und sind zum Teil ohne jede Umfriedung. Meist sind sie jedoch mit festen Zäunen oder Mauern umschlossen. Bänke und vielleicht ein Trinkbrunnen sind ihr einziges Inventar. Hecken, Strauchpflanzung und Blumen werden dort prinzipiell nicht verwendet. Die Plätze für kleine Kinder können dagegen mit Hecken eingefriedigt werden. Hier ist ein großer Sandhaufen das Haupterfordernis. Da sie nur geringe Ausdehnung haben, läßt sich vielleicht ein Plätzchen dafür finden.

Da die verfügbaren Plätze nicht so zahlreich sind, als daß man jeden nur einem der vorgenannten Zwecke dienen lassen könnte, werden oft Einrichtungen für verschiedene Zwecke auf einem Platz vereinigt. Auf dem L o r t z i n g p l a t z ist ein großer hausgartenähnlicher Erholungsplatz mit einem Sandspielplatz zu einem Ganzen verschmolzen. Auf dem N i k o l a u s p l a t z ist der Spielplatz die Hauptsache, die Erholungsanlage hat nur untergeordnete Bedeutung. A n d e r B a s t i o n in Deutz und im K a l k e r S t a d t g a r t e n sind große Spielplätze mit gleichwertigen Erholungsanlagen verbunden. Der M a n d e r s c h e i d e r P l a t z ist gleicherweise Spielplatz für schulpflichtige wie kleine Kinder, sowie Erholungsplatz. Die Zahl der in ähnlicher Weise ausgestatteten Plätze im Stadtgebiet beträgt zur Zeit 30. Hinzu kommen noch die Grünflächen an den öffentlichen Gebäuden und eine Anzahl grüner Winkel, die scheinbar bedeutungslos, für die Stadtverschönerung nicht unwichtig sind.

Eine für Köln als bisherige Festungsstadt charakteristische Art von Grünanlagen sind die zu solchen umgestalteten alten Forts. Die älteste derartige Anlage ist das F o r t P a u l v o n M e c k l e n b u r g, das in den Volksgarten einbezogen ist. Das dicht mit Efeu überwucherte Kernwerk und ein Teil des angrenzenden Wallgrabens sind geschickt mit einem Rosengarten in Verbindung gebracht. 1914 wurde das ehemalige Fort I nahe der Universität umgestaltet. Um einen von großen Mauern und Bauwerken umgebenen Spielplatz, der durch seine Abgeschlossenheit besonders zweckdienlich ist, legen sich in verschiedener Höhenlage mehrere räumlich geschlossene, durch Treppen untereinander verbundene Gartenteile. Das oben erwähnte im Rheinpark gelegene Festungswerk wurde in ganz anderer Weise behandelt. Die vorhandenen, durch Mauern gestützten Erdwerke wurden zu Terrassen ausgebildet, auf dem Kernwerk ein Teehaus erbaut, der Graben in der Achse des Bauwerkes überbrückt. Aehnlich wurden die starken Höhenunterschiede am Fort X am Neußer Wall benutzt. Die prächtigen Glacispflanzungen, welche die in straffer Geradlinigkeit gestalteten Gartenteile rings umschließen, erhöhen den Reiz dieser Anlage. Auf einer Lünette auf der rechten Rheinseite wurden die Formen des Werkes fast unberührt erhalten. Mit Schlehen und Wildrosen, Weißdorn und Rainweide, Birken und anderen Wildbäumen zwanglos bepflanzt, wird dieses etwa hundertjährige kriegerische Bauwerk mit der Zeit einer gewissen Romantik nicht entbehren. Diese knappen Darstellungen mögen zeigen, daß die Erhaltung einzelner baulicher Bestandteile der Festungswerke bei geschickter Behandlung der sich hier bietenden architektonischen Motive die Schönheit solcher Anlagen wesentlich erhöhen kann. Ein Vergleich mit den sogenannten Wall- und Promenadenanlagen solcher Städte, in denen eine andersdenkende Zeit alle Erinnerungen an die frühere Bestimmung der jetzigen Erholungsstätten verwischen zu müssen glaubte, wird dies bestätigen. Alle diese hier vorgeführten, vielgestaltigen und in ihrer Größe und Eigenart so verschiedenen, über das ganze Stadtgebiet zerstreuten Grünanlagen genügen dem nach Pflanzengrün durstenden Großstädter noch nicht. Er will auf seinen Gängen durch die Straßen der Stadt den kühlespendenden Baumschatten nicht missen. In Köln ist in dem R i n g s t r a ß e n z u g e der Stübbenschen Stadterweiterung durch zwei- und mehrreihige Alleen ein zusammenhängender Promenadengürtel geschaffen, der auch die in den Erweiterungen des Ringes liegenden Grünanlagen umschließt. Ein

Teich im Volksgarten

Brunnen auf dem Spielplatz am deutschen Ring

Wirtshaus mit blühender Wiese im Klettenbergpark

Das ehemalige Fort 10 im inneren Grünring

weiterer schattiger Wandelgang von 7,5 km Länge begleitet das Rheinufer von der Mülheimer Schiffsbrücke bis nach Rodenkirchen. Auch radiale Straßenzüge, besonders die großen Ausfallstraßen, sind mit Baumreihen besetzt, die sich an einigen Stellen zu langgestreckten Grünanlagen erweitern. So an der Bachemer und an der Mastrichter Straße. Wohnstraßen von genügender Breite in der Neustadt und in den Vororten weisen ebenfalls Baumbepflanzungen auf. In dem Vorort Marienburg sind diese bereits zu stattlicher Größe herangewachsen und verstärken den vornehmen Eindruck dieses Villenviertels. Köln hat zur Zeit im ganzen 239 km Straßenpflanzungen. Es wäre einseitig, die Bepflanzung einer Straße mit Bäumen uneingeschränkt als einen Vorzug ansehen zu wollen. Städtebaulich wertvolle Straßen und Plätze können leicht durch Einfügung von Baumzeilen und Baumgruppen — wie überhaupt durch Pflanzenschmuck — in ihrer Eigenart und Schönheit beeinträchtigt werden. Ebenso verlangen Verkehrsrücksichten eine weise Beschränkung der Baumpflanzung. Auch gesundheitliche Gesichtspunkte mahnen zu vorsichtiger Verwendung der Bäume in der Straße. So angenehm der Baumschatten für den die Straßen Durcheilenden ist, so unangenehm empfindet der Anwohner die Verdunkelung und die Entziehung von Sonnenschein und frischem Luftzug. Man ist deshalb heute vorsichtiger mit der Anordnung von Straßenbäumen und bevorzugt die kleineren Baumarten. Da man sich nicht leicht entschließt, vorhandene Baumpflanzungen ganz zu entfernen, wurde je nach der Eigenart der Fälle ein Baum um den anderen herausgenommen, oder die Bäume wurden so hoch aufgeästet, daß seitlicher Lichteinfall entstand, oder die Bäume werden dauernd im Schnitt gehalten. Hierbei werden die Kronen bald schirmartig flach beschnitten, bald wandartig gezogen, bald oben und nach den Häusern zu beschnitten, während die Mitte der Straße gewölbeartig von den zusammenwachsenden Kronen überschattet wird.

In Straßen mit Vorgärten werden in geeigneten Fälle die schattenspendenden Bäume nicht auf die Bürgersteige gepflanzt, sondern man veranlaßt die Hausbesitzer dazu, einzelne Bäume nahe der Straßengrenze in die Vorgärten zu stellen. Hierdurch erreicht man malerische Straßenbilder, welche die Schauseiten der Häuser in günstiger Baumumrahmung zeigen, während die geschlossenen Baumreihen sie oft ganz verdecken.

Als einer öffentlichen Grünanlage sei noch des städtischen botanischen Gartens gedacht. Wenn er auch in erster Linie wissenschaftlichen Zwecken dient, so ist er doch nicht nur eine Stätte des Studiums und der Belehrung, sondern auch eine willkommene Erholungsstätte des Bürgers, der ihn wegen der darin herrschenden größeren Ruhe besonders gern aufsucht. Der 12 ha große Garten besteht aus der alten Parkanlage der Flora und einer 1914 fertiggestellten Neuanlage. Der Haupteingang an der Lennéstraße führt in ein ausgedehntes Blumenparterre, dessen Abschluß das große Palmenhaus bildet. An dieses schließen sich, teils vereinzelt liegend, die übrigen Schauhäuser an, in denen außer den großen Palmen und Cycadeen die Familien der Ananasgewächse, der Orchideen und der tropischen Arongewächse, meist als große Pflanzen vertreten sind. Besonders reichhaltig ist das Caladienhaus mit den buntblättrigen Vertretern der Familie. Zur Kultur tropischer Wasserpflanzen dient das Viktorienhaus. An sonstigen Anpflanzungen und Einrichtungen sind noch vorhanden eine umfangreiche Anordnung der Pflanzen nach ihrer Verwandtschaft (das System), Anpflanzungen nach biologisch-ökologischen Gesichtspunkten, an welche sich die Felsenanlagen mit den Hochgebirgspflanzen anschließen. In großen Glaskästen werden im Sommer besonders interessante oder seltene Gewächshauspflanzen, wie Kakteen, Orchideen,

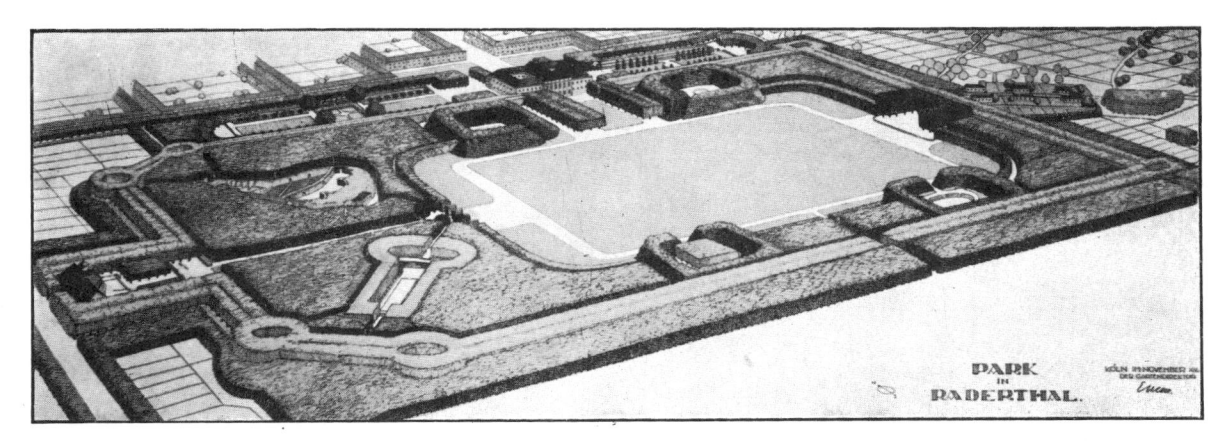

Volkspark Raderthal

Farne, insektenfangene Pflanzen und dergl. zur Schau gestellt. Die vorgenannten Abteilungen werden von einer parkartig gehaltenen Anlage umrahmt, in der auf weiten Rasenflächen Bäume und Sträucher verteilt sind.

Bei der Darstellung der jetzt vorhandenen öffentlichen Grünanlagen dürfte es angebracht sein, auch der Kleingärten Erwähnung zu tun. Sie berühren insofern die Grünflächenpolitik der Stadt, als sie der Bebauung entzogene Grünflächen sind. Sie bedeuten aber auch eine Entlastung der öffentlichen Grünanlagen, als der Städter, der einen Garten bebaut, den größten Teil seiner freien Zeit vom Frühjahr bis zum Herbst mit seiner Familie in seinem Garten zuzubringen pflegt. In Köln wurden 1914 auf 38 ha 1 500 Kleingärten gebaut. Heute sind es 43 000 Gärten geworden, die eine Fläche von 1 080 ha bedecken. Davon sind 430 ha städtischer, 160 ha staatlicher und 490 ha Privatbesitz. Die städtische Verwaltung hat sich seit dem ersten Kriegsjahr eifrig bemüht, die Kleingartenbewegung durch Zuweisung von Land, Belehrung und Unterstützung, sowie durch Pflege des Vereinslebens zu fördern. So ist es ihrer Arbeit mit zu verdanken, daß heute 45 Kleingartenvereine bestehen, die zu einem Verband zusammengeschlossen und ein äußerst wichtiger Faktor unseres aufblühenden Kleingartenwesens sind.

Die bisher ausgeführten Grünanlagen sind als kleinere oder größere Flächen ohne Zusammenhang über das Stadtgebiet verteilt. Eine Anlage anderer Art ist in den Jahren 1923—24 auf dem Gebiete des inneren Festungsrayons, dem in der Abhandlung über städtebauliche Fragen dargestellten Umlegungsgebiet, entstanden. In einer Länge von 7 km zieht sich ein Grünring, zwischen Innenstadt und Vororten vom Rhein im Norden bis zur Luxemburger Straße. Er dient nicht nur dem neu entstehenden Stadtteil, sondern bietet durch seine Lage auch den Bewohnern der Innenstadt und der Vororte nahe gelegene Erholungsstätten. Bei seiner Gestaltung ist Bedacht darauf genommen worden, zusammenhängende Wegezüge abzulegen, die weite Spaziergänge durch den grünen Ring bieten ohne häufigen Wechsel der Motive. Hierbei ist eine möglichst günstige Ueberschreitung der zahlreichen Radialstraßen angestrebt worden. Von den zur Verfügung stehenden Flächen ist der größte Teil als Spiel- und Sportwiesen hergerichtet, die teilweise mit einzelnen Baumgruppen besetzt sind, besonders da, wo es galt, vorhandenen Baumbestand der ehemaligen Glacis zu erhalten. Dort wo die zukünftige Bebauung feste Räume schaffen wird, sind die Anlagen so gestaltet, daß sich Bebauung und Grün zu einheitlicher Wirkung vereinigen, sei es, daß es sich um Spielwiesen oder Sportanlagen, um Gruppen von Kleingärten oder um die kleineren, bald dem Spiel, bald der behaglichen Ruhe dienenden Plätze handelt. Von den vorgesehenen 100 ha Grünflächen sind bis jetzt rund 80 ha fertiggestellt.

Der bedeutsamste Zuwachs an Grünflächen ist eine Folge der Schleifung des jüngsten und letzten Festungsgürtels. Dieser zieht sich in einer durchschnittlichen Breite von 1 km 36 km weit um das ganze Stadtgebiet. Da durch Gesetz die Enteignung des gesamten Festungsrayon gesichert ist, soll hier für alle Zeiten ein grüner Gürtel um die Stadt gelegt werden.

Seine Gestaltung wird, durch die Verhältnisse bedingt, auf dem linken Rheinufer eine andere sein, als auf dem rechten. Während die Waldflächen des Königsforstes und des bergischen Landes in leicht erreichbarer Nähe liegen, ist das linke Ufer

Eingang zum Park im alten Fort I

arm an landschaftlichen Schönheiten. Die stetig näher an die Stadt heranrückende Braunkohlenindustrie wird sie nach und nach zerstören. Die fortschreitende Industrie von den Wohngebieten abzuriegeln und den Bewohnern des linksrheinischen Köln Erholungsflächen zu schaffen, ist der Zweck der Anlage. Schon heute unterscheidet sich das Gebiet in landwirtschaftlicher Beziehung vorteilhaft von seiner Umgebung. Zahlreiche Waldstücke sind über das Gelände ausgestreut, die sich malerisch hintereinander verschieben. Es handelt sich hier in der Mehrzahl um die baumbestandenen Glacis der geschleiften Festungswerke. Nur an einigen Stellen sind es vorhandene Waldparzellen, wie die Schutzpflanzungen am Wasserwerk Hochkirchen, der Stadtwald mit seiner Erweiterung und der Nüssenberger Busch, der auch bereits eine städtische Erholungsstätte ist.

Der Grüngürtel ist als ein von Grasflächen und volksparkartigen Anlagen unterbrochener Wald gedacht, der von der Neußer Straße im Norden bis zum Rheinstrom bei Rodenkirchen im Süden die Stadt umschließt. Alle Erholungs- und Betätigungsmöglichkeiten, deren der Großstädter bedarf, sollen hier geschaffen werden. Große Volksparke in meist regelmäßiger Gestaltung werden so verteilt, daß die natürlichen Sektoren der Stadt eine derartige Anlage in leicht erreichbarer Lage haben. Sportflächen und Kleingartenkolonien werden mit ihnen in Verbindung gebracht. Sie bilden gleichzeitig in der 22 km langen Grünfläche feste Punkte, zwischen die sich Wald- und Wiesenflächen einspannen. Ausgedehnte, abwechslungsreiche Spazierwege schließen die Grünflächen auf. Die Mehrzahl der in diesem Gebiet liegenden geschleiften Festungswerke wurden,

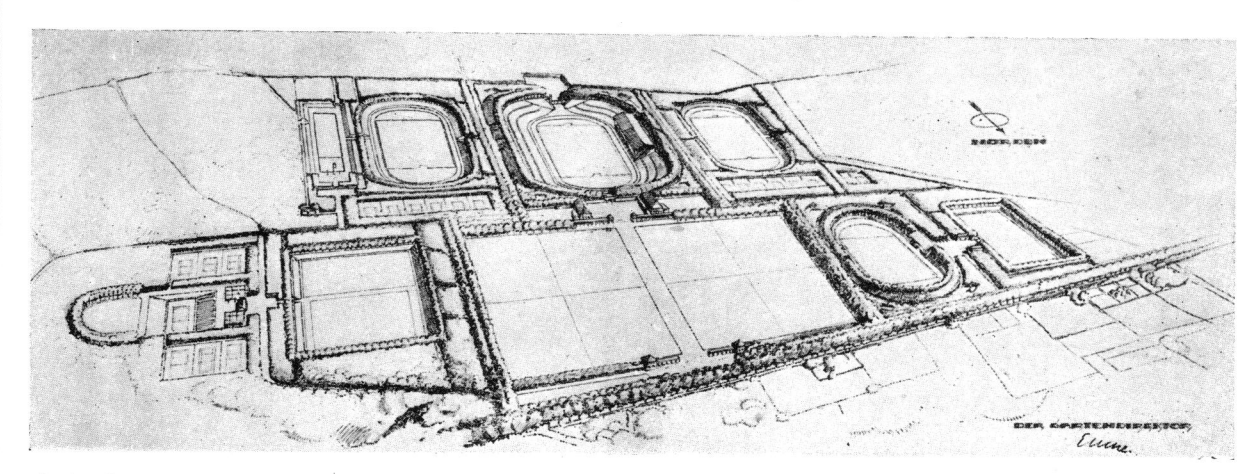

Großer Spielplan an der Aachener Straße

ebenso wie das Umlegungsgebiet in den Jahren 1923/24 zu Anlagen hergerichtet. Je nach ihrer Lage zur Stadt wurde ein Teil zu Sport- und Erholungsanlagen hergerichtet. Aber auch eine Waldschule und eine sog. Freiluftschule sowie zwei Luftbäder haben Platz gefunden. Aus dem Inneren der Stadt kommende, zum größten Teil mit den Grünanlagen des Umlegungsgebietes in Verbindung stehende, **radial geführte Grünstreifen** sollen Spaziergänge im Grünen bis in den Waldgürtel ermöglichen. Einer dieser Streifen ist bereits fertiggestellt. Er führt vom Aachener Tor zum alten Stadtwald, der ja mit seinen Erweiterungen ein Teil des äußeren Grüngürtels ist.

Die zukünftige Gestaltung des rechtsrheinischen Festungsgürtels ist als eine weitläufige, von schmäleren Grünstreifen durchzogene und durch breite nach außen strebende Grünkeile unterbrochene Bebauung geplant. Ein größerer Volkspark ist in der Mitte des Gürtels auf dem Gelände des ehemaligen Exerzierplatzes Merheimer Heide vorgesehen. Da die Festungswerke schon jetzt in nächster Nähe der Stadt liegen und späterhin zum großen Teil von Bebauung umschlossen sein werden, ist ihr Ausbau reicher geplant, als er auf dem anderen Ufer ausgeführt worden ist. Es sollen hier neben Volkswiesen, schattigen Spazierwegen und Ruheplätzen noch mit Stauden, Rosen und Ziersträuchern usw. bepflanzte Sondergärten eingefügt werden. Plätze für Spiel und Sport werden außerhalb des Festungsgeländes daran angegliedert werden.

Eine gesonderte Stellung nehmen im Rahmen der öffentlichen Grünanlagen die **Sportplätze** ein. Der großen Bedeutung wegen, die der Sport für die Erhaltung und Förderung der Volkskraft hat, sei den Sportanlagen ein besonderer Abschnitt gewidmet.

Schon vor dem Kriege war eine 10 ha große Sportwiese mit vier Fußballplätzen, zwei Hokeyplätzen, einem Leichtathletikplatz mit Laufbahn, zehn Tennisplätzen und den dazugehörigen Baulichkeiten längs des rechten Rheinufers eingerichtet worden. Bei dem Villenort Marienburg wurde 1912 ein Golfplatz hergestellt. Im Stadtwald, Blücherpark, Rheinpark und in der Flora richtete man 40 städtische Tennisplätze ein.

Die bedeutendste Sportanlage ist der in den Jahren 1921—23 bei Müngersdorf an der Aachener Straße geschaffene **Sportpark**. Er enthält auf einer Gesamtfläche von rund 50 ha eine Großkampfbahn und zwei kleinere Kampfbahnen für Fußball und Leichtathletik, eine Radrennbahn, eine Schwimmbahn, zwei Tennisturnierplätze, einen Reitturnierplatz, eine Kampfbahn für Hockey- und Schlagballspiel, einen Platz für Schwerathletik, fünfundzwanzig Tennisplätze und auf einem ehemaligen Zwischenwerk ein Luftbad. Die Terrassen und die Tribüne der Großkampfbahn fassen 80 000, die der Radrennbahn und die übrigen Kampfbahnen und Plätze bis zu 15 000 Zuschauer. Fast alle Sportarten haben hier die Möglichkeit zum Uebungsspiel und Wettkampf. Die nicht für Sportzwecke benutzten Flächen sind waldartig bepflanzt. Das Wegenetz des Sportparkes ist organisch an das der Stadtwalderweiterungen angeschlossen.

Angrenzend an den Sportpark ist im Stadtwald außerdem noch eine acht ha große Wiese mit erhöhten Zuschauerplätzen im Bau. Sie soll von den

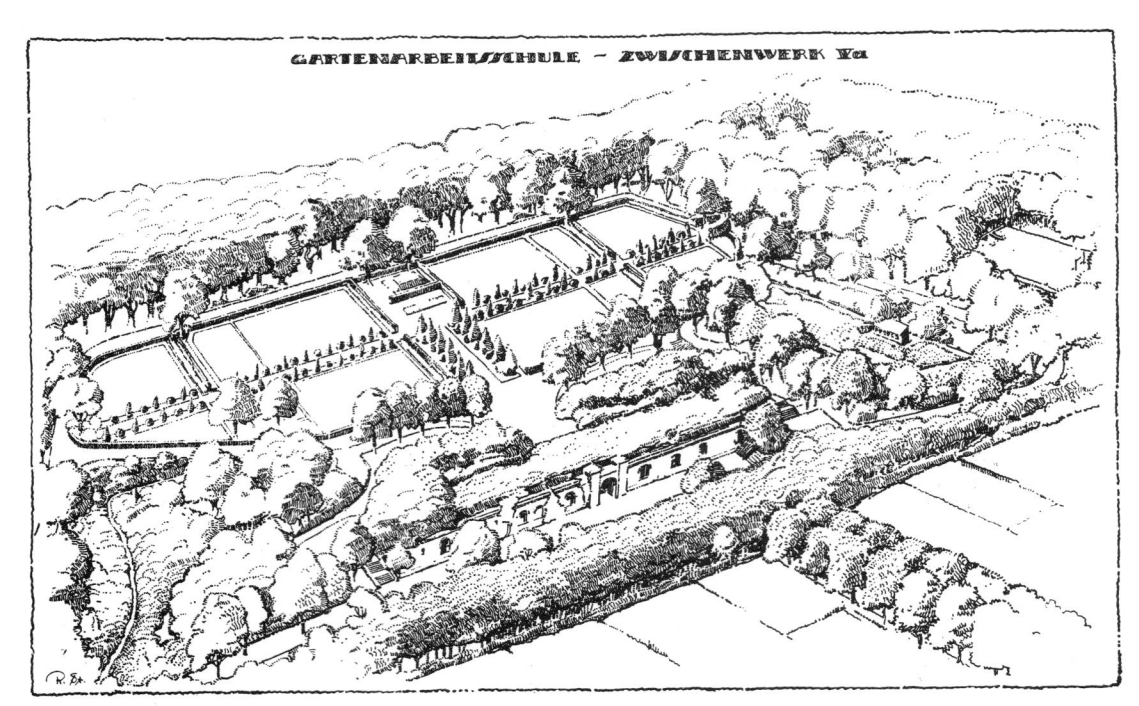

Ehemaliges Festungswerk als Gartenarbeitsschule

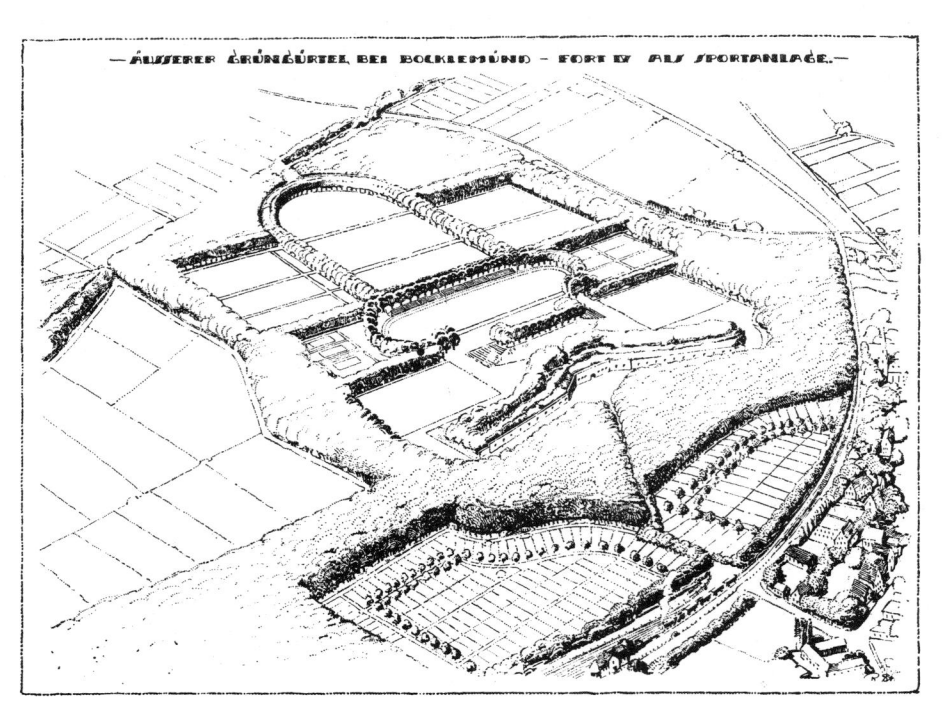

Ehemaliges Festungswerk als Sportplatz

Dom

Das Kölner Hochhaus am Hansaring; höchstes Wohnhaus in Europa   Phot. H. Schmölz

Die Großkampfbahn

Schulen zu Turnspielen benutzt werden. Bei großen Turn- und Sportfesten soll sie zur Vorführung von Massenfreiübungen Verwendung finden. Sie faßt über 20 000 Turner. Auf den sie umgebenden Terrassen finden 90 000 Zuschauer Platz.

Außerdem sind über das ganze Stadtgebiet noch verteilt: 74 Fußballplätze, 23 Plätze für Schlagball, Faustball und Turnspiele, 44 Tennisplätze, 3 Hockeyplätze, 1 Radrennbahn und 9 Laufbahnen. In privaten Händen befinden sich 35 Fußballplätze 6 Plätze für Schlagball, Faustball und Turnspiele, 1 Hockeyplatz, 2 Laufbahnen und 1 Radrennbahn und 1 Pferderennbahn.

Mit dem weiteren Ausbau der Grünanlagen wird die Zahl der Sportanlagen, dem wachsenden Bedürfnis entsprechend, vermehrt werden. Diese Plätze sind in dem Gesamtentwurf für die zukünftigen Grünanlagen mit vorgesehen.

Wenn alle die mannigfachen Grünanlagen und Sportplätze vollendet, und die jetzt geschaffenen Pflanzungen ein ehrwürdiges Alter erreicht haben, wird sich die Nachwelt mit Dank der zielbewußten Tatkraft erinnern, die in Zeiten tiefster Not so hoffnungsfroh für eine fernere Zukunft Großes geschaffen hat. Eine eingehende Darstellung findet sich in dem Buche: „Köln". Entwicklungsfragen einer Großstadt von Fritz Schumacher unter Mitwirkung von Wilhelm Aretz. Saaleck-Verlag, Köln.

Leichtathletikbahn auf den Poller Spielplätzen

Reliquienschrein mit den großen Engeln in St. Maria in der Schnurgasse

KÖLNER KIRCHEN UND IHRE SCHÄTZE

VON PROF. DR. EDMUND RENARD

PROVINZIALKONSERVATOR DER RHEINPROVINZ

Von alters her trägt die Stadt den stolzen Namen des „Heiligen Köln" — und noch im Jahre 1499 setzte der Verfasser der ältesten deutschen umfassenden, im Druck herausgegangenen Stadtgeschichte dieses ehrende Beiwort auf den Titel — in einer Zeit, da schon vor 100 Jahren der realistische bürgerlich-demokratische Geist auch in Köln den Sieg errungen hatte. Das ist ein deutliches Zeichen für die klare Erkenntnis der dauernden geistigen Werte, die das Mittelalter in der rheinischen Metropole geschaffen hatte, und die in der Tat bis zum heutigen Tage hier in der einen oder anderen Form ihre Geltung bewahrt haben — wobei man freilich die Begriffe „heilig" und „kirchlich" vielfach gleichsetzen muß. In dem Zeitraum, in dem die antike Welt versank, fielen die großen kulturellen Aufgaben der langsam im römischen Reiche — und auch in der Colonia Agrippinensium — herangewachsenen christlichen Kirche zu; sie wurde der alleinige umfassende Kulturfaktor, der im Frankenreich die Reste der antiken Kultur im Geiste einer neuen Ethik zu sammeln, zu pflegen, umzugestalten und fortzuführen hatte. Was in der Römerstadt Köln an wirtschaftlichen Werten gegründet war, dem hatte die Kirche die notwendigen sittlichen Momente gegenüberzustellen; es war notwendig, ja selbstverständlich, daß die bedeutendste Römerstadt am Niederrhein auch in kirchlicher Hinsicht Mittelpunkt für das ganze nordwestliche Deutschland wurde; denn die Kirche konnte ihrer schon als der hergebrachten Verkehrsmittlerin nicht entbehren.

So baut sich mit der Entfaltung der realen Kräfte der Stadt im Mittelalter auch das kirchliche Köln auf — und hier knüpft nach dem Untergang des Mittelalters auch die Erneuerung der katholischen Kirche zielbewußt wieder an. Die Gründungen der Franken und Karolinger beschränken sich noch auf das römische Köln und die ihm vorgelagerten römischen Begräbnisstätten; dann setzt im Reiche der Ottonen die enorme Entfaltung ein, die das römische Köln mit einem Kranz bedeutsamer Kirchen umgab, und die mit den zahlreichen Klöstern der Bettelorden im 14. Jahrhundert, demjenigen der Erstarkung des bürgerlich-demokratischen Geistes, die kirchliche Gründungstätigkeit für das Erste beschließt. Das Zeitalter der Gegenreformation hat nicht allein alle diese alten kirchlichen Gründungen mit neuem Leben zu erfüllen gesucht, sondern zu diesem Zweck auch eine ganze Reihe neuer Ordensniederlassungen dem alten Bestande einfügen müssen. So zählte die Stadt am Ende des alten Reiches nicht weniger als 17 Pfarrkirchen, 14 Stifte und Abteien, 9 Mannsklöster und etwa 15 Frauenklöster der Bettelorden und verwandter spätmittelalterlicher Orden. Dazu kamen als Gründungen der Gegenreformation 5 Mannsklöster und 15 Frauenklöster, und den Kreis der geistlichen Einrichtungen beschlossen die zahlreichen Hospitäler, Konvente, Beguinenhäuser mit ihren Kapellen, wie etwa 30 selbständige Kapellen, sodaß man die Gesamtzahl der Kirchen und Kapellen im alten Köln mit 200 schwerlich zu gering angibt. Dieser Bestand ist seit der französischen Revolution, die rücksichtslos darin aufgeräumt hat, wieder auf knapp 30 zusammengeschmolzen. Von den 17 alten Pfarrkirchen sind nur 5 erhalten geblieben; 14 Pfarreien sind damals in den Besitz der stattlicheren Kirchengebäude der säkularisierten Stifte und Klöster gelangt. Von den übrigen Kirchen dienen nur noch vier gottesdienstlichen Zwecken; die zahlreichen profanierten und meist für Militärzwecke verwandten Klosterkirchen sind bis auf zwei zusammengeschmolzen und von jenen 30 selbständigen Kapellen sind gar nur drei noch vorhanden. Außer Rom konnte wohl keine Stadt der Welt sich eines ähnlichen Reichtums an Kirchen rühmen, wohl keine einzige aber hat einen so stark prozentualen Verlust an kirchlichen Gebäuden aufzuweisen wie Köln.

Aber nicht auf diese Fülle an Kirchen gründet sich der Ruhmestitel des „Heiligen Köln", sondern diese ist nur die Folge der kirchlichen Gesinnung, die die Kölner Bürgerschaft von altersher erfüllt hat. Die vielfältigen Reibungen zwischen der Bürgerschaft und kirchlichen Instituten haben diesen Charakter der Stadt nicht beeinträchtigen können. Als nach zwei Jahrhunderte langen Kämpfen zwischen Bürgerschaft und Erzbischof mit dem Sieg bei Worringen (1288) die Stadt ihre Unabhängigkeit von der bischöflichen Gewalt erstritt, ist nur die staatliche Verwaltung des Erzstiftes von Köln abgewandert. In dem im gewissen Sinne so bürgerlichen und so weltlichen 14. Jahrhundert hat das Bürgertum versucht, das weitere Anschwellen des der städtischen Besteuerung und Jurisdiktion entzogenen geistlichen Grundbesitzes in der Stadt zu verhindern; aber was die Allgemeinheit erstrebte, machte in der Blütezeit der Bettelorden der kirchliche Sinn des Einzelnen zur Unmöglichkeit, Uebergriffe der Klöster in das zünftig privilegierte Handwerk führten nur zu wirkungslosen Protesten des Rates. Ein Umschwung in dieser kirchlichen Gesinnung war vollends nicht zu erwarten, als seit dem 15. Jahrhundert die große handelspolitische Bedeutung der Stadt schwand, und dem Wirtschaftsleben Kölns nur eine kleine beschränkte Auswirkungsmöglichkeit gegeben war. Ja — als auf der mittelalterlichen kirchlichen Bedeutung später Köln zum Mittelpunkte der Gegenreformation in Nordwestdeutschland wurde, hat diese Eigenschaft vielmehr nicht wenig zu der bescheidenen Nachblüte der Stadt beigetragen.

So kam es auch, daß der Rationalismus des ausgehenden 18. Jahrhunderts und seine Umsetzung in die Praxis in der französischen Zeit nur eine Episode in der geistigen Geschichte Kölns geblieben sind. Die anscheinende Gleichgültigkeit, mit der die Stadt dem Abbruch des überwiegenden Teiles ihrer alten Gotteshäuser und der Verschleuderung ihres kostbaren Inhaltes zusah, entsprang wohl wesentlich dem Gefühle der großen Not und Schwäche, denen die alte Metropole des Rheinlandes damals in vollem Umfang anheimfiel. Mit dem Fortschreiten des Zerstörungswerkes wuchs die Einsicht in die Schwere des Verlustes; durch die Einwirkung des damals in Köln tätigen Friedrich August Schlegel, der Görres, Arnim und Brentano wuchs auch in Köln die rheinische romantische Bewegung mit ihrem starken katholisch-kirchlichen Einschlag heran. Der Kanonikus Ferdinand Wallraf, die Gebrüder Boisserée u. a. rafften an mittelalterlichen, auf die Straße geworfenen Kunstwerken zusammen, was in ihren Kräften stand. Der Ausbau des Kölner Domes wird durch die ermüdliche Arbeit der Boisserée das große kirchliche und nicht ganz unpolitische Ziel der Bewegung. Der Romantiker auf dem preuß. Königsthron, Friedrich Wilhelm IV., hat aus seiner Liebe zum Rheinland und auch zum Katholizismus heraus die scharfen Gegensätze kirchlicher und politischer Interessen, die der kölnische Kirchenstreit offen enthüllte, wenigstens zum Teil ausgleichen können. Auf diesem ganzen, noch keineswegs sehr durchsichtigen Komplex von historischen, künstlerischen, kirchlichen und politischen Fragen baut sich jener sentimental-romantische Ideenkreis auf, der im Rheinland als künstlerische Auswirkung die Neugotik gezeitigt hat. Immer wird man sich bei der Beurteilung der geistigen Verfassung des Rheinlandes im 19. Jahrhundert, und namentlich derjenigen seiner wieder erstarkten Hauptstadt, bewußt bleiben müssen, daß außerordentlich viel von jenen letzten Endes in der mittelalterlichen Blüte Kölns wurzelnden spätromantischen Ideen lebendig geblieben ist bis in unsere Tage.

*

Die bedeutsamsten frühchristlichen Denkmäler Kölns — außer der später verlegten Bischofskirche — liegen im Außenbezirk der römischen Stadt, in den großen römischen Begräbnisfeldern — St. Gereon und St. Ursula. Es ist bezeichnend, daß die beiden Titelheiligen mit ihren Scharen von Märtyrern, denen später der besondere Schutz der

Stadt anempfohlen war, auf die Kirche im spätrömischen Reiche und in den gährenden Zeiten der Völkerwanderung hinwiesen — St. Gereon, Hauptmann der thebäischen Legion, deren Martyrium am Rheine gerade den wesentlichen festen Punkten der Römerherrschaft zugewiesen wird, Köln, Trier, Bonn und Xanten, und St. Ursula mit der Schar der 11 000 Jungfrauen und ihren weiten abenteuerlichen Fahrten bis zu dem Martyrium durch Attila vor den Mauern Kölns. Daneben erhob sich innerhalb des Mauerringes in dem vornehmsten Viertel der Römerstadt die älteste Bischofskirche, jetzt St. Caecilien. In spätfränkischer und karolingischer Zeit drängt die Kirche zu den prominenten Punkten der Rheinfront des Stadtbildes. Auf der südlichen Bodenerhebung war vielleicht der Sitz der Hausmeier in einem römischen Tempelbezirk; hier gründete die hl. Plectrudis, Gemahlin Pippins, am Anfang des 8. Jahrhunderts das vornehme Damenstift St. Maria im Capitol, und um die Wende des 8. Jahrhunderts wird der hochgelegene Bezirk der Nordostecke der Römerstadt, der Domhügel, in dem die Residenz der fränkischen Könige lag, mit der Erhebung Kölns zum Erzbistum der Kathedralkirche überwiesen.

Außer einem spätfränkischen Mauerrest an St. Caecilien steht von diesen früheren Kirchenbauten nur noch der Unterbau des Kuppelbaues von St. Gereon, ein Auftakt zu der großzügigen nachfolgenden Entfaltung des kölnischen Kirchenbaues, wie er stolzer kaum gedacht werden kann — ein auf römischer Grundlage in fränkischer Zeit wahrscheinlich erneuertes Oval mit tiefen Seitennischen, mannigfach erneuert, verändert und überbaut, aber doch im Kern wohl noch dem reich geschmückten, „zu den goldenen Heiligen" genannten fränkischen Bau gehörig. Untergegangen ist namentlich auch der alte, um 800 von dem ersten Erzbischof Hildebold begonnene Dom, von dem uns einige Kunde wenigstens überkommen ist. Es ist wahrscheinlich der umfänglichste karolingische Kirchenbau gewesen, eine langgestreckte Basilika mit Ost- und Westchor, zwei Querschiffen, vier Türmen, sowie einem gegen Westen vorgelagerten Säulenhof; die Gesamtanlage muß an Längenausdehnung nicht wesentlich kleiner gewesen sein als der heutige Dom. Karolingischen Ursprungs endlich scheint auch noch der älteste Teil der stillen Krypta von St. Severin mit dem Grab des Titelheiligen zu sein.

Der Dombau war jedenfalls der Anfang einer in steiler Linie sich aufwärts bewegenden, ununterbrochenen, immer neu gestaltenden Bautätigkeit, die weit in das 14. Jahrhundert hineinreicht — das Resultat konkurrierender, sich ablösender Gewalten. An die Gründungstätigkeit der Bischöfe, die im 9. und 10. Jahrhundert besonders stark war, schließt der Baueifer der vornehmen reichen Stifte und die jedenfalls in das 9. Jahrhundert zurückreichende Aufteilung des ehedem der Kathedralkirche angeschlossenen einen großen Pfarrbezirkes in zahlreiche Pfarreien; die Baulust verschiebt sich bei dem neuen Dombau und den Kirchen der neuen Bettelorden immer stärker auf die Schultern der starken Bürgerschaft. Zu den alten Hauptkirchen St. Gereon und St. Ursula im Außenbezirk der Römerstadt treten seit dem 10. Jahrhundert die Stifte und Abteien Gr. St. Martin, St. Kunibert, St. Andreas, St. Mauritius, St. Aposteln, St. Pantaleon, St. Georg, St. Severin wie zahlreiche Pfarrkirchen, St. Brigitten, Kl. St. Martin, St. Paul und Maria-Ablaß, St. Lupus, St. Christoph, St. Johann Baptist, St. Maria in Lyskirchen. Dieser reiche Kranz von Stiften ist auch ein wesentlicher Anlaß gewesen, die neue große Stadtumwehrung am Ende des 12. Jahrhunderts so umfassend zu nehmen, daß sie sieben Jahrhunderte dem Ausdehnungsdrang der Stadt genügt hat.

Die Reihe der um die Gründungen verdienten Erzbischöfe des 10. und 11. Jahrhunderts beginnt mit dem hl. Bruno († 965), dem Bruder Otto I.; er ist der Gründer der Benediktinerabtei St. Pantaleon, der bald nach seinem Tode mit Schottenmönchen besetzten Kirche Gr. St. Martin in der Rheinvorstadt wie des Stiftes St. Andreas; sein Testament, das dadurch zu einer wichtigen Quelle für die Geschichte der Kölner Kirchen wird, bekundet seine Fürsorge für den Dom, das im Jahre 941 reformierte Kloster St. Caecilien, St. Gereon, St. Severin, St. Cunibert, Gr. St. Martin, St. Maria im Capitol und St. Ursula. Der hl. Heribert († 1024) ist der Gründer der Benediktinerabtei Deutz, der er das römische Kastell Deutz überwies; er oder sein Nachfolger Pilgrim († 1036) stiftet St. Aposteln. Die zweite Gruppe von Neugründungen geht auf Erzbischof Hermann II., den Sohn des Pfalzgrafen Ezzo, des Gründers der Abtei Brauweiler, und Enkel Otto III. († 1056) und seinen Nachfolger, den hl. Anno († 1075), zurück; sie sind die wesentlichsten Träger der von Cluny ausgehenden strengen kirchlichen Reformbewegung gewesen. Hermanns Fürsorge wendet sich wesentlich den Bauten an St. Severin und Maria im Capitol zu; Anno, Stifter der drei großen Benediktinerabteien Siegburg bei Köln, Grafschaft in Westfalen und Saalfeld in Thüringen, ist in Köln der Gründer der Stifte St. Georg und St. Maria ad gradus gewesen, und wir kennen seine reformierende Bautätigkeit bei St. Gereon und St. Cunibert wie bei dem Bonner Stift St. Casius. Damit ist der kirchliche Charakter des Kölner Stadtbildes für alle Zeiten entscheidend bestimmt gewesen.

Dom, Engelbertusschrein

Dom, Dreikönigenschrein

Heribertschrein in der Deutzer Pfarrkirche

Das baukünstlerische Ergebnis solch frommen Eifers liegt freilich nicht klar zu Tage; es ist überwuchert von der Blütenfülle der spätromanischen Kunst. Der karolingische Dom hatte die kühle Tonart der strengen Basilika angegeben, der bis in das 12. Jahrhundert die Großanlagen und noch weiter bis zum 13. Jahrhundert das ganze bis nach Brabant reichende kölnische Einflußgebiet beherrscht. Fast allein gibt am Niederrhein noch Kaiserswerth den unverfälschten Eindruck einer solchen weiträumigen Pfeilerbasilika mit flacher Decke; in Köln verbergen sich unter den späteren Einwölbungen und Bereicherungen des Raumbildes diese Basilikenanlagen in den Langhäusern von Gr. St. Martin und St. Aposteln, die fortgeschrittenen Beispiele mit Flachdecke im Mittelschiff und Gewölben in den Seitenschiffen in den Bauten des ausgehenden 11. und des 12. Jahrhunderts von St. Maria Capitol, St. Caecilien und St. Pantaleon, ähnlich bei der ältesten, der ersten Hälfte des 12. Jahrhunderts angehörenden Emporenkirche St. Ursula. Es ist begreiflich, daß das Langhaus, bestimmt durch das elementare Kultbedürfnis, von den Bauteilen der Kirche am stärksten konservative Tendenz zeigte; der Gestaltungsdrang, der Wunsch nach äußerer Betonung wandte sich in ottonischer Zeit erst dem Westbau, dann mit dem fortschreitenden 11. Jahrhundert dem Ostbau vornehmlich zu. Um 1000 entstand der von zwei Treppentürmen flankierte stumpfe Westturm von St. Maria im Capitol, der im Innern mit einer Empore — wie im Aachener Münster — sich gegen das Schiff öffnet. Bei der wenig jüngeren Anlage von St. Aposteln entspringt das westliche Querhaus mit dem später zum mächtigen Hauptturm überbauten Ostchor ähnlicher Tendenz; den imposantesten Einblick in die künstlerischen Absichten der spätottonischen Zeit gibt uns aber der prächtige Westbau von St. Pantaleon, bei dem das einfache Motiv von St. Maria im Capitol durch eine offene Vorhalle und ein Querhaus bereichert wird, das in beiden Geschossen an der Mittelhalle große Kapellen aufnimmt.

Die alten ottonischen Beziehungen zu ihrer Lieblingsprovinz Sachsen wie die baugeschichtlichen Einwirkungen kluniazensischer Art lassen sich in der Bautätigkeit der reformfreundlichen Erzbischöfe Hermann II. und Anno auch in Köln deutlich verfolgen; freilich müssen auch sie aus den späteren Umbauten herausgeschält werden. St. Severin und früher auch St. Ursula zeigen die typisch sächsische Aufteilung des Querhauses durch Säuleneinstellung und die tiefen gegen Chor und Querhaus meist geöffneten Seitenkapellen des älteren Bautypus von Cluny; bei St. Severin ist die Bautätigkeit Hermanns II. um 1050 bezeugt. In der annonischen Gründung St. Georg (1057 im Bau), der einzigen flachgedeckten Säulenbasilika im Rheinland, ist jedoch schon im 12. Jahrhundert durch Wölbung seines charakteristischen alten Eindruckes verlustig gegangen. Die beiden um 1050 von Bischof Bernulfus erbauten Utrechter Kirchen St. Peter und St. Johann sind die besten Gegenstücke zu St. Georg in Köln. Wie diese reichere Ausbildung der Choranlagen unter Hermann II. und Anno augenscheinlich aus der starken Fürsorge für den Chordienst entspringt, so gehen auch die großen neuen Chorhäuser der Kirche St. Gereon und des Bonner Münsters auf den hl. Anno zurück. Alle diese Bauten zeigen zum erstenmal als Erfordernis einer großen Kloster- oder Stiftskirche die geräumige hallenartige Krypta in schlichter, wohlabgemessener Architektur. Die Krönung dieser bedeutsamen Bautätigkeit Kölns bildet St. Maria im Capitol — wohl noch unter Hermann II. († 1056) begonnen; von seinen fünf Schwestern, die den bedeutsamsten vornehmen Damenstiften der Zeit vorstanden —

Kruzifixus, St. Severin   Gerokreuz, Dom

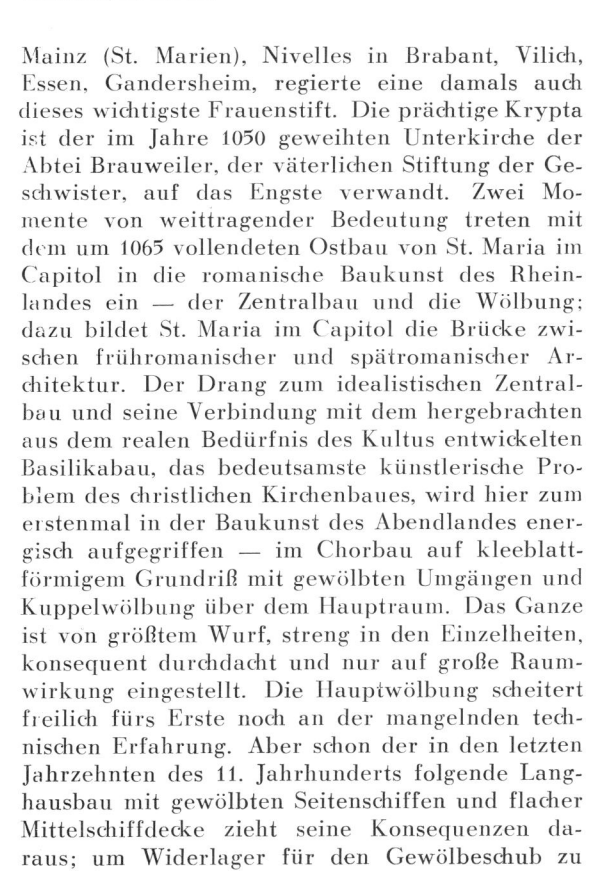

Mainz (St. Marien), Nivelles in Brabant, Vilich, Essen, Gandersheim, regierte eine damals auch dieses wichtigste Frauenstift. Die prächtige Krypta ist der im Jahre 1050 geweihten Unterkirche der Abtei Brauweiler, der väterlichen Stiftung der Geschwister, auf das Engste verwandt. Zwei Momente von weittragender Bedeutung treten mit dem um 1065 vollendeten Ostbau von St. Maria im Capitol in die romanische Baukunst des Rheinlandes ein — der Zentralbau und die Wölbung; dazu bildet St. Maria im Capitol die Brücke zwischen frühromanischer und spätromanischer Architektur. Der Drang zum idealistischen Zentralbau und seine Verbindung mit dem hergebrachten aus dem realen Bedürfnis des Kultus entwickelten Basilikabau, das bedeutsamste künstlerische Problem des christlichen Kirchenbaues, wird hier zum erstenmal in der Baukunst des Abendlandes energisch aufgegriffen — im Chorbau auf kleeblattförmigem Grundriß mit gewölbten Umgängen und Kuppelwölbung über dem Hauptraum. Das Ganze ist von größtem Wurf, streng in den Einzelheiten, konsequent durchdacht und nur auf große Raumwirkung eingestellt. Die Hauptwölbung scheitert freilich fürs Erste noch an der mangelnden technischen Erfahrung. Aber schon der in den letzten Jahrzehnten des 11. Jahrhunderts folgende Langhausbau mit gewölbten Seitenschiffen und flacher Mittelschiffdecke zieht seine Konsequenzen daraus; um Widerlager für den Gewölbeschub zu bekommen, liegen die Fenster in tiefen Nischen. Die alte Basilikaform mit ihren glatten kubischen Raumformen ist damit verlassen, die Wandnischen geben ein lebendiges Spiel von Licht und Schatten,

Madonna, Maria in Lyskirchen

Roman. Tympanon an St. Cäcilien

das Grundprinzip der spätromanischen Baukunst im Rheinland in technischer wie in künstlerischer Hinsicht hat sich durchgesetzt.
Die Entwicklung vollzog sich nicht reibungslos. Im Gefolge des Langhauses von St. Maria im Capitol steht noch im ganzen 12. Jahrhundert die Vorliebe für die Beschränkung der Einwölbung auf die Seitenschiffe, weil man augenscheinlich ungern auf die weiträumigen Mittelschiffe der Basilika verzichten wollte — so entstanden als Neuanlagen dieser Art vor der Mitte des 12. Jahrhunderts St. Ursula als Emporenkirche und in ihrer Gefolgschaft die später umgebauten, aber wohl sämtlich als Emporenkirchen angelegten Pfarrkirchen des 12. bis 13. Jahrhunderts, St. Johann Baptist, St. Columba und wahrscheinlich auch St. Alban; ferner St Caecilien (nach Mitte des 12. Jahrhunderts) und das Langhaus von St. Pantaleon (um 1175). Ursprünglich wurden die Seitenschiffe eingewölbt bei Gr. St. Martin (nach 1172) und bei St. Aposteln (Ende des 12. Jahrhunderts). So kommt es auch, daß Köln nur in der untergegangenen Kirche St. Mauritius (gew. 1144) einen nach dem strengen System der Wölbung über quadratischer Grundfläche angelegten Bau vor dem Ende des 12. Jahrhunderts aufzuweisen hatte. Der starke Drang nach künstlerisch wirkungsvoller Gestaltung im Verein mit dem Baueifer der reichen kölnischen Stifte mußte aber diese verzögernden Momente überwinden; im Anschluß an die zuerst im Langhaus von St. Maria im Capitol gegebenen Anregungen entwickelt sich schnell ein technisches Können und eine Erfahrung, die sich den größten Aufgaben gewachsen fühlen. Die Verlegung des Strebesystems in den Mauerkern gibt dem Raumbild jene große Bewegtheit und das feine Spiel von Licht und Schatten, die den Ruhm der spätromanischen Baukunst am Rhein ausmachen, und gewährt andererseits die Möglichkeit, die hergebrachte äußere Form mit flächiger Ziergliederung in großen Baumassen zusammenzuhalten — also eine prinzipielle Gegnerschaft zur französischen Entwicklung der Frühgotik, die das Konstruktionssystem nach außen verlegt und dadurch die Baumasse auflöste. So wird ein etwa dreiviertel Jahrhunderte, von etwa 1175 bis 1250 währender Kampf um künstlerische Prinzipien entfacht, dessen Mittelpunkt Köln bildete, in dem aber doch am Ende die rheinische Entwicklung vor der straffen Konsequenz der französischen Frühgotik unterliegen mußte, weil diese die stärkere Logik für sich hatte.
Aeußere Momente kamen hinzu, die rheinische Baukunst zu höchsten künstlerischen Leistungen anzuspornen; der Glanz der reichen Stadt, der Reichtum der vornehmen Stifte erforderten energisch äußere Repräsentation, Wirkung im Stadtbild. Bezeichnend dafür sind die doppeltürmigen Choranlagen, die ihr Gesicht dem Rheine zuwenden und die am ganzen linken Rheinufer sich durchsetzen.
Wenn auch nicht die älteste, so aber doch die am stärksten in den festen strengen Formen des 11. Jahrhunderts wurzelnde Choranlage ist diejenige von St. Gereon (1190/1191). Das Motiv der aus Oberitalien übernommenen Zwerggalerie wird allgemein üblich und beherrscht zusammen mit der Doppeltürmigkeit des Chores die nachfolgenden, zum Teil schon stark mit gotischen Elementen durchsetzten Neuanlagen, St. Andreas (um 1220), St. Maria in Lyskirchen (um 1220), St. Severin (um 1237) und endlich St. Cunibert (1247). Für die

Choranlagen ergibt sich schnell — aus konstruktiven Gründen — die Zerlegung in eine äußere Schale mit den Fenstern und eine innere, in Säulen aufgelöste Schale; das Motiv der Gliederung durch Nischen in den unteren Partien und des so geschaffenen Umganges in den oberen Teilen ist entscheidend für die bewegte Raumwirkung. Das gab auch erst die technische Möglichkeit, den Zentralbaugedanken von St. Maria im Capitol nach hundert Jahren wieder aufzunehmen bei den Ostbauten von Gr. St. Martin (nach 1185) und von St. Aposteln (letztes Jahrzehnt des 12. Jahrhunderts), und endlich auch — freilich mit starker Veränderung der ursprünglichen Absicht — mit neuem Ostchoraufbau um 1200 die Kleeblattanlage von St. Maria im Capitol zu vollenden. Damit schuf die spätromanische Kunst die eindrucksvollsten Kirchenräume am Rhein. Auch die Außenwirkung ist das Ergebnis nicht allein steigenden Gliederungsbedürfnisses, sondern auch sorgfältig erwogener Einpassung an das Stadtbild — Gr. St. Martin mit dem hochstrebenden kühnen Vierungsturm, der durch das Eckürmchen — technisch und künstlerisch — auf das glücklichste zusammengehalten wird in der Rheinfront der Stadt, St. Aposteln mit der breitgelagerten Lösung des Kuppelbaues augenscheinlich auf die vorherrschende Ansicht von dem weiten Neumarkt aus eingestellt. Ein weiteres, leider unvollendet gebliebenes Werk, das die ganze Kraftfülle jener Zeit offenbart und noch an den strengeren Formen des Chorbaues von St. Gereon haftet, ist der Turmbau von St. Georg, etwa um 1200; der Oberbau sollte, sich vermittels einer Zwerggalerie wohl verjüngend, in weichen Formen ausklingen. Der neue Turm von St. Ursula aus dem Beginn des 13. Jahrhunderts folgt — freilich als eines der größten — dem üblichen Gliederungsschema.

Immer stärker aber drängen sich die Erfahrungen der französischen Frühgotik in der rheinischen Architektur vor, besonders diejenigen der Rippenwölbung. Am deutlichsten erscheint der westliche Einfluß zum erstenmal überhaupt in dem umfassenden Neubau der Stiftskirche St. Andreas im ersten Viertel des 13. Jahrhunderts, einem einheitlichen, wuchtigen, im Innern reich gegliederten Bau mit Vierungsturm und hochliegender Westhalle, unter welcher der interessant malerische Kreuzgangsrest erhalten blieb. Den Gegensatz zeigt die wesentlich zierlichere Lösung, die man um 1220 für den Neubau der Pfarrkirche St. Maria in Lyskirchen als Emporenanlage fand.

Immer stärker macht sich die Frühgotik geltend: einen wesentlichen Fortschritt bedeutet die im Jahre 1219 in der Kirche St. Aposteln geschickt eingefügte Wölbung wie die Mittelschiffwölbungen Gr. St. Martin und Maria im Capitol (um 1240);

Krypta, St. Pantaleon

weiter darüber hinaus geht der in den Jahren 1219 bis 1227 auf der Grundlage des fränkischen Geschmacks errichtete stolze Kuppelbau von St. Gereon mit seiner mächtigen Höhenentfaltung, wohl der erste formal als gotisch anzusprechende kölnische Kirchenbau, und die etwa ein Jahrzehnt später erbaute Taufkapelle dieser Kirche. So gehen deutlich die an den älteren rheinischen Formentenors haftenden Bauwerke — zuletzt St. Cunibert — neben dieser zur konsequenteren französisch-frühgotischen Durchbildung neigenden Bauwerken her. Das ist nicht verwunderlich, wenn man bedenkt, auf einen wie kurzen Zeitraum, etwa von 1190—1240, diese riesige kirchliche Bautätigkeit Kölns sich erstreckt und wie die noch erhaltenen Bauten nur einen Bruchteil des alten Bestandes darstellen. Untergegangen sind die wohl sämtlich jenem Zeitraum angehörenden Klosteranlagen von St. Gereon, Gr. St. Martin, St. Aposteln, St. Cunibert, die interessante Klosterkirche Im Sion, der größere Teil der wahrscheinlich damals auch neu erbauten Pfarrkirchen. Erklärlich wird eine solch ungeheure Kraftanstrengung nur dadurch, daß einerseits die alten feudalen Stifte und Klöster damals auf einer Höhe ihrer Bedeutung und ihres Reichtums stehen, von der in den noch folgenden Jahrhunderten ein langsamer stetiger Abstieg sie bis zu ihrem Untergang hinabführt, daß andererseits das kaufmännische Patriziat das Zeitalter der größten weltwirtschaftlichen und weltpolitischen

St. Columba, Innenansicht

St. Ursula, Goldene Kammer

Jesuitenkirche, Innenansicht

St. Maria in Capitol, Innenansicht

Bedeutung Kölns in den nächsten Jahrzehnten heraufführt.

*

Die großen baukünstlerischen Interessen beherrschen die rheinische und speziell die kölnische Kunst der romanischen Zeit ganz überwiegend. Das bekundet ganz deutlich die geringe Zahl der großplastischen Werke — ein verstümmeltes Tympanonrelief auf St. Pantaelon, der Grabstein der hl. Plectrudis und eine Muttergottesfigur in St. Maria im Capitol, zwei große Kruzifixe in St. Georg und im Dom mit feingefälteten, aber steifen Gewandungen stehen augenscheinlich unter byzantinischen Einflüssen, während einzelne, ebenso seltene Stücke von gesundem plastischem Empfinden, vor allem das Tympanonrelief von St. Caecilien, deutlich von der stärkeren plastischen Kunst des Maastales abhängig sind.

Um so wichtiger ist das Bild, das die vielseitigen Werke der Kleinkunst in den Schatzkammern der Kölner Kirchen für den Zusammenhang mit der Monumentalkunst gewähren. Wenn auch kein Kirchenschatz von den Kostbarkeiten aus Gold, Email und Edelsteinen eine so geschlossene Erscheinung bietet, wie etwa der Schatz des Essener Damenstiftes für die Ottonenzeit, so gibt es in Köln verstreut doch noch manches frühe kostbare Werk. Daß es gerade in der ottonischen Zeit nicht daran mangelte, beweisen die reichen Stiftungen Brunos († 965) an die Kölner Kirchenschätze. St. Severin bewahrt noch einige orientalische Bergkristall-Fiolen, in denen Reliquien aus dem Orient kamen; in St. Gereon und in anderen Kirchen kommen dem gleichen Zweck dienende Elfenbeinarbeiten vor, so die arabische Elfenbeinbüchse, die im Jahre 755 im Auftrag des Emirs Abdallah in Aden gefertigt wurde. Unter den orientalischen Stoffen ist der Rest eines Seidengewebes aus dem 7. Jahrhundert in St. Cunibert, das den Sassanidischen Prinzen Bahram Gor auf der Jagd zeigt, vor anderen Beispielen in St. Gereon das interessanteste. Einige irische und karolingische Manuskripte führen zu den Anfängen eines nationalen Stiles, wie er in der spätottonischen Zeit auch in Köln mit einer größeren Zahl von Werken vertreten ist — Handschriften einer ziemlich fest umgrenzten, auf Köln lokalisierten Sonderschule im Dom, in St. Maria in Lyskirchen und im Stadtarchiv. Die Schule hängt mit denjenigen von Trier und Echternach eng zusammen; einzelne Elfenbeine, die gleicherweise Beziehungen zur jüngeren Metzer Schule zeigen, — in St. Marien in Lyskirchen und im Kunstgewerbemuseum ein Buchdeckel (aus St. Gereon) und der Konsekrationskamm des hl. Heribert — hat man auch zu einer Kölner Gruppe zusammengeschlossen.

Seit dem Ende des 11. Jahrhunderts drängt alles auf eine großzügigere Entfaltung der Reliquienbehältnisse. Am Anfang steht die wohl diesem Zeitraume angehörige Severinusplatte in durchsichtigem Email auf Gold, der einzige Rest des Severinusschreines und das Ende der alten Technik. Denn jetzt setzt sich die Emailtechnik auf Kupfer durch und ermöglicht erst eigentlich die großen Reliquienschreine, die den Ruhmestitel der kölnischen Goldschmiedearbeiten des 12. bis 13. Jahrhunderts ausmachen. Der älteste ist der im Jahre 1129 in Köln geschaffene Xantener Viktorsschrein mit derben untersetzten, noch an die vergangene Epoche anknüpfenden silbergetriebenen Figuren — auf das engste verwandt mit den Passionsszenen von dramatischem Gestaltungswillen, aber noch mangelndem Können in der holzgeschnitzten Tür von St. Maria im Capitol. Der Meister jenes Schreines ist wohl jener Eilbertus Coloniensis, der aus einer ganzen Reihe emaillierter Tragaltäre bekannt ist, von denen sich aber keiner in Köln erhalten hat. Nach der Mitte des 12. Jahrhunderts kreuzen sich zwei Richtungen — hier die in den Bahnen des älteren Kölner Meisters wandelnden Arbeiten des Fridericus, dort — wie in der Großplastik — der beginnende Einfluß des Maastales durch den für die Herstellung des Heribertusschreines nach Köln berufenen älteren großen Meister des Maas-Emails, Godefroy de Clair. Von der Maas her kommt die einfache Kastenform, kölnisch ist aus naheliegenden Gründen die fortschreitende Architektonisierung des Schreines bis zu den beiden kölnischen Reliquiaren in Form von reichen Zentralbauten in London und Darmstadt, kölnisch ist die reiche, feine Durchbildung der Einzelheiten, Maaseinfluß die Kenntnis, zuerst im größeren Umfang auf dem Heribertusschrein bildliche Darstellungen in natürlichen ineinander übergehenden Farben aus Email herzustellen. So entsteht die stolze Reihe der prunkvollen Reliquienschreine des 12. Jahrhunderts in Köln und Siegburg — in Köln selbst zwei in St Pantaleon, der Eleutheriusschrein in St. Ursula, der Heribertsschrein. Bedeutende Schreine in St. Aposteln, St. Ursula und St. Cunibert sind untergegangen. Ein erneuter Anstoß vom Maastal her führt die Figurenplastik der Goldschmiede auf bedeutsamste Höhe; Nikolaus von Verdun, der größte Meister des Maastales, wird zur Herstellung des Dreikönigenschreines für den Kölner Dom berufen und schafft in den letzten Jahren des 12. Jahrhunderts die wundervollen Apostel- und Prophetenfiguren dieses auch an Umfang bedeutendsten romanischen Schreines, dessen Einwirkung noch weit in das 13. Jahrhundert hineinreicht. Eine Reihe von kleineren Emailwerken — Tragaltar in St. Maria im Capitol, Armreliquiare

St. Gereon, Innenansicht

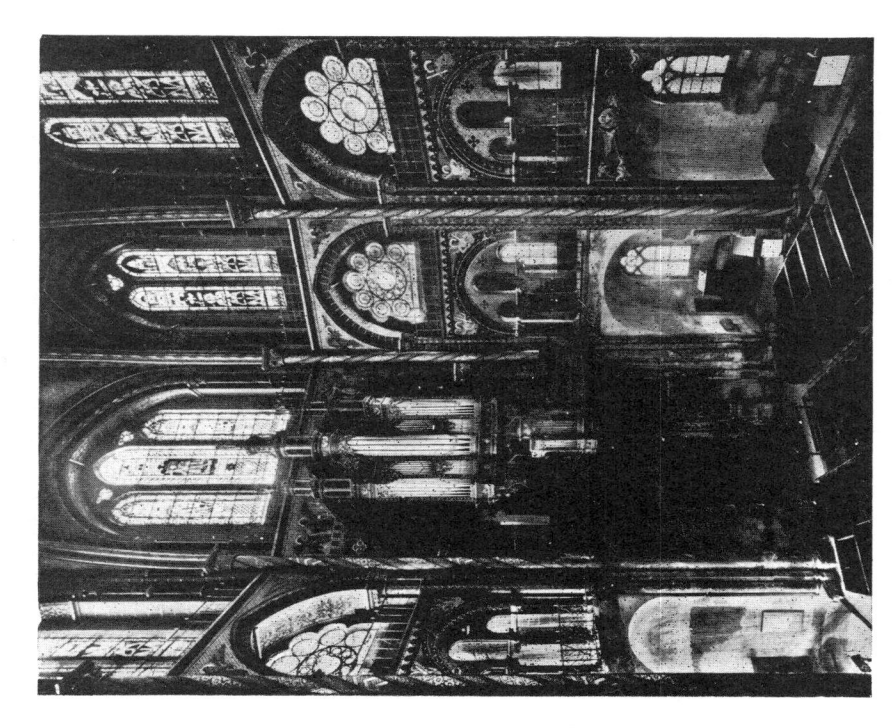

St. Gereon, Innenansicht

in St. Cunibert und St. Gereon — begleitet diese Entwicklung.

Die kölnische Wandmalerei der romanischen Zeit behauptet ihren Ruhm, wiewohl gerade die dauernden baulichen Umgestaltungen so vieles bald wieder vernichteten und die raumauflösenden Tendenzen der architektonischen Entwicklung schon frühzeitig die Möglichkeit großer zyklischer Darstellungen vereitelten. Es ist daher auch nicht ganz Zufall, daß die bedeutsamsten großen Folgen romanischer Wandmalerei im Rheinland außerhalb Kölns, in Brauweiler und Schwarzrheindorf, zu finden sind. Die umfassendste Folge von Wandgemälden enthielt der karolingische Dom; die belehrenden und erklärenden Unterschriften (tituli) sind überliefert. Von der farbigen, meist wohl einfachen Raumbehandlung der Basiliken des 11. Jahrhunderts geben die Reste von zwei, die Wände abschließenden Mäanderfriesen einen schwachen Begriff; um so bedeutsamer sind die aus dem Annonischen Langchor von St. Gereon stammenden, am nächsten oberitalienischen Arbeiten verwandten Fußbodenmosaiken mit dramatischen Szenen aus der Geschichte Samsons. Erst am Ende des 12. Jahrhunderts treten — in engerem Zusammenhang mit dem zeichnenden gemessenen Stil der Malereien von Brauweiler und Schwarzrheindorf — zahlreiche Einzelwerke in dem Kölner Kunstbesitz hervor — die Figuren im Chor von St. Gereon, verschiedene Reste in St. Pantaleon und in der Kirche von St. Maria im Capitol; bemerkenswert ist in den Gemälden in St. Pantaleon der starke byzantinische Einfluß, der auch in der Plastik, der Emailkunst und der Buchmalerei eine ziemlich große Rolle gegen Ende des 12. Jahrhunderts spielt. Mit der fortschreitenden zeichnerischen Behandlung, die wieder Berührungspunkte mit der Kunst des Maastals zu haben scheint, drängen im 13. Jahrhundert auch frühgotische Elemente sich stärker ein; sie führen im Rahmen eines ziemlich einheitlichen Stiles der deutschen Malerei in der ersten Hälfte des 13. Jahrhunderts schnell zur Auflösung — knitteriger, nervöser Faltenbruch, Untergehen des Körperlichen in bauschiger Gewandung. Der kölnische Bestand zeigt in einer großen Zahl von Werken diese Schule besonders klar; dahin gehören vor allem die Ausmalungen von St. Maria in Lyskirchen, St. Cunibert und der Taufkapelle von St. Gereon. Durch die Technik in maßvollen Grenzen gehalten ist dieser Stiel in der farbenprächtigen Folge der Glasmalereien von St. Cunibert, dem einzigen großen Frühwerk dieser Kunst im Rheinland. Gerade der schnelle Verfall des Zeichnerischen in der Malerei aber beweist, daß der neue Stil der Gotik in seiner Schlichtheit und Strenge einen zur Aufnahme vorbereiteten Boden in Köln finden mußte.

*

Der Sieg der gotischen Baukunst in Köln fällt in die Jahrzehnte höchster Bedeutung der rheinischen Metropole. Daß der neue Petersdom das erste und größte Werk des neuen Stiles wurde, mag ein Zufall sein; denn wenn der im Jahre 1225 ermordete Erzbischof, der hl. Engelbert, noch zur Ausführung seiner Baupläne gelangt wäre, so wäre zweifellos der Kölner Dom das reichste und bedeutendste Werk des rheinischen Uebergangsstiles geworden und hätte damit diejenige kirchliche Bauentwicklung zu einem entsprechenden Abschluß gebracht, in der der höchste Ruhmestitel der kölnischen Kunst des Mittelalters begründet ist. So aber hat Köln den auch nicht geringen Ruhm gewonnen, in dieser größten deutschen Kathedrale von etwa zweihundertjähriger Bauzeit die französische Gotik in den deutschen Geist überzuführen und ihre charakteristische deutsche Form herauszubilden. Als der deutsche Meister Gerhard, der selbst bei dem in den Jahren 1218—1228 ausgeführten Chor des Domes in Amiens tätig gewesen sein muß, im Jahre 1248 mit dem Chorbau begann, gab er ihm fast genau die Formen des französischen Vorbildes und legte damit den Grundton des Domes, den starken Vertikalismus, für alle Zeiten fest. Schon bei seinem Tode um 1268 war man in der Anlage des Reichtums an Gliederung über Amiens hinausgegangen, und seine Nachfolger, Meister Arnold († 1301) und Meister Johannes, unter dem im Jahre 1322 der Chor vollendet wurde, haben die hochgotischen Formen des Rheinlandes mit der etwas pedantischen Häufung der Strebesysteme und der konsequent immer feiner aufgelösten Einzelheiten herausgebildet; die damals schon stark nachlassende französische Bautätigkeit hat damit wenig mehr gemein. Der vierte Dombaumeister, Michael, hat um die Mitte des 14. Jahrhunderts auch die erst im Jahre 1880 erfolgte Vollendung des Riesenwerkes endgültig bestimmt, indem er — in ähnlichem logischen Vorgehen — das fünfschiffige Langhaus mit den beiden riesigen Türmen an Stelle des zweifellos dreischiffigen alten Planes setzte. Die Ausführung bekommt seitdem etwas Planloses — im 14. Jahrhundert ein Stück des Langhauses und Anfänge des Querhauses, der Unterbau des Nordturmes bis zum Gesims des Schiffes etwa, endlich am Anfang des 16. Jahrhunderts die Fertigstellung der beiden Nordschiffe wenigstens. So stark ist die planmäßige Fixierung des 14. Jahrhunderts in ihrer zwingenden Konsequenz gewesen, daß es schon eines kritischen Auges bedarf, um die spätgotischen Elemente am Nordschiff zu erkennen. Daß der Bau zum Erliegen kam, liegt wohl auch wesentlich an

St. Aposteln, Innenansicht

dem bürgerlich-weltlichen Geist, der das 14. Jahrhundert erfüllte; im 15. Jahrhundert begann der Stern Kölns schnell zu erbleichen. So wie der vollendete Dom heute dasteht, ist er in der Hauptsache ein Werk der Hochgotik mit ihrer Klarheit und Kühle, nicht ein solches der impulsiven künstlerisch empfindenden Gestaltungskraft der Frühgotik, aber immer auch dasjenige Werk der Gotik, das den himmelstürmenden Jenseitszug der Gotik vor allen anderen gotischen Kathedralen Deutschlands zu Schau trägt.

Die Auswirkung der Kölner Domhütte ist auf verhältnismäßig kleine Gebiete am Mittelrhein, am Niederrhein und in den Niederlanden beschränkt geblieben; man darf sich keinem Zweifel darüber hingeben, daß die eigentlichen Träger und Vertreter des gotischen Baugedankens die Bettelorden waren — namentlich in den Städten, in die sie das Schwergewicht ihrer Wirksamkeit verlegten. Andererseits aber bereiten sie auch sehr rasch die Kunst der Hochgotik vor — aus der schlichten Strenge heraus, die der Ordensgeist vorschrieb, und so wird es bei der starken Vereinfachung der Form auch schwer, den entscheidenden stilistischen Ausgangspunkten ihrer Bautätigkeit nachzugehen; die Bettelorden kommen schnell zu einer Typisierung, die bis in das 15. Jahrhundert hinein ihren Kirchenbauten — bis auf wenige Einzelheiten — den frühgotischen

Charakter gewahrt hat. Sie allein sind ja auch in Köln die Träger der kirchlichen Bautätigkeit geblieben; das langsam entschwindende Leben

St. Aposteln, Ansicht vom Neumarkt

der alten, reichen Stifte und Klöster hatte kaum noch Bauaufgaben. In Köln kann fast allein die feingegliederte reizvolle Sakristei von St. Gereon (um 1315) als unmittelbares Werk der Dombauhütte gelten; der neue Chor von St. Ursula vom Ende des 13. Jahrhunderts hat mit dieser Hütte schwerlich etwas gemein. Das älteste und bedeutsamste Werk der Ordensbautätigkeit, die Minoritenkirche (Chor 1260 vollendet), weist noch auf die Wege, die die Frühgotik von Lothringen über Trier bis nach Hessen hinein genommen hatte. Die wenigen noch erhaltenen Ordensbauten des 14. Jahrhunderts in Köln, die Karthause und die Antoniterkirche, sind von jener sich gleichbleibenden asketischen formalen Durchbildung, in die Baugewohnheiten der Bettelorden schon bald ausmünden. Im 15. Jahrhundert, demjenigen der Spätgotik, zog sich angesichts der geschwundenen Bedeutung die Bautätigkeit vollends auf reine Nutzbauten zurück — und auch das waren bei der Fülle der alten Kirchen fast ausschließlich Umbauten und Erweiterungen. Sieht man von dem im zweiten Viertel des 15. Jahrhunderts errichteten Chorneubau von St. Andreas ab, einer lichten, großen Halle, die vielleicht durch den Chor des Aachener Münsters ihre entscheidende Anregung erfuhr, so lag das Schwergewicht bei den zum größten Teil untergegangenen Pfarrkirchen. Die Umbauten von St. Columba und St. Johann Baptist zu durchsichtigen breitgelagerten Baukomplexen geben das beste Bild der stark eingeschränkten baukünstlerischen Absichten des 15. Jahrhunderts in Köln. Den einzigen vollständigen Neubau erfuhr im letzten Stadium der mittelalterlichen Baukunst die Pfarrkirche St. Peter (1525 voll.) — die seit romanischer Zeit beliebte Emporenlösung und trotz aller zierlichen spätestgotischen Einzelausbildung mit seinen Pfeilern voll von Reminiszenzen an die große Vergangenheit kölnischer Kirchenbaukunst.

*

Schwand auch der große Sinn für monumentale kirchliche Kunst mit dem dem Ende sich zuneigenden Mittelalter, so blieb doch der fromme Stiftersinn, ausgeübt durch wohlhabende Kanoniker und Bürger; namentlich die Pfarrkirchen treten als Träger der kirchlichen Steinkunst stark hervor. So groß der Reichtum der Kölner Kirchen an Werken der Gotik aus dem Gebiet der Malerei, der Plastik, der Keramentik und der Goldschmiedekunst heute auch noch ist, größer darf man die Verluste des 19. Jahrhunderts infolge des Sammlertums und des Kunsthandels einschätzen. An der Spitze steht der Kölner Domchor trotz der allzu gründlichen Säuberung vor der Mitte des 19. Jahrhunderts. Nach der Vollendung des Chorbaues im Jahre 1322 setzt hier ein reger Eifer ein — beginnend mit den noch stark an die französische Frühgotik anklingenden Apostelfiguren der Pfeiler und dem reichen Fensterschmuck mit dem Dreikönigenfenster in der mittleren Chorkapelle; es folgt das an köstlichen Einfällen so reiche geschnitzte Chorgestühl, der leider verstümmelte Hochaltar mit seinen Marmorfiguren (um 1350), wenige Zeit später die miniaturartigen Malereien aus der Geschichte Mariäe und Petri auf den Chorschranken, dazu die Fülle der stattlichen Bischofsgräber des 14. Jahrhunderts bis zu dem jüngsten naturalistisch lebendigen Epitaph des Erzbischofs Dietrich von Moers († 1463) und der einzige plastische Außenschmuck, das Petrusportal vom Anfang des 15. Jahrhunderts.

Daran schließt sich der außerordentliche Reichtum an Einzel- und Kleinplastiken in den anderen Kölner Kirchen — beginnend mit dem französischen frühgotischen Elfenbeinkasten mit Liebesszenen in der Schatzkammer von St. Ursula, und den strengen Figuren am Chorgestühl von St. Gereon. Auf den in Verbindung mit Nordfrankreich und dem Maastal stehenden weichen Stil um die Mitte des 14. Jahrhunderts, der in den Marmorfigürchen des Domhochaltares am stärksten zur Geltung kommt, folgt die markige, aber so liebenswürdige Naturtreue in den Figuren des Saarwerden-Denkmals im Dom und den Tympanonskulpturen des Petrusportales, die zarte Blüte der speziell kölnischen Gruppe von Plastiken, die gleichen Geistes wie die Bilder Stephan Lochners ist, mit der Engelgruppe am Portal der Ratskapelle, den Michaelsfiguren in St. Andreas und St. Aposteln und namentlich der Verkündigungsgruppe von St. Cunibert (1439), bis dann nach der Mitte des 15. Jahrhunderts der scharfe niederländische Naturalismus — wieder wie in der kölnischen Malerei — den Sieg erringt, besonders mit einigen Skulpturen in St. Ursula und St. Cunibert.

An einzelnen bestimmten Motiven ließe sich diese Abwicklung noch besonders eindringlich verfolgen — z. B. an dem Weg, den die kölnische Plastik in den zahlreichen Madonnenfiguren Kölner Kirchen zurücklegt, von den Frühwerken des 14. Jahrhunderts in St. Ursula, St. Maria im Capitol über diejenigen von St. Gereon (Ende des 14. Jahrhunderts), St. Maria in Lyskirchen (Anfang des 15. Jahrhunderts) zu den spätgotischen Beispielen in St. Ursula und St. Columba — oder auch in der Reihe der großen Kruzifixe, von den schmerzverzerrten Darstellungen des endenden 14. Jahrhunderts in St. Maria im Capitol und St. Severin zu der vornehmen naturalistischen Durchbildung des Gekreuzigten in St. Georg. Der starke Reliquienkult, der auf die alten römischen und christlichen

St. Maria in Capitol

Begräbnisstätten zurückgeht, schafft am Ende des 14. und am Anfang des 15. Jahrhunderts die **Vorliebe** für die großen Serien von liebenswürdigen, typisch kölnischen Reliquienbüsten in St. Cunibert, St. Aposteln, in der „Goldenen Kammer" von St. Ursula. Am Ende dieser reichen Entfaltung der spätmittelalterlichen Plastik in Köln steht — ganz unter dem Einfluß der schon verfallenden niederländischen Plastik — der Lettner von St. Pantaleon, dessen krauses Ornament den Figurenschmuck fast erdrückt (1502—1514).

In der Wandmalerei herrscht nach den zarten idyllischen Darstellungen aus dem Leben der hl. Caecilia in St. Caecilien, die noch dem Ausgang des 13. Jahrhunderts angehören, seit der Mitte des 14. Jahrhunderts das einzelne, aus dem tektonischen Zusammenhang herausgelöste Motivbild, vornehmlich vertreten durch Werke in St. Andreas und St. Severin. Das wesentliche Interesse war dem Tafelbild der kölnischen Malerschule zugewandt, das in seinen stärksten und ältesten Beispielen freilich dem Kirchenbesitz ganz entzogen worden ist, wenn man von den nachträglich in den Dom geretteten Hauptstücken, dem Claren-Altar der Meister-Wilhelm-Gruppe aus St. Claren und dem der Ratskapelle entstammenden berühmten Dombild Stephan Lochners, absieht. Der Sammeleifer der Gebr. Boisserée, die z. B. St. Columba seiner bedeutenden mittelalterlichen Gemälde ganz entblößten, des Barons von Hüpsch, des Kanonikus Walraff und mancher anderer Liebhaber hat das Wertvollste — sicherlich mit dem Erfolg besserer Konservierung — in

St. Maria in der Schnurgasse

die Privatsammlungen gebracht, von denen allein diejenigen Walraffs Köln erhalten blieb, während die Boisserée-Sammlung nach München, die von Hüpsch nach Darmstadt in öffentlichen Besitz kam. Der immer noch wichtige Besitz der Kirchen an kölnischen Tafelgemälden erstreckt sich in der Hauptsache auf die am Anfang des 19. Jahrhunderts noch nicht so hoch gewerteten Spätwerke, namentlich die schon stark manieristischen Werke Barthel Bruyns, der in St. Georg, in St. Andreas, St. Cunibert vortrefflich vertreten ist. Doch haben St. Andreas, St. Cunibert und St. Severin auch Werke der bedeutsamen Meister des ausgehenden 15. Jahrhunderts und ihrer Umgebung in größerer Zahl sich zu erhalten verstanden.

Ein ähnlich begehrter Kunsthandelsartikel waren am Anfang des 19. Jahrhunderts die Glasgemälde; auch infolge der Säkularisation waren die Verluste an Glasmalereien enorm; recht viel scheint damals nach England gewandert zu sein. Trotzdem blieb der gesicherte Bestand der Kölner Kirchen hochbedeutsam, wichtig auch wegen der Zusammenhänge mit den Hauptmeistern der Kölner Malerschule — Kreuzigungen in der Ratskapelle (Kunstgewerbemuseum), St. Georg, St. Severin und in der Antoniterkirche, vor allem aber die leuchtend klaren riesigen Fenster nach Entwürfen des Sippenmeisters im Nordschiff des Domes sind das bedeutendste noch spätgotischen Geistes. Unter der Einwirkung desselben Meisters steht aber auch noch die vortrefflich erhaltene Verglasung der Peterskirche, die in unmittelbarem Anschluß an die Vollendung des Neubaues (1523) erfolgte — Frührenaissancewerke von feinster, zarter Zeichnung und höchstem Schönheitsgefühl, die den Ausgangspunkt einer sehr produktiven Werkstätte von namentlich in der Eifel vorkommenden stattlichen Renaissancefenstern darzustellen scheinen.

Wirft man endlich einen Blick auf die Schöpfungen der gotischen Goldschmiedekunst, so fällt der Mangel an großen Reliquienschreinen angesichts der stolzen Werke der romanischen Zeit sofort ins Auge; der einzige Repräsentant dieser Gattung ist der Maccabäerschrein vom Jahre 1504 in St. Andreas, ein ziemlich derbes und wenig geschickt aufgebautes, mit Figurenreliefs bedecktes Stück. Den wesentlichen Bestand bilden das eigentliche Kultgerät und kleine Reliquienbehälter; da ergibt sich neben einzelnen Prunkstücken, wie z. B. im Domschatz der Stab mit der Gruppe der heiligen drei Könige aus dem 14. Jahrhundert und dem Zeremonienschrank aus dem Anfange des 16. Jahrhunderts im Domschatz, einem ähnlichen älteren Schwert in St. Georg, eine Fülle von eleganten spätgotischen Monstranzen, Ziborien, Kelchen, Vortragekreuzen und namentlich von zierlichen, wesentlich auf die Ausstellung berechneten Reliquiarien in den mannigfaltigsten Spielformen bis weit in das 16. Jahrhundert hinein.

*

Die Unproduktivität des Renaissance-Jahrhunderts auf dem Gebiete der kirchlichen Baukunst ist erklärlich und dennoch erstaunlich groß gerade für Köln; die Kirche fand den Anschluß an die weltlichen Formen des neuen Stiles nicht. Bezeichnend dafür ist der archaisierende, schüchterne Versuch der südlichen Vorhalle von St. Georg (1556), an die Formensprache der kirchlichen Blütezeit des 13. Jahrhunderts wieder anzuknüpfen. Wohl aber öffneten auch die Kölner Kirchen einzelnen Ausstattungsstücken der Renaissance die Pforten. Der außerordentliche Reichtum der flandrischen Frührenaissance gewinnt entscheidenden Einfluß auf die Plastik ebenso wie in der Malerei; an der Spitze marschieren zwei importierte Werke — das feine Croysche Bronzeepitaph in der Domschatzkammer (1517) und der in Mecheln angefertigte reiche Lettner in St. Maria im Capitol (1523/24). Die Gefolgschaft ist nicht besonders groß mehr — der seltsame durchbrochene Altar in der Krypta von St. Gereon (um 1530), Sakramentshäuschen in St. Georg (1556) und in St. Andreas (um 1550), eine größere Zahl von Wandepitaphien, einige schöne Taufbecken aus Gelbguß in St. Columba (um 1550), in St. Johann Bapt. (1566), in St. Maria im Capitol (1594) sind das Wesentliche. Eine immer größere Stille legt sich über die Kölner Kirchen, je mehr das 16. Jahrhundert mit seinen schweren Kämpfen am Niederrhein und dem kölnischen Krieg um Reformation oder Erhaltung des Kirchenstaates seinem Ende sich zuwendet. Dieser Kampf rief mit der Rettung des alten Glaubens die Nachblüte Kölns im 17. Jahrhundert herauf. Kurstaat und Reichsstadt haben sich treulich gegenseitig unterstützt; Köln, dessen wirtschaftliche Blüte längst entschwunden war, konnte sich seiner starken kirchlichen Tradition rühmen, von der doch noch so viele Kräfte lebendig geblieben waren. Hier setzt die zielbewußte Arbeit des Jesuitenordens ein, dessen Niederlassung im alten Köln schon im Jahre 1544 erfolgt war, aber bis zu der starken Gefährdung des alten Glaubens durch den kölnischen Krieg es nicht zu größerer Bedeutung hatte bringen können. Jetzt übernimmt die kölnische Niederlassung in glänzendem Aufschwung die Führung der Gegenreformation in Nordwestdeutschland; das große künstlerische Denkmal dieser Bewegung ist die Kölner Jesuitenkirche, die in den Jahren 1618—1623 im wesentlichen errichtet wurde. Die engen Beziehungen Kölns zu Flandern bestanden von Natur schon fort; diesen

Gr. St. Martin

St. Maria in Lyskirchen

Weg nahmen die ganzen Orden der Gegenreformation von Spanien her. Ganz zielbewußt knüpft der Orden an die kirchliche Tradition, an die handwerklich noch fortlebende Gotik an, verwendet sie in dem mächtigen Emporenbau zu einem stimmungsvollen Wechsel von großen Licht- und Schattenmassen und durchsetzt den Bau in der reichen praktischen Ausstattung mit dem ganzen wuchtigen Pathos des vlämischen Barock.

Die Kirchen der im 17. Jahrhundert in Köln zahlreich einziehenden Gegenreformationsorden müssen vor dem Glanze der Jesuitenkirche bescheidentlich zurücktreten; jene Verbindung der Gotik mit dem Barock blieb allein dem Jesuitenorden vorbehalten. Soweit die anderen Kirchenneubauten überhaupt größere Bedeutung haben, hat das vlämische Barock auch die Architektur entscheidend bestimmt, so besonders die erst im Jahre 1716 vollendete Fassade der Karmelitessenkirche St. Maria in der Schnurgasse. Als seltenes, ganz vereinzeltes Beispiel klingt die spanische Spätrenaissance in der Front der Kirche im Bau (1629) nach. Die meisten dieser Ordensbauten waren recht ärmlich und sind längst wieder untergegangen; die strengeren Formen des italienischen Spätbarock zeigt die von dem Düsseldorfer Hofarchitekten de Albertis erbaute Ursulinenkirche (1713) — und nur einmal noch erwächst in der kleinen von Grooteschen Familienkirche Im Elend, auf dem Fremdenfriedhof der Stadt, ein schon dem Spätklassizismus zuneigender Barockbau, dessen künstlerische Durchführung, auch der Ausstattung, einen bescheidenen, aber würdigen Abschluß des reichen Kranzes der Kölner Kirchen bildet. Wenn nicht alles täuscht, darf man den Architekten in dem großen westfälischen Meister des Spätbarock, Johann Konrad Schlann († 1773) sehen.

Die Bedeutung Kölns im 17. Jahrhundert beruht zum großen Teile auf dieser Belebung des kirchlichen Geistes durch die Gegenreformation. So geht ein außerordentlicher Eifer in der Neuausstattung der alten Kölner Kirchen von der Jesuitenkirche aus, und weiter auf die Kirchen des flachen Landes bis zur ärmsten und bescheidensten. Eine Flut von mächtigen Hochaltären, Kanzeln, Kommunionbänken, Beichtstühlen, Gestühlen im Stile des vlämischen Barocks ergoß sich über die mittelalterlichen Kirchen Kölns; der Stilpurismus des 19. Jahrhunderts hat leider furchtbar darunter aufgeräumt. Auch die Malerei bleibt dabei in vollständiger Abhängigkeit von Antwerpen. P. P. Rubens, der einen Teil seiner Jugend in Köln verbracht hatte und lange als ein Kind dieser Stadt galt, malte schon im Jahre 1617 den Hochaltar für die Franziskanerkirche, und eines seiner letzten, nicht ganz vollendet hinterlassenen Werke ist die Kreuzigung Petri für den Hochaltar seiner alten Pfarrkirche St. Petrus. Rubens Schüler, Gerard Seghers, hat verschiedene Altargemälde für die Jesuitenkirche geschaffen, und die kölnischen Maler, die um die

Dom und Hohenzollernbrücke von Deutz aus

Mitte des 17. Jahrhunderts St. Peter, St. Aposteln, St. Gereon, St. Cunibert mit Altargemälden versorgten, — Cornelius Schut, J. Tousseyn, Joh. Hulsmann, rechnen alle zum Rubenskreis. Die zahlreichen Marmoraltäre mit meist recht tüchtigen Reliefs, die zum Teil noch die Kölner Kirchen schmücken, zum größten Teil am Anfang des 19. Jahrhunderts in die ländlichen Kirchen der Umgegend verschenkt worden sind, stehen vollständig unter dem Einfluß der vlämischen Plastik des 17. Jahrhunderts. Der letzte große Plastiker Kölns, Franz von Helmont (1691 bis 1748), der Meister des Hochaltars in St. Columba, des Maccabäeraltars in St. Andreas, der Loreto-Kapelle in St. Maria in der Kupfergasse und der eindrucksvollen Kanzel in St. Johann Baptist, war gleichfalls vlämischer Abstammung. Eine starke Anregung erfuhr auch die Silberschmiedekunst durch das Beispiel des Jesuitenordens, dessen Kölner Kirche eine Reihe stattlicher Arbeiten von der Hand des Jesuitenpaters Theodor Silling bewahrt. Das schönste Werk der wieder auflebenden Kunst ist der wohl dadurch angeregte jüngste Reliquienschrein, derjenige des hl. Engelbert im Dom von dem Kölner Meister Konrad Duisbergh (1633) mit der liegenden Figur des Heiligen auf dem Deckel. Kölner Silber in guten handwerklichen Leistungen aus dem ganzen 17. und 18. Jahrhundert ist nicht allein in den Kölner Kirchen, sondern im ganzen Rheinland noch reich vertreten.

*

Langsam erblassend hat der durch die Gegenreformation heraufgeführte neue kirchliche Glanz Kölns bis zu dem Ende der alten Zeit und der jähen Zertrümmerung eines ungewöhnlich reichen Kunsterbes die uralten heiligen Stätten der rheinischen Metropole erfüllt. Was blieb, ist ein Rest, aber noch immer erfüllt von einem strahlenden Glanze, und noch immer so bedeutsam, daß es den stolzen Ruhmestitel des „heiligen Köln" hinüberretten wird in fernere Zeiten.

★

KUNST UND KUNSTHANDWERK IM ALTEN KÖLN

VON MUSEUMSDIREKTOR PROF. SCHAEFER

Wie das alte Köln an Größe, Glanz und geschichtlicher Bedeutung während des Mittelalters alle anderen Städte des Reiches überragt, so war es auch die erste unter ihnen, in deren Mauern Kunst und Handwerk erblühten. Während reichlich drei Jahrhunderten haben in der Römerstadt tüchtige Baumeister, Steinmetzen, Maler und Mosaikkünstler für die Ausstattung der Tempel und Wohngebäude der Colonia Agrippa in großer Zahl gesorgt; und daneben gab es vor den Toren der Stadt Werkstätten, die jene schön geformten und mannigfaltig geschmückten Glasgefäße für den Gebrauch im Hause herstellten, ebenso wie andere, die verschiedene Gattungen von Töpferware, Gefäße, Götterbilder und Lampen verfertigten, und auf allen diesen Gebieten verfügt die Kölner Provinzialkunst über ein beträchtliches Maß von gutem Geschmack und handwerklichem Können. In erstaunlicher Zahl geben die Bodenfunde, die in der Zeit der gewaltigen Erweiterung der Stadt während der letzten 50 Jahre aus dem Grunde der Altstadt ebenso wie aus den Gräberreihen vor ihren Toren an den Tag gekommen sind, und von denen das Wallraf-Richartz-Museum die größte Sammlung bewahrt hat, von der Ergiebigkeit und von der Höhe dieser römischen Kultur und vom kunsthandwerklichen Betriebe ein Bild.

Wieviel von diesen Errungenschaften über die Jahrhunderte blutiger Unruhe in die mittelalterliche Stadt hinübergerettet worden sein mag, können wir heute nicht mehr feststellen. Soviel aber ist sicher, daß im Zeitalter des romanischen Stils, im 11. und 12. Jahrhundert Köln wiederum der Sitz einer eigenen hochentwickelten Kunst ist, deren Werke an Schönheit und Reichtum nicht zurückstehen hinter den berühmten unübertroffen unter ihresgleichen dastehenden Kirchenbauten dieses Zeitalters. Für die fast übergroße Zahl dieser Kirchen-Bauwerke, den Schmuck der

Fridericus von St. Pantaleon. Buchdeckel um 1185
Kunstgewerbe-Museum

Heribertsschrein. Hintere Schmalseite: St. Heribert
mit Charitas und Heimilitas

Portale, der Altäre und der Chorabsiden zu schaffen waren Maler und Bildhauer beschäftigt. Glasgemälde, Goldschmiedearbeiten für den Dienst am Altar, und ganz besonders kostbare Behältnisse für die Reliquien der Heiligen bedurften diese Kirchen und Klöster umsomehr, je stärker der Reichtum und die Bedeutung der einzelnen und der ganzen Stadt sich zu dokumentieren strebte. Der Hauptsitz der Kunstfertigkeit waren für diese Zeit noch die Klöster und unter ihnen hat die Stiftung des Erzbischofs Bruno das Kloster von St. Pantaleon in Köln den Hauptanteil gehabt. Hier hat wahrscheinlich die Malerei und Schreibkunst geblüht, die kostbare Pergamenthandschriften lieferten; zu ihren massiven Einbanddecken wurden geschnitzte Elfenbeintafeln, getriebene Silberbildwerke und allerlei Goldschmiedearbeit von Filigran und kräftig gefaßten Halbedelsteinen, ganz besonders aber die eigentlich kölnische Kunst der Grubenschmelzmalerei auf Kupfer verwendet, von deren Leistungen wir trotz aller Verluste der Jahrhunderte noch die Zeugen aus drei bis vier Generationen kunstfertiger Meister in den Reliquienschreinen Kölns und des nahen Siegburg in der Altartafel aus St. Ursula (Kunstgewerbemuseum) und in zahlreichen kleineren Arbeiten besitzen. Fünf solcher großer hausförmigen Schreine besitzen die Kölner Kirchen heute noch, als die beiden reichsten und ihrer Entstehungszeit nach spätesten, darunter den Schrein des hl. Heribert in Deutz und den für die Gebeine der Heiligen drei Könige in der Schatzkammer des Doms.

Nimmt man dazu die berühmten Reliquienschreine des Aachener Münsters und der Marburger Elisabethkirche, die ebenfalls Spätwerke derselben kölnischen Goldschmiedewerkstätte sind, dann ergeben diese heute noch erhaltenen Arbeiten ein Gesamtbild einer unvergleichlichen Kunst an überlegenem technischen Können ebenso wie an plastischem und malerischem Ausdruck, eine Gestaltungskraft, die ihresgleichen in der Monumentalkunst nur etwa in jenem Bilderreichtum der Skulpturenzyklen gotischer Kirchenportale findet. Säulen und Bogenstellungen oder pilasterförmige Bildstreifen aus Email gliedern die Gehäuse dieser Schreine; Apostel, Propheten und Heilige, Einzelgestalten in hochgetriebenem Silberrelief, füllen die Zwischenflächen; erzählende Bildfelder in kostbarer Schmelzmalerei bedecken die Dachflächen.

Wahrscheinlich hat eine eigene Kölner Malerschule schon in der Zeit des romanischen Stils bestanden, in der wertvolle Handschriften mit Bildern ausgestattet wurden. Von der monumentalen Wandmalerei, die aus der beweglicheren Kleinkunst der Buchmalerei ihre Motive nahm, sind stolze Ueberreste besonders in der Kirche

Bildnis des Bürgermeisters Arnold v. Brauweiler von Bart. Bruyn

Maria und der heilige Bernhard, vom Meister des Marienlebens
Wallraf-Richartz-Museum

des St. Pantaleonsstiftes und in St. Gereon erhalten; und von den trefflichen Leistungen der Kölner Glasmalerei zeugen als bedeutendste Beispiele die großen Kompositionen der spätromanischen Chorfenster in St. Kunibert. Mit der beginnenden Einfuhr der in Nordfrankreich gereiften Formgedanken der Gotik wird die Kölner Kunst an Mannigfaltigkeit und schöpferischer Kraft ärmer, und zugleich hat sich die Zahl der Aufgaben merklich vermindert. Fast ist es der Dom allein und seine Ausstattung, die um 1300 die Kölner Werkstätten beschäftigt. Das Gestühl für den Chor der Kirchen (St. Gereon und Domchor), die Wandmalerei, Ausschmückung der Chorschranken des Doms über den Sitzreihen des Gestühls als umfangreichster und kunstgeschichtlich wichtigster Zyklus dieser Epoche, — die Glasmalerei und besonders die große Skulptur findet ihre Aufgaben an dem eben vollendeten Domchor. Der Meister der seelisch erregt, überschlank mit stark ausgeschwungenen hageren Asketenleibern gebildeten Apostelstatuen an den Chorpfeilern ist eine der bewundernswertesten Persönlichkeiten der Kölner Kunstgeschichte. Er hat diesen französischen Formencharakter zu einem persönlichen Pathos von prachtvollem Schwung durchgeistigt und verarbeitet. Weniger hervorragende Zeitgenossen, wie der Meister der zahlreichen kleinen Standfiguren, mit denen der Hochaltar des Domchors geschmückt wurde (heute zumeist im Wallraf-Richartz-Museum) haben sich ungewöhnlicherweise damals oft des weißen Marmors als Werkstoff für ihre Arbeiten bedient, die den französischen Typus selbständig und tüchtig weiterentwickeln (um 1360). In den ersten Jahren des 15. Jahrhunderts ist denn an den Türleibungen und den spitzbogigen Hohlkehlen und Flächen des Petersportals, des einzigen in alter Zeit vollendeten unter den Domportalen, der neue realistischer gewordene weiche Stil der Skulptur in einer Fülle anmutiger Gestalten zu Wort gekommen. Aber alle diese Leistungen werden bescheiden gegenüber dem stolzen einzigartigen Ruhm, den sich Köln in der Zeit der Gotik durch seinen Anteil an der Blüte der deutschen Tafelmalerei erworben hat.

Mit der Zeit um 1350 beginnt die lange Reihe der Gemälde der Kölner Malerschule, die, ohne daß wir viel von ihren Meistern und deren Lebensumständen zu berichten wissen, ebenso durch die Zahl wie durch die Schönheit ihrer Werke zu den besten Leistungen des deutschen Mittelalters gezählt werden, seitdem um 1800 dem deutschen Volke durch die Schlegel, Tieck und ihre gelehrigen Kölner Schüler, die Brüder Boisserée, die Augen für die besondere seelenvolle Anmut und fromme Einfalt dieser alten Meister wieder geöffnet worden sind. Der Reichtum und die Kunst-

Maria in der Rosenlaube, von Stephan Lochner um 1450

schon eine ausgeprägte eigene Malerei vorhanden ist, deren meist kleine Altartafeln der mystischen Glaubensseligkeit der Zeit entspricht und an liebenswerten Zügen von Anmut, Innigkeit und heiter klingender Farbe von keiner anderen Kunstschule der Zeit übertroffen wird. Trotzdem die große, von Ludwig I. für die Münchener Pinakothek erworbene Sammlung der Brüder Boisserée nicht die einzige war, die aus Köln abwanderte, sind die meisten Zeugen dieser Kunst glücklicherweise durch Wallraf für Köln und sein Museum gerettet worden. Wie sich aus dem flächenhaften Wandmalereistil der frühesten Tafelbilder allmählich das Körperhafte räumliche Gestalten entwickelt; wie die Menschen aus schemenhafter, wenn schon ausdrucksvoller Gepreßtheit langsam sich befreien, zu runden Körpern werden, sich voneinander loslösen, im Raume und in der Luft stehen, während sie anfangs aneinandergedrängt ohne Raum dicht vor dem goldenen Vorhang des Hintergrundes aufgereiht erscheinen; wie die Gebärden, die Köpfe, die Gewandung unter dem Einfluß der beginnenden Naturstudien lebensvoller werden; wie endlich der Raum selbst, sei es die Scheune von Bethlehem, sei es die Schädelstätte oder eine andere Landschaft zum Gegenstand der Malerei gemacht wird und dann der transzendentale Goldgrund zu verschwinden be-

freudigkeit des damaligen Köln, das nicht nur für den eigenen Bedarf, sondern für das ganze Rheinland bis gegen Mainz hin Aufgaben in großer Zahl zu vergeben hatte, lockte viele Künstler an. Ergiebig und auch an Ansehen besser als anderenorts muß es für sie gewesen sein, in Köln als Bürger zu leben. Wir kennen zwar manche Namen und auch einige Tatsachen aus dem Leben dieser Meister, selten aber ist es bisher der Forschung gelungen, die mageren archivalischen Notizen mit dieser oder jener Gruppe der erhaltenen Gemälde so zusammenzubringen, daß daraus ein anschauliches mit seinen Werken verflochtenes Künstlerleben werden könnte; die meisten sind vielmehr noch immer anonym und müssen unpersönlich und wenig konkret nach ihren Hauptwerken genannt werden.

Um diesem Mangel abzuhelfen, spricht man auch heute noch gern von jenem Meister Wilhelm, den die Chronik als den größten Maler seiner Zeit — Ende des 14. Jahrhunderts — rühmt, obwohl feststeht, daß dieser Wilhelmus schon ein bis zwei Jahrzehnte gestorben war, als die köstliche Tafel mit der heiligen Veronika in der Münchener Pinakothek und die beiden Madonnenhalbfiguren mit der Bohnenblüte und mit der Wickenblüte in Nürnberg und in Köln gemalt worden sind. Jedenfalls besteht die Tatsache, daß dreißig Jahre vor dem großen epochemachenden Tafelwerk des Genter Altars der Gebrüder van Eyck in Köln

Thomasaltar um 1500. Wallraf-Richartz-Museum

Marmorstatue der Maria, Köln (um 1300)
Kunstgewerbe-Museum

Barockschrank mit den Figuren der Jahreszeiten (um 1700)
Kunstgewerbe-Museum

ginnt — bis schließlich um 1500 Raum und Gestalten zu einer harmonischen Einheit verschmolzen als völlig natürlicher Eindruck dastehen — das ist die Entwicklung, die wir an diesen Werken, wie übrigens auch an denen der übrigen deutschen und niederländischen Malerei des 15. Jahrhunderts beobachten. Köln hat kaum einmal diese Entwicklung maßgebend beeinflußt oder durch fortschrittliche Taten wesentlich gefördert: In sich geschlossen und ruhig sich entfaltend hat aber der Geist der Kölner Ueberlieferung jeden fremden Künstler, der in die Stadt einzog, sich angeglichen, in jene heitere schöne Farbigkeit, die stille, sonntägliche, undramatische Beschaulichkeit hineingezogen, die der Grundton der Kölner Malerschule geblieben ist.

Stephan Lochner war ein solcher aus der Fremde Gekommener; er stammte aus Mersburg am Bodensee; offenbar hatte er von dort und vielleicht auch von burgundischer Kunst schon manches gelernt, bevor er um 1425 nach Köln kam. Und doch sind seine Werke, die aus allem Vorhergegangenen die Summe ziehen, die schönste und reifste Verkörperung des Ideals der Kölner Schule geworden: Das für damalige Zeit unerhört großartige, frei und sicher wie aus alter Tradition geschaffene Dombild, entstanden um 1435—40 im Auftrage des Rates, für dessen Kapelle gegenüber der Rathauslaube und durch die Bemühung Sulpiz Boisserées für den Dom erhalten; das kindlich naiv erfaßte und doch malerisch so kühne Jüngste Gericht im Museum, die kleine Madonna in der Rosenlaube und die stehende majestätische Maria mit dem Veilchen. Lochner war auf Grund der Zunftverfassung der Stadt als Maler in den Rat gewählt, besaß ein ansehnliches Haus und starb 1452.

Nach seinem Tode erst beginnt man in Köln etwas davon zu spüren, daß in nächster Nachbarschaft, in Flandern, unterdessen eine glänzende und höchst produktiv sich ausbreitende neue Kunst auferstanden ist und in reichster Blüte steht. Jetzt wandern die jungen Kölner Malergesellen nach Brügge, Gent, Brüssel und Löwen, und bringen von dort die Errungenschaften der naturhafteren Wirklichkeitstreue als die neue Idee mit. Der Meister des Marienlebens und die Bilder der Lyversbergischen Passion sind seit 1460 die ersten Belege für diesen Umschwung der Gesinnung. Man bemerkt, wie mit dem Wachsen der Lebenstreue in allen Einzelheiten der alte Kölner Geist hingebungsvoller Gottseligkeit zu schwinden beginnt; das Können wächst. Die Freude an der Feinheit, Lebendigkeit, Richtigkeit der Zeichnung, nicht aber der konzentrierte Ausdruck der Verinnerlichung. Der Ruf der Kölner Maler dieser Generation muß groß gewesen sein, denn ihre Werke waren auch außerhalb der Stadt weit verbreitet. Gegen Ende des Jahrhunderts ist der Einfluß Hans Memlings deutlich zu spüren in den

Werken des Meisters der hl. Sippe. Memlings, der sich sicher in Köln einige Zeit aufgehalten hat, so lange, daß er Stephan Lochners Jüngstes Gericht recht gut kennen lernen und von den Mauern und Türmen der Stadt sich für die Kölner Bilder auf seinem Ursulaschrein recht genaue Zeichnungen beschaffen konnte. Neben ihm tritt als der kühnste, eigenste und im gewissen Sinne anziehendste unter allen Kölner Malern der Meister in den Vordergrund, den man nach dem Münchener Bartholomäusaltar oder nach dem Kölner Thomasaltar zu benennen pflegt. Er stammt wie Lochner aus der Bodenseegegend, hat Schongauer und vieles andere in sich aufgenommen, ist ein Sonderling von ganz eigenwilliger Art, wie er Motive gestaltet, Farben wählt, Neues erfindet; nebenbei der glänzendste Handwerker unter allen Kölner Tafelmalern, dessen Gemälde heute noch blank und klar wie Emailwerk dastehen. Für den als Stifter bekannten Jurist Dr. Peter Rink malt er um 1500 und 1501 die beiden Flügelaltäre, die heute das Wallraf-Richartz-Museum besitzt, den Thomasaltar und die Kreuzesgruppe; vollendet, ja geradezu virtuos im Können ist seine Zeichnung — man sehe diese sehnig ausdrucksvollen, beseelten Hände! — eigenartig der blonde Schimmer seiner Farbe. Aber jene alte gesteigerte Seligkeit des Ausdrucks, die aus viel primitiveren Formen des Meisters Wilhelm zu uns spricht, ist fast ganz verschwunden. Hier malt ein moderner Künstler aus Freude am Leben, nicht mehr aus Hingebung an Gott und die Kirche. Als letzter schließt die Reihe der Maler aus dem Zeitalter der Gotik der Anonymus, den wir nach den zahlreichen, in der Severinskirche erhaltenen Gemälden zu nennen gewöhnt sind. Er muß einen ausgedehnten Werkstattbetrieb mit vielen Gehilfen unterhalten haben, sodaß es schwer fällt, sein eigenhändiges Werk aus der großen Menge verwandter Bilder herauszuerkennen. Rassig, eckig und herb, mit einer besonderen Begabung für die stolze gerade Gebärdensprache, ist er so auf realistischen Wirklichkeitsausdruck bedacht, daß seine Marien und Heiligen oft erstaunlich vulgär und roh erscheinen. Auch für die alte Kölner Süßigkeit der Farbe hat er keinen Sinn mehr; sein Kolorit wird erdig und unentschieden. Licht- und Tonwirkung sind ihm wichtiger als leuchtende Lokalfarben. Das ist bezeichnend für das Ende der Gotik, für den Beginn einer neuen Zeit mit neuen Aufgaben.

Von dem, was diese Hauptmeister der alten Kölner Schule geschaffen haben, sind die Heiligentafeln, die heute noch Kirchen und Museen schmücken, nur ein Teil. Wandmalereien (wie die Hardenrath-Kapelle in St. Maria im Capitol vom M. d. Marienlebens), Entwürfe für Wandteppiche und dergl., ganz besonders aber für die Glasmalerei, gehen nebenher. In den prachtvollen, schon dem Geist der Renaissance sich nähernden Fenstern des Domnordschiffes (1507—1509; erhebt sich diese Kunst zu ihren stattlichsten Leistungen. In den übrigen Kirchen und in der reichen Sammlung von Glasmalereien im Kunstgewerbe-Museum (ehemalige Fenster der Ratskapelle 1495, aus dem Kreuzgang des Klosters Altenberg um 1525) läßt sich der Eindruck dieses Reichtums Kölner Kunst an prächtiger Glasmalerei leicht ergänzen. Gleichzeitig blüht durch zwei Menschenalter im Dienste der neuen und in Köln mit Energie aufgegriffenen Buchdruckerkunst der Buchschmuck in Gestalt des Holzschnittes. Die überragende Leistung der Kölner Bibel aus der Zeit um 1485 steht am Anfang, die ergiebige und weithin wirkende Tätigkeit Anton Woensams von Worms am Ende dieser Blütezeit. (1531 die große Stadtansicht, das prächtigste, an Umfang größte, an künstlerischer Auffassung reifste Blatt aus der im 16. Jahrhundert besonders gern und oft herausgegebenen Gattung der Stadtprospekte.)

Es ist ein Schauspiel, das der Tragik nicht entbehrt, zu beobachten, wie das Eindringen der Renaissance — der welschen Manier — der Gotik, die mit dem Kölner Geist so eng und lang verflochten war, ein Ende macht. Bartel Bruyn ist der Maler, in dessen Werk sich der neue Geist am deutlichsten erkennen läßt. Seine Kunst stammt von Antwerpen, dem neuen internationalen Kulturmittelpunkt des Nordens; die Gebärdensprache, das Pathos und die Grandezza der Italiener, die in den Niederlanden besonders begierig und schnell aufgenommen worden waren, nehmen auch ihn gefangen. In den Passionsbildern im Ausdruck des Schmerzes der Frauen, in den Einzelgestalten, deren herkulische Proportionen und deren tänzelnde Haltung Bruyn modisch bildet, spürt man mit Bedauern, wie die ehrliche Innerlichkeit und Eckigkeit der Gotik einer äußerlichen, flüssigen Formengewandtheit geopfert wird, die dem Glanz der alten Kölner Malerschule das Ende bereitet. In einer vierzigjährigen Lebensarbeit und unter vielen Ehren, mehrmals zum Rat gewählt, hat Bruyn seine Kunst mit vielen Gehilfen und großer Fruchtbarkeit gepflegt. Glänzend war er als Bildnismaler. Die Kölner Bürgermeister und Gelehrten haben in ihm einen der besten unter den deutschen Porträtisten gefunden. Das Bildnis Arnoldts von Brouweiler von 1535 ist ein klassisches Meisterwerk. Das Zeitalter der höchsten Blüte deutscher Stadtkultur und deutschen Bürgertums, das 16. Jahrhundert, hat wenig große Leistungen der Künste aufzuweisen, in denen der Menschengeist seine höchsten Offenbarungen auszusprechen vermag. Es beruht vielmehr auf einer massenhaften Entfaltung künstlerischer Kultur, die in die Breite gehend den Alltag durchdringt, von jedem Handwerk, von jedem Gerät Besitz ergreift. Getäfelte Stuben, Möbel mit Schnitzwerk oder mühsamer, kunstvoller Einlegearbeit, kleine bunte Glasgemälde, eingesetzt in die hellen Fenster, Sandsteinkamine, an denen die Geschichte von Jakobs Traum oder von anderen lehrhaften Bibelerzählungen in anschaulicher Steinmetzarbeit wiedergegeben wird, Trinkgefäße und Kannen, Waffen und Schmuck, alles wird von der neuen Formenfreude und Verzierungslust der ornamentreichen Renaissance ergriffen. Daß Köln in dieser Entwicklung Eigenes von Belang zu sagen hat, zeigen unter den Möbeln die beliebten Stollenschränke, wie die Glasmalerei, die meist in Schwarz und Gold gemalten, wie Federzeichnungen wirkenden kleinen Rundscheiben, und zeigt das weite Gebiet der Steinzeugtöpferei. Die Bodenfunde aus der Maximinenstraße haben bewiesen, daß der große Aufschwung der rheinischen Keramik seinen Ausgang von Köln genommen hat, wo um 1520—40 etwa die handwerklich noch primitive Formsprache der Gotik überwunden und an Stelle der mühsam geschnittenen, geritzten oder aus kleinen Ausdrucksformen verzierten Krüge und Kannen zuerst die großen Ornamentmodelle und Figurenreliefs angewandt wurden, die dann in Siegburg und Raeren und im Westerwald zu den berühmten, oft bewunderten Massenleistungen der deutschen Renaissancekrugbäckerei geführt haben.

In breiter Massenproduktion nimmt die Bildnismalerei neben diesen angewandten Künsten des Alltags und neben der bürgerlichen Wohnhausbaukunst die Zeit ein, bis der Dreißigjährige Krieg und seine Folgeerscheinungen den Träger der Kultur, das Bürgertum, vernichtet haben.

Die Glanzzeit des alten Köln liegt offensichtlich im Mittelalter; sie ist mit dem Ende der Renaissancezeit endgültig vorüber. Die Volkszahl, die Handelsmacht, die kirchliche Bedeutung sogar sind nicht mehr so überragend wie bisher. Und mit der Hofhaltung des Erzbischofs gehen die stärksten Anregungen künstlerischen Lebens der Stadt verloren. Nur wenige Adelshöfe hat die Stadt gesehen; in ihnen wird der französische Geschmack der neuen Wohnungskultur aufgenommen. Stuckdecken, Tapisserien oder andere kostbare Tapeten an den Wänden, hohe Spiegel und tief herabgehende Fenster. Die Diele mit der alten geschmackvollen Wendeltreppe wird entbehrlich; man liebt statt dessen die breite, gerade ansteigende Treppe, und die Anordnung der repräsentierenden Haupträume im Obergeschoß mit hohen Fenstern, gelegentlich mit kleinen Balkonen an der Straßenfront. Eine eigene kölnische Ausprägung haben aber diese Aufgaben nicht erfahren. Im Kirchenbau beginnen die Jesuiten, die Köln zum Vorort der Gegenreformation in Niederdeutschland auserwählt haben, 1621 mit dem Bau ihrer nach Mariae Himmelfahrt genannten Kirche die neue Zeit. Aber ihr Eifer hat es nicht vermocht, aus dem steril gewordenen Kölner Boden eine Kunst hervorwachsen zu lassen, die es an quellender Kraft, Beredsamkeit und Temperament irgend aufnehmen konnte mit dem strotzenden Formenüberschwang des süddeutschen, des bayerischen, schwäbischen, oder auch nur des mainzischen Barock. Die Meister der Bildhauerkunst, die Altäre und Einzelstatuen für die Jesuitenkirche, für St. Pantaleon und andere Gotteshäuser zu machen hatten, verdienen zwar mehr Beachtung als sie bisher gefunden haben. Die Malerei, für deren Kreis der Rubensnachahmer J. W. Pottgießer eine charakteristische Erscheinung ist, lebt von den internationalen Anregungen ohne Eigenart, in der Hauptsache mit Bildnisaufträgen befaßt. Daß Rubens selbst für zwei Kölner Kirchen große Altargemälde geliefert hat (St. Peter und Wallraf-Richartz-Museum), bleibt ein Einzelfall, durch den Köln noch einmal mit der großen Kunst der Zeit in Fühlung kommt, ebenso wie die Sammeltätigkeit des Erasmus Jabach eine Nachahmung nicht gefunden hat.

Während die Gunst der geistlichen und weltlichen Fürsten Bonn, Düsseldorf, Coblenz und manche kleine Stadt des Rheinlandes zu künstlerischer Bedeutung hervorgehoben hat, versandete Wohlstand und Schaffenskraft im Bürgerstand Kölns. Selbst das Empire und sein bescheidener bürgerlicher Nachfolger, die Biedermeierzeit, haben in der Stadt keine nennenswerte Ausprägung erlebt.

Der Hackeneysche Hof am Neumarkt um die Mitte des 18. Jahrhunderts, Rekonstruktionsversuch
(nach dem Modell des Historischen Museums)

WELTLICHE BAUTEN IM ALTEN KÖLN

VON REG.-BAUMEISTER DR. ING. HANS VOGTS

Köln — mit diesem Wort treten lichtdurchflutete Kirchenräume, farbensprühende Reliquiare und leuchtende Glasgemälde, rosenumspielte Madonnen und der prächtige Aufzug der kirchlichen Streiter der Gegenreformation, ja noch aus den Tagen des vorigen Jahrhunderts die Dombauhütte als eine Frucht romantisch-christlicher Kunstauffassung vor unsere Augen; daneben erscheinen die Zeugnisse eines regen Bürgertums farblos, wie es die Gedanken beherrscht, wenn Namen wie Gent, Frankfurt, Nürnberg an das Ohr dringen. Und doch hat auch in Köln zu allen Zeiten ein tätig bürgerliches Leben nicht allein die Möglichkeit zur großartigen Entfaltung kirchlicher Kunst geboten, sondern auch, so sehr der Bürgerschaft gerade in Zeiten ihres Hochstandes vor allem die Kunstübung zur Ehre Gottes und der Schutzheiligen am Herzen lag, ihren Ausdruck in einer **selbständigen bürgerlichen Kunst** gefunden. Diese gab den Rahmen und Hintergrund der kirchlichen Werke ab, diente ihrer Weiterbildung und Hervorhebung; ja man kann sagen, daß sie in zwei Zeitspannen, in der Jahrhunderthälfte, deren städtisches und bürgerliches Leben Hermann von Weinsberg (1518 bis 1598) uns so anschaulich und natürlich zu schildern weiß, und in der Zeit einer zopfigen Familienaristokratie im 18. Jahrhundert die kirchliche Kunst durchdrang und überwucherte, ja fast erstickte. Den besten Begriff von dieser bürgerlichen Kunst geben uns die **Wohnungen der Bürger**; ihren reichsten Niederschlag stellen neben dem stolzen torbogenreichen Mauerring der Altstadt das **Rathaus und die Zunft- und Kaufhäuser der Stadt** dar.

Zahlreicher als in irgend einer anderen deutschen Stadt waren noch anfangs des 19. Jahrhunderts in Köln die Wohnhäuser erhalten, die uns das häusliche **Leben der reichen Kaufherren des 13. Jahrhunderts** anschaulich machten, die es

Altermarkt mit Rathaus, nach Oedenthal, vor dem Umbau durch Raschdorff (Aus Vogts „Das Kölner Wohnhaus")

Rheingasse 8, ehemaliger Zustand nach Weyer (Aus Vogts „Das Kölner Wohnhaus")

auf sich nehmen konnten, nach der großartigen Stadtbefestigung mit dem Erzbischof, dem Kanzler des Kaisers, um die städtischen Freiheiten zu streiten. Da stand am Rheinufer der spitze Giebel der Familie von Liskirchen, nicht weit ab der weiträumige Hof der Overstolz, daraus noch ein gartenwärts gelegener Saal mit prächtiger Fensterwand und Wandmalereien erhalten (Filzgraben 12), in der Rheingasse der stattliche Stufengiebel derselben Familie, am Altermarkt das hohe, zinnenbewehrte Haus des Theodorich von der Ehrenpforten, eines um den deutschen König Phillipp von Hohenstaufen wohlverdienten Mannes, da berichteten Säulenfunde und vierjochige oder neunjochige Kellergewölbe von den Stammhäusern der Geschlechter Wolkenburg, Jude, Vlotschiff, Pfau, Scherfgin, und mehrere Kanonikerhäuser und Stiftsgebäude ergänzten unsere Kenntnis des Wohnungshausbaues jener Zeit. Heute zeugen davon noch das Overstolzenhaus in der Rheingasse und die Hälfte des Hauses am Altermarkt, beide nur in recht veränderter Gestalt.

Die Kleeblatt- oder Halbkreisarkaden, die sich in jedem Obergeschoß fast dicht aneinanderdrängen und deren feine Kapitäle und Gliederungen auch farbig und durch Vergoldung hervorgehoben waren, schließen sich eng an die kirchliche Kunst des sogenannten Uebergangsstiles an, der im Rheinland ja eine besondere Blüte zeitigte. Bei den Hofansichten wird dieser architektonische Schmuck eingeschränkt und treten bereits einfache Kreuzfenster auf, deren untere Oeffnungen ehemals mit bemalten Holzläden geschlossen wurden, während die oberen schon verglast waren.

Diese Bauten versetzen uns in eine Zeit, in der nicht allein der äußere Umfang des mittelalterlichen Köln mit dem Mauerkranze, sondern auch seine Straßenanlage mit den städtebaulich reizvollen und bei aller malerischen, gewissermaßen elastischen Freiheit großzügigen Märkten, Stiftsimmunitäten und Klosterbezirken im wesentlichen bereits abgeschlossen war.

Wie die späteren Kölner Wohnhäuser scheiden sich diese frühesten uns bekannten bereits in solche, die an der Straße einen hochgereckten Stufengiebel zeigen, und solche, die ein steiles, nach der Straße zu oben abgewalmtes Dach hinter einer Zinnenmauer verbergen, wie sie offenbar den

Der Gürzenich vor seiner Wiederherstellung 1855

freigelegten **Höfen und Burgen** abgesehen war, die überall im Stadtbezirk zerstreut lagen. Wer sich die städtebauliche Wirkung einer Stadt wie Köln in alter Zeit vorstellen will, muß diesen **Herrensitzen** und ihrem weiten Bering seine Aufmerksamkeit schenken. Goethe schildert in „Dichtung und Wahrheit" einen solchen Hof seiner Vaterstadt: „Wenn man herankam, sah man nichts als ein großes Tor mit Zinnen, welches zu beiden Seiten an zwei Nachbarhäusern stieß. Trat man hinaus, so gelangte man durch einen schmalen Gang endlich in einen ziemlich breiten Hof, umgeben von ungleichen Gebäuden, welche nunmehr alle zu einer Wohnung vereinigt waren." Bei den größten Kölner Höfen, bei denen des Herzogs von Brabant, des Grafen von Geldern, des Bischofs von Lüttich beherbergten wie in mittelalterlichen Schlössern besondere Häuser die Küche und ihre Nebenräume; Brau-, Back- und Vorratshäuser fehlten nicht. Einige Höfe umschlossen besondere Kapellen, zuweilen wie die spätromanische im ehemaligen Kamperhof in turmartigen Gebäuden. Der Klapperhof war von einem besonderen Graben mit einer Zugbrücke umgeben, bot also auch nach seiner Einverleibung in den Stadtbering völlig das Bild einer niederrheinischen Wasserburg; er und der Hof Benesis hinter der Apostelnkirche hatten sogar eigene Gerichtsbarkeit und einen eigenen Galgen. Im Straßenbild und für die Gesundheit der Anwohner gleich wichtig waren die großen Gärten, deren Grün über die Mauern und Tore hinauslugte. Heute noch geht der besondere Charakter einzelner Straßen und Stadtteile darauf zurück, daß sie ehemals einen solchen Hof gebildet.

Der Hackeneysche Hof am Neumarkt anfangs des 19. Jahrh.

Im Winkel der einzelnen Bauten solcher Höfe erhob sich in Köln häufig ein Turm mit steinerner Wendeltreppe, der hoch über den Dächern in den kriegerischen Zeiten des Mittelalters als ein Wartturm, später als ein angenehmer Aussichtsplatz mit lustig geschweiftem Turmhelm diente. Dieser „R i t t e r t ü r m e", die auch an eingebauten Bürgerhäusern nach dem Vorbild der Höfe Anwendung fanden, zählte man um die Mitte des 19. Jahrhunderts noch einundvierzig, die sicher nicht allein das wundervolle Panorama der Stadt weiterhin belebten und bereicherten, sondern auch in den einzelnen Straßenbildern wesentlich mitsprachen und daher bei den aufmerksamen Beobachtern und Reisenden dreier Jahrhunderte soviel Beachtung fanden. Heute stehen ihrer noch zwei an öffentlichen Gebäuden, am Zeughaus und am Stapelhaus, und zwei an Privatbauten, wovon der des alten Nikasiushofes am Neumarkt mit den Wappen der deutschen Kaiser aus dem Hause Habsburg und des Erbauers geschmückt ist, der des alten Hessenhofes, ehemals in Verbindung mit einer dreibogigen, zum Hofe sich öffnenden Laube ein malerisches Bild, den mit den linksrheinischen Zügen in Köln Eintreffenden den ersten Gruß des alten bürgerlichen Köln entbietet.

Neben den erstgenannten stattlichen Bürgerhäusern und den Höfen sei gleich auch auf die große Menge der K l e i n w o h n u n g e n hingewiesen, die dazwischen die Straßenzüge füllten, oft unter gemeinsamen Dächern verbunden, wie die sechszehn Häuser, die der heutigen Bankstraße „Unter Sachsenhausen" ihren verballhornten Namen gaben, meist mit überhängenden, ursprünglich farbigen, seit dem 18. Jahrhundert aber schlicht überputzten Fachwerkgeschossen über den massiven, dem Geschäftsleben dienenden Unterbauten, im Mittelalter vielfach mit Stroh gedeckt, bis die zahlreichen Brände und die daran anschließenden Verordnungen allgemein die Schieferdeckung einführten. Diese Kleinwohnungen erfuhren weder

Rathaus

eine künstlerische Durchbildung, noch waren sie, soviel wir wissen, in Köln jemals wie in anderen Städten, etwa wie in den hanseatischen Gängen, den flandrischen Beginenhöfen, der Augsburger Fuggerei, einheitlich nach städtebaulichen Rücksichten gruppiert; großen malerischen Reiz bietet aber ihr Durch- und Nebeneinander schon allein durch ihre mannigfaltigen Giebelformen, zumal wenn die Fachwerküberhänge wie heute noch an Filgengraben, Leistapel und Salzgasse, durch Pfeiler, Säulen, Bogen oder Konsolen gestützt sind oder die Häuschen sich um eine Kirche oder ein anderes altes Monumentalgebäude scharen.

Nach diesem Ausblick auf andere Hausformen, die ihre Wesenszüge Jahrhunderte hindurch behalten, kehren wir zum eigentlichen Bürgerhause zurück, dem Träger der formalen Entwicklung. Die romanische Bauart des Privatbaues überlebte wahrscheinlich die der Kirchen; schließlich aber wurde der zierliche, stark an den Süden mahnende Stil aufgegeben und unter dem Einfluß der großzügigen **gotischen Baugesinnung**, zugleich unter nördlichen Einflüssen, ein neuer Fassadentyp mit einer Reihe großer schlichter Kreuzfenster im Obergeschoß geschaffen, das vorzugsweise von Zinnen bekrönt war. Leider ist von diesen Fassaden des 14. Jahrhunderts nichts erhalten, auch nichts von der Fassadenmalerei, die ihren Ernst einst milderte und zur Pracht der Innenräume überleitete, von der noch einige bemalte Balkendecken und Wände (in verschiedenen Museen der Stadt) einen Begriff geben. In diesem Stil wurde auch das erste Rathaus erbaut, von dem wir Näheres wissen, heute noch der Kern der Rathausgruppe mit dem langgestreckten, durch Skulpturen und Malereien reichgeschmückten Hansasaal, dessen neun „gute Helden" wahrscheinlich schon 1367 auf die Tagung der Hansa herabsahen, in der dem dänischen König der Krieg erklärt wurde. Von außen führten Treppen unter einer mit Bildwerk gezierten gewölbten Halle zu diesem Saalbau herauf.

Die Bauart des 14. Jahrhunderts konnte im wesentlichen bestehen bleiben, als der ursprünglich angewandte rheinische Tuffstein auf niederländischen Einfluß hin durch den Ziegelstein ersetzt

Sternengasse 1 — Maßstab 1 : 200

wurde; architektonische Gliederungen und Tür- und Fenstergewände wurden dabei nach wie vor in dem größtenteils aus dem nahen Siebengebirge kommenden Werkstein ausgeführt. Zugleich trat als ein neues Schmuckmittel das Maßwerk auf, das man zwar der kirchlichen Baukunst entlehnte, aber in durchaus profanem Charakter zur Gliederung der Wandflächen in rechteckigen Feldern und zur Belebung der Gesimse und der Zinnenkränze verwandte.

Bezeichnend für die Ableitung dieses Motivs aus der kirchlichen Kunst ist, daß einer der frühesten Profanbauten, bei denen wir das Maßwerk feststellen konnten, ein abgebrochenes bescheidenes Giebelhaus An den Dominikanern, wahrscheinlich vom damaligen Leiter der Dombauhütte, Meister Andreas von Everdingen, herrührte (um 1406).

Der Rathausturm, errichtet als stolzes Wahrzeichen des Sieges der Zünfte über die Geschlechter, wahrscheinlich entworfen von Meister Jakob von dem Altermarkte, zeigt ebenfalls das Maßwerk als Wandgliederung; schwer und reich steigt er neben dem alten Rathaussaal in die Höhe; eigenartig winkt sein gefällig bekrönter Helm zum Altenmarkt mit seiner schlichten Häuserreihe und zum Rheine hinüber.

Folgerichtiger führte die Maßwerkblenden das städtische Kauf- und Festhaus, der Gürzenich (1437—1452), durch, dessen Zinnenkranz an den Ecken mit zierlichen Erkern abschließt, ein monumentaler Bau, der den ungefähr gleichzeitigen großen Hallenbauten flandrischer Städte ebenbürtig ist. Freilich war seine Langseite nicht darauf berechnet, wie heute frei an einer platzartigen Straße zu liegen.

Viele Privathäuser, Haus Saaleck am Domhof, Haus Wolkenburg, Hof Benesis, ein Haus neben der Kapelle des Heiliggeistspitals am Dom schlossen sich dieser Bauart an; heute steht von ihnen nur noch das erstgenannte, auch dieses im Erkergeschoß ganz verändert; das schöne Madonnenbild, das die Ecke zierte, ist durch eine Nachbildung ersetzt und befindet sich selbst im Kunstgewerbe-Museum, während das Obergeschoß des Hauses noch ein Wasserbecken aus der Erbauungszeit mit zwei grotesken Masken enthält und im übrigen durch schöne Stuckdecken aus dem 17. Jahrhundert ausgezeichnet ist.

Derselben Gruppe von Wohnbauten ist der verschwundene reiche Giebel des Eckhauses Mühlengasse und Altermarkt mit zierlichem Maß- und Bildwerk, von einer Darstellung der Versuchung Christi bekrönt, beizuzählen, sowie das älteste

Vormaliges Jesuiten-, späteres kath. Gymnasium an St. Marzellen zu Köln (1836)
Aus Bender, Illustrierte Geschichte der Stadt Köln

wenigstens im Bilde (aus Woensams Stadtansicht) bekannte Zunfthaus, das Fischmengergaffelhaus im Zuge der Stadtmauer mit seinem von Meister Johann von Langenberg geschaffenen zierlichen Kapellenchörlein. Unsere Kenntnisse ergänzen ferner die spätgotischen Gewölbe und Säle, die vom Wohnhause des Bürgermeisters Hardenrath am Marienplatz, des englischen Rates Hermann Rink (jetzt im Schnütgenmuseum) und des Heinrich von Engelskirchen (Rheingasse 24) erhalten sind.

Es war für Köln eine Zeit blühenden Handels, lebhafter Beziehungen mit dem üppigen benachbarten „Burgund" und seinen kunstsinnigen Städten, vielseitigen Kunsthandwerks; es war eine Zeit, in der Köln mehrfach den kaiserlichen Hof und den Reichstag in seinen Mauern sah; es war die Zeit, in der seine Maler weitberühmt und gefeiert waren, deren Tafeln oft auch eine Anschauung geben, wie es im Innern der Häuser aussah.

Die berühmtesten Wohnhäuser Kölns, die gegen Ende dieser Entwicklung entstanden und die in Einzelheiten schon die Renaissance, den Kunstgeschmack jenseits der Alpen, ahnen ließen, waren der Hof des kaiserlichen Hof- und Rechenmeisters Nikasius Hackeney am Neumarkt, das Absteigequartier der Kaiser Max und Karl V., der Rinkenhof in der Nähe der Mauritiuskirche und das Haus des Bürgermeisters Arnold von Siegen am Holzmarkt, bei dem ebenfalls Karl V. wohnte, alle drei mit Treppentürmen, Erkern, reich ausgestatteten Hauskapellen, Zinnenkränzen und Ecktürmchen und köstlichen Hallen. Von diesen Prachtgebäuden, die denen Nürnbergs, Augsburgs, Gents oder Brügges nichts nachgaben, sind nur einige kümmerliche Reste des Nikasiushofes erhalten.

Sieht man von der vorangehenden Malerei und dem Kunsthandwerk ab, so führten die neue Formengebung der Renaissance zunächst zwei öffentliche Bauten, das Faßbinderzunfthaus am Filzengraben mit seinen figurengeschmückten vielgliedrig geschweiften Giebeln (1537—39) und der schmucke Löwenhof des Rathauses (1541—42) mit seinen zweigeschossigen Arkaden, sowie ein Wohnhaus am Heumarkt ein, das von Gerhard Pilgrum um 1542 erbaute jetzige Gasthaus Vanderstein-Bellen, dessen feiner Fries- und Zinnenschmuck an den Lettner in St. Maria im Kapitol erinnert, den die Brüder Hackeney einige Jahre vorher in Mecheln anfertigen ließen. Alle drei Bauten fanden aber in ihrer besonderen Eigenart keine Nachfolge.

Entschiedener vertrat die italienischen Gedanken die neue Altermarktfassade des Rathauses mit ihren drei Rundgiebeln, eine Meisterleistung eines unbekannten Architekten, der wohl am Niederrhein in ähnlicher Weise tätig war, leider ein Opfer der Raschdorffschen Instandsetzung des Rathauses im 19. Jahrhundert. Ein weiteres städtisches Gebäude derselben Zeitspanne schloß sich wieder mehr altkölnischer Baugewohnheit mit Ritterturm und Zinnenerkern und einem zweischiffigen Saale an, das 1900 von Heimann gründlich erneuerte Stapelhaus, ursprünglich Fischkauf- und Schlachthaus (1558 und 1568). Unbestritten den Höhepunkt der niederrheinischen Renaissance

Straße am Filzengraben Aufg. Herwegen, Arch.

stellt aber die zweigeschossige **Rathauslaube** dar, und als der Rat daranging, die alte Laube durch diesen Neubau zu ersetzen, war er sich auch seiner Verantwortung für eine künstlerische, der Stadt zur Ehre gereichende Lösung vollbewußt, da er sich ein Jahrzehnt hindurch Entwürfe von ersten Künstlern, darunter solche des damals führenden Baumeisters, des Schöpfers des Antwerpener Rathauses, Cornelis Floris, und seines Lütticher Nebenbuhlers Lambertus Suavius, vorlegen ließ. Daraus wählte der Rat dann den „mittleren" Entwurf des Wilhelm Vernucken aus, der vorher am Niederrhein als Bildhauer tätig war und nicht mehr aus der reineren Quelle Oberitaliens oder Süddeutschlands seine Kenntnis der neuen Formen schöpfte, sondern der Stadt eben den Stil des Cornelis Floris vermittelte, der damals im ganzen Tiefland maßgebend wurde. Der Bau spielte sich nicht ohne allerlei Mißhelligkeiten ab; auch mußte er bereits 1617 (wie ebenfalls wieder 1881) einer gründlichen Instandsetzung unterzogen werden, die ihm mehrere Aenderungen brachte. Vernucken, der bald nach diesem Werke an den landgräflichen Hof zu Cassel be-

Faßbinderzunfthaus am Filzengraben
Aus Bender, Illustrierte Geschichte der Stadt Köln

Innenraum eines Kölner Bürgerhauses („Zur Glocke" am Hof, 1696)

rufen wurde, oder seine Nachfolger schlossen in diesem Stil zahlreiche Privatbauten an, wovon der Hessenhof bereits erwähnt wurde und das Haus Everhard Jabachs in der Sternengasse mit dem erhaltenen Gartensaal und einer leider abgebrochenen steinernen Wendeltreppe das größte Interesse heischt.

Hatte nun das Rathaus an beiden Schauseiten eine geziemende Ausbildung erfahren, so wurde es bald darauf auch inwendig neuausgestattet, und zwar durch die geschickte Hand des aus Mainz stammenden Melchior von Rheid, der besonders kunstvoll die Einlegearbeit pflegte. In denselben grotesken Umriß- und Schmuckformen arbeiteten auch andere tüchtige Kölner Schreiner, Konrad Wolf der ältere, Rütger Kaßmann, der Herausgeber eines Vorbilderwerkes, Peter von Kronenberg, der das wappengeschmückte Portal des Zeughauses (1592) schuf. Die Wendeltreppen dieser Zeit mit ihren Löwenfiguren als Anfängern, zahlreichen Figürchen als Konsolen, gedrehten Stäben in der Brüstung, Spruchbändern, Friesen und verzierten Pfosten sind ihre liebenswürdigen, noch in großer Zahl erhaltenen Schöpfungen (Heumarkt 19, 20 und 45, Unter Goldschmied 32/34, Hohepforte 8, Beispiele im Severinstor und im Schnütgenmuseum aus abgebrochenen Häusern). Auf spätere Treppen- und sonstige Ausstattung (Mühlengasse 17, Matthiasstraße 9) gewannen die Handwerker der Jesuitenkirche Einfluß, deren Bau unter der Leitung eines Süddeutschen, Christoph Wamsers, stand.

Als Architekt bedeutend war daneben der Stadtsteinmetz Matthias van Gleen, der die Arbeiten an der Rathausgruppe dadurch fortsetzte, daß er gegenüber den „spanischen" Bau mit seinen Korbbögen und Rustikaquadern als Verwaltungsgebäude aufführte und im Zusammenhang damit zum Abschluß des Platzes die drei jetzt verschwundenen Tore schuf. Damit fand eine in ihrer ehemaligen Gestalt einzigartige städtebauliche Leistung ihre Vollendung. Eine größere Bautätigkeit entfaltete die Stadtverwaltung seitdem, solange die Reichsfreiheit bestand, nicht mehr; das 18. Jahrhundert beschränkte sich fast ganz auf einzelne gefällige Ketten- und Wachthäuschen, und nur die Börse auf dem Heumarkt von Albert Bourscheid, das erste feste Schauspielhaus von Joh. Caspar Dechen (1783) und eine teilweise Neuausstattung einzelner Rathauszimmer wie des Muschelsaales mit Stuckdecke (1750) und farbenprächtigen Gobelins verdienen als öffentliche Werke noch Hervorhebung.

Neben der eigenen Bautätigkeit der Stadtverwaltung im 16. und 17. Jahrhundert, die der damaligen Bedeutung der Stadt gemäß war, ging ihr lebhaftes Interesse für eine Verschönerung der Straßen durch die Privatbautätigkeit; zahlreiche „zierliche" Neubauten erhielten städtischerseits Zuwendungen. Aus dieser Zeit stammen auch die einzigen städtebaulichen Veränderungen der Altstadt, die zwischen 1300 und 1800 eingetreten zu sein scheinen, die Niederlegung der Marspforte und im Zusammenhang damit neue Eckbauten Obenmarspforten (1556), die Durchführung der Bolzengasse vom Heumarkt zum Gürzenich (1562), die Bebauung der Gegend um St. Pantaleon mit herrschaftlichen Landhäusern und als letzte die Anlage des Gülichsplatzes auf dem Grundstücke des abgebrochenen Wohnhauses Gülichs, der die Ratsherrschaft zu erschüttern versuchte und als Rebell enthauptet wurde (1685). Eine großartigere städtebauliche Schöpfung derselben Zeitspanne war dagegen der Erweiterungsplan für das gegenübergelegene, jetzt eingemeindete **Mülheim**, das sein bergischer Landesherr stark befestigte; offenbar war ein holländischer Festungs- und Städtebaumeister der Vater des neuen Stadtplanes mit seinen sich rechteckig schneidenden Straßen und regelmäßigen Platzanlagen. Die in ihren Wirtschaftsinteressen bedrohte Reichsstadt und die erzbischöfliche Politik, die der Ansiedlung protestantischer Flüchtlinge im neuen Mülheim entgegenwirkte, vermochten aber den Stadtbau zum Stillstand zu bringen, ja setzten den Abbruch der neuen Werke durch (1614). Welcher Formen sich der Profanbau Mülheims damals bediente, wissen wir nicht: nur ein kleines Törchen in Rustikaquadern ist aus dieser Zeit erhalten geblieben, alle Nachrichten deuten aber auf behäbige, gediegene Ausführung hin.

Die bedeutendste Leistung des Kölner Profanbaues zur Renaissancezeit war die Schöpfung eines **eigenen Wohnhaustyps**, der sich auf Grund der spätgotischen Bauart seit Anfang des 16. Jahrhunderts unabhängig von der niederländisch beeinflußten Kunst der öffentlichen Gebäude bildete. Die Kreuzfenster wurden schmal und hoch, schlossen sich dicht aneinander und erhielten statt der rechteckigen Form oben flache Korbbogenstürze; so füllten sie die ganze Straßenwand und konnten in den engen Gassen den Zimmern genügend Licht zuführen. An der Innenseite wurden die Fensterpfeiler der Hauptwohnräume feingegliedert. Charakteristisch wurde die Anlage eines doppelten Einganges, eines zweiflügeligen Tores neben einer schmalen Tür, über der ein hohes Oberlicht das „Vorhaus", die Diele, erhellte. Zu dem ersten Obergeschoß, das im Mittelalter allein als Wohngeschoß diente, trat meist ein zweites, zuweilen sogar ein drittes, während vom hohen Erdgeschoß außerdem ein Zwischengeschoß mit dem Kontor und Wohnstübchen abgeteilt wurde. Die Dachgeschosse waren durch die Speichertüren gekennzeichnet, die sich zwei- oder dreimal übereinander wiederholen. Wie die Außenerscheinung wurde auch der Grundriß zu einem immer wiederkehrenden Typus, der sich durch das zum Hofe zu gelegene Sälchen und den danebenherführenden Gang sowie im Obergeschoß durch einen die Straßenfront einnehmenden Saal auszeichnet. Als Einwirkung des Renaissancegeschmackes wurden zunächst geschweifte Giebellinien allgemein; dann wurden statt der ehemaligen Zinnen wagerechte Mauerabschlüsse, endlich wieder seit 1600 die Stufengiebel vorherrschend, die sich oft zu Giebelpaaren, bei der von Steinmetzmeister Johann von Winter geschaffenen abgebrochenen Gruppe der Bingerhäuser am Domhof (1596) sogar zu einer Dreizahl verbanden; bei Eckhäusern waren Giebel an jeder Straßenseite beliebt; beim Anbau kleinerer Mietswohnungen an das Haupthaus entstand die für Köln schon im Mittelalter sehr bezeichnende Gruppe eines großen und eines kleinen Giebels nebeneinander. Die oberste Stufe schmückte sich gern mit einem Halbkreis- oder Muschelgiebelchen und später mit einem gebrochenen geradseitigen Giebelaufsatz. Gutverteilte Eisenanker, die eigenartigen sogenannten „Grinköpfe" über den Kellertüren, eine Einrichtung zum Festhalten der Schrotbäume beim Herunterlassen von Fässern, die mit groteskem Steinmetzhumor als Maske mit weitaufgerissenem Maul ausgebildet wurde, und die geschnitzten weitausladenden Kranbalken über dem Speicher, zuerst meist Löwenfiguren, später auch Delphingestalten oder Fischweibchen, sind die immer wiederkehrenden Schmuckmittel dieser Fassaden, die im übrigen durch den auch farbigen Gegensatz zwischen den Fensterreihen und ihren Werksteingewänden und den glatt verputzten Mauerflächen wirken. Sie tragen einen durchaus gediegenen, bürgerlich-zurückhaltenden und doch freundlichen, behäbigen, wohnlichen Charakter, und es ist wirklich schade, daß der in ihnen verkörperte Baugedanke mit seiner völligen Auflösung der Wände in Oeffnungen im neuen Köln nur selten wieder aufgenommen und für moderne Wohn- und Geschäftshäuser nutzbar gemacht wurde, und daß die paar Beispiele und Ansätze, die sich davon zeigen, gegenüber den Modeströmungen aus anderen Großstädten ohne Einfluß blieben: Köln hätte sich damit ein eigen-

Breite Straße 92, Portal (abgebr.)
Aus Vogts „Das Kölner Wohnhaus"

Stattlicher Stufengiebel aus der Mitte des 17. Jahrhunderts. (Straßburger Gasse 1)

Häuserreihe der Renaissancezeit am Heumarkt (Nr. 16—20).

artigeres und einheitlicheres, künstlerisch befriedigenderes Straßenbild geschaffen!

Zahlreich sind uns Häuser dieser Art durch Wort und Bild überliefert; zum großen Teil auch ihre alte Ausstattung, die malerischen geheimnisvollen Vorhäuser mit ihren Hängestuben, Galerien und Wendeltreppen, die Steinkamine mit schönen Friesen, die Fenster mit ihren Wappenscheiben, die mit Stuck überzogenen Balkendecken, z. B. aus dem hohen Giebelhause des Buchdruckers Johann Gymnicus am Walrafsplatz (1614), von dessen zierlichem Dachreiter aus jahrhundertelang viele Fremde einen schönen Blick auf den Dom genossen. Heute sind verhältnismäßig wenig Beispiele erhalten: Mit geschweiften Giebelumrissen Heumarkt 77 (nach 1568), Altermarkt 20/22 (1580), Großer Griechenmarkt 37/39 (1590), Große Witschgasse 36 (1590), Heumarkt 20 (nach 1593), Altermarkt 58 (1600), mit wagerechten Gesimsabschlüssen Mühlengasse 21, Heumarkt 54 (1551/58), Burgmauer 15 (1574), Altermarkt 40 und 62 (1645), Mühlengasse 10 (1590), Steinweg 11 (1615), Marienplatz 4 (1639), Hohepforte 6/8 (1641), Bolzengasse 2 (1655), Eigelstein 51 (1663), Heumarkt 18 (1690), mit Stufengiebeln: Rotgerberbach 52 (1592), Lintgasse 1, Bolzengasse 4, Rheingasse 3, Höhle 20, Liskirchen 15, Bürgerstraße 2 (1603), Buttermarkt 42, Tipsgasse 2/4 (1626), Straßburger Gasse 1 (1640), 2 und 6, Eigelstein 58 (1643) und 111, Sternengasse 11 (1644) und 89/91, Severinstraße 149 (1648), Frankenturm 3 (1649 mit guterhaltener altkölnischer Bierschenke), Johannisstraße 42, Ehrenstraße 60/62, Unter Goldschmied 21, Hohepforte 23, Hof 14 (mit schönem Rundbogenportal, 1691). Nimmt sich diese Aufzählung immer noch stattlich aus, so ergibt sich doch nur selten einmal, wie in der Straßburger Gasse, der Kühgasse und am Filzengraben eine geschlossene Reihe dieser Giebel, wie sie noch die Straßenansichten Kreuters (um 1850) zeigen.

Seit ungefähr 1670 wird der Stufengiebel allmählich unter dem Einfluß der Barockkunst wieder von dem geschweiften Giebel verdrängt, dessen reichste Form das breitgelagerte Haus Severinstraße 15 (1676) bietet, das im Zwischengeschoß ein Erker über dem Eingang schmückt, wohl das letzte Beispiel eines solchen Ueberbaues im alten Köln. Der Giebelumriß vereinfacht sich dann immer mehr bis zu einer großlinigen Volute, wie Vor St. Martin 16 (1707) und Matthiasstraße 21 (1709). Bei der am städtischen Verwaltungsgebäude wieder eingebauten Fassade von der Sandbahn (1696) verbindet sich der barocke Akanthusschmuck noch mit der üblichen Auflösung der Straßenwand in Fensterpaare, wie auch das breite „Vorhaus" mit Treppe und Hängestube vordem nicht vom Typ des Kölner Bürgerhauses abwich.

Haus zum großen Kardinal, Bolzengasse

Gotisches Haus in der Mühlengasse (unten aus dem Anfang, oben aus der Mitte des 16. Jahrhunderts)

Damit endet aber fast die Ueberlieferung bürgerlicher Bauweise in Köln. Vom Beginn des 18. Jahrhunderts ab gewinnt der **belgische Barockstil**, dann der **italienische**, endlich der **französische Palaststil** die Oberhand. Die Kölner Meister (besonders solche der Familien Krakamp, Bourscheid, Göbbels) finden sich mehr oder weniger geschickt damit ab; die besten Werke entstehen wahrscheinlich unter der Oberleitung auswärtiger Hofbaumeister. Der Palaisbau des Bankherrn Canto, das spätere Waisenhaus (1710) mit seinen Hofarkaden, und der abgebrochene Nesselroderhof am Neumarkt, das ehemalige Offizierskasino (1728), verraten den Einfluß des Düsseldorfer Hofes Jan Willems und seiner italienischen Künstler. Das alte, ebenfalls abgebrochene Gymnasium tricoronatum der Jesuiten von Johann Konrad Schlaun (1728) stellt die Vermittlung zwischen der italienischen und der französischen Formenauffassung dar — welcher Gegensatz zwischen dieser schlichten, gutgeteilten Front und dem noch ganz an belgische Vorbilder erinnernden kurz zuvor gebauten Volutengiebel derselben Bauherrn gegenüber!

Der Bauweise des **Bonner und Brühler Hofes der Kölner Kurfürsten** stehen die Rokokopalais nahe, von denen nur mehr das Beywegsche in der Glockengasse, das große Grootesche in derselben Straße (1752), das Mülheimische in der Gereonstraße (1758), das jetzt als erzbischöfliche Wohnung dient, das Wymarsche in der Hohestraße (jetzt Alsberg), das Monschausche in der Severinstraße (1770) und die bescheideneren Hohepforte 9 und Sternengasse 95 erhalten sind; die reicheren Beispiele, das Lippesche Palais am Blaubach und das Geyrsche in der Breite Straße (1753/54), die ehemalige Steuerdirektion, verfielen dem Abbruch, das letztere trotz seines reichen, in allen Einzelheiten fein durchgeführten Portalaufbaues und seiner einzigartigen Innenausstattung, deren teilweise Uebertragung in ein Museum ein schwacher Ersatz für die zerstörte Gesamtwirkung ist; auch um den Garten, eine Anlage im französischen Stil, eine wahre Lunge dieses verkehrsreichen Teiles der Altstadt, ist es ewig schade.

Etwas zahlreicher als die Patrizieranwesen haben sich die schlichten Hauswände, die schmucken Portale und gefälligen Ausstattungsreste **bürgerlicher Art** erhalten: das Portal Heumarkt 24, die Fischkarrig (1690), Unter Goldschmied 5, Hohepforte 23 (1728), Frankenturm 5, Sternengasse 10 (1729), Mühlenbach 8—16, Vor St. Martin 7 (1761), Höhle 34 und 36. Vielfach fällt noch in den Straßen der figürliche Schmuck der Privathäuser aus dieser Zeit auf, namentlich die anmutigen Madonnengestalten und Heiligen von der Hand Helmonts, der Familie Imhoff und anderer. Statt des Giebels wurde damals der Gedanke der alten, das Dach verdeckenden Zinnen-

Das Weyertor (abgebrochen)

mauer wieder aufgenommen, aber durch zinnenlose, mit einem wagerechten Gesims abgeschlossene Wände, denen man die treffende Bezeichnung Flabes (Maske) gab: Heumarkt 6, 35, 51, 62 bis 70, Malzbüchel 4, Altermarkt 9 (1749) und 54, Neumarkt 45, Turnmarkt 28 (1760).

Statt des alten, breiten und schmalen Hauseinganges findet man nun zwei gleiche Türen nebeneinander in einer gemeinsamen Umrahmung (Vor St. Martin 1, Höhle 6a, Salzgasse 10). Nach den fremden Vorbildern wurde eine Hauptzierde der Mittelachse ein wenig ausladender Balkon mit schmiedeiserner kunstvoller Brüstung.

Gediegene innere Ausstattung zeichnete manche dieser Bauten aus, wofür das Haus des Brückenzollpächters Jakob Fuchs, Severinstraße 214 (1769) ein Beispiel bietet.

In einem gewissen Gegensatz zu den Kölner Bauten stehen mehrere damals in Mülheim erbaute wohlausgestattete herrschaftliche Häuser, das des späteren Bürgermeisters Bertholdi in der Buchheimer Straße, der auch das gefällige Portal zum Lämmchen in der Freiheit herstellen ließ, das des Fabrikanten Andreae in der Freiheit und das der Familie Rhodius, das lange Jahrzehnte als Rathaus diente; daß sie unter dem Einfluß der bergischen Landeshauptstadt, Düsseldorf, standen, ist erklärlich. Die Mülheimer Straßen Freiheit und Wallstraße haben sich ein einheitliches eigenartiges Aussehen gewahrt.

Statt mit dem Roccaillewerk schmücken sich die Hauswände, den französischen Moden folgend, seit 1770 mit den Ornamenten des Zopfstils (Sternengasse 1, Hohepforte 16, Herzogstraße 18, Heumarkt 40 und 52 und von 1800 ab mit sparsamen klassizistischen Einfassungen der Fenster und Türen (Brand 1/3 mit interessanter Innenausstattung in der überlieferten Art der kölnischen Bierwirtschaften, Neumarkt 14, Unter Goldschmied 32/44, Hohepforte 25/27, Malzbüchel 5/7, Breite Straße 114). Mehr und mehr macht sich eine große Nüchternheit bemerkbar, die aber durch den Zusammenschluß der Straßenwände städtebaulich durchaus erfreulich ist, in wohltuendem Gegensatz zu dem Karneval der Baustile, der in späteren Jahrzehnten folgte und seitdem diese Geschlossenheit, die sich auch in gleichen Hausbreiten, Geschoßhöhen und Fensterbreiten kundgibt, durchbricht.

Diese Hausform leitet unmittelbar zu dem Drei- und Vierfensterhaus über, das die Straßenbilder beherrscht, die anfangs des 19. Jahrhunderts unter Leitung des Stadtbaumeisters Weyer in den aufgeschlossenen Bezirken der alten Klöster und Stifte und großen Höfe entstehen. Wieder bieten die flachwandigen, einförmigen Häuser den städtebaulichen Vorzug, daß sie einheitlich im Maßstab sind und den alten Monumentalbauten ihre beherrschende und nachdrückliche Wirkung lassen, wie man beispielsweise noch bei der Ursulakirche beobachten kann. Selten haben die Architekten dieser ersten preußischen Zeit einmal Gelegenheit, ihr formales Können zu zeigen, was sie dann im Geiste der letztbesprochenen klassizistischen Bauten tun. Weyer selbst z. B. am Pfarrhause von St. Kolumba (1828), in dem er alles Schwergewicht auf eine klassische Portalumrahmung legt; das Haus des Kunstfreundes Richartz am Blaubach sieht sogar eine Pfeilergliederung vor. In die Reihen solcher Häuser gliedern sich fast unauffällig die ersten Profangebäude preußischer Zeit ein. Weyers alter, abge-

Hausflur „Em Krüzge"

brochener Justizpalast, die nach Schinkels Vorschlag ausgeführten Wachen und als Werke seiner Schüler Biercher und Strack das weitläufige Regierungsgebäude in der Zeughausstraße (1830/31), das Kasino und das 1859 abgebrannte Schauspielhaus in der danach benannten Komödienstraße. Biercher verdient eine Hervorhebung auch seiner wohlabgestimmten Innenräume wegen sowie als

Zimmer im Hause Marienplatz 36

Schöpfer des Wallrafplatzes, dessen frühere einheitliche Bebauung ihn zu einer reizvollen städtebaulichen Anlage machte, die sich taktvoll ins Alte einfügte.

Die romantische Richtung brachte statt der klassischen Formen ein Zurückgehen auf die Gotik auch bei Profan- und Privatbauten; die Meister dieser Richtung, als erster Weyer mit seinem städtischen Lagerhause (1838), das jetzt wieder verschwunden, schlossen sich dabei an die Spätgotik und an ihr Kölner Hauptwerk, den Gürzenich, an. Erhalten sind mehrere Wohnhäuser, die der Dombaumeister Friedrich von Schmidt, Vincenz Statz und Joh. Jakob Claßen bauten und die verständnisvoll die altüberlieferte Auflösung der Straßenwände in Fenstergruppen durchführen (Schaebensches Haus am Domkloster, Mühlenssches Haus in der Glockengasse u. a.).

Die kunstgeschichtliche Welle riß diese in der Ueberlieferung wurzelnden Ansätze fort. Dazu kamen neue Bauaufgaben, die das nach langem Festhalten am Einfamilienhaus aus dem Osten

„Em Krüzge" Phot. Eugen Coubillier, Köln

Deutschlands eingeführte Mietshaus stellte und denen das Dreifensterhaus nicht genügte, ebensowenig wie die alten kaufmännischen Einrichtungen dem gesteigerten Verkehr und heutigen Sitten. Wie den neuen Aufgaben genügt wurde, werden andere Seiten dieses Buches berichten; hier sei mit dem Hinweis geschlossen, daß es ohne Beziehungen zum alten Köln geschah, daß die neuen Bauwerke der Bodenständigkeit entbehren, und damit an ein freilich fast all unseren Großstädten gemeinsames Uebel gerührt. Mit Bedauern sieht der kunstverständige Freund des alten Köln ein ihm liebes Stück nach dem anderen dahinsinken, eine ihm liebe Gruppe nach der anderen in ihrem Maßstab, in ihrer Einheit zerstört, und muß sich trösten mit dem Goetheschen Spruche:

Neue Häuser, neuer Raum
Mögen sich gestalten;
Der Erinn'rung schöner Traum
Ruht doch auf den Alten.

Städtebau-Amt

NEUZEITLICHE BAUKUNST

VON STADTBAURAT STOOSS

Hoch über dem Häusermeer der Großstadt ragen die Türme des Kölner Doms, die Woensams berühmtes Stadtpanorama vom Jahre 1531 noch missen muß. Der Ausbau des Domes im 19. Jahrhundert konzentrierte das Interesse ganz Deutschlands auf sich, unter Meister Zwirner wurde die Dombauhütte zur Heimstätte der Neugotik, von welcher überall hin Schüler entsandt wurden. So blieb Köln, welches während der Fremdherrschaft viele köstliche Werke kirchlicher Kunst einbüßte, das hillige Köln mit seinem malerischen Kranz mittelalterlicher Kirchen und Türme. Barock und Renaissance konnten nie heimisch werden und der Klassizismus hat nur wenige Vertreter: es herrschte die Romantik, sie ließ Schinkels sonst umfassenden Einfluß kaum zu Wort kommen.

Im Innern der Stadt fielen die weiten Gärten allmählich der Spekulation zum Opfer, die bekannten nüchternen Straßen entstanden, welche Kölns eigentümlichen Stadtcharakter ausmachen. Erst im Jahre 1864 machte ein Kölner Architekt, der Stadtverordnete Baurat Matthias Biercher, welchem der Bau des Regierungsgebäudes, des Zivilkasinos und des Schauspielhauses zu verdanken sind, ernste Vorschläge, der immer enger werdenden Stadt endlich Luft zu schaffen mit der interessanten Begründung, „die Quellen des Wohlstandes und der Steuerkraft müssen unter dem onus der Festung leiden". Nicht unerwähnt sei, daß diesem selben Architekten M. Biercher der malerische Wallrafsplatz seine Entstehung verdankt. In den 60er Jahren wirkte mit großem Erfolg der Architekt H. Pflaume, welcher die Schaaffhausensche Bank und das leider niedergelegte Deichmannhaus am Bahnhof, Früchte seiner italienischen Studienreise, welche zu den vornehmsten Bauten zählten, errichtete. Nach 1870 gelangte dann in Köln jene Hochflut der deutschen Renaissance zum Durchbruch, deren Ergebnis ein gänzliches Versagen städtebaulicher Einfühlung darstellt. Hand in Hand damit gingen die Anschauungen, welche zur Freilegung der drei mächtigen Stadttore, namentlich aber des Domes, führten, welchem seitdem soviel von seiner beherr-

Rheinansicht mit den Gebäuden der Reichs-Eisenbahndirektion   Phot. Bayer & Schmölz

Stadthaus Arch. Stadtbaurat Bolte / Phot. Bayer & Schmölz

Deichmannshaus am Dom / Arch. Prof. Müller-Erkelenz
Phot. Bayer & Schmölz

Gebäude der Rückversicherung / Arch. Herm. Pflaume
Phot. Bayer & Schmölz

Bürogebäude, Gereonshaus   Arch. Baurat Moritz
                                 Phot. Bayer & Schmölz

Industriehof   Arch. Körfer
                                 Phot. Bayer & Schmölz

Bürogebäude der Lebensversicherung „Concordia"
                                 Arch. Herm. Pflaume
                                 Phot. Bayer & Schmölz

Agrippinahaus   Arch. Georg Falck, Köln
                                 Phot. Bayer & Schmölz

schenden Wirkung über die Umgebung genommen ist. Erst der neueren Zeit war es vorbehalten, das übernommene künstlerische Erbe einer reichen Vergangenheit zu wahren, trotzdem der wachsende Verkehr im Innern der Stadt sich Bahn machte und Opfer forderte. Das stark pulsierende Leben in der Handelsmetropole des Westens ergoß sich in Straßen und Gäßchen, bis es gebieterisch fordernd bequemere Wege fand. Schon längst bedurfte die Stadt einer festen Brücke über den Rhein an Stelle der alten Schiffsbrücke, welche beide Stadtseiten, Deutz und Köln, verband. Ganze Quartiere mußten weichen, ein Sanierungswerk größten Umfanges war damit verknüpft, ehe die heutige Gürzenichstraße ihren schlanken Zug zum Rhein fand. Noch fehlt zwar das Schlußglied, der Auftakt zu der prachtvollen Hängebrücke, die Rampenbebauung am Heumarkt; die Straße selbst aber schmückte sich schnell zum Ruhme des verwundert dreinschauenden Gürzenichs auf beiden Seiten mit den hervorragenden Zeugen einer deutschen Baukunst, die reklamesättige Hohe Straße kraftvoll durchbrechend. Die besten Werke eines Wilhelm Kreis im Warenhaus Tietz und im Palatium, des Stadtbaurats Bolte in seinem Stadthaus, welches die kölnische Bauverwaltnug birgt, und andere treffliche Bauten bilden den glänzenden Rahmen dieser großen West-Oststraße. Ebenso verständnisvoll wußten sich die Architekten, welche an der Zeppelinstraße, jenem wichtigen Schlußglied im Ring der Altstadt-Geschäftsstraßen, bauten, den städtebaulichen Forderungen anzupassen. Richmodishaus und der ehemalige Blankenheimerhof des jetzt auch niedergelegten Offizierkasinos am Neumarkt gaben der Verwaltung die Richtlinien für die Gestaltung der neuen Stadtfront des Neumarkt, Kölns größten Platzes.

Hier stehen die Schöpfungen eines Schulze-Kolbitz (Cords), Prof. Bonatz (Reifenberg), Pflaume (Olivandenhof), Schreiter & Below (Schürmann),

Vorderansicht des Hochhauses am Hansaring

Verwaltungsgebäude d. Rhein. A.-G. für Braunkohlenbergbau u. Brikettfabrikation
Arch. Prof. Müller-Erkelenz / Phot. Bayer & Schmölz

Moritz (Peters), Helbig & Klöckner (Isay), Prof. Veil, Arch. Körfer und Bildhauer Meller (Schwerthof), letzterer ist an die Stelle des für eine günstigere Verwertung im Zusammenhang mit einem späteren Rathausneubau vorbehaltenen Blankenheimer Hofs getreten. Auch die Umgebung des Doms veränderte sich zusehends; die Nordfront des Domplatzes zum Bahnhof hin wurde modernisiert, ein stattliches Bürohaus ließ das Bankhaus Deichmann durch den Architekten Prof. Müller-Erkelenz zu Füßen des Doms errichten, welches einen würdigen Nachfolger des Pflaumeschen Palazzos bildet: die veränderten Verhältnisse zwangen zu größerer Höhenentwicklung des Gebäudes, als sonst im Innern der Stadt üblich, die Isolierung des Domes schreit nach Anlehnung an seine Umgebung, die in langer horizontaler Lagerung der Fronten und Steigerung in den Höhen sich ausdrückt.

Dem Anwachsen des geschäftlichen Lebens folgend, entschlossen sich die Behörden (Gericht, Zoll, Post) zur Hinausverlegung ihrer zu eng gewordenen Amtsräume, sodaß ein ganzes Viertel gewaltiger Dienstgebäude im Norden der Stadt am Reichsberger Platz aus dem Boden schoß. Zahlreiche Versicherungen und Banken, die einzeln aufzuzählen zu weit führen würde, schlossen sich an. Hier versuchte sich mit großem Erfolg Herm. Pflaume († 1921) im Backsteinbau und schuf das prächtige Gebäude der Rückversicherung an der Gertrudenstraße, während Müller-Jena eine ähnliche interessante Aufgabe am Kaiser-Friedrich-Ufer (Unfallversicherung) in Travertin zur Durchführung brachte. Dem Stadtbild nördlich der Dombrücke gaben die gewaltigen Neubauten der Eisenbahndirektion eine neue Note und neuerdings ist ein stattlicher Giebelbau für das Rhein. Braunkohlensyndikat von Prof. Müller-Erkelenz, Haus in Backstein, hinzugekommen, welcher sich dem wirkungsvollen, von grünen Baumzeilen unterstrichenen Stadtbild verständnisvoll einfügt.

Eingang zur Schaßburg Arch. Georg Falck

Haus Deichmann, Südfront — Arch. Paul Pott

Haus Noell, Stadtwald, Fr. Schmidtstr.
Arch. Clemens Klotz / Phot. Syberz

Haus Becker Thielenbruch, Köln-Dellbrück
Arch. Clemens Klotz / Phot. Syberz

Haus Herstadt — Arch. Prof. Bonatz

Siedlung Mauenheim der Gemeinnützigen A.-G. für Wohnungsbau in Köln

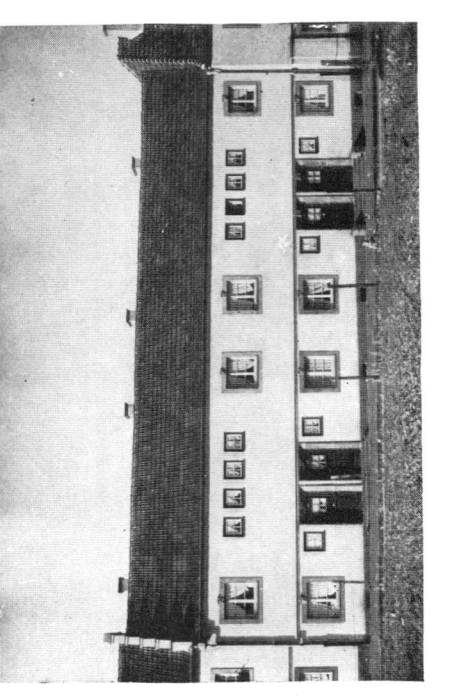

Arch. Wilhelm Riphahn, Köln / Phot. Bayer & Schmölz, Köln

Siedlung Mauenheim der Gemeinnützigen A.-G. für Wohnungsbau in Köln

Beamten-Wohnhäuser in Dellbrück der Motorenfabrik Köln-Deutz
Arch. Wilhelm Riphahn, Köln / Phot. Bayer & Schmölz, Köln

Wohnhäuser an der Grolmannstraße — Arch. Breuhaus & Ruff / Phot. Bayer & Schmölz

Wohnhäuser am Höningerweg — Arch. Breuhaus & Ruff / Phot. Bayer & Schmölz

Beamtenwohnhäuser in Dellbrück der Motorenfabrik Köln-Deutz — Arch. W. Riphahn

Siedlung Bickendorf der Gemeinnützigen A.-G. für Wohnungsbau in Köln

Arch. Wilhelm Riphahn, Köln / Phot. Bayer & Schmölz, Köln

Haus Ecke Deutzer Freiheit und Gotenring — Arch. W. Riphahn

Haus „An der Ecke" in Mülheim — Arch. W. Riphahn

Kirche Groß St. Martin   Phot. Bayer & Schmölz

Zu einer gewaltigen Steigerung des baulichen Charakters der Stadt führte das im Jahre 1924 vom Architekten Dr. ing. h. c. Jakob Koerfer an einem markanten Punkt der Ringstraße errichtete Hochhaus, welches das erste in Deutschland war (Tafel nach S. 120). Ein Turm von 16 Geschossen krönt den Monumentalbau, welcher in rheinischer Backsteinarchitektur errichtet und mit typischen Plastiken geschmückt ist, er erreicht eine Gesamthöhe von 65 m, und steht in angenehmem Gegensatz zu den sacralen Bauten und Türmen des hilligen Köln.

So zahlreich auch Geschäfts- und Bürohäuser, Kinos, Kaffees usw. an vielen Stellen der inneren Stadt entstanden sind, unübersehbar fast ist das Heer der bürgerlichen Wohnbauten, von denen

Verkehrswissenschaftliches Institut der Universität
Arch. W. Riphahn

Umbau eines alten Kölner Hauses in der Hohe Straße
Arch. L. Paffendorf, Köln

Geschäftshaus in der Glockengasse
Arch. L. Paffendorf, Köln / Phot. Bayer & Schmölz

nur einige wenige aufzuführen möglich ist. Unter den Bauten der Villenvorstadt Marienburg sind es die Villen des Architekten Pott, welche den Grundrißgedanken im äußeren geschickt wiedergeben. Dort steht auch eines der besten Werke Olbrichs, das Haus Feinhals. Die veränderten wirtschaftlichen Verhältnisse bedingen andere Programme, welche die Architekten, z. B. Prof. Bonatz beim Haus Herstatt zu anderen Lösungen führen und deutlich erkennen lassen, daß in der Beschränkung sich der Meister zeigt. Reizvolle Bilder ergeben die Häuser Noell am Stadtwald und Becker im Thielenbruch des Architekten Clemens Klotz in Gemeinschaft mit dem Bildhauer Meller.

Im alten Köln hatte das Einfamilienhaus Bürgerrechte. Der Weltkrieg 1914/1918 unterband die Wohnungsherstellung fast ganz. Trotz der Leiden, die er nach sich zog, setzte mit fast übermenschlicher Kraftanstrengung der Wohnungsbau ein und mit ihm die Sehnsucht der Menschen nach dem eigenen Heim und einem Garten. So entstanden große Wohnsiedlungen im ganzen Stadtgebiet, deren Fundament der Bebauungsplan ist. Charakteristische, typische Programme galt es in die Tat umzusetzen und dabei mit den Mitteln haushälterisch umzugehen. Des Verfassers vornehmste Aufgabe ist das Entwerfen der Bebauungspläne für diese Siedlungen, wovon die Professorensiedlung auf der Marienburg, Kleinhaussiedlungen in Longerich und am Königsforst besonders erwähnt seien. Hier ist es namentlich der Architekt Wilhelm Riphahn, dessen Siedlungen in Bickendorf, Mauenheim, sowie in Dellbrück, ferner die Architekten Breuhaus und Ruff, deren Reihenhäuser am Höninger Weg und der Grolmannstraße städtebaulich und in ihren Einzelheiten von hohem künstlerischen Reiz sind. Wie Riphahn es versteht, die jeweilige städtebauliche Situation meisterhaft auszunutzen, zeigen vortrefflich das Haus „an der Ecke" in Mülheim, gegenüber dem Staatsbahnhof und das Haus am Gotenring, Ecke der Freiheit. Derartige Lösungen wahren die künstlerische Eigenart Kölns, deren Schutz mit Erfolg gepflegt wird, trotzdem ein Ortsstatut gegen Verunstaltung noch nicht erlassen ist. Gute Wirkungen sind hier unter Führung der Bauberatungsstelle des Städtebauamtes bei der Bebauung „Im Dau", der Umgebung der Ursulinenkirche in der Maccabäerstraße, sowie in der Schnurgasse erzielt. Verständnisvolles Eingehen auf die Erhaltung der Dominanten im Stadtbild beweisen ferner die Bebauung der Umgebung der Kirche Groß St. Martin am Rhein und die feinsinnige Einfügung des verkehrswissenschaftlichen Instituts der Universität am Ubierring im Bereich der alten Bottmühle, welche Architekt Wilhelm Riphahn schuf.

Kriegergräber auf Kölner Friedhöfen
Arch. Stadtbaurat A. Stooß, Köln

Stucks Amazone vor dem Neubau des Kunstvereins am Friesenplatz Arch. L. Paffendorf, Köln

St. Michael, Kriegerehrung im Dom
Bildhauer Prof. Grasegger / Phot. Aug. Kreyenkamp

Detail des Gülichsbrunnen
Von Prof. Grasegger

Gebäude für den Rundfunk in Köln Phot. H. Schmölz
Architekten J. Volberg, W. u. K. Philippson, Köln

Edle Werke der Bildhauerkunst zieren die Stadt. Prof. Grasegger hat einen unüberwindlichen Fastnachtsbrunnen geschaffen und in den kleinen, feinen Gülichplatz hineingestellt. Im Dom, an einen der gewaltigen Pfeiler angelehnt, steht, von seiner eigenen Hand in Holz geschnitzt, ein St. Michael, zur Ehrung der im Kriege gefallenen Bürger aus der Dompfarre, ein ergreifendes Bildwerk, welches völlig in der Stimmung des Dominnern aufgeht. Neuerdings hat Stucks Amazone vor dem Neubau des Kunstvereins am Friesenplatz, ein Werk des Architekten Paffendorf, Platz gefunden. Seine glückliche Hand tritt überall hervor, wo starke, künstlerische Akzente im Stadtbild mitsprechen, wie bei der Eingangsfront des Cafés Arkadia an der Hohe Straße oder an dem Geschäftshaus Mühlens 4711 an der Glockengasse. Manch wertvolles Stück an Architektur und Plastik bergen die Kölner Friedhöfe, deren künstlerische Pflege ebenfalls dem Verfasser obliegt. In welcher Weise es gelungen ist, die Schmückung der Kriegergräber mit Gedenksteinen durchzuführen, mögen zum Schluß einige Abbildungen zeigen, als Beweis für die schlichte, aber wirksame Ausgestaltung im Rahmen der vorhandenen Anlage.

Universität

KÖLN ALS UNIVERSITÄTSSTADT

VON GEH. REGIERUNGSRAT PROF. DR. ECKERT

Köln hat früh Bedeutung als Universitätsstadt gewonnen. Als die mittelalterlichen Schulen sich zum ersten Male zu Universitäten wandelten, zu genossenschaftlichen, zunftartigen Bildungen, die in Erfüllung vorgeschriebener Formen ihren Unterricht organisierten und gradweise ihre Schüler geistig aufwärts führten, waren zunächst Italien, Frankreich und England uns vorangeschritten. In Italien waren es Stadtuniversitäten, in Frankreich und England die sogenannten Kanzleruniversitäten, die Vorbilder gaben, während unser Vaterland noch zurückblieb. Deutschlands berühmteste Schulen und hervorragendsten Gelehrten fanden sich damals in seinen Franziskaner- und Dominikaneranstalten. Vielleicht deren beste ist in Köln gewesen. Einer der erleuchtetsten Köpfe des Mittelalters, der Mönch und Naturforscher Albertus Magnus, hat an ihr gewirkt. Zu seinen Füßen hat der Aquinate Thomas, der Vater der scholastischen Philosophie, die bis heute ihre starken Nachwirkungen übt, gesessen. Auch Johannes Duns von Schottland, bekannt unter dem Namen Duns-Scotus, der doctor subtilis, den beiden Genannten fast gleichwertig in feinster Geisteskraft, hat an der Kölner Klosterschule jahrelang gelehrt und Schüler aus allen Ländern nach Köln gezogen. Schon diese geistlichen Schulen haben eine Art „Studium generale" eingerichtet, aus dem der Universitätsunterricht erwachsen sollte. Nach der Mitte des 14. Jahrhunderts ist dann auch Deutschland mit Universitätsgründungen auf den Plan getreten. Von da bis zum Beginn der Reformation wurden 20 deutsche Universitäten schnell hintereinander ins Leben gerufen. Prag, Wien, Heidelberg kommen voran. An fünfter Stelle stand Köln, als dessen Geburtsdatum das Jahr 1388 genannt wird. Während in Wien, Heidelberg und Leipzig die Landesherren die Universitäten gründeten und in ihrer Entwicklung schützten, ist es in Köln der Bürgerstolz gewesen, der nicht duldete, daß die Stadt hinter anderen Gauen zurückblieb. Am 22. Dezember

1388 wurde durch den Stadtrat in öffentlicher Versammlung der päpstliche Stiftungsbrief Urbans VI. verkündet, für angenommen erklärt und die Unterhaltung des Studiums versprochen.

Mit dem Niedergang der Stadt hat auch die alte Universität, die lange die wissenschaftliche Vorburg Nordwestdeutschlands gewesen, an Ansehen und Bedeutung verloren. Als die Franzosen gegen Ausgang des 18. Jahrhunderts das linke Rheinufer besetzten, hat sie ihre Pforten geschlossen. Die Kölner haben den Untergang ihrer Universität, den Verlust des geistigen Mittelpunktes, nie verwunden. Gustav von Mevissen hat schon um die Mitte des vergangenen Jahrhunderts die Wiedererrichtung der Kölner Universität zum Programmpunkt erhoben. Er hat bei der preußischen Regierung keine Erfüllung seiner Wünsche gefunden. In den Jahren, da Preußens Aufstieg aus Ohnmacht zur Größe sich vollendete, ist gerade der aufstrebende, für des Gesamtlandes Blüte so vielbedeutende Westen das an Hochschulen ärmste Gebiet der Monarchie geblieben. Die Rheinlande mit etwa der siebenfachen Menschenzahl wie die altpreußischen Provinzen, an Bedeutung und Wirtschaftsmacht um ein Vielfaches ihnen überlegen, hatten nur die einzige, nach der Eingliederung der Rheinlande gegründete Universität in Bonn, während in dem an Menschenzahl viel kleineren Baden zwei, in Bayern drei Universitäten blühten. Vor allem besaß und erhielt der ganze preußische Westen keine Großstadtuniversität, auch dann nicht, als nach der Reichsgründung die Studenten in immer wachsenden Scharen nach denjenigen Universitäten strebten, die an Zentralpunkten des wirtschaftlichen und sozialen Lebens lagen.

Aus eigener Kraft, auf die Stiftung Mevissens fußend, hat Köln in seinen Hochschulgründungen um die Wende des 19. zum 20. Jahrhundert zunächst die dringendsten Aufgaben gelöst, hat die Stadt Fachhochschulen für Probleme errichtet, denen die Universitäten sich versagten oder denen sie wenig Aufmerksamkeit zugewandt hatten. Die Handels-Hochschule, die Akademie für praktische Medizin, die Hochschule für kommunale und soziale Verwaltung wurden in den Dienst dieser Aufgaben gestellt. Während der ersten anderthalb Jahrzehnte des 20. Jahrhunderts sind in mühsamer Kleinarbeit diese Hochschulen weiter entwickelt worden, ist namentlich die Handels-Hochschule als erste und größte ihrer Art wie keine zweite Deutschlands aufgeblüht.

Aber es zeigte sich doch bald, daß diese Hochschulen, so Ausgezeichnetes sie fachlich zu bieten wußten, in ihrer Isolierung auf die Dauer nicht genügten. Sie konnten erst Vollkommenes leisten, wenn sie mit ihren Sonderaufgaben eingegliedert wurden in den Rahmen für universellere Bildungsziele.

Schon 1910 hatte die Kölner Hochschulleitung die ersten Anträge an das Kultusministerium wegen Erweiterung der Aufgaben und Berechtigungen gerichtet. Von Juni 1913 und März 1915, dem Jahre höchster deutscher Blüte und dem ersten Jahre nach Ausbruch des Entscheidungskampfes datieren meine dem Oberbürgermeister Wallraf vorgelegten Denkschriften, die Aufriß und Aufbau des Kommenden vorgezeichnet haben. In der erstgenannten Denkschrift erbrachte ich den durch zahlreiche Belege gestützten Nachweis, daß Köln als Großstadt Anspruch auf eine Universität hat, daß Vergangenheit wie neuzeitliche Anstrengungen Kölns diesen Anspruch unterstützen, daß Kölns Wünsche nicht wegen Nähe der Universität Bonn abgewehrt werden können, daß dies insbesondere um deswillen nicht angehe, weil zwischen der Bonner und einer neuen Kölner Universität wesentliche Unterschiede sich herausbilden und vertiefen würden. Nach Ausbruch des Weltkrieges wurden Voraussetzungen für die Kölner Hochschulentwicklung deutlicher, als sie bis dahin gewesen. Die großen geistigen und materiellen Interessen, die sich für Köln mit dem Universitätsgedanken verbanden, erschienen, wie ich in einer zweiten Denkschrift vom 16. März 1915 dartun konnte, mehr denn je im Einklang mit den allgemeinen Bedürfnissen des universitären Unterrichts in Deutschland. In dieser zweiten Denkschrift wurde der Ausbau der bestehenden Kölner Hochschuleinrichtungen zu einer neuzeitlichen Anforderungen entsprechenden Universität gefordert und gezeigt, daß nach dem bereits in den Kölner Hochschulinstituten und Kliniken Gebotenen nicht unüberwindliche Schwierigkeiten sich solchem Plan entgegenstellten.

Im Sommer und Herbst des Jahres 1915 hat das Kollegium der hauptamtlichen Dozenten an der Handels-Hochschule und der Verwaltungs-Hochschule sich einhellig auf den Boden der Universitätswünsche gestellt. In den Tagen der damaligen politischen Hochspannung erschien es aber nicht angängig, die angeschnittenen Fragen in weiteren Kreisen zu behandeln. Unmittelbar nach Amtsantritt des Oberbürgermeisters Adenauer im September 1917 legte ich diesem die genannten Denkschriften vor. Wie er die Notwendigkeit der wirtschaftlichen Fürsorge für die ihm anvertraute Stadt erfaßte, deren Erweiterung und Verschönerung weitsichtig in Aussicht nahm, hat er auch den Universitätsplan lebhaft aufgegriffen und sich in der Folgezeit mit großer Energie für seine Verwirklichung eingesetzt.

Als die solange von Deutschlands Grenzen ferngehaltenen Gegner unseren zurückgedrängten

Das Kölner Universitätssiegel
Künstlerische Nachbildung des Kölner Fröbelhauses Matthias Weiden, Köln, Martinstraße 37

Heeren auf dem Weg zum Rhein folgten, wurde klar, daß für die neue Zeit das seitherige Tempo langwieriger Ueberlegungen und endloser Verhandlungen nicht mehr genüge. Wenn das Rheingebiet nicht auf die Dauer deutscher Kultur verlorengehen, wenn es uns wirklich Heimat bleiben sollte, mußten Grenzfesten von der Art errichtet werden, wie sie allein noch in unserer Zeit sich zu behaupten verstehen.

Am 4. Januar 1919 hat die preußische Regierung auf Antrag des Kultusministers Haenisch durch ihr Gesamtministerium den Plan der Stadt Köln, ihre wissenschaftlichen Anstalten zu einer neuartigen Universität auszubauen, im Prinzip gebilligt. Die neuen Kulturprobleme, die Versuche, deutsche Art und Wissenschaft am Rhein gegen fremde Einflüsse zu verteidigen, konnten in Angriff genommen werden. Einhellig hat dann die preußische Staatsregierung, haben alle Minister aus den damaligen Koalitionsparteien am 27. Mai 1919 den Vertrag über die Errichtung einer Universität in Köln genehmigt.

Am 27./29. Mai 1919 ist der Universitätsvertrag zwischen Staat und Stadt endgültig getätigt worden. Die feierliche Eröffnung der Universität fand am 12. Juni 1919 im großen Saal des Gürzenich durch den damaligen Unterstaatssekretär des Ministeriums für Wissenschaft, Kunst und Volksbildung, Prof. Dr. Becker, statt. Sie hat seitdem eine glückliche, schnell aufsteigende Entwicklung genommen.

Für Wert und Wirkung einer Universität sind in erster Linie die Belehrungen und Anregungen entscheidend, die die Professoren im Hörsaal in den Instituten und Seminaren zu geben vermögen. Ein Stamm bewährter Dozenten, der bereits an den Kölner Fachhochschulen gewirkt hatte und an sie seinerzeit großenteils von den Universitäten gekommen war, ist seit Neugründung der Universität für diese tätig gewesen. Er ergänzt sich durch neugewonnene Kollegen, die wissenschaftliche Begabung mit Freude am Aufbau verbinden und sich vom Reiz des in Köln zu Schaffenden fesseln lassen, die auch vor Schwierigkeiten nicht leicht zurückschrecken.

Der Universität gehörten zur Zeit ihrer Eröffnung 32 ordentliche Professoren, 2 Honorarprofessoren, 1 außerordentlicher Professor, 26 Privatdozenten, 26 mit einzelnen Vorlesungen betraute Herren und sonstige Lehrkräfte, im ganzen 87 an. Diese Zahlen sind bis zum Winter-Semester 1925/26 auf 57 ordentliche Professoren, 15 Honorarprofessoren, 22 außerordentliche Professoren, 49 Privatdozenten, 11 Lektoren und 32 mit einzelnen Vorlesungen beauftragte und betraute Herren, zusammen 186 angewachsen. Um die Errichtung der wissenschaftlichen Seminare und Uebungen haben alle Professoren sich große Verdienste erworben.

Bedeutsame Bildungselemente vermittelt auch der Umgang der Kommilitonen untereinander. Während an anderen Universitäten die Zahl der Immatrikulierten, nachdem der im Krieg aufgestaute Strom von Studienbeflissenen abzufließen begann, zurückging, während einzelne deutsche Universitäten schon im Sommer-Semester 1921, fast alle in den darauffolgenden Semestern verminderte Studentenzahlen aufwiesen, ist Kölns Universität, wie nachstehende Zahlen erkennen lassen, überraschend weitergewachsen. Die Zahl der Immatrikulierten, die bei Wiedereinführung der Friedensgebühren etwas zurückgegangen war, ist in den letzten Semestern wieder erfreulich gestiegen.

Eröffnungssemester Sommer 1919	1299
Herbst-Zwischensemester 1919	1620
Winter-Semester 1920	2432
Sommer-Semester 1920	3028
Winter-Semester 1920/21	3704
Sommer-Semester 1921	4012
Winter-Semester 1921/22	4111
Sommer-Semester 1922	4407
Winter-Semester 1922/23	4875
Sommer-Semester 1923	5270
Winter-Semester 1923/24	5196
Sommer-Semester 1924	4161
Winter-Semester 1924/25	4076
Sommer-Semester 1925	4609
Winter-Semester 1925/26	4650

Nicht nur die wachsende Zahl, sondern auch der gute Geist der Studentenschaft an der Kölner Universität ist rühmend hervorzuheben.

Nach dem Zusammenbruch unserer Kriegsunternehmungen übernahm Köln die Aufgaben, die in Straßburg, Prag und Posen der deutschen Wissenschaft verloren gingen.

Die Rheinlande sind zur Wahlstatt der Geister geworden. Gerade in der alten Metropole galt es zu sorgen, daß rheinische Eigenart und deutsches Wesen nicht unter dem Druck des Siegers sich verwischen. Völkergegensätze suchen hier mit Waffen der Wissenschaft ihren Ausgleich und Austrag, fremde Einwirkungen ringen und streiten mit deutschen Einflüssen. In unserem Berührungspunkt deutscher und ausländischer Kultur soll die Kölner Universität ein festes Bollwerk deutscher Art und Wissenschaft bleiben. Sie kann aber zugleich auch der Gedankenvermittler der heute in Haß getrennten Völker sein. Bei strengster Wahrung seiner deutschen Eigenart, die selbst den heutigen Gegnern Achtung abnötigt, muß Köln Wegbahnerin für die Wiederversöhnung der europäischen Kulturnationen, für die Erkenntnis ihrer Gemeininteressen sein. Als Sitz zahlreicher Behördenorganisationen, als Sammelpunkt aller künstlerischen und aller Volksbildungsbestrebungen, in seinen Bauten, Anlagen und Schausammlungen übermittelt Köln den Studierenden eine Fülle von Eindrücken, gibt sie ihnen Impulse, wie sie mittlere und kleinere Orte niemals gewähren können.

Der Werksstudent, der mehr und mehr zum Normaltyp des Studierenden wird, d. h. derjenige, der auch während seiner Ausbildungszeit einen Teil des Lebensunterhaltes durch eigene Arbeit sich erwerben muß, findet in Köln reiche Gelegenheit zur Betätigung. Dem Erwerbsvermittlungsamt der Studierenden ist es gelungen, für die Zeit der Ferien einem großen Teil der Studierenden in Köln und seiner näheren Umgebung Arbeits- und Verdienstmöglichkeit zu schaffen. Auch in den Abendstunden der Vorlesungstage sind viele Studenten und gewiß nicht die schlechtesten der Immatrikulierten nebenher beschäftigt.

In Deutschlands Notzeit, nach der Besetzung der Rheinlande durch die Siegermächte hat Köln die verlorengegangene Bedeutung als Universitätsstadt wiedergewonnen. Verheißungsvoll ist die erste Entwicklungsperiode der neugegründeten Universität verlaufen. Achtunggebietend steht sie heute unter ihren deutschen Schwesteranstalten. Zur zweitgrößten der preußischen Universitäten ist sie schon im Sommer-Semester 1922 emporgeblüht. Möge es dem Zusammenwirken der opferwilligen Stadtverwaltung, der berufsfreudigen Dozenten und einer lerneifrigen Studentenschaft gelingen, das glücklich Begonnene in kommenden Jahren erfolgreich fortzuführen.

DAS KÖLNER SCHULWESEN

VON DR. LINNARTZ, BEIGEORD. DER STADT KÖLN

Mit der Entwicklung Kölns zur zweitgrößten Stadt Preußens hat auch der Ausbau seiner Bildungseinrichtungen, der die Anforderungen einer Dreiviertelmillionenstadt auf kulturellem Gebiet berücksichtigen muß, gleichen Schritt gehalten. Alle wertvollen Unterrichts- und Erziehungsmöglichkeiten vom „Kindergarten bis zur Hochschule" sind vorhanden.

Schon vor Eintritt des Kindes in die Schulpflicht kann es in den Kindergärten Aufnahme und Betätigung im Sinne Fröbels finden. 19 städtische Kindergärten und 56 private Anstalten, die nam-

Volksschule Simon-Borsigstraße — Arch. Baurat Klewitz

Volksschule Nibelungenstraße — Arch. B. D. A. Wilh. Riphahn

Volksschule Sülzgürtel — Arch. Baurat Ritter

Schule Gotenring — Arch. Oberbaurat Verbeek (erb. 1912)

hafte städtische Zuschüsse erhalten, sind insbesondere deshalb eingerichtet, um den Müttern, die im Erwerbsleben stehen, die Sorge für ihre Jüngsten, die die Schule noch nicht besuchen, abzunehmen. In sämtlichen Anstalten erhalten die Kinder allmorgentlich ein kräftiges Frühstück, bestehend aus ¼ Liter Milchschokolade und vier Zwiebackschnitten. In zwei Kindergärten, die als Tagesheime das ganze Jahr geöffnet sind, werden die Kinder auch mittags und am späten Nachmittag gespeist. Die Mehrzahl der Kindergärten wird auch während der Ferien offen gehalten. Um die körperliche Erziehung zu fördern und gesundheitsfeindliche Einwirkungen nach Möglichkeit auszuschalten, werden die Kleinen wie überhaupt alle Schulen besuchenden Kinder von besonderen Stadt- und Schulärzten besucht. Für die zwar schulpflichtigen, jedoch nicht einschulungsreifen Kinder bestehen 5 Schulkinder- und 2 Hilfsschulkindergärten. Die Leitung der städtischen Kindergärten liegt in den Händen geprüfter städtischer Jugendleiterinnen und Kindergärtnerinnen. Die Oberaufsicht üben Stadtschulräte und die Leiterin des Kindergartenwesens aus, die privaten Anstalten werden regelmäßig von einem besonderen Schulinspektor besucht.

Kaiserin-Augusta-Schule Arch. Stadtbaurat Dr. med. h. c. Kleefisch (erb. 1907)

Für den Nachwuchs geeigneter Kräfte sorgt das städtische Kindergärtnerinnenseminar.
146 Volksschulen, 17 Hilfsschulen, 1 Schwerhörigen-, 1 Krüppel- und 7 Waisenhausschulen nehmen die schulpflichtigen Kinder beim Austritt aus dem Alter des Kleinkindes auf. Die Zahl der Volksschulkinder ist von 93 000 im Jahre 1915 auf 65 000 im Jahre 1924 zurückgegangen, die Durchschnittsbesuchsziffer einer Normalklasse — die Klassen der Sonderschulen haben bedeutend geringere Frequenzen — innerhalb des obengenannten Zeitraumes von 50,4 auf 41,5 gesunken. 31 Abschlußklassen mit niedrig gehaltenen Besuchsziffern nehmen die minderbefähigten Kinder auf, die die erste Klasse nicht erreichen und deshalb nicht mit einer abgeschlossenen Volksschulbildung ins Leben treten würden. Während es sich bei den Kindern der Abschlußklassen im allgemeinen nur um solche handelt, die geistig gesund, aber infolge allerlei äußerer Umstände im Unterricht zurückgeblieben sind, werden nach bewährten Methoden die geistig nicht vollwertigen, aber belehrungsfähigen Kinder ausgesucht und in den 17 Hilfsschulen mit 88 Klassen untergebracht. Die Lehrerschaft dieser Schulen erhält ihre besondere Vorbildung in den seit 1912 in Köln eingerichteten Lehrgängen für Heilpädagogik, in denen Aerzte und Pädagogen Hand in Hand für die Ausbildung des Hilfsschullehrernachwuchses sorgen. Die Lehrgänge, zu denen Teilnehmer der ganzen Rheinprovinz zugelassen sind, werden von der Stadt durch kostenlose Hergabe der Unterrichtsräume und Zuschüsse unterstützt.
Weiterhin ist für die Schwerhörigenkinder — 0,28% der Gesamtzahl — durch eine besondere Schwerhörigenschule mit 14 Klassen und für die Kinder, die diese Schule nicht besuchen können, durch Absehkurse, in denen sie das Absehen der Sprache vom Munde erlernen, gesorgt. Für stotternde, lispelnde und sonst sprachleidende Kinder bestehen mit gutem Erfolg 4 Sprachheilkurse von je ½jährlicher Dauer. Dazu kommen, wie bereits oben erwähnt, Asyl- und Waisenhausschulen und eine Krüppelschule im Krüppelheim der Stiftung Dormagen.
Alle diese Einrichtungen sind fast ausnahmslos in schulhygienisch einwandfreien Gebäuden, die auch in ihrer Innenausstattung den berechtigten Anforderungen der heutigen Unterrichtsmethoden Rechnung tragen, untergebracht. Besonders hervorgehoben zu werden verdient aber die wohl in Deutschland einzig dastehende Tatsache, daß trotz des katastrophalen Kinderrückganges es in den schweren Zeiten nach dem Kriege möglich gemacht worden ist, die Zahl der Volksschulgebäude durch fünf neuzeitliche Bauten, von denen die Schulen Nibelungenstraße (Flach-

Schiller-Gymnasium　　　　　　　　　　　　　　　　　　　　Arch. Stadtbaurat Bolte (erb. 1905)

Städt. Lyzeum III　　　　　　　　　　　　　　　　　　　　　　Arch. Stadtbaurat Bolte

bau) und Sülzgürtel (Hochbau) wegen ihrer besonders charakteristischen Gestaltung nebenstehend im Bilde gezeigt werden, zu vermehren. Derartige Schulhäuser enthalten neben 20—27 Klassenzimmern, Lehrmittel- und Modellkammer, Zeichensaal, Mädchenhandarbeitssaal, Schulküche, Bad, Räume für Arzt, Leiter und Lehrende, Kindergarten und Kinderhort, neuerdings je eine Schülerwerkstätte für Holz- und Metallarbeiten, Projektionssaal, Raum für die Verabfolgung des Schulfrühstücks und eine Turnhalle mit Kino. Aber auch in den älteren Schulgebäuden sind überall da, wo hierzu die Möglichkeit bestand, Lichtbildsäle, Frühstücksräume, Werkstätten und die sonst erforderlichen Nebenräume geschaffen worden. Für die von der Bebauung eingeschlossenen Schulen wurden 100 Schulgärten im unbebauten Gelände bereitgestellt. Besondere Aufmerksamkeit wird der Lehrmittelausstattung und den Unterrichtsplänen gewidmet. 7 Stadtschulräte, die im Nebenamt die staatliche Schulaufsicht ausüben, beaufsichtigen den gesamten Unterricht.

Eine durchgreifende Aenderung gegen früher hat der Unterricht durch die Einführung der Arbeitsschulmethode und des Werkunterrichts erfahren. Diese innere Umgestaltung des Unterrichts, zu der in Köln bereits vor Erlaß der entsprechenden staatlichen Bestimmungen die Initiative von der Gemeinde ergriffen wurde, konnte durch das im Jahre 1921 gegründete städtische Werklehrerseminar erleichtert durchgeführt werden. In kürzeren und längeren Kursen bildet diese neueste Stätte der Lehrerfortbildung Lehrende aller Schularten in den modernen Arbeitsmethoden aus und entläßt sie mit der Befähigung zur Erteilung von Werkunterricht. Das neue Unterrichtsfach konnte bereits in 75—100 Oberklassen durch Einrichtung von 25 Schülerwerkstätten und das Nebenfach des Gartenbauunterrichts in 100 Schulgärten betrieben werden. Dem Turnen, Schwimmen und Jugendspiel beider Geschlechter, dem Hauswirtschafts-, Handarbeits- und Gesundheitspflegeunterricht der Mädchen wird weitgehende Beachtung zuteil. Diese technischen Unterrichtsfächer der Volksschulen stehen unter der Leitung besonderer Fachberater und Fachberaterinnen (zwei Oberturnlehrer, eine Oberturnlehrerin, eine Oberhandarbeitslehrerin, eine Oberhauswirtschaftslehrerin, eine Leiterin des Säuglingspflegeunterrichts), die wiederum den Stadtschulräten unterstellt sind. Die Zahl der Schulturnhallen wurde in der Nachkriegszeit trotz der ungünstigen Wirtschaftslage um sechs vermehrt. In dieser Verbindung sei auch des Schwimmens der Schulkinder, das jetzt Pflichtfach der obersten Volksschulklassen und der Quarten der höheren Lehranstalten ist, gedacht. Die Kinder dieser Klassen werden in 18wöchigen Lehrgängen im Schwimmen ausgebildet; sie erhalten am Schluß ihrer Ausbildung ein Leistungszeugnis. 60—70% der Kinder haben bisher diese Lehrgänge als Dauerschwimmer verlassen. Zur Ausbildung des Nachwuchses der technischen Lehrerinnen dient das von einem Stadtschulrat geleitete technische Seminar der Stadt Köln mit seinen Lehrgängen in Hauswirtschaftskunde, Nadelarbeit und Turnen. Die Ausbildung der Lehrenden für den Unterricht in Gesundheits-, häuslicher Kranken- und Kinderpflege, der in allen oberen Mädchenklassen der Volksschulen erteilt wird, erfolgt ebenfalls praktisch und theoretisch in besonderen Lehrgängen. Lehrgänge zur Ausbildung geprüfter Turnlehrer an der Universität Köln und besondere Kurse an der Schulverwaltung sichern den Nachwuchs geeigneter Turnlehrer.

Regelmäßige Filmvorführungen, die — soweit die Schulen noch nicht über eigene Kinos verfügen — von der städtischen Filmstelle im Einvernehmen mit der Schulverwaltung in 12 Lichtspielhäusern des Stadtbezirkes eingerichtet sind, dienen neben der Ausnutzung des Stehbildes im Schulgebäude selbst als neuester Fortschritt dem heutigen Unterricht.

Eine besondere Jugendschrift, „Jung-Köln", die von der Schulverwaltung herausgegeben wird, tritt als Ergänzung neben das Lesebuch.

Wenn so die Stadt Köln allen berechtigten und erprobten Neuerungen im inneren und äußeren Unterrichtsbetrieb Rechnung trägt, so ist damit ihre Fürsorge für die Kinder der Volksschule, die von 99% aller grundschulpflichtigen Kinder und mindestens 93% der übrigen schulpflichtigen Jugend besucht werden, bei weitem nicht erschöpft. Durch besondere Einrichtungen auf dem Gebiete der Gesundheitspflege und zahlreiche Wohlfahrtsmaßnahmen wird die körperliche Ertüchtigung der durch Krieg und Nachkriegszeit in ihrem Gesundheitszustande geschwächten und bedrohten Schuljugend erstrebt. Neben 9 Stadtärzten sind 49 nebenamtliche Privatärzte tätig, um nach Möglichkeit gesundheitliche Schädigungen von den Kindern fernzuhalten. Die Zahnpflege wird bei den Kindern durch besonders eingerichtete Schulzahnkliniken gefördert. In der Gesundheitsfürsorge werden die Aerzte unterstützt durch die Schulwohlfahrtspflegerinnen, deren weiteres Arbeitsgebiet in der Erziehungs- und Wirtschaftsfürsorge gefährdeter Kinder liegt.

Auf Kosten der Stadt und der Krankenkassen nehmen etwa 60% aller Schulkinder (einschließ-

Realgymnasium Köln-Deutz　　　　　　　　　　　　　　　　　　　　　　　　　　　Arch. Oberbaurat Verbeek

lich höhere und mittlere Schulen) am Schulfrühstück teil. Die Auswahl der Kinder erfolgt durch die Schulärzte in Verbindung mit den Lehrenden und Schulfürsorgerinnen. Rund 5% der Schulkinder erhalten in 23 zentral gelegenen Speisestellen, in denen sie sich nach dem Unterricht einfinden, Mittagessen. Je nach der Größe der Küche werden Eintopfgerichte, die mindestens 1000 Kalorien Nährwert haben, oder Einzelspeisen gegeben. Die Auswahl der Teilnehmer geschieht hier in der Hauptsache auf Grund der wirtschaftlichen Lage der Familie des Kindes, erst in zweiter Linie auf Grund seines Gesundheitszustandes. Vorzugsweise erhalten solche Kinder ein Mittagessen, die in der Familie kein warmes Essen oder nur ein unzureichendes erhalten können.

Durch Aussendung kränklicher und erholungsbedürftiger Schulkinder in ländliche Erholungsheime, See- und Soolbäder, in Landpflege (Familienpflege), Licht- und Luftbäder erhält ein großer Prozentsatz der Schulkinder die Wohltat eines Landaufenthaltes. Dem gleichen Zweck dient die Einrichtung der Ferienkolonien, für die ein besonderer Verein sorgt.

In den Monaten Mai bis Oktober jeden Jahres machen alljährlich 6 Gruppen zu je 150 Kindern in der in unmittelbarer Nähe Kölns gelegenen städtischen Waldschule bei kräftiger Kost eine sechswöchige Kur durch. Eine weitere Waldschule und eine Freiluftschule gehen ihrer Vollendung entgegen.

Während der Kur erhalten die Kinder in offenen Unterrichtshallen im Walde gleichzeitig Unterricht. Aber auch in der Zeit der großen Ferien ruht die Fürsorge nicht. Ferienspiele, für die Geldmittel alljährlich zur Verfügung gestellt werden, zahlreiche dreitägige und eintägige Wanderungen in kleinen Teilnehmergruppen unter Führung ihrer Lehrenden, ermöglichen es auch den Kindern minderbemittelter Eltern, die Ferienfreuden auszukosten. Entsprechende Geldbeträge werden den Schulen für diesen Zweck überwiesen. Neben diesen Ferienwanderungen und Spielen finden an den schulfreien Halb- und Ganztagen Belehrungsausflüge in die Umgebung Kölns statt. Auch werden diese Tage zur Ausübung von Turn- und Jugendspielen benutzt. Spielgeräte und Rasenspielplätze stehen genügend zur Verfügung.

Als heilende Maßnahme zur Bekämpfung der Rückgratverkrümmung sind orthopädische Unterrichtskurse eingerichtet. Sie dauern bei 4—6 Unterrichtsstunden wöchentlich 6 Monate.

Die Leitung dieser heilgymnastischen Kurse, die fachärztlich überwacht werden, liegt in den Händen besonderer für den Unterricht in Heilgymnastik vorgebildeter Lehrenden.

Als Schlußglied in der Kette der Fürsorgemaßnahmen seien noch die Kinderhorte aufgeführt, in denen die Kinder nachmittags Milchschokolade nebst Zwiebackschnitten erhalten, ihre Schulaufgaben anfertigen und spielen.

Die Notwendigkeit einer zwischen der Volksschule und den höheren Schulen stehenden Einrichtung, die den Bedürfnissen des gewerbetreibenden Mittelstandes entgegenkam, führte zur Gründung von Knaben- und Mädchenmittelschulen. Mit zwei der Mädchenmittelschulen ist eine Wirtschaftsklasse verbunden, in der eine gründliche Ausbildung in Hauswirtschaft und Handelsfächern angestrebt wird. Zu den in der Vorkriegszeit gegründeten drei mittleren Knabenschulen und den beiden Mädchenmittelschulen ist jetzt noch je eine mittlere Mädchenschule in den Vororten Ehrenfeld und Nippes und eine Knabenmittelschule in dem letztgenannten Vorort hinzugetreten. Diese acht Mittelschulen, die zurzeit von rd. 2200 Knaben und 1500 Mädchen besucht werden, umfassen 91 Klassen.

Während bei den Volksschulen in den letzten Jahren eine beträchtliche Verringerung der Schülerzahl zu verzeichnen ist, haben die höheren Schulen für die männliche und weibliche Jugend einen bedeutenden Zuwachs an Schülern und Schülerinnen aufzuweisen. Für deren Unterrichtsbedürfnisse ist, wenn wir zunächst die höheren Schulen für Knaben betrachten, in ausreichendem Maße gesorgt. An städtischen höheren Lehranstalten für die männliche Jugend sind insgesamt 10 vorhanden, und zwar: das humanistische Schillergymnasium mit realgymnasialem Ersatzunterricht in Ehrenfeld, ein weiteres in Verbindung mit einem Realgymnasium in der Kreuzgasse, drei Realgymnasien in Deutz, Lindenthal und Nippes, das Reformrealgymnasium mit Realschule in Mülheim, eine Oberrealschule in Verbindung mit Reformrealgymnasium in der Humboldtstraße und eine Oberrealschule in Entwicklung in Kalk, außerdem die Realschule in der Spiesergasse und die Handelsrealschule.

Eine Aufbauschule für Knaben ist geplant. An staatlichen Gymnasien sind vorhanden: das Dreikönigsgymnasium mit Realgymnasium, das Friedrich-Wilhelm-Gymnasium, ebenfalls mit Realgymnasium, das Gymnasium an Aposteln, das Kaiser-Wilhelm-Gymnasium und in Köln-Mülheim ebenfalls ein Gymnasium.

Die städtischen Anstalten werden zurzeit in 166 Klassen von rund 6000 Knaben besucht, die staatlichen von rund 2100 Schülern in 74 Klassen. Für die Erfüllung der Erforderungen, die die moderne Zeit an die Mädchenbildung stellt, ist durch 14 höhere Mädchenanstalten vollauf gesorgt. An städtischen Lyzeen sind vorhanden: die Königin-Luisen-Schule mit Oberlyzeum, einjähriger Frauenschule und Ausbildungskursen in Hauswirtschaft, Handarbeit und Kindergarten, die Kaiserin-Augusta-Schule mit Studienanstalt realgymnasialer Richtung, das Lyzeum III mit Aufbauschule nach dem Typ der deutschen Oberschule, die Merlo-Mevissenschule mit Studienanstalt gymnasialer Richtung und das Lyzeum in Mülheim mit einjähriger Frauenschule. Eine weitere Frauenschule ist geplant.

Aus dieser Uebersicht geht hervor, daß die Stadt Köln auf dem Gebiete des Mädchenschulwesens im Sinne eines gesunden Fortschrittes tätig war. Die städtischen höheren Mädchenschulen wurden 1924 von rund 3000 Schülerinnen in 96 Klassen besucht.

Neben den städtischen höheren Lehranstalten für die weibliche Jugend sind der historischen Entwicklung des Mädchenschulwesens entsprechend noch 9 private Lyzeen, die von der Stadt und dem Staate finanziell unterstützt werden, vorhanden. Sie gliedern sich in 5 katholische Ordensschulen (davon eine mit realgymnasialer Studienanstalt und eine mit Frauenschule) mit 3100 Lyzealschülerinnen in 87 Klassen, 1 Anstalt der evangelischen Gemeinde Köln und 2 katholische und 1 evangelische Privatschule. Die letztgenannten 4 Schulen haben eine Besuchsziffer von rd. 1700 Mädchen bei 51 Klassen. Dem Streben der Lehrerschaft aller bisher genannten Schulgattungen nach Weiterbildung dient die ebenfalls in der Nachkriegszeit eröffnete Zweigstelle Köln des Zentralinstituts für Erziehung und Unterricht, deren Ausbau nach Ueberwindung verschiedener Hindernisse, die in den Nöten der Zeit der Geldentwertung und des Rhein-Ruhrkampfes lagen, kräftig fortschreitet. Durch mannigfache Lehrgänge auf allen Gebieten des neuzeitlichen Unterrichts, durch eine wohlausgestattete pädagogische Bücherei, durch eine Zentralausleihstelle für Lichtbilder, Lehrmittelausstellungen und Gründung von Arbeitsgemeinschaften in den verschiedensten Lehrfächern entfaltet sie ihre ersprießliche Tätigkeit zum Nutzen der stadtkölnischen und rheinischen Lehrerschaft aller Schularten.

Ueber den Rahmen dieser Abhandlung hinaus sei noch der zahlreichen Bildungsmöglichkeiten gedacht, die die Großstadt Köln mit dem Sitze einer Universität in seltener Zahl aufweist. Neben gewerblichen und kaufmännischen Berufs-(Fortbildungs-)Schulen für beide Geschlechter sorgen niedere und höhere **Handelsschulen** für Knaben und Mädchen für deren Fortbildung und berufliche Schulung. Daneben sind an städtischen Schuleinrichtungen vorhanden: die Wohlfahrtsschule, die Kinderpflegerinnenschule, die Säuglings- und Krankenpflegeschule, die Kunstgewerbe- und Handwerkerschule, die Fahrschule und die Gewerbeförderungsanstalt mit ihren Meisterkursen. Köln ist ferner Sitz der Hauptlehrschmiede der Rheinprovinz, zweier staatlicher Maschinenbauschulen, 1 Baugewerkschule und eines Konservatoriums für Musik, dessen Umwandlung in eine Hochschule für Musik bevorsteht. Dem Fortbildungsbedürfnis der Erwachsenen tragen die Volkshochschulkurse in ausreichendem Maße Rechnung.

Rückschauend kann wohl mit Recht gesagt werden, daß die Stadt Köln auch in der Nachkriegszeit kein Opfer gescheut hat, um die Bildungsaufgaben der Zeit in befriedigender Weise zu lösen und weitere moderne Bildungsmöglichkeiten zu schaffen.

Opernhaus

MUSIK UND THEATER

VON DR. H. C. MEERFELD, BEIGEORDNETER DER STADT KÖLN

Im sanges- und musikfreudigen Rheinlande haben sowohl die öffentlichen Anstalten wie auch die privaten Vereinigungen, die sich der Pflege dieser Künste widmen, von altersher ihre große Bedeutung. Das Kölner Konservatorium, aus privater Initiative erwachsen, ist seit dreiviertel Jahrhunderten eine Pflanz- und Pflegestätte musikalischer Kultur. Männer wie Hiller, Wüllner, Steinbach haben hier das Direktionszepter geführt; Lehrer von internationalem Ruf haben hier gewirkt und von seinen Schülern sind zahlreiche zu helleuchtenden Sternen aufgestiegen. Schon seit einigen Jahren in städtischer Verwaltung, machte das Konservatorium im Herbst 1925 der von Stadt und Staat gemeinsam getragenen Hochschule für Musik Platz, einer Anstalt, die gleichberechtigt neben der weitbekannten Charlottenburger Hochschule steht und ihren Ehrgeiz darin setzt, die ehrwürdige Tradition des Konservatoriums aufzunehmen und künstlerische Höchstziele zu erreichen. In ihre Leitung teilen sich Generalmusikdirektor Prof. Hermann Abendroth und der als Komponist schon rühmlich bekannte Professor Walter Braunfels. Nebenglieder der Hochschule sind eine Abteilung für Kirchenmusik und eine solche für Schulmusik; außerdem besteht eine Orchesterschule und ferner, organisatorisch zwar selbständig, aber durch Personalunion der leitenden Männer mit der Hochschule verbunden, eine ausschließlich von der Stadt unterhaltene Rheinische Musikschule.

In einer so musikfrohen Stadt — nebenher bemerkt, wurden in ihren Mauern Max Bruch, August Bungert und Jacques Offenbach geboren — blühen natürlich auch die auf die Pflege guter Musik abzielenden privaten Vereinigungen. Hier ist vor allem die Musikalische Gesellschaft zu nennen, die gleichfalls schon ein ehrwürdiges Alter aufweist und sehr zahlreichen jungen Talenten den Weg an die Oeffentlichkeit geebnet hat. Weit berühmt ist die Konzertgesellschaft, die Trägerin der Gürzenich-Konzerte, die von ihrem festlichen Glanz und ihrer künstlerischen Bedeutung auch heute noch nichts eingebüßt haben. Das städtische Orchester braucht kaum noch besonders gerühmt zu werden. Neueren Ursprungs sind der Kölner Volkschor, das Kölner Volksorchester, die Gesellschaft für neue Musik, Vereinigungen mit besonderen Aufgaben und von sehr verdienstlichem Wirken. Neben die Veranstaltungen der Konzertgesellschaft treten ergänzend die für ein breiteres Publikum berechneten, künstlerisch aber ebenso hochstehenden städtischen Sinfoniekonzerte. Ein Teil dieser Konzerte, auch jener der Konzertgesellschaft, wird neuerdings in der großen Halle im Rheinpark (Messegebäude) veranstaltet, ein 5 000 Personen fassender, akustisch sehr glücklicher Raum mit einer ganz wundervollen Orgel.

Außer den musikalischen Veranstaltungen der Stadt und der hier genannten Vereinigungen hat Köln geradezu eine Unzahl weiterer Konzerte, zu einem Teil von den Konzertdirektionen organisiert, die sich um die Heranziehung der namhaftesten Künstler aus In- und Ausland bemühen. Daß auch der Chorgesang liebevoll gepflegt wird, dafür legen nicht nur Vereine wie der rühmlichst bekannte Kölner Männergesangverein — bis zum Jahre 1925 unter der Leitung des Altmeisters Joseph Schwarz — Zeugnis ab; neben ihm bestehen noch zahlreiche andere hochwertige Gesangchöre, von denen der (gemischte) Gürzenichchor mit an erster Stelle genannt werden muß. Hier möge auch erwähnt werden, daß Köln in dem Heyerschen Musikmuseum einen Schatz in seinen Mauern birgt, mit dem sich nur noch ganz wenige Sammlungen zu messen vermögen. Das Museum ist nicht allein historisch und künstlerisch von ganz außerordentlichem Wert, sondern auch für jedem Musikfreund und Musikstudierenden ein Anschauungs- und Lehrmittel ersten Ranges. Erwähnung verdient daneben noch eine von der Stadt eingerichtete, den Volksbibliotheken angegliederte Musikbücherei, die erfreulich stark benutzt wird.

Das Theater ist im leichtlebigen Köln nicht zu allen Zeiten jene ernste Pflegestätte dramatischer Kunst gewesen, in der sich der Bürger nicht so sehr zerstreuen als vielmehr erbauen soll. Die Kölner Theatergeschichte kündet von sehr wechselvollen Schicksalen der unterschiedlichen Kunsttempel, die durch anderthalb Jahrhunderte hindurch oder noch länger in dieser Stadt nachweisbar sind. Mit dem neuen Geist einer neuen Zeit ist indessen auch hier eine Wandlung zum Bessern eingetreten; die literarische Gemeinde ist stärker und stärker geworden und ist Beweis dafür, daß es mit der spießbürgerlichen Behäbigkeit früherer Zeiten endgültig vorbei ist. Bis vor zwei Jahrzehnten waren in dem Theater an der Glockengasse, einem in den siebziger Jahren durch Raschdorff errichteten Bau von edlen Maßverhältnissen, Schauspiel und Oper vereinigt. Zu Beginn des neuen Jahrhunderts wurde dann am Habsburgerring nach den Plänen von Karl Moritz das zweite städtische Theater errichtet, das nach einer kurzen Zeit gemischten Spielplans — es wurden neben Opern auch klassische Dramen hier aufgeführt — ausschließlich als Opernhaus bestimmt wurde. Das Theater an der Glockengasse dient heute nur noch dem Schauspiel. Hier hat unter anderm ein halbes Jahrzehnt lang ein Mann wie Max Martersteig gewirkt und dieser Bühne den Stempel seiner starken Künstlerpersönlichkeit aufgedrückt. Und neuerdings sind dem städtischen Schauspiel wieder starke Impulse durch den künstlerisch scharf profilierten Gustav Hartung gegeben worden, dessen Wirken, mag es auch zeitlich noch so beschränkt sein, sich in die Kölner Theatergeschichte tief eingezeichnet hat. Die Kölner Schauspielbühne hat den Ruf, in der größten Stadt des deutschen Westens ein geistiges Zentrum zu sein, ein Kristallisationspunkt jener vielfältigen Ausstrahlungen der Kultur einer Zeit, die sich hier am Rhein ihre besondere Atmosphäre schafft und die ebenso ihre besonderen Aufgaben stellt. Weit bekannt über Köln und das Rheinland hinaus ist die Kölner Oper. Schon in dem „alten Hause" wußte Direktor Julius Hofmann Sterne erster Größe am Gesangshimmel zu entdecken und sie nach Köln zu verpflichten. Ende der achtziger und anfangs der neunziger Jahre des vorigen Jahrhunderts glänzten hier Emil Götze, Karl Mayer, Willi Birrenkoven, Constanze Donita. Damals schon erlebte die Kölner Oper eine Glanzzeit. Der Neubau am Habsburgerring brachte neue Entwicklungsmöglichkeiten. Otto Lohse, Brecher, Kleperer führten hier den Dirigentenstab; Sänger von internationaler Bedeutung waren — und sind heute noch — an der Kölner Oper tätig. Ein erlesenes Orchester steht zur Verfügung; eine mit allen technischen Neuheiten ausgestattete Bühne ermöglicht im Bunde mit stilgerechten Dekorationen und Kostümen die Schaffung szenischer Bilder, die sich mit solchen der Millionenstädte getrost messen können. Mozart und Wagner werden mit gleichmäßig liebevoller Sorgfalt gegeben. Verdi, Puccini, Strauß, Schreker werden gepflegt. Von besonders glanzvollen Neuinszenierungen der jüngeren Zeit seien namentlich Mozarts „Zauberflöte" sowie Händels „Julius Cäsar" erwähnt. Der Kölner hängt an seiner Oper, der Fremde aber wird starke künstlerische Eindrücke von hier mitnehmen. Das Jahr 1925, das stolze Jahr, wo das Rheinland seine tausendjährige Verbundenheit mit dem Reiche so festlich beging, war in Köln auch musikalisch durch Höchstleistungen ausgezeichnet, zumal das 96. Niederrheinische Musikfest (mit Richard Strauß) in seinen Mauern stattfand und die Wiener Staatsoper eine volle Woche hindurch die Kunstfreunde mit Opern- und Ballettaufführungen entzückte.

In diesem Aufsatz ist nur ein Ausschnitt aus dem Kölner Kunstleben geschildert worden. Das künstlerische und geistige Leben der Stadt hat noch zahlreiche andere befruchtende Quellen, deren Aufzählung jedoch nicht in diesen Rahmen gehört. Köln hat den Ehrgeiz, auch kulturell die Metropole des deutschen Westens zu sein, und es macht starke Anstrengungen, sich diesen Ehrentitel ehrlich zu verdienen.

KÖLN ALS MUSEUMSSTADT

Das Wallraf-Richartz-Museum.

Den Grundstein der Kölner Museen hat der Kanonikus und Professor an der Universität Ferdinand Franz Wallraf gelegt, der 1824 bei seinem Tode die Stadt zum Erben seiner ganz ungewöhnlich reichen und vielseitigen, in vierzigjähriger Sammelarbeit zusammengebrachten Schätze machte. Noch heute rührt die größere Hälfte der Gemälde alter Meister und des Kupferstich-Kabinetts, der Grundstock des Kunstgewerbe-Museums und der historischen Sammlungen, ja sogar manches Stück der naturgeschichtlichen und des Völkerkundemuseums aus dieser reichen Hinterlassenschaft. Mit gutem Recht trägt deshalb das älteste und bedeutendste unter den städtischen Museen noch heute seinen Namen. Der Kaufmann Richartz hat Wallrafs hochherzigem Geschenk ein nicht minder wichtiges hinzugefügt, als er 1854 den Sorgen der Stadt um eine würdige Unterkunft für ihre Kunstsammlungen ein Ende machte, indem er das Geld zur Errichtung des heutigen Gebäudes stiftete. Am 1. Juli 1861 wurde als erstes Kunstinstitut, das Bürger einer Stadt im preußischen Staate errichtet haben, das Museum Wallraf-Richartz eröffnet. Erbaut über dem Kreuzgang des alten Minoritenklosters und angelehnt an dessen Kirche enthält es in seinen beiden Untergeschossen namentlich die reichen Ausgrabungsfunde, die im Laufe der Geschlechter aus dem kölnischen Boden zutage gefördert worden sind, und die von der hochentwickelten Kultur der alten Colonia Agrippa, der Römerstadt im Lande der Ubier, Kunde geben. Reste von Statuen, Altären, Grabsteinen, Sarkophagen, Mosaikfußböden, an Glasgefäßen die reichste existierende Sammlung, Bronzen und Tongefäße der römischen Zeit. — Der Stolz der Gemäldesammlung sind die Werke der Kölner Malerschule des späten Mittelalters von 1350 bis 1550 und die verwandten Werke der alten niederländischen und der oberdeutschen Malerei, darunter zwei Werke Stephan Lochners, der Sippenaltar, der Thomasaltar, eine Tafel von Dürer. Aus der übrigen Kunst ist nur Rubens und die flämische Malerei gut und reichlich vertreten; von Italienern und Holländern findet man nur wertvolle Proben. — Die Sammlung der Malerei der Neuzeit bildete sich durch Geschenke und Vermächtnisse, bis unter Hagelstanges Leitung dem Sohn der Stadt W. Leibl durch den Ankauf zahlreicher seiner Werke ein Denkmal gesetzt und eine moderne Galerie französischer und deutscher Kunst des Impressionismus und der Neuesten hinzugefügt wurde. — Das Kupferstichkabinett enthält die Werke Dürers und Rembrandts und manche frühen Drucke. Das Treppenhaus des Gebäudes hat E. von Steinle 1860 mit Wandgemälden aus der Geschichte Kölns geschmückt.

Prof. Dr. Schaefer.

Schnütgen-Museum

Das Kunstgewerbe-Museum.

Ursprünglich gedacht als eine Sammlung von Vorbildern zur Anregung des Handwerks ist das 1888 gegründete Kunstgewerbe-Museum aus den handwerklichen Schätzen des Wallraf-Erbes, der Schenkung Dr. Noel und den Ankäufen von Pabst und O. v. Falke schnell zu einer der angesehensten Anstalten seiner Art angewachsen. Als Stiftung des Geh. Kommerzienrats Otto Andreae entstand nach Brantzkys Entwürfen das heutige, 1900 eröffnete Gebäude am Hansaring. Von größter Bedeutung für die Frühgeschichte der Kölner Kunst sind die Bildwerke aus Stein, Holz und die Kleinkunstwerke aus Elfenbein, Email und Bronze, die der romanischen und frühgotischen Epoche entstammen. Dazu kommen Glasgemälde, Bildteppiche und Stickereien, Kirchengerät der Gotik. Kölner Stolenschränke und Intariamöbel, und besonders die einzigartige Sammlung von rheinischen Steinzeugkrügen stellen die Renaissance dar. Gobelins, Möbel und Fayencen der Barock- und Rokokoperiode, eine vielseitige ausgezeichnete Porzellansammlung und einige vollständig eingerichtete Zimmer stellen die Stilentwicklung der Jahrhunderte dar. — Eine Kostbarkeitensammlung für sich ist die in drei Sälen des Obergeschosses aufgestellte Sammlung Clemens, die 1920 der Stadt geschenkt wurde. — Regelmäßig wechselnde Ausstellungen aus dem Gebiete der alten und der heutigen angewandten Kunst, die im Lichthof des Museums stattzufinden pflegen, geben dem Handwerk und dem Publikum fruchtbare Anregungen. Prof. Dr. Schaefer.

Das Schnütgen-Museum.

Das Schnütgen-Museum ist aus der Sammlung des Domkapitulars Dr. theol. und phil. Alexander Schnütgen (geb. am 22. Februar 1843, gest. 24. November 1918) emporgewachsen. Schnütgen machte seine im Verlaufe von 40 Jahren zusammengebrachten Kunstschätze am 14. April 1906 der Stadt Köln zum Geschenk. Die Sammlung wurde am 26. Oktober 1910 in einem besonderen Bau nach dem Entwurf des Kölner Architekten Franz Brantzky der Oeffentlichkeit übergeben. Wie es bei dem geistlichen Stande Schnütgens und seinem Wohnsitz in Köln nahe lag, richtete sich Schnütgens Interesse fast nur auf die Schöpfungen der christlichen und vor allem der rheinisch-westfälischen Kunst. Allerdings fehlen in seiner Sammlung auch

Altbuddhistische Kunst, Raum 2 im Museum für Ostasiatische Kunst

bedeutende Vergleichsstücke aus anderen deutschen oder außerdeutschen Gebieten nicht. Der auf einen ganz bestimmten Kreis gerichtete Sammeleifer hat dem Schnütgen-Museum bis in kleine Einzelheiten hinein eine Geschlossenheit gegeben, wie sie kaum eine Sammlung aufzuweisen hat. Sie ist darum auf dem Gebiete der christlichen Kunst auch zu Studien und Lehrzwecken, zu Führungen und dergleichen für zünftige Wissenschaftler wie für Laien weit über das Maß sonstiger Museen hinaus besonders geeignet.

Schnütgen hat niemals sein großes Werk als abgeschlossen betrachtet. Wie er noch zur Vervollkommnung der Sammlung weiter bemüht war, als das Museum längst der Oeffentlichkeit seine Pforten erschlossen hatte, so ist auch nach seinem Tode unter dem ersten Direktor des Museums, Universitätsprofessor Dr. Fritz Witte, der Bestand des Museums durch bedeutsame Neuerwerbungen erheblich vergrößert worden.

Was die Aufstellung des Museums betrifft, so beginnt sie in den unteren Räumen mit dem koptischen Stoffen und byzantinischen Seidenwebereien und gibt dann vom nächsten Raume ab an glänzenden Beispielen der Plastik, der Malerei und des Kunstgewerbes eine Entwicklung der rheinisch-westfälischen Kunst. Der stolzeste Besitz des Museums ist sein Bestand an Plastiken. Aus der Aufstellung der kunstgewerblichen Gegenstände ergibt sich zugleich ein Entwicklungsgang verschiedener technischer Verfahren, z. B. der Schmelztechnik, der Glasmalerei und der Kölner Bortenweberei. Für die christliche Ikonographie sind die teilweise einzigartigen Stücke, die die Kruzifixauffassungen, die Gestaltung der Madonna, der Piéta und des Christophorus, sowie die Entwickelung der verschiedenen kirchlichen Geräte im Verlaufe des Mittelalters zeigen, von größter Bedeutung.

Tempeldachziegel, Verwundeter Krieger, China 15.—16. Jahrh. im Ostasiatischen Museum

Bemalte Holztüren im Museum für Ostasiatische Kunst   Japan, 16.—17. Jahrh.

Ueber die Skulpturen und das liturgische Gerät des Museums liegen zwei mustergültige Publikationen von Fritz Witte vor (Verlag für Kunstwissenschaft, Berlin). Ein weiterer Band von demselben Verfasser über die außerordentlich reichen Schätze des Museums in Stickereien und Paramenten ist in Vorbereitung. Zur kurzen Uebersicht und zur Einführung in die Sammlung dient ein Führer mit 80 Abbildungen.   Dr. Egid Beitz.

Museum für Ostasiatische Kunst.
Hansaring 32a.

An die stattliche Zahl städtischer Museen reihte sich im Jahre 1913 das Museum für Ostasiatische Kunst. Es ist die Stiftung und das Lebenswerk Professor Adolf Fischers († 1914). Seine in den Ursprungsländern zielbewußt zusammengebrachten Sammlungen stellen ein in sich fest abgeschlossenes Ganzes dar, so daß eine Angliederung an ein bereits bestehendes Museum eine Unmöglichkeit war. Der Wahl des Platzes für das Museum lag die Absicht zugrunde, den städtischen Kunstbesitz zu zentralisieren und die Vergleiche zwischen zwei geistigen Welten, der europäischen und der ostasiatischen Kunst so sinnfällig wie möglich zu machen. Deshalb entschloß sich Adolf Fischer, für sein Museum den freien Bauplatz neben dem Kunstgewerbe-Museum und dem Schnütgen-Museum zu wählen. Für die Art des Baues und der inneren Ausgestaltung hatte er sich bedingungsloses Verfügungsrecht gesichert.

Von der Wahl eines ostasiatischen Baustiles, der sich weder unserem Klima noch den Zwecken eines Museums anpassen kann, wurde abgesehen. Nicht ein Prunk- oder Prachtbau sollte errichtet werden, sondern ein festes, vornehmes Schatzhaus, das nicht um seiner selbst, sondern um der Kunstwerke willen da ist, die es beherbergt. Eine Sandsteinfassade mit monumentalen, aufwärtsstrebenden Linien und der mächtig ausgebaute Giebel künden den modernen Baumeister Franz Brantzky, der den an der Hand der Sammlungen von Adolf Fischer erdachten Räumen das Baugefüge gab. Die vornehme Inneneinrichtung, die edle Hölzer und wertvolle Stoffe verwendet, unterordnet sich den Kunstwerken und überschreit sie nirgends. „Kunst" ist das Programm des Museums, „Ostasiatische Kunst". d. h. die Kunst der Länder China, Korea und Japan. Nicht als Kult- und Gebrauchsgegenstände fremder Kulturen wollen die Kunstwerke aufgefaßt werden, sondern in erster Linie von rein künstlerischem Standpunkte aus, als Offenbarungen eines universellen, schöpferischen, allgemein verständlichen Kunstgeistes. Zum ersten Male in Europa wird hier der Versuch gemacht, einen Ueberblick über das gesamte Kunstschaffen der Ostasiaten zu geben, der großen Kunst, der Malerei und Plastik, wie auch der angewandten Künste, nämlich der des Metalls, besonders der Bronze, des Lacks, der Töpferei, der Weberei, des Farbholzschnittes, sowie der Waffenkunst.

Es war nicht die Absicht, eine möglichst große Zahl von Kunstwerken zur Schau zu stellen, sondern die, solche Kunstwerke zu wählen, die typisch ihre Zeit und ihre Gattung vertreten und geeignet sind, eine lebendige Vorstellung zu geben von dem tiefen Kunstgefühl dieser kunstbegabten und kunstergebenen Nationen.

Ueber 32 Räume verteilen sich die Sammlungen. China, als das älteste der drei Ostasienländer, hat den Vortritt. Korea, das die Brücke bildete, die Chinas Kultur Japan vermittelte, leitet zu Japan über. Der knapp zugeteilte Raum verbietet hier, einzelne, die bedeutendsten Kunstwerke herauszuheben. Ich bescheide mich. Die Kunstwerke wollen ja auch nicht besprochen, sondern in erster Linie erschaut werden.

Eine Fachbibliothek bildet den Abschluß des Museums. Enthält sie auch hauptsächlich Literatur über ostasiatische Kunst, so zieht sie doch als Hilfswissenschaften Religion und Philosophie, Völkerkunde, Geographie u. a. heran und die Kunst der übrigen asiatischen Länder, besonders Indiens, die Ostasien nahe verwandt sind. Die klassischen Kunstschätze in Ostasien, die Kaiserhaus, Tempel, Klöster oder Private besitzen, sind in meisterhaft ausgeführten Wiedergaben, in Mappen- oder Buchform vorhanden. Sie sollen helfen, das Anschauen der lebendigen Kunstwerke des Museums zu vertiefen. Die Bibliothek ermöglicht ein umfassendes Studium der ostasiatischen Kunst.

Frau Direktor Fischer-Wieruszowski.

Das Museum für Naturkunde.

Das Museum für Naturkunde befindet sich seit 1902 in den zu Ausstellungszwecken hergerichteten Räumen des alten Stapelhauses. Heute sind diese Räume viel zu klein, denn die Sammlungen haben sich seit jener Zeit verdrei- und vervierfacht. Eine Hauptanziehungskraft für die naturliebenden Besucher bilden zunächst die zahlreichen (etwa 100) großen und kleinen Tiergruppen; teils offen stehend, teils in Glaskästen untergebracht, stellen sie meist Bilder aus dem Leben der rheinischen Tierwelt dar und geben dem Besucher Gelegenheit, in aller Muße einen Blick in das Leben in Wald und Feld zu tun. Mehr für Kenner und Jagdliebhaber bestimmt ist die Wissmannsche Gehörn- und Geweihsammlung, die im Museum für Naturkunde untergebracht ist; sie enthält fast 300 Stücke meist von ausgesuchter Größe und Schönheit und hat überall, wo sie früher ausgestellt gewesen ist, große Bewunderung erweckt. Im Vorsaal befindet sich eine Mikroskop- und Stereoskopanlage, und die Schränke an den Seiten füllt eine reichhaltige Sammlung von

Sakralgefäß aus Bronze, China, vorchristlich
Museum für Ostasiatische Kunst

Säugetieren, Vögeln, Kriechtieren und Amphibien, die Fische sind im Obergeschoß in Gruppen und in Schauschränken untergebracht. Dort fällt dem Eintretenden vor allem die große Ostafrikanische Sammlung ins Auge, die in 4 großen und 17 kleinen Gruppen nebst den dazugehörigen Schränken einen Ueberblick gewährt über die Tierwelt unserer früheren deutschen Kolonie, deren Reichtum an einzelnen Arten ja einzigartig war. Es ist zu befürchten, daß dieser Wildreichtum alsbald der vordringenden Kultur wird weichen müssen; das macht unsere Kölner Sammlung um so wertvoller. Von Insekten sind auf der anderen Seite des Obergeschosses nur einige Schausammlungen ausgestellt; der Hauptteil befindet sich in den dort aufgestellten Schränken, wird aber auf Wunsch gern gezeigt; wertvoll ist namentlich eine gute Sammlung von Kleinschmetterlingen. Abgesehen von einer Sammlung von Muscheln und Schnecken füllt den übrigen Raum eine solche von Versteinerungen, darunter solche aus dem Devon der Eifel aus der Umgegend von Gerolstein, Prüm u. a.; eine schöne Mineraliensammlung ist in einer langen Reihe von Schautischen untergebracht, und zahlreiche Erzstufen, namentlich solche aus dem Rheinlande, füllen die Schauschränke, von denen der eine eine Ausstellung von Edelsteinen und Halbedelsteinen enthält.

Das Museum für Naturkunde pflegt in erster Linie die Heimatkunde, und ihr dienen auch die öffentlichen Vorträge, die am Sonntagsmorgen während des Winters abgehalten werden; der Zutritt ist unentgeltlich, des großen Andranges wegen werden aber Karten vorher ausgegeben. In einer Karthotek werden außerdem alle Beobachtungen naturwissenschaftlicher Art, die die Heimatkunde von Köln und Umgegend betreffen, seit langen Jahren vermerkt und gesammelt, und nähere Auskunft über solche Fragen, heimatkundliche Veröffentlichungen und Aehnliches wird jedem auf Wunsch gern gewährt.

Der Besuch ist, namentlich an eintrittsfreien Feiertagen und Mittwochs, sehr gut; er erreicht fast die Höhe von 60 000 Personen, und vor allem sind es die kölnischen und auswärtigen Schulen aller Art, die im Museum für Naturkunde Anregung und Belehrung suchen.   Prof. Dr. Janson.

Das Historische Museum.

Das Historische Museum, gegründet 1888, ist ausschließlich der Kölner Stadtgeschichte gewidmet, und zwar der Stadtgeschichte seit dem Mittelalter; die römischen Erinnerungen befinden sich im Museum Wallraf-Richartz. Seit 1902 sind die Sammlungen in zwei Torburgen, der **Hahnentorburg** und der **Eigelsteintorburg**, untergebracht, und zwar in Räumen, die für diesen Zweck wenig geeignet sind. Die seit Jahren geplante Neulösung der Raumfrage ist durch den unglücklichen Ausgang des Krieges bisher verhindert worden; aus Anlaß der Jahrtausendfeier wurde sie erneut in Angriff genommen. Ein großes Museum soll dann die Gesamtbestände geschichtlicher Vergangenheit aufnehmen.

Das Museum hat den Rest der alten, 1794 aufgelösten städtischen Zeughaussammlung (Waffen und Rüstungen), sowie mehrere andere wertvolle Gruppen städtischer Altertümer in sich aufgenommen. Durch Ankäufe und Geschenk sind diese planmäßig in der Weise vermehrt worden, daß die Museumsbestände jetzt parallel zu dem im Historischen Archiv der Stadt aufbewahrten handschriftlichen Quellenmaterial über die Vergangenheit Kölns das **bildliche und figürliche Anschauungsmaterial** in systematischer Gruppierung darbieten. Durch die überlieferten Denkmäler selbst oder durch bildliche Darstellungen (Zeichnungen, Gemälde, Modelle) werden die bedeutsamen Ereignisse der Stadtgeschichte veranschaulicht, zugleich die allmähliche topographische Entwicklung der Stadt, ihr bauliches Bild im allgemeinen und in seinen Teilen, ihre Verfassung und Verwaltung, ihr öffentliches, geistiges und religiöses, wirtschaftliches und bürgerliches Leben vorgeführt, soweit das durch historisches, auch dem Laien verständliches Anschauungsmaterial möglich ist. In der **Hahnentorburg** sind folgende Gruppen vereinigt: Steindenkmäler; Waffen, Rüstungen, Fahnen; Pläne und Ansichten der Stadt im ganzen; Münz- und Medaillensammlung; Zunftaltertümer; Ratszimmer, Kurfürstenzimmer; alte Stadttore und Befestigungen; historische Küche. Die **Eigelsteintorburg** umfaßt folgende Gruppen: Plastische Modelle von Kirchen, Häusern und Rheinschiffen; Entwicklung des Kölner Handels; Ansichten einzelner Stadtteile und Häuser; Porträtsammlung: Universität und Bildungswesen; Zeit der französischen Herrschaft und des Befreiungskrieges; Köln im 19. Jahrhundert; Musik; Theater; Karneval.

Das Museum zählt rund 35 000 Besucher im Jahre. Eine Reihe wissenschaftlicher Publikationen hat das Museum zusammen mit dem Historischen Archiv vorbereitet und herausgegeben, dessen Direktor bis 1925 das Historische Museum verwaltete.

Geheimrat Prof. Dr. Hansen.

Das Rautenstrauch-Joest-Museum.

Am Ubierring liegt das von einer Kölner Bürgerfamilie zur Aufnahme völkerkundlicher Sammlungen gestiftete Rautenstrauch-Joest-Museum. Es ist in den Jahren 1904—1906 nach Plänen des Architekten Edwin Crones massiv aus Stein, Eisen und Beton aufgeführt und in einfacher Barockform des 17. Jahrhunderts gehalten. Eingeordnet in die Häuserfront, zeigt es in seiner Anlage die T-Form, so zwar, daß der Querbalken den 58 m langen Vorderbau nach der Straße zu bildet und der Längsbalken sich als Hinterbau in die Tiefe erstreckt. Die aus hellgelbem Sandstein hergestellte Fassade springt in ihrem Mittelteil zurück; durch eine dort angelegte Vorhalle gelangt man zum Vestibul und Treppenhaus, das mit Säulenstellungen und steigenden Kreuzgewölben versehen ist und den Hinterbau vom Vorderbau trennt. Am ersten Obergeschoß ist ein reich gegliedertes und vergoldetes Balkongeländer angebracht, und als Schlußsteine der Mittelfenster sind die Köpfe von Völkertypen ausgehauen, einen Neger, eine Japanerin und einen nordamerikanischen Indianer darstellend, um damit die Bestimmung des Museums anzudeuten. Das Giebelfeld des Mittelteils trägt das Kölner Wappen als Relief.

Das Museum zählt zu den modernsten Deutschlands und genießt daher auch außerhalb Deutschlands einen wohlbegründeten Ruf. Mit ihm ist nach den Gedanken und Angaben der Museumsleitung vielleicht zum ersten Male im Museumswesen ein Bau geschaffen worden, der in allen seinen Teilen von den in ihm unterzubringenden

Rautenstrauch-Joest-Museum

Sammlungen bestimmt ist, ohne daß die Architektur darunter gelitten hätte. Nicht zum wenigsten gilt das Gesagte von der Fassade, die nicht, wie bei vielen anderen Museen, als Hauptsache behandelt wurde, der sich alles andere unterzuordnen hatte, sondern von innen heraus entwickelt ist. Aber auch die Breiten und Höhen der Säle, die Ausmaße der Fenster, Fensternischen und Fensterschäfte, die Stellung der Säulen und Heizkörper, die Lage der Türen sind in erster Linie nach den vorgesehenen Ausstellungsschränken und Ausstellungspulten eingerichtet worden. Dadurch ist es gelungen, diesen stets die richtige Belichtung und eine übersichtliche Anordnung zu geben, gleichzeitig aber jede Raumvergeudung zu vermeiden.

Die Belichtung der Säle geschieht überall durch zwei Reihen gegenüberliegender Fenster, die in besonders praktischer Weise abgeblendet und verdunkelt werden können. Auf überflüssiges architektonisches Beiwerk ist in den Sälen mit Absicht verzichtet worden, um für die Buntheit der völkerkundlichen Sammlungen einen möglichst neutralen Rahmen zu gewinnen. Aus demselben Grunde ist auch der Anstrich der Saalwände hellgrau, der der Decken weiß gehalten. Durch den karminroten Linoleumbelag des Fußbodens und den dunkelgrünen Anstrich der Eisenschränke, die beide vorzüglich zusammenstimmen, wird ein einheitlicher warmer Farbton ins Ganze gebracht. Alles in allem sind Sammlungsräume geschaffen worden, die selbst bei weitgehender Ausnutzung der Wand- und Bodenflächen für Ausstellungszwecke immer noch licht und frei wirken und die Sammlungsgegenstände aufs vorteilhafteste zur Schau stellen. An dieser Gesamtwirkung ist das einheitliche Schrankmaterial, das die besten technischen Einrichtungen aufweist und unübertroffen dasteht, in hervorragender Weise beteiligt: ganz aus Eisen und Spiegelglas hergestellt, vereinigt es Feuer- und Staubsicherheit mit einfacher Vornehmheit und gestattet bei möglichst geringem Rahmenwerk und möglichst großen Scheiben ein ungehindertes Betrachten und Studieren seines Inhalts. Durch eine klare Gliederung des Baues wird den Besuchern eine leichte Orientierung ermöglicht. Die Lage des Treppenhauses und die ganze Form des Gebäudes vermeidet eine lange und ermüdende Flucht ineinandergehender Säle. Die Verwaltungsräume sind in einem Flügel des Vorderbaues zentriert: Direktionszimmer, Assistentenzimmer und Bibliothek liegen um ein Vorzimmer herum, von dem aus man auf einer Wendeltreppe direkt in die darunter befindlichen Räume für technische Arbeiten gelangt. Ein photographisches Atelier und ein Hörsaal, dessen Projektionsapparat in neuartiger Weise von einem Nebenraum aus über die Köpfe der Zuschauer hinweg arbeitet, verstärken den modernen Charakter des Museums. Dieser spricht sich auch darin aus, daß, abweichend von früherem Brauche, von vornherein eine Erweiterung des Gebäudes vorgesehen und die Fundamente dazu gelegt wurden; unter den ungünstigsten Zeitverhältnissen ist es allerdings bisher zu keinem Anbau gekommen. Der Umstand, daß für die Gestaltung des Gebäudes überall die Bedürfnisse des Museums bis ins Einzelne bestimmend gewesen sind, hat auf den

Kostenaufwand eine günstige Wirkung ausgeübt; denn es ist dadurch mit verhältnismäßig geringen Mitteln viel erreicht worden. Hinzu kommt, daß infolge der Einfügung des Gebäudes in eine Häuserfront nur eine einzige Fassade auszuführen war und der Bauplatz durch eine geschickte Kombination mit einem Schulgrundstück, das mit seinem Hofe zu beiden Seiten um den Hinterbau des Museums herumgreift, sehr knapp bemessen werden konnte, ohne daß es an reichlicher Lichtzufuhr mangelt. So haben Grundstück und Bau nur rund 735 000 Mk. Kosten verursacht.

Stellt somit das Rautenstrauch-Joest-Museum einen Markstein im Museumswesen dar, so ist es andererseits als Zentrale für völkerkundliche Belehrung und Forschung im Rheinlande und als Lehrsammlung der Kölner Universität für einen umfangreichen und wichtigen Zweig der Kulturgeschichte, die dadurch erst zu einer Universalgeschichte abgerundet wird, von nicht geringer Bedeutung. Wenige Städte gibt es in Deutschland, die ein so großes Museum für Völkerkunde ihr Eigen nennen; wenige Universitäten, an denen die Völkerkunde auf Grund so ausgedehnter Sammlungen gelehrt werden kann.   Prof. Dr. Foy.

Städtisches Museum für Vor- und Frühgeschichte. Prähistorisches Museum.

Das Städtische Museum für Vor- und Frühgeschichte verdankt seine Entstehung der Kölner Anthropologischen Gesellschaft, die es sich zur Aufgabe gestellt hatte, nicht nur für die Ausbreitung der Lehre vom Menschen tätig zu sein, sondern auch ganz besonders mit Hand anzulegen an die vorgeschichtliche Erforschung unserer Heimat. Die Ergebnisse dieser letzten Tätigkeit sollten als Grundstock zu einem vorgeschichtlichen Museum dienen. Sehr bald fand die forschende und sammelnde Tätigkeit der Gesellschaft besondere Gönner und Freunde, welche sie in den Stand setzten, mit Erfolg diesem Ziele sich zu widmen. Besonders war die Erforschung der niederrheinischen Hügelgräber-Kultur Arbeitsgebiet, und die Ergebnisse wurden bald so bedeutend, daß im Jahre 1906 die Gesellschaft an die Stadt herantrat, den Bayenturm, welcher damals durch die Erbauung des Völkerkunde-Museums frei geworden war, für die Sammlungen einzurichten und diese selbst als städtisches Museum entgegen zu nehmen. Im Sommer 1907 waren die Vorarbeiten beendet und das Museum eingerichtet. Zur feierlichen Eröffnung veranstaltete die Anthropologische Gesellschaft eine internationale Prähistoriker-Versammlung. Diese wurde vom 28. bis 31. Juli abgehalten und war von vielen der namhaftesten Forscher des In- und Auslandes besucht. Am 29. Juli fand im Gürzenich die feierliche Uebergabe des Museums statt, und am 1. August wurde es als städtische Anstalt eröffnet. Seit dieser Zeit hat das Museum sich in ungeahnter Weise entwickelt, und zwar getreu der Richtung, welche bei seiner Gründung eingeschlagen worden war. Es sollte ein Museum sein, das den Entwicklungsgang der europäischen Menschheit zur Darstellung brachte mit besonderer Betonung jedoch der engeren Heimat und der germanischen Urzeit. Dadurch war die direkte Konkurrenz mit den beiden Provinzial-Museen vermieden, die nur rheinische Altertümer sammeln. Das Kölner Museum stellt demgemäß ein sogenanntes Zentralmuseum dar mit starker Betonung des Heimischen. So steht es ergänzend neben den Provinzialmuseen und den vielen kleinen Orts- und Heimatmuseen der Rheinlande. Es umfaßt zurzeit folgende Abteilungen:

1. Anthropologische Abteilung. Diese enthält Abgüsse fast sämtlicher diluvialer Skelettreste von Menschen und viele Originale rezenter Rassen.

2. Diluviale Abteilung. Sie umfaßt reiche Sammlungen von den vorzeitlichen Wohnplätzen Westeuropas, besonders Frankreich. Dazu treten aus dem Rheinland die Ergebnisse der Kartstein-Ausgrabungen in der Eifel (1911, 13, 22) und Funde auf dem übrigen Deutschland (Nassau, Weimar).

3. Mesolithische Abteilung. Steingeräte der Mittelsteinzeit in reichen Serien aus fast allen Ländern Europas. Das Rheinland ist darunter ebenfalls gut vertreten.

4. Neolithische Abteilung. Sie enthält rheinisches und außerrheinisches Material. Außer der Heimat sind Schweiz und Thüringen besonders hervorgehoben.

5. Bronzezeitliche Abteilung. Heimische und fremde Ausgrabungsergebnisse.

6. Erste Eisenzeit. Hier hat das außerordentlich umfangreiche Material aus niederrheinischen Grabhügeln Aufstellung gefunden, das durch seine Vollständigkeit zum erstenmal Schlüsse auf die Kultur der Zeit und die ethnologische Zusammengehörigkeit der Hügelgräberbevölkerung am Niederrhein ermöglichte.

7. Germanische Abteilung. Sie enthält die Ergebnisse der Ausgrabungen des Museums im Kölner Gebiet, welche die Herkunft der Rheingermanen, ihre Verbreitung und ihre Kultur vom 3. Jahrhundert v. Chr. bis 4. Jahrhundert n. Chr. erhellen und in Verbindung mit der Ueberlieferung durch die Schriften der Römer uns wichtige Aufschlüsse über die frühgermanische Zeit am Rhein verleihen. Daran schließt sich die Kultur der Franken aus rheinischen Gräbern und eine Darstellung der frühgermanischen Kunst vom 3. bis 6. Jahrhundert n. Chr., wiewohl in der Kleinkunst durch Bodenfunde, wie auch durch die beiden Vertreter der germanischen Großkunst, das

vom Museum selbst rekonstruierte Modell des Theoderich-Grabmals in Ravenna aus dem 5. Jahrhundert und die nordische Holzkunst im 9. Jahrhundert, vertreten durch das bekannte Tor von Telemarken in Norwegen. Zahlreiche Bilder, Modelle, Entwicklungszeiten dienen dazu, auch dem Laien eine Uebersicht über den Entwicklungsgang der europäischen Kultur zu geben.

Direktor Rademacher.

Das Museum für Handel und Industrie, Köln.
Die Anschauung ist in den Wirtschaftswissenschaften viel später als in den übrigen akademischen Disziplinen Hilfsmittel des Unterrichts geworden. Während dem Mediziner, dem Naturwissenschaftler, dem Techniker die Demonstrationen am Objekte selbst oder durch Modelle und sonstige Anschauungsmittel schon von jeher geläufig sind, können wir bisher auf dem Gebiete der Wirtschaftswissenschaften nur vereinzelte Versuche in dieser Richtung feststellen. Die Kölner Universität hat in ihrer Vorläuferin, der Kölner Handels-Hochschule, bahnbrechende Arbeit in der Veranschaulichung wirtschaftlicher Verhältnisse geleistet. Es gehören hierzu nicht nur die groß angelegten Studienreisen, die Kölner Wirtschaftsstudenten unter Leitung des damaligen Studiendirektors der Handels-Hochschule und nachmaligen ersten Rektors der Universität, Christian Eckert, mit den ökonomischen Umständen der überseeischen Länder durch eigene Anschauung bekannt machten, sondern auch die Führungen durch Handels-, Produktions- und Verkehrsbetriebe und die Anschauungsmittel, die das der Universität zugehörige Museum für Handel und Industrie aufweist.

Dieses 1907 von Wiedenfeld eingerichtete, 1909 im heutigen Vorlesungsgebäude der Universität Claudiusstraße 1 eröffnete und seit 1914 von Eckert geleitete Museum hat sich eine dreifache Aufgabe gestellt.

Es will zunächst durch den Aufbau seiner Materialien eine wirkliche Warenkenntnis vermitteln, die sich nicht nur auf die äußerliche Kenntnis der Eigenschaften der Waren, sondern auch auf ihren Werdegang erstreckt. Das, was der angehende Kaufmann, der praktische Volkswirt, der wirtschaftlich interessierte Laie darüber wissen muß, um zu einem vertieften Verständnis zu kommen, ist durch Rohstoffe, Zwischenprodukte, Fertigfabrikaten, Modelle und Zeichnungen der Produktionsanlage dargestellt. Keine technische Einzelheiten werden wiedergegeben, die Darstellung der Technik ist im Museum nie Selbstzweck.

Zum zweiten wird ausstellungsmäßig veranschaulicht, wie die dargestellten Produktionsprozesse und ihre Erzeugnisse in den Gesamtrahmen des Wirtschaftslebens einpassen. Für die einzelnen Waren dienen hier außer Rohstoffsammlungen vor allem Karten der Produktionsgebiete und Diagramme über Preisentwicklungen, Ein- und Ausfuhrmengen als Lehrmittel, für die wichtigen Welthandelsländer Außenhandelsübersichten und Veranschaulichungen des wirtschaftlichen und sozialen Gesamtbildes.

Endlich wird drittens die kaufmännisch-wirtschaftliche Organisation als das eigentlich Differenzierende bei den großen Produktionsunternehmungen durch Darstellung der Grundlagen und Erscheinungsformen des Großbetriebes, der Verbandsbildung usw. dargestellt.

Die wirkliche Erfüllung dieser Aufgaben hätte ins Uferlose geführt, wenn nicht eine Beschränkung in geographischer Hinsicht erfolgt wäre. Für ein Kölner Wirtschaftsmuseum war das Gegebene eine Darstellung der rheinisch-westfälischen Industrie- und Handelszweige. Von den geologischen Verhältnissen ausgehend, sind die Stein- und Braunkohlen-, Erdöl-, Kali-, Zink- und Bleiindustrie und die der Steine und Erden dargestellt. Neben dem Bergbau sind die verarbeitenden Gewerbe museumsmäßig veranschaulicht: Eisen-, Elektrizitäts- und Kabelindustrie, Maschinenbau, Feinmechanik, chemische, insbesondere Farbenindustrie, Textilindustrie, Industrie der Nahrungs- und Genußmittel und Industrie der Ton- und Glaswaren. Handel und Verkehr sind durch eine Sammlung der wichtigsten exotischen Rohstoffe, insbesondere der unserer ehemaligen Kolonien und der neuzeitlichen Verkehrsmittel, Darstellung von Hafenanlagen usw. vertreten.

Die Sammlungen des Museums mit ihren zum Teil sehr umfangreichen Modellen, Maschinen usw. sind teilweise in besonderen Sammlungsräumen aufgestellt, teils auch in den Treppenhäusern und Fluren der Universität. Gerade die aus der Raumnot geborene Aufstellung in den dauernd von einem Studentenstrom durchfluteten Korridoren und Treppenhäusern hat sich als eine sehr günstige Maßnahme erwiesen. Durch diesen Korridorunterricht gelangen wesentliche Teile des Museums, insbesondere größere Modelle zu einer viel intensiveren Wirkung als im geschlossenen Sammlungssaale.

So erfüllt das Museum für Handel und Industrie seine Aufgaben als Unterrichtsmuseum der Universität und den zahlreichen Schulen gegenüber, die es aus dem ganzen Rheinland aufsuchen, in hervorragender Weise. Seine reichen Sammlungen würden es ihm ermöglichen, auch darüber hinausgehende Aufgaben im Dienste der allgemeinen wirtschaftlichen Aufklärung zu erfüllen, wenn nicht mit der Beschränkung der finanziellen Mittel auch die Wirkung eingeengt wäre.

Dr. Seyffert.

Museum für Volkshygiene.

Das Museum ist seit April 1914 in der renovierten alten Daukirche im Dau 3 eröffnet. Seine ersten Anfänge gehen aber bis auf 1900 zurück. Am 25. April 1914 fand nach Vollendung des Umzuges aus dem Severinstor die feierliche Eröffnung statt. Leider waren die Räume viel zu klein, so daß ein sehr großer Teil der Sammlungen in der Severinstorburg zurückbleiben mußte. Da die Severinstorburg aus verschiedenen Gründen nicht ebenfalls geöffnet werden konnte, gingen diese Sammlungen bis jetzt für die Belehrung für das Publikum leider fast vollkommen verloren. Im Dau wurden nach reiflicher Ueberlegung die drei Hauptgruppen, die Bekämpfung der Tuberkulose, des Alkoholismus und Bekämpfung der Geschlechtskrankheiten möglichst lückenlos zur Darstellung gebracht, ferner Körperbau, Körperverkrümmung, Zahnhygiene, Säuglingspflege, Kinderkrankheiten, dazu Teilgruppen und Proben aus dem Gebiete ansteckender Krankheiten (Cholera, Pocken, Pest, Rotz, Milzbrand, Eiterbakterien usw.). Außer vom Direktor wird auch sonst das Museum insbesondere von Aerzten, Lehrern und Lehrerinnen, Geistlichen usw. zu Führungen und Vorträgen benutzt. Es hat über Erwarten schnell eine hohe Bedeutung für die hygienische Aufklärung gewonnen, da es zurzeit eines der **größten** bestehenden Hygiene-Museen nicht nur **Deutschlands**, sondern der **ganzen Welt** geworden ist. Seine Sammlungen finden gerade bei Fachleuten die wärmste Anerkennung. Für den **Regierungsbezirk Köln** stellt es geradezu ein Zentrum für die hygienische Aufklärung dar und dient der Ausbildung von Schwestern, Desinfektoren für das Rote Kreuz usw., zum Unterricht und Vorlesungen an der Universität. Es kann aber auch für **weitere Kreise** vorbildlich wirken, da es zeigt, wie mit **geringen Mitteln unter Benutzung der lokalen Hilfsquellen überall ähnliche aufklärende Sammlungen** zusammengebracht werden können.

Prof. Dr. med. Czaplewski.

DIE KÖLNER BIBLIOTHEKEN

VON PROF. DR. KL. LÖFFLER

Kein deutsches Land hat eine so weit zurückreichende Bibliotheksgeschichte und ein trotz der besonders unglücklichen Schicksale der alten Büchersammlungen heute noch so dichtes Netz von Bibliotheken aller Art aufzuweisen wie das Rheinland. Und innerhalb des Rheinlandes kommt der rheinischen Metropole Köln auch bibliotheksgeschichtlich eine besondere Stellung zu. Zwar ist das öffentliche, moderne Bibliothekswesen in Köln nicht so alt wie etwa in Frankfurt. Noch im 18. Jahrhundert konnte Köln keine öffentliche Bibliothek aufweisen. Dafür geht aber der alte, mittelalterliche Typ der Bibliotheken sehr weit zurück und ist besonders reich entwickelt gewesen. Wenn wir noch ganz oder großenteils besäßen, was in den alten Kölner Bibliotheken vorhanden gewesen ist, dann würden wir über einen Handschriftenschatz verfügen, der es etwa mit dem Heidelberger an Umfang und Wert aufnehmen könnte. Köln ist die älteste Stadt auf deutschem Boden; es hat bereits im Jahre 50 n. Chr. römisches Stadtrecht bekommen. Deshalb kann es mit gutem Recht den Anspruch erheben, auch die älteste Bibliotheksstätte Deutschlands zu sein, wenn sich auch die Bibliotheken der römischen und frühchristlichen Zeit quellenmäßig nicht mehr nachweisen lassen. Die ältesten Kölner Bibliotheksbücher sind in der **Dombibliothek** (im nördlichen Domturme) erhalten. Diese hat das glückliche Schicksal gehabt, in der Franzosenzeit (1794—1813), der Zeit der größten Verluste, auf das rechte Rheinufer, nach dem Sauerlande, geflüchtet zu sein und nach langer Abwesenheit (1867) von Darmstadt nach Köln zurückzukehren, so daß sie heute noch einen zahlenmäßig zwar sehr zusammengeschrumpften, aber doch ungemein wertvollen Bestand von etwa 200 Handschriften aus allen Jahrhunderten des Mittelalters aufweisen kann. Die ältesten sind im 6 bis 8. Jahrhundert geschrieben, aber — wenigstens überwiegend — nicht in Köln, sondern in Westfranken, Italien, Irland und England. Ob sie schon zur Zeit ihrer Entstehung oder erst später nach Köln gelangt sind, ist zweifelhaft. Diese alten Unzial- und Halbunzialkodizes, die Patrum veterum verba (Nr. 165), der Chirius Fortunatianus (Nr. 166) und die drei Canonessammlungen 212, 213 und 210, sind noch im 18. Jahrhundert von gelehrten Reisenden gebührend bewundert worden. Dem 8. Jahrhundert gehören noch 8 weitere Handschriften an. Als Gründer der Dombibliothek wird der Erzbischof Hildebald, der Zeitgenosse und Freund Karls des Großen, in der Ueberlieferung bezeichnet. Unter ihm (sub pio patre Hildebaldo) sind ein Dutzend Handschriften geschrieben, darunter Augustins Psalmenkommentar von zehn Nonnen, die die Arbeit unter sich verteilten. Der älteste Katalog stammt aus dem Jahre 833 und zählt etwa 115 Werke in etwa 175 Bänden auf, von denen etwa 34 Werke heute noch vorhanden sind. Aus derselben Zeit und aus der ersten Hälfte des 12. Jahrhunderts besitzen wir auch Ausleiheregister.

uit eam. quae conuersa cas-
te peregit residuum tempor-
is uitae suae.

Frater quidam in regna-
batur a fornicatione.
contigit autem uenire in
uicum quendam aegypti
et uidens filiam sacerdo-
tis paganorum adama-
uit eam. et dixit patri
eius. da mihi eam uxorem.
ille autem respondens di-
xit ei. Non possum eam tibi dare nisi interrogaue-
ro deum meum. et abiens
ad demonem quem colebat
dixit ei. ecce monachus
quidam uenit uolens acci-
pere eam. do eam ei. Et
respondens demon dixit.
sine ait dm suum et bap-
tismum et propositum mo-
nachi. interroga eum.
et ueniens ei sacerdos dixit ei. nega dm tuum et
baptisma et propositum
monachi. et dabo tibi filiam meam. ille uero con-
sensit. et saciam uidit.

Veterum patrum verba. Aelteste Handschrift der Dombibliothek (6. oder 7. Jahrh.)

Vom 9. Jahrhundert ab bis zum Ende des alten Deutschen Reiches wird die kölnische Bibliotheksgeschichte beherrscht von den Büchersammlungen der **Stifter und Klöster**. In Köln, der volkreichsten Stadt Deutschlands, hatten über achtzig dieser geistlichen Stiftungen ihren Sitz, und jede nannte einen kleineren oder größeren Büchervorrat ihr eigen. Von den älteren taten sich besonders die Benediktinerabteien Groß-St. Martin und St. Pantaleon hervor, wie zahlreiche Schreibernotizen und die leider in alle Welt zerstreuten Handschriften selbst bezeugen. Von den jüngeren hatten die Kartäuser, die Kreuzbrüder, die Augustinerchorherren von Corpus Christi, die Augustinereremiten, die Minoriten, die Franziskanerobservanten, die Sioniter und die Jesuiten stattliche und wertvolle Bibliotheken. Der Katalog der Kartäuser, die allerdings durch eine Feuersbrunst im Jahre 1451 ihre alten Bestände eingebüßt hatten, weist im Jahre 1748 in einem gewaltig dicken Folianten 7580 Bände, darunter 614 Bände Handschriften nach. Von den Kreuzbrüdern sind heute noch in Köln 185 Handschriften vorhanden. Die Jesuiten, deren erste Bibliothek 1621 ein Raub des Feuers wurde, sammelten in den nächsten Jahrzehnten 5500 Werke und hinterließen bei ihrer Aufhebung der Stadt Köln vier Bibliotheken. Die berühmte alte Dominikaner-Bibliothek, die von dem Schweizer Reformator Heinrich Bullinger und dem Franziskaner Crabbe in gleicher Weise gepriesen wird, brannte leider 1659 ab und über ihren Ersatz fehlt es an Nachrichten. Von den zum Teil ebenfalls bedeutenden **Pfarrbibliotheken** sind heute noch in mehreren Kirchen und Pfarreien (z. B. St. Aposteln) Reste vorhanden, während andere an das **Priesterseminar** übergegangen sind. Dieses selbst erhielt bald nach seiner Gründung (1615) eine Bibliothek, die dann vor allem durch Schenkungen und Nachlässe von Geistlichen zu ihrer heutigen Bedeutung anwuchs.

Die **Universität** besaß keine gemeinsame Bibliothek, sondern nur solche der Fakultäten, von denen aber die bedeutendste, die Artistenbibliothek, deren Katalog von 1474 339 Bände aufzählt, 1577 aufgelöst und an die drei Gymnasien verteilt wurde. Die Juristen und Mediziner besaßen im 15. Jahrhundert nur je ein Dutzend Bände; 1799 wies die Juristenbibliothek 531 Bände auf.

Die **Syndikats- oder städtische Verwaltungsbibliothek** endlich wurde 1602 begründet oder von neuem begründet. 1659 zählte sie bereits 805 Bände größerer Druckwerke, 1824 aber trotz des Pflichtexemplarzwanges nur 1040 Nummern in 1817 Bänden.

Seit dem 15. Jahrhundert konnten sich die alten Kölner Bücherschätze, besonders die Dombibliothek, der größten Beachtung durch die **wissenschaftliche Forschung** erfreuen. Poggio erhielt um 1420 aus Köln den damals noch unbekannten satirischen Roman des Petronius. Nikolaus von Kues betrieb hier klassische und kirchengeschichtliche Handschriftenstudien. Trithemius fand in St. Pantaleon zwei Kodizes des Widukind von Corvey und wußte den einen in seinen Besitz zu bringen; er ist neuerdings nach langen Irrfahrten in Berlin gelandet. Priscian, Vegetius, Orosius, Rupert von Deutz wurden in den zwanziger Jahren des 16. Jahrhunderts auf Grund von Kölner Handschriften herausgegeben. Der Franziskaner Peter Crabbe und der Kartäuser Lorenz Surius benutzten für Konzilienstudien und Heiligenleben eine Fülle von Handschriften. Für die Magdeburger Centurien arbeiteten Cornelius Gualtherus, Georg Cassander und Franciscus Fabricius Marcoduranus, Melchior Hittorp und Jacob Pamelius machten liturgische Funde. Antike Schätze hoben Ludwig Carrio und Franz Modius; leider sind gerade diese Handschriften (Seneca, Priscian, Sallust, Cicero, Curtius, Ovid, Terenz) teils verschollen, teils verschleppt. Aus dem 17. Jahrhundert sind neben den heimischen Brüdern Gelenius vor allem die großen Philologen Graevius und Heinsius hervorzuheben, dann die Bollandisten, die nicht wenige wichtige Texte aus Köln, besonders aus der Kartause erhielten. Im 18. Jahrhundert kamen noch Zacharias Konrad v. Uffenbach (1711), die Mauriner Martène und Durand (1718), Joh. Georg v. Eckhart (1724), der päpstliche Archivbeamte Giuseppe Garampi (1762), der Schwede Jakob Jonas Björnstahl (1774), Friedrich Wilhelm Gercken (1785). Ihre Berichte heben die damals noch vorhandenen Kostbarkeiten hervor, z. B. die uralten Kodizes der Dombibliothek, die von Thomas von Kempen geschriebene fünfbändige Bibel in Corpus Christi (jetzt in Darmstadt), die hebräische Bibel von 1286 bei den Jesuiten (jetzt in Paris), die beiden eigenhändigen Bücher Alberts des Großen, die Tiergeschichte und den Matthäuskommentar, bei den Dominikanern (noch in Köln). Der Jesuit Hartzheim bearbeitete auf Grund der Kölner Bibliotheken seine Bibliotheca Coloniensis und seine Konziliensammlung, hatte aber leider auch den schon von den Zeitgenossen scharf getadelten „unreifen" Einfall, alle alten Einbände der Dombibliothek zerstören und durch neue ersetzen zu lassen. Den Bücherbesitz und die Zustände kurz vor dem Ende des alten Bibliothekswesens schildern schließlich die Vorlesungen des Domherrn und Professors Franz Karl Joseph v. Hillesheim.

Aber die **Zerstreuung und Vernichtung** wertvoller alter Bestände hatte längst vor der Säkularisation begonnen. Schon die genannten

Albertus Magnus, Kommentar zum Matthaeusevangelium, Autograph des Verfassers (13. Jahrh.), Köln, Stadtarchiv

gelehrten Besucher kamen zum Teil nicht nur, um zu forschen, sondern auch um im Stile der „guten alten Zeit" mitzunehmen, von Trithemius und Graevius, aus dessen Nachlaß Handschriften des 9. bis 11. Jahrhunderts von Cicero, Quintilian, Horaz, Boetius erst nach Düsseldorf, dann nach London an Harley und weiter ins Britische Museum gelangten, bis auf Garampi, der die ältesten Handschriften der Dombibliothek schon einpacken lassen wollte, um sie der Vatikanischen Bibliothek zuzuführen, als Hillesheim sie ihm glücklicherweise wieder abjagte.

Umfangreichere Verluste wurden durch den eigenen Unverstand, den Mangel an Verständnis für Bibliotheksaufgaben und durch die Geldnot herbeigeführt. Man wußte mit den alten Pergamentkodizes nichts mehr anzufangen und entledigte sich ihrer. Die Stifter Mariengraden, St. Severin, St. Aposteln verkauften, „vergoldeten", wie es Hillesheim nennt, am Ende des 17. und Anfang des 18. Jahrhunderts ihre Bibliotheken, und die Klöster St. Martin und St. Pantaleon ihre alten Pergamenthandschriften. Der bau- und paramentenfreudige und deshalb geldbedürftige Abt Konrad Kochen von St. Pantaleon (1687—1717) schickte zusammen mit anderen rheinischen Klöstern einen „ungemeinen Haufen Pergamen" nach Frankfurt, von wo er an süddeutsche Goldschläger, Buchbinder usw. weitergeleitet werden sollte. Der Frankfurter Sammler Uffenbach hat aus dieser Sintflut mehrere wertvolle Handschriften (ein Lektionar aus dem 12., Augustinus und Hieronymus aus dem 12./13. Jahrh.) gerettet; sie befinden sich mit seinem Nachlaß in der Hamburger Bibliothek. Durch die Aufhebung des Jesuitenordens (1773) fielen der Stadt die Jesuitenbibliotheken zu. Man hat damals (1785) den Plan, aus ihnen eine öffentliche Bibliothek zu machen, erörtert, aber mit der im alten heiligen Reiche üblichen Schnelligkeit war man noch nicht fertig, als 1794 die Franzosen einrückten und alles auf den Kopf stellten.

Die Säkularisationsmethode der Franzosen bestand darin, daß sie zunächst das Beste inventarisierten und „in geeigneten Depots" vereinigten, nur lagen diese Depots nicht am Rhein, sondern in Frankreich. Schon im Herbst 1794 gingen 19 Kisten mit Hunderten von Handschriften und seltenen Drucken nach Paris ab. 1802 suchte der französische Staatsarchivar Camus nach weiteren Stücken, die der französischen Nationalbibliothek einverleibt zu werden würdig seien, und 1802 bis 1804 war der berüchtigte Büchermarder Maugérard in Köln. Trotz der im zweiten Pariser Frieden 1815 festgesetzten Rückgabepflicht hat Köln sehr wenig wiederbekommen. Teils ist es in Paris geblieben, teils an Belgien als Ersatz für von dort entführte Bücherschätze übergeben worden, so daß sich heute noch in Paris und Brüssel viele wertvolle Kölner Handschriften und Drucke befinden, während Köln z. B. von den Mainzer Frühdrucken keinen einzigen vollständig, sondern nur Bruchstücke besitzt. Anderes wurde zerstreut und verkauft. Der „Baron" Hüpsch konnte seine schon vor der Säkularisation begonnene kostbare Sammlung vervollständigen, der Professor Ferdinand Franz Wallraf die seinige gründen. Hüpsch hat leider seinen Nachlaß aus Mißvergnügen über das Verhalten der Kölner nach Darmstadt vermacht, so daß sich dort unter den 868 Handschriften und 1235 Bänden alter Drucke aus seinem Besitz auch zahlreiche kölnische befinden, darunter Kostbarkeiten wie der Gerokodex aus dem 10. Jahrhundert, die Prachtevangeliarien aus St. Andreas und St. Georg, das Gebetbuch aus der Schule Stephan Lochners und die Bibel des ehrwürdigen Thomas von Kempen.

Wallraf dagegen hat durch sein hochherziges Vermächtnis von 1818, in dessen Besitz die Stadt nach seinem Tode 1824 trat, die Grundlage für die Stadtbibliothek (wie für das Wallraf-Richartz-Museum) geschaffen. Seine Büchersammlung umfaßte 14 303 Bände, darunter 1 055 Bände alter Drucke, außerdem 521 Handschriften.

Was dagegen die Franzosen in öffentlichen Besitz überführten, das waren im Vergleich zu dem auch bei ihrem Einrücken noch vorhandenen Reichtum nur kümmerliche Reste. Diese wurden der Bibliothek der Zentralschule, deren Grundstock die Jesuitenbibliotheken bildeten, überwiesen.

Bei dem Uebergange Kölns an Preußen 1815 übernahm der Staat diese Bibliothek als „öffentliche Bibliothek des Königlichen Jesuitengymnasiums", obwohl sie doch 1773 bis 1794 Eigentum der Stadt gewesen war. Sie ist die erste öffentliche Bibliothek Kölns gewesen. Nach dem Reglement von 1826 war sie täglich zwei Stunden geöffnet. Die Benutzung an Ort und Stelle war „jedem Gebildeten ohne weitere Obliegenheit in der dazu anberaumten Zeit vergönnt". Zur Entleihung nach Hause waren alle öffentlichen Beamten und alle, „die durch ein wissenschaftliches oder künstlerisches Fach sich dazu qualifizieren oder dem höheren Verkehrsstande angehören und in diesem ihrem Berufe gekannt sind", berechtigt. Das entspricht ganz dem damaligen Begriffe von Oeffentlichkeit.

1824 zählte die Bibliothek 32 000 Bände. Der jährliche Vermehrungsetat betrug 500 Taler, später 1290 Mark. Bibliothekar war zunächst Franz Friedrich Pape, dem wir die für diese Zeit recht guten Realkataloge zu verdanken haben. Sein Nachfolger war von 1846 bis 1885 der bekannte Literarhistoriker Heinrich Düntzer, dessen biblio-

Bibel, eigenhändig geschrieben von Thomas von Kempis. (Darmstadt, Landesbibliothek, 15. Jahrhundert)

thekarische Leistungen aber weniger hervortreten. Die Lage der städtischen **Wallraf-Bibliothek** war weit weniger günstig. Die Stadt Köln schien damals mit Büchern noch nicht viel anfangen zu können. Sie wanderten in den Rathausräumlichkeiten umher, der Ausbau wurde versäumt, ja es gelang nicht einmal, den übernommenen Bestand vollständig zusammenzuhalten. Einzelne schätzenswerte Büchergeschenke wurden nicht einmal katalogisiert, und für Ankauf war zunächst garnichts bewilligt. Die Bibliothek war nur ein Anhängsel des Stadtarchivs, und was später, seit dem Ende der fünfziger Jahre bewilligt wurde, kam fast ganz diesem zugute. Die Benutzung war nicht der Rede wert: bis 1856 wurden jährlich durchschnittlich nur 10, bis 1866 80, bis 1876 120 Bände ausgeliehen.

Die Vereinigung der beiden Bibliotheken, der Gymnasialbibliothek (die aber niemals eine bloße Schul-, sondern immer eine wissenschaftliche und öffentliche Bibliothek gewesen ist) und der Wallrafbibliothek, wurde seit 1828 immer wieder gefordert und in der Presse erörtert. Pape arbeitete sogar den großzügigen Plan einer kölnischen Zentralbibliothek aus. Aber als es in den sechziger Jahren zu wirklichen Verhandlungen zwischen Stadt und Verwaltungsrat des Gymnasial- und Studienfonds kam, scheiterte die Sache an dem mangelnden Verständnis der damaligen Stadtverordneten, und beide Parteien errichteten nun eigene Bibliotheksgebäude: am Gereonshof 6 für die Gymnasialbibliothek, an der Nordseite der Portalsgasse (jetzt Stadthauptkasse) für die Wallraf- und die Syndikatsbibliothek.

Aber die damit scheinbar verewigte Trennung konnte doch keinen Bestand haben. Die **moderne Entwicklung** konnte erst beginnen mit der Abtrennung der Stadtbibliothek vom Archiv 1880 und der Einverleibung der Gymnasialbibliothek in die Stadtbibliothek 1885. Der erste Stadtbibliothekar war mein Vorgänger Adolf Keysser (1880—1915).

Die äußere Entwicklung erscheint glänzend. 1891 wurden 100 000, 1900 170 000, 1905 200 000, 1910 240 000, 1915 272 000 Bände gezählt. Der jährliche Vermehrungsetat betrug in den achtziger Jahren 4 000, in den neunziger Jahren 6 000—8 000, 1901 10 500, 1907 15 500, seit 1908 18 000, seit 1912 rund 22 000 Mark.

Stärker aber noch waren an der Vermehrung des Bücherbestandes die Zuwendungen von Kölner Bürgern und Gönnern der Anstalt beteiligt. Außer den zahlreichen einzelnen Büchergeschenken konnten eine Reihe großer und wertvoller Sammlungen einverleibt werden. Aus der früheren Zeit sind die Vermächtnisse von Kaplan Forst (1834), Notar Hellen (1836), Kanonikus v. Büllingen (1848, besonders die Imitatio-Christi-Sammlung von 415 Ausgaben und Uebersetzungen) und Dr. v. Groote (1864) zu erwähnen, aus den letzten Jahrzehnten die Bibliotheken von Fridolin Hoffmann (1880), Dr. Heinrich Claessen (1883), Oberbürgermeister Dr. Hermann Becker (1885), Adolf Rautenstrauch (1886), Dr. Franz Weinkauff (1886), Karl Joseph Hittorf (1898), Geheimrat Dr. Gustav v. Mevissen (1885—1899, besonders umfangreich und wertvoll), Dr. Johannes Fastenrath (1908), Universitätsbibliothekar Heinrich Erkes (1921, eine mit Sorgfalt und Umsicht gesammelte Islandbibliothek von über 4 000 Bänden), endlich der Büchernachlaß der beiden Fräulein v. Mevissen (1924, 2 000 Bände). Der Historische Verein für den Niederrhein überwies im Jahre 1900 seine Zeitschriftenbibliothek als Geschenk, viele Behörden, Anstalten, Vereine und Privatleute sandten regelmäßig Bücher und Drucksachen, die Kölner Verlagsfirmen und Zeitungsverleger steuerten Verlagsartikel, Zeitungen und Bücher bei, die Handelskammer und das Gymnasium und Realgymnasium an der Kreuzgasse schenkten überzählige Werke aus ihren Bibliotheken usw. Mit Unterstützung von Freunden und Gönnern war der Ankauf der hymnologischen Bibliothek des Kirchenliedforschers Dr. Wilh. Bäumker (1905) möglich.

Die Ziele waren ursprünglich bescheiden gesteckt, aber die Größe, Bedeutung und geschichtliche Vergangenheit der Stadt, die Bedürfnisse der Bürgerschaft und die Entwicklung des Bücherbestandes führten von selbst zu einer Ueberschreitung der engen Grenzen. Meinem Vorgänger schwebte die allgemeine Bildungs- oder Einheitsbibliothek nach dem Muster der angelsächsischen Public Library als Ideal vor. Im Rahmen dieses Zieles wurden die Fächer Geschichte, Geographie, Naturwissenschaften, Literatur und Literaturgeschichte, Rechts- und Staatswissenschaften, in zweiter Linie Philosophie, Philologie, Kunstgeschichte gepflegt. Eine besonders sorgsam gepflegte Sparte bildete und bildet noch heute die Sammlung der landesüblichen und schönen Literatur des Rheinlandes in möglichst weitem Umfange, wobei für Köln selbst wirkliche Vollständigkeit angestrebt wird. Diese wichtige Aufgabe im Dienste der Heimatbestrebungen ist in Köln lange, ehe man anderswo daran dachte, in Angriff genommen worden.

Seit 1897 befindet sich die Bibliothek zusammen mit dem Stadtarchiv in einem für die damalige Zeit modernen Neubau am Gereonskloster 12 (im Nordwesten der Altstadt), dessen zierlicher Gotik die wenigsten ansehen können, daß er eine ganz verfehlte Anlage ist.

Neben die Stadtbibliothek traten im neuen Jahrhundert zwei weitere städtische wissenschaftliche Bibliotheken: seit 1901 die **Bibliothek** der Kölner Hochschulen (d. h. der Handelshochschule und der Hochschule für kommunale und soziale Verwaltung) in der Handelshochschule, der heutigen Universität, an der Claudiusstraße am Südrande der Altstadt und seit 1908 die Bibliothek der Akademie für praktische Medizin in der Krankenanstalt Lindenburg.

Umsoweniger konnte, als die Gründung der Universität im Jahre 1919 das wissenschaftliche Bibliothekswesen der Stadt vor neue Aufgaben stellte, daran gedacht werden, neben diese drei schon vorhandenen Bibliotheken noch eine neue Universitätsbibliothek zu setzen. Wie die Universität selbst nur durch den Ausbau schon vorhandener Hochschuleinrichtungen entstanden ist, so mußte auch für die Universitätsbibliothek das schon Vorhandene nutzbar gemacht werden. Höchst wünschenswert wäre dagegen von Anfang an ein zentraler Bibliotheksneubau zur Vereinigung wenigstens der beiden größten, der Stadt- und der Hochschulbibliothek, gewesen. Die Not der Zeit hat ihn verhindert und verzögert ihn auch heute noch, aber er ist und bleibt unser dringendstes Bedürfnis.

Im Mai 1920 wurden die drei Bibliotheken als Universitäts- und Stadtbibliothek zusammengefaßt, um ein enges Zusammenarbeiten zu ermöglichen. Die neue Bezeichnung soll zum Ausdruck bringen, daß neben der neuen auch die alten Aufgaben nicht vernachlässigt werden. Abt. 1, die frühere Stadtbibliothek, pflegt die kulturwissenschaftlichen Fächer der philosophischen Fakultät, Abt. 2, die frühere Hochschulbibliothek, die Rechts-, Wirtschafts- und Sozialwissenschaften, dazu Mathematik und Naturwissenschaften, Abt. 3, die frühere Bibliothek der Akademie für praktische Medizin, die Medizin. Die räumliche Trennung der Abteilungen, besonders die für die anwachsende philosophische Fakultät immer empfindlicher werdende große Entfernung der Abt. 1 von der Universität, ist eine Besonderheit, die Köln nur mit Frankfurt teilt. Durch den täglichen Leihverkehr, der durch die städtischen Automobile vermittelt wird, kann der Uebelstand nur notdürftig behoben werden. Schon bei der Bücherentleihung tritt ein erheblicher Zeitverlust ein. Wer aber die neuesten Zeitschriften lesen, die Handbibliothek des Lesesaals benutzen, Kataloge und Fachbibliographien nachschlagen, die Neuerwerbungen ansehen will, der muß doch die für sein Fach zuständige Abteilung selbst aufsuchen.

Auch mit ihren Bücherbeständen ist die Bibliothek ihrer neuen Aufgabe noch nicht recht gewachsen. Am besten ist für die Wirtschafts- und Sozialwissenschaften gesorgt. Von den Abteilungen der Stadtbibliothek waren einigermaßen brauchbar die germanistischen und historischen. Für den größten Teil der Rechtswissenschaft war wenig, für die Naturwissenschaften so gut wie nichts wissenschaftlich Brauchbares vorhanden. In der klassischen und der neueren Philologie fehlten alle wichtigeren Werke der letzten drei Jahrzehnte. Die Ausfüllung der großen Lücken mußte deshalb in den letzten Jahren das Hauptbestreben der Bibliotheksverwaltung sein und muß es noch lange bleiben. Es werden noch sehr erhebliche Geldmittel und auch eine Vermehrung des Personals nötig sein, ehe die Bibliothek ein für die drittgrößte Universität Deutschlands brauchbares Instrument werden kann.

Am 1. April 1926 war die Bändezahl auf 474 856 (Abt. 1: 344 150, Abt. 2: 107 948, Abt. 3: 22 758), dazu rund 123 000 Universitätsschriften angewachsen. An Raritäten sind nur — in Abt. 1 — 2 300 Inkunabeln und mehrere Tausende von Drucken des 16. Jahrh. vorhanden, während der städtische Handschriftenbesitz vom Stadtarchiv aufbewahrt wird. Die Benutzung ist nach einem starken Rückgange in den Kriegsjahren wieder im Steigen. 1925 wurden von Abt. 1 27 732, von Abt. 2 30 377, von Abt. 3 5 407 Bände ausgeliehen; in den Lehrsälen wurden bei Abt. 1 27 308, bei Abt. 60 300, bei Abt. 3 4 485 Benutzer gezählt. Die Ausgaben betrugen 1925 bei Abt. 1 für Bücher 45 017, für Einband 11 719, bei Abt. 2 für Bücher 35 111, für Einband 14 050, bei Abt. 3 für Bücher 17 097, für Einband 3 502 Mark.

Neben der Universitäts- und Stadtbibliothek stehen der wissenschaftlichen Arbeit in Köln eine Reihe größerer Fach-, Bedarfs- und Präsenz-Bibliotheken zur Verfügung.

An erster Stelle ist hier die theologische Bibliothek des Priesterseminars zu nennen. Sie ist die einzige Kölner Bibliothek, die noch in einem alten Bibliothekssaale, dem Barocksaale der Jesuitenbibliothek auf der Marzellenstraße, untergebracht ist. Mit ihren 60 000 Bänden ist sie eine der bedeutendsten Fachbibliotheken Deutschlands, wenn auch ihre Stärke mehr auf den alten Beständen beruht, und in den neueren empfindliche Lücken klaffen. Unter den 300 Handschriften sind viele aus den alten Kölner Sammlungen, ferner solche aus Aachen, Brauweiler, Hohenbusch, Sittard usw. Auch sind 350 Inkunabeln vorhanden. Die Bibliothek wird auch nach der Verlegung des Priesterseminars nach Bensberg als Diözesanbibliothek in Köln bleiben.

Für Philosophie, besonders Scholastik, hat die junge Bibliothek der Albertus-Magnus-Akademie in deren Heim auf dem Sachsenringe bereits eine sehr stattliche Sammlung von 8 000 Bänden, unter denen die ausländische Literatur gut vertreten ist, zusammengebracht.

Einband zu dem Mathäus-Kommentar des Albertus Magnus mit Lederschnittfigur des Verfassers (ca. 15. Jahrh.)

Für die Bedürfnisse der Techniker sorgt die von den technischen Vereinen mit Unterstützung der Stadt Köln gegründete Technische Bücherei in der Maschinenbauschule am Ubierring (jetzt über 6 000 Bände). Mit ihr verbunden ist die Patentschriftenauslegestelle. 1925 wurde die Bücherei von 2 390 Personen benutzt.

Für Kunstgeschichte und Kunstgewerbe werden die Bestände der Universitäts- und Stadtbibliothek ergänzt durch die **Bibliothek des Kunstgewerbemuseums** (11 000 Bände, 40 000 Tafeln Vorbilder), für Musikwissenschaft durch die Bibliothek der Hochschule für Musik (2 429 Bücher, 13 720 Noten, 265 Orchester mit Partituren) und die Bibliothek des Heyermuseums (3 000 Bände), deren Schicksal allerdings im Augenblick ungewiß ist.

Ferner kommen in Betracht die Bibliothek des Sozialwissenschaftlichen Forschungsinstituts, die Bibliotheken der Universitätsseminarien (besonders des volkswirtschaftlichen, betriebswissenschaftlichen, rechtswissenschaftlichen, philosophischen, klassisch-philologischen, romanischen, englischen, germanistischen, historischen und kunstgeschichtlichen) und -Institute (des chemischen, physikalischen und geographischen), weiter die Handbibliotheken des Stadtarchivs und des Rheinisch-westfälischen Wirtschaftsarchivs, die Bibliothek des Statistischen Amtes, die Bibliothek der Handelskammer, die Bibliotheken der höheren Schulen, des Oberlandesgerichts und des Landgerichts, der Regierung, der Eisenbahndirektion, des Ostasiatischen Museums usw.

Ueber die Bestände aller dieser Bibliotheken soll ein örtlicher Zentralkatalog orientieren, der seit 1912 bei der Universitäts- und Stadtbibliothek, Abteilung 1 bearbeitet wird und jährlich um etwa 15 000 Titel anwächst.

Den wissenschaftlichen Bibliotheken haben sich seit der Bücher- und Lesehallenbewegung der neunziger Jahre die **Volksbibliotheken** zur Seite gestellt. In Köln begannen die ersten Versuche schon vorher. Die erste Volksbibliothek beruhte auf einer Schenkung des Bankhauses S. Oppenheim & Co. und wurde 1890 in Betrieb genommen. Auch die weitere Entwicklung wurde durch die glänzenden Stiftungen und Geschenke von Kölner Bürgern (G. Brandt, W. Pfeiffer, A. Camphausen, W. Heyer, Gebr. Stollwerck, G. Küppers-Loosen, F. Vorster, M. Charlier), die bis 1914 die Höhe von 418 300 Mark erreichten, ermöglicht und gefördert. Zunächst (bis 1901) waren die Bibliotheken notdürftig in gerade entbehrlichen Räumen städtischer Gebäude, besonders Schulen untergebracht, von bescheidener Größe, mit beschränkter Ausleihzeit, auf die unteren Volks- und Bildungsschichten zugeschnitten. Seitdem haben fast alle eigene, zum Teil recht gut ausgestattete Räume bekommen — 2 haben eigene Gebäude — und suchen mit ihren Bücherbeständen auch weiteren Ansprüchen gerecht zu werden. Diese Entwicklung und später die Finanznot haben die Gründung größerer Zentral- oder Quartierbüchereien verhindert. Auch die anderswo bestehende Unterordnung unter die wissenschaftliche Bibliothek oder die Verbindung mit ihr hat in Köln nie bestanden. Zur Zeit sind 7 linksrheinische und 3 rechtsrheinische Volksbüchereien vorhanden, alle mit einer Ausnahme mit Lesesälen verbunden. Der Bücherbestand beläuft sich auf etwa 60 000 Bände; der Vermehrungsetat (mit Bindekosten) beträgt 40 000 Mark. 1925 wurden 246 355 Bände ausgeliehen, 103 529 Besucher der Lesehallen gezählt.

In der Arbeitsweise sind die Kölner Volksbibliotheken an die sog. neue oder Leipziger Richtung angeschlossen, die individuelle Förderung des einzelnen Lesers, persönliche Entwicklung der Unentwickelten, aber Entwicklungsfähigen, also psychologisierenden Ausleihebetrieb anstrebt und als geeignete Mittel dazu qualifiziertes Ausleihepersonal, zweckmäßige Betriebsformen und Hilfseinrichtungen fordert. Leider fließen aber bei der jetzigen Geldnot die Mittel nicht reichlich genug, um den Bücherbestand von Grund auf zu erneuern und jene Ziele in einer der Stadt Köln würdigen **Weise durchzuführen.**

Städtisches Kleinkinderheim in Köln-Brück

SOZIALE FÜRSORGE
UNTER BESONDERER BERÜCKSICHTIGUNG
DER GESUNDHEITSFÜRSORGE

VON STADTARZT DR. VONESSEN, KÖLN

„Vorbeugen ist besser als Heilen!" Dieser Erkenntnis folgend, hat schon in früheren Zeiten die öffentliche Gesundheitspflege Einrichtungen ins Leben gerufen, welche die Verhütung von Krankheiten bezweckten; man denke z. B. an die wichtige Rolle, die einwandfreie Trinkwasserversorgung, Abwässerbeseitigung, Nahrungsmittelkontrolle usw. bei der Bekämpfung mancher ansteckenden Krankheiten spielen. Tatsächlich ist durch die vorbeugenden Maßnahmen der öffentlichen Gesundheitspflege ein großer Erfolg erzielt worden: Die verheerenden Seuchen früherer Jahrhunderte sind heute unbekannt geworden; Typhus- und Choleraepidemien, die noch bis in die letzten Jahrzehnte hinein ihre Schrecken verbreiteten, sind eine Seltenheit geworden. Bei diesen Krankheiten handelt es sich um solche, die alle Bevölkerungsschichten, hoch und niedrig, reich und arm gleichmäßig bedrohen, und daher mußten sich auch die Gegenmaßnahmen auf alle Bevölkerungskreise ohne Rücksicht auf Stellung und Vermögen erstrecken. Aber schon hierbei mußte man sich davon überzeugen, daß ein voller Erfolg nur durch stärkere Berücksichtigung des sozialen Faktors zu erzielen sei. „Die Medizin ist in ihrem innersten Kern und Wesen eine soziale Wissenschaft, und solange ihr diese Bedeutung in der Wirklichkeit nicht vindiziert sein wird, wird man auch ihre Früchte nicht genießen, sondern sich mit der Schale und dem Schein begnügen müssen", schrieb Neumann, Virchows Mitarbeiter, schon 1849. Und wirklich, der Zusammenhang liegt auf der Hand: Eine Epidemie von Typhus oder Cholera, also von ansteckenden Krankheiten, welche durch die Berührung der Gesunden mit den Kranken oder ihren Ausscheidungen und Gebrauchsgegenständen übertragen werden, fordert zwar ihre Opfer bei reich und arm, aber doch sehr viel häufiger in den Hütten der Armen, wo sich zahlreiche Menschen auf einen kleinen Raum zusammendrängen und auf Sauberkeit nicht immer peinlich Bedacht nehmen und Bedacht nehmen können. Als in besonders hohem Grade abhängig von der sozialen Lage erkannte man in den letzten Jahrzehnten des vorigen Jahrhunderts gerade die zahlenmäßig bedeutungsvollsten Todesursachen. Die Sterblichkeit der Säuglinge im ersten Lebensjahre beläuft sich

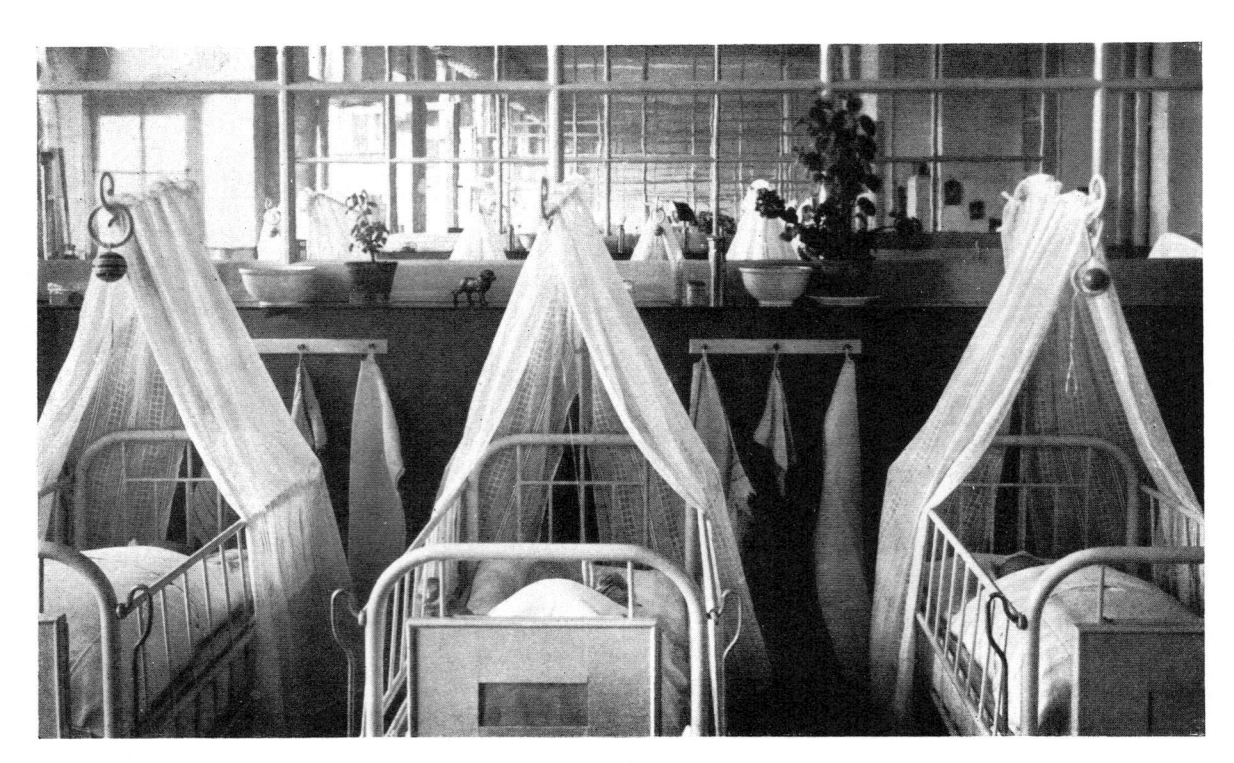

Säuglingsabteilung im städtischen Waisenhaus zu Köln-Sülz

Orthopädisches Turnen (Kriechmethode nach Professor Klapp) im Bergerhospital

Licht- und Luftbad zu Köln-Brück; Gesundheitsturnen

Licht- und Luftbad zu Köln-Bocklemünd; Plantschweiher

Stadtkölnisches Kindererholungsheim „Godeshöhe" zu Godesberg a. Rh.

auf annähernd $1/5$ bis $1/6$ der Lebendgeborenen; die Säuglingssterbeziffer wird wesentlich beeinflußt durch Magen-Darmerkrankungen, die durch unrichtige Ernährung und Pflege, durch ungünstige Wohnverhältnisse, also letzten Endes durch Unkenntnis und Unvermögen verursacht werden. Die Tuberkulose rafft etwa $1/10$ aller Menschen dahin; die Krankheit wird meist vom Kranken auf den Gesunden übertragen durch Beschmutzung mit Auswurf oder durch Einatmung von bazillenhaltigem Staub oder durch Anhusten; die Ansteckungsgefahr muß also in einer dumpfen, schmutzigen, überfüllten Wohnung, wo der Kranke mit den Gesunden in unvermeidlich inniger Berührung zusammenwohnt, ja sogar in demselben Bett mit ihnen schläft, sehr viel größer sein als in der hellen, sonnigen, sauberen und geräumigen Wohnung des Gutsituierten, wo der Kranke nicht nur sein eigenes Bett hat, sondern auch ohne Schwierigkeiten in einem eigenen Zimmer von den Gesunden sich fernhalten kann. Man sieht, bei der Säuglingssterblichkeit wie bei der Tuberkuloseverbreitung wirken soziale Faktoren ausschlaggebend mit.

Es unterliegt keinem Zweifel, daß Mißstände der sozialen Lage nicht erst heute und gestern, sondern immer schon die Gesundheitsverhältnisse ungünstig beeinflußt haben. Aber eine ganz besondere Bedeutung kam dieser Frage zu, seitdem die Industrialisierung unserer Bevölkerung, die Zusammenballung großer Menschenmassen an einzelnen Industriezentren, die Großstadtbildung immer weitere Fortschritte machte. Dadurch wurden die Lebensverhältnisse der großen Masse hinsichtlich Wohnung, Ernährung, Arbeit und Erholung in eine ungesunde Richtung gedrängt. Schädigungen der Gesundheit mußten sich daher infolge dieser Entwicklung sehr viel häufiger einstellen als früher.

Die Erkenntnis dieser Zusammenhänge hat ganz bestimmte Einrichtungen ins Leben gerufen, welche gerade unter den durch ihre ungünstige soziale Lage gesundheitlich gefährdeten Bevölkerungsschichten die Erhaltung der Gesundheit ermöglichen und Krankheit und Sterblichkeit herabdrücken wollen. Diese Bevölkerungsschichten sind aber die breiten Massen der ganzen minderbemittelten Bevölkerung und stellen den zahlenmäßig größten Teil der Gesamtbevölkerung dar. Die Gesundheit dieser Schichten bessern, bedeutet also wirklich eine Hebung der Volksgesundheit. Diese Tatsache leuchtet noch mehr ein, wenn man hört, daß die „soziale Hygiene", wie man diesen Zweig der Gesundheitspflege nennt, sich im wesentlichen auf die Bekämpfung derjenigen Krankheiten beschränkt, welche durch ihre Ansteckungsgefahr oder ihre große volkswirtschaftliche Bedeutung für die Allgemeinheit bedrohlich sind.

Bestrebungen dieser Art wurden schon Ende des vorigen Jahrhunderts von der Armenverwaltung der Stadt Köln ins Leben gerufen, ganz besonders gefördert aber seit der Einrichtung eines besonderen ärztlichen Dezernates (1905). In diesem Dezernat, dem Gesundheitsamt, werden alle einschlägigen Fragen bearbeitet. Ihm unterstehen die Krankenanstalten, das Krankentransportwesen, die Gesundheitspolizei, welche die Bekämpfung der ansteckenden Krankheiten und die Beseitigung gesundheitlicher Mißstände zur Aufgabe hat, das Desinfektions- und Bäderwesen, die Nahrungsmitteluntersuchungsanstalt, und endlich, worauf es hier besonders ankommt, die Einrichtungen der sozialhygienischen Gesundheitsfürsorge.

Blick auf das Siebengebirge vom Kinderheim Godeshöhe aus

Man unterscheidet drei verschiedene Arten von sozialhygienischen Fürsorgeeinrichtungen. Man bezeichnet sie als offene, geschlossene und halbgeschlossene Fürsorge. Die **offene Fürsorge** arbeitet so, daß sie den Kranken bezw. Krankheitsbedrohten in seinem sozialen Milieu beläßt und lediglich durch Aufklärung und Belehrung und, wenn nötig, durch geeignete wirtschaftliche Hilfsmaßnahmen Gefährdungen der Gesundheit zu beseitigen sucht. Einige Beispiele zeigen am besten die Arbeitsweise dieses Systems. Ein ansteckender Tuberkulöser z. B. wird von der Tuberkulosefürsorge über die Natur seines Leidens, die Ansteckungsgefahr, die Vermeidbarkeit der Ansteckung und die Wege hierzu aufgeklärt und zur Befolgung der Ratschläge durch laufende Ueberwachung angehalten; ist die Familie aus eigener wirtschaftlicher Kraft nicht imstande, dem Kranken ein eigenes Schlafzimmer oder wenigstens ein eigenes Bett zu verschaffen, so tritt die Tuberkulosefürsorge ein, indem sie dem Kranken ein eigenes Bett zur Verfügung stellt oder in geeigneten Fällen die Mehrkosten der Miete für ein weiteres Zimmer, welches der Isolierung des Kranken dient, übernimmt. Die (offene) Säuglingsfürsorge arbeitet nach ähnlichen Grundsätzen: Durch Beratung der Mütter über die richtige Ernährung und Pflege ihres gesunden Kindes will sie Krankheiten, insbesondere die im Hochsommer in der Großstadt so gefürchteten Magen-Darmkatarrhe der Säuglinge vermeiden. Durch Stillprämien sucht sie die natürliche Brusternährung der Säuglinge, welche am ehesten die gedeihliche Entwicklung des Kindes gewährleistet, zu fördern.

Die offene Fürsorge bedarf zum erfolgreichen Wirken der intensiven Mitarbeit einmal von Aerzten, zum andern von eigens hierfür vorgebildeten Fürsorgerinnen zur Belehrung und Erziehung der betreuten Familien. In Köln wirken 10 hauptamtliche Stadtärzte und 45 nebenamtliche Schulärzte mit 72 städtischen Fürsorgerinnen zusammen in der Gesundheitsfürsorge für die minderbemittelte Bevölkerung. Ihre berufliche Ausbildung erhalten die Fürsorgerinnen in der Wohlfahrtsschule der Stadt Köln, die seit 1914 besteht. Der einzelne Ausbildungslehrgang umfaßt 4 Halbjahre und wird durch eine staatliche Prüfung abgeschlossen. Voraussetzung hierfür ist der vorherige einjährige Besuch der Krankenpflege- oder Säuglingspflegeschule, die den städtischen Hospitälern und Kinderkliniken angegliedert sind.

Die **geschlossene Fürsorge** geht anders vor: Sie nimmt den Kranken oder Krankheitsbedrohten aus dem gefährlichen Milieu heraus und bringt ihn in einer Anstalt unter, also z. B. den ansteckenden Tuberkulösen im Tuberkulosekran-

Stadtkölnisches Kindererholungsheim zu Adenau in der Eifel

kenhaus oder in der Tuberkuloseheilstätte, den gesundheitlich gefährdeten Säugling im Säuglingsheim, das Kleinkind oder Schulkind im Kinderheim und dergleichen.

Die halbgeschlossene Fürsorge steht in der Mitte zwischen den genannten Einrichtungen. Hierher gehören beispielsweise Tageserholungsstätten, Kindergärten und -horte, Krippen und alle anderen Einrichtungen, welche ihren Pfleglingen nur für den Tag oder einen Teil des Tages Aufnahme gewähren und sie für die Nacht wieder in ihre Familie zurückkehren lassen.

In der Praxis vereinigen sich die genannten Fürsorgearten entsprechend ihrem gemeinsamen Zweck. Alle drei Einrichtungen haben ihre Berechtigung und sind im einzelnen Falle unentbehrlich, indem sie sich gegenseitig ergänzen und so erst einen vollen Erfolg für alle die verschieden gelagerten Notfälle ermöglichen.

Die genannten Einrichtungen gehen nicht etwa alle nur von städtischen oder sonstigen Behörden aus. Wie auf dem gesamten Gebiet der Wohlfahrtspflege, so vereinigen sich auch in dieser Hinsicht öffentliche und private Kräfte zu gemeinsamem Wirken. So haben caritative Vereinigungen der verschiedenen Konfessionen und Organisationen wertvolle Einrichtungen geschaffen, wenn auch in Köln gerade auf dem Gebiet der gesundheitlichen Fürsorge die Stadtverwaltung bahnbrechend vorgegangen ist und Vorbildliches geleistet hat. Als eine sehr zweckmäßige Arbeitsteilung hat es sich erwiesen, daß die offene Fürsorge vorwiegend von städtischen Stellen wahrgenommen wird, während die Einrichtungen der geschlossenen u. halbgeschlossenen Fürsorge großenteils von privaten caritativen Organisationen getragen werden. Das gilt z. B. hinsichtlich der Säuglingsfürsorge. Die offene Fürsorge, deren Aufgabe und Arbeitsweise oben schon gekennzeichnet wurde, wird von 21 städtischen Säuglingsfürsorgestellen ausgeübt. Diese sind, um den Müttern den Besuch zu erleichtern, über die ganze Stadt verteilt, meist in Schulräumen behelfsmäßig, aber doch ganz zweckentsprechend untergebracht und halten wöchentlich zu bestimmten Zeiten durch Arzt und Fürsorgerinnen Sprechstunde ab. Kranke Säuglinge werden den praktizierenden Aerzten oder den Krankenanstalten zugewiesen. Des öfteren aber ergibt sich die Notwendigkeit, auch gesunde Säuglinge in Anstalten unterzubringen, z. B. bei Tod oder schwerer Krankheit der Mutter oder wenn die Mutter aus sonstigen Gründen für ihr Kind nicht selbst sorgen kann, in erster Linie also bei unehelichen Kindern und bei in fremder Pflege untergebrachten Haltekindern. Außer dem städtischen Waisenhaus, das eine sehr schöne Säuglingsabteilung von 160 Betten hat, und einem weiteren städtischen Säuglingsheim von 75 Betten

Adenau in der Eifel; im Hintergrund das Kölner Kindererholungsheim

widmen sich 11 private Säuglingsheime mit insgesamt 400 Betten diesem Zweck.
Besonders erwünscht sind solche Heime, die nicht nur die Säuglinge aufnehmen, sondern gleichzeitig den unehelichen Müttern, die vielfach für sich und ihr Kind kein Heim haben, für die ersten Monate nach der Niederkunft ein Unterkommen bieten. Dadurch wird nicht nur einer ärztlichen Forderung genügt, indem die Mutter unter günstigen äußeren Verhältnissen ihr Kind selbst nähren und pflegen kann, sondern die Verbindung zwischen der unehelichen Mutter und ihrem Kind mehr gefestigt, als wenn Mutter und Kind sogleich nach der Geburt auseinander gerissen würden. Derartige Mütter- und Säuglingsheime gibt es in Köln 6 mit 152 Mütterbetten; sie sind alle in der Hand von konfessionellen oder caritativen Frauenorganisationen.
Diese Anstalten nehmen auch **hoffende uneheliche Mütter** während der Schwangerschaft auf. Außerdem sind 36 Betten der städtischen Frauenklinik eigens für diesen Zweck bestimmt. Die offene **Fürsorge für hoffende (eheliche und uneheliche) Mütter** will durch den Schutz der Schwangeren nicht nur eine Forderung der Humanität erfüllen, sondern erstrebt in erster Linie den Schutz des erwarteten Kindes. Sie ist wiederum eine städtische Einrichtung, arbeitet mit einer Aerztin und 2 Fürsorgerinnen und hält regelmäßig wöchentlich Beratungsstunden für eheliche wie uneheliche Schwangere ab.
Zur Säuglingsfürsorge gehört auch die Bereitstellung einwandfreier **Säuglingsmilch.**
Diese Forderung hat von 1905 bis 1921 die städtische Säuglingsmilchanstalt erfüllt. An ihre Stelle ist neuerdings eine eigene Molkerei getreten, welche zur Zeit nach dem bekannten Degerma-Verfahren arbeitet und unter ständiger Kontrolle der Nahrungsmitteluntersuchungsanstalt und des hygienischen Instituts steht.
Wie für Säuglinge, so ist auch eine **Fürsorge für Kleinkinder** von 1—6 Jahren notwendig. Die offene Fürsorge ist mit der Säuglingsfürsorge vereinigt und arbeitet nach denselben Grundsätzen wie sie, bestrebt, durch vorbeugende Beratung und Regelung der Pflege und Ernährung das Kleinkind gesund zu erhalten. Der Anstaltsunterbringung von Kleinkindern dienen neben dem städtischen und mehreren privaten Waisenhäusern ein städtisches Kleinkinderheim im Vorort Köln-Brück, am Waldesrand gelegen. Die 45 Betten dieses Heimes dienen der Aufnahme in erster Linie von rachitischen Kindern, in zweiter Linie von schwächlichen, unterentwickelten und tuberkulosegefährdeten Kindern. Die Kinder verbleiben hier 6—8 Wochen und genesen unter der guten Pflege und Ernährung, insbesondere aber unter der Wirkung der frischen Luft und der Sonne in erfreulichem Maße. Als halbgeschlossene Fürsorgeeinrichtungen stehen eine große Anzahl städtische und private Kindergärten zur Verfügung; hierüber ist im Kapitel Schulwesen näheres mitgeteilt.
Der **Fürsorge für Schulkinder** dient zunächst die schulärztliche Ueberwachung sämtlicher Schulkinder. Sie will durch möglichst frühzeitige Erkennung von Krankheiten einmal das einzelne

Blick vom Kölner Seekinderheim Duhnen auf das Meer bei Sturm

erkrankte Schulkind rechtzeitig sachgemäßer Behandlung zuführen, zum andern eine Weiterverbreitung etwaiger ansteckender Krankheiten durch den Schulbesuch verhindern. Die Tätigkeit des Schularztes wird ergänzt durch besondere Einrichtungen, welche die Abstellung der erkannten Schäden erleichtern. Hierher gehören z. B. die orthopädischen Turnkurse, welche die Heilung bezw. Verhütung von Wirbelsäulenverkrümmungen bezwecken; leichtere Fälle werden von besonders ausgebildeten Lehrerinnen unter fachärztlicher Ueberwachung in mehrmonatigen Kursen in den Schulen behandelt, die schwereren Fälle werden nachdrücklicher fachärztlicher Behandlung in der orthopädischen Abteilung des städtischen Bürgerhospitals zugeführt. Von weiteren Einrichtungen sei nur noch der Bekämpfung der Ungezieferplage, die zeitweise nach dem Kriege sehr stark war, gedacht; die städtische Entlausungsanstalt arbeitet nach einem ganz modernen, wirksamen und angenehmen Verfahren durch Begasung der infizierten Kopfhaut mit Schwefeldioxydgas. — Der Betreuung der Schulkinder während der schulfreien Tagesstunden widmen

Stadtkölnisches See-Kinderheim zu Duhnen an der Nordsee

Stadtkölnische Lungenheilstätte zu Rosbach an der Sieg

sich dann die Kinderhorte, entsprechend den Kindergärten für Kleinkinder. Dienen die Horte mehr erzieherischen Zwecken, so andere Einrichtungen mehr gesundheitlicher Förderung, z. B. Licht-Luftbäder. Gerade für die Großstadtmenschen und besonders für die in der körperlichen Entwicklung begriffenen Kinder ist engere Berührung mit frischer Luft und Sonne ein wahres Bedürfnis. Und das kann in den Kölner Licht- und Luftbädern für eine große Anzahl von Schulkindern in jedem Sommer je 6 Wochen hindurch befriedigt werden. Eine im einzelnen Fall noch intensivere Beeinflussung und gesundheitliche Förderung aber kommt der geschlossenen Kinderfürsorge zu, welche durch vorbeugende Erholungskuren von 6—8— 12 Wochen Dauer die allgemeine körperliche Entwicklung und Widerstandskraft der Kinder, die infolge der Not der Kriegs- und Nachkriegsjahre so schwer gelitten hat, zu heben bemüht ist. Die Stadt Köln hat in eigenem Besitz für diese Zwecke je ein Kindererholungsheim in Godesberg a. Rh. mit 150 Betten, in Adenau in der Eifel mit 75 Betten und in Duhnen an der Nordsee mit 185 Betten. Außerdem aber belegt das Gesundheitsfürsorgeamt regelmäßig eine größere Anzahl von privaten Kindererholungsheimen mit erholungsbedürftigen Schulkindern. So sind im Jahre 1925 unter geldlicher Mitwirkung der Kölner Krankenkassen und der Landesversicherungsanstalt der Rheinprovinz über 8 000 Kölner Kinder mit Erholungskuren bedacht worden.

Eine wichtige Rolle in der Schulgesundheitspflege spielt die Zahnpflege; zwei städtische Schulzahnkliniken widmen sich dieser Aufgabe.

Nicht unerwähnt bleiben darf auch die Beteiligung der Schulärzte bei der Berufsberatung der die Schule verlassenden Schüler.

In dieser Aufzählung sind die der Gesundheit der Schulkinder dienenden Einrichtungen der Schulgebäude, wie Schulbäder etc. außer Betracht gelassen, desgleichen gewisse Fürsorgemaßnahmen wie Schulfrühstück, Ferienspiele, Waldschule, da sie im Kapitel Schulwesen gewürdigt sind.

Die Schulkinderfürsorge steht zu einem großen Teil bereits unter dem Zeichen der Tuberkuloseverhütung, besonders soweit die geschlossene und halbgeschlossene Erholungsfürsorge in Frage kommt. Die Tuberkulosefürsorge will auf der einen Seite dem Tuberkulosekranken die Möglichkeit zur Heilung bieten; auf der anderen Seite aber will sie ganz besonders die Tuberkulosegefährdeten, d. h. alle in dauernder Berührung mit einem ansteckenden Tuberkulösen Lebenden, besonders die Kinder und zumal die an sich schon schwächlichen Kinder vor dem Ausbruch der Tuberkuloseerkrankung bewahren. Dieses Ziel erstrebt die offene Tuberkulosefürsorge auf dem oben schon angedeuteten Wege. Die geschlos-

Kinderheilstätte „Sonnenhaus" (Godesberg)

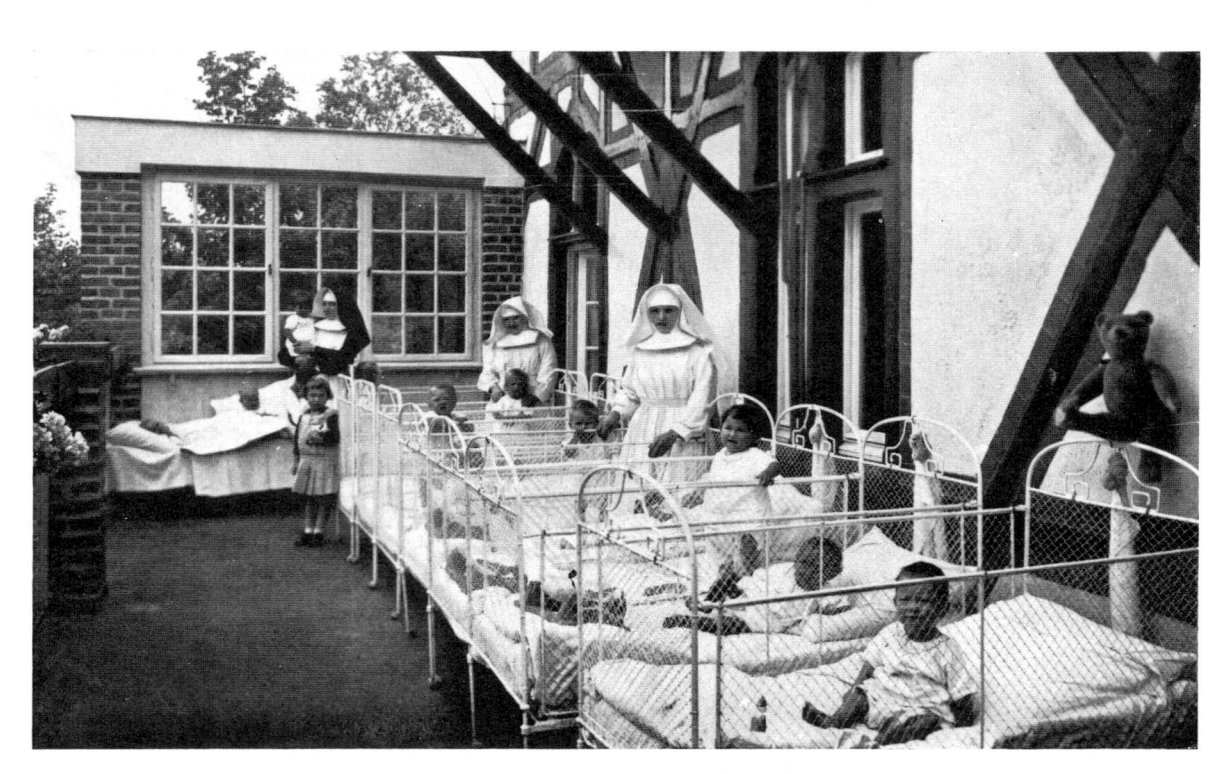

Terrasse im „Sonnenhaus"

Dr. Dormagen-Stiftung, Krüppelheim, zu Köln-Merheim; Vorderansicht

Dr. Dormagen-Stiftung, Krüppelheim, Zu Köln-Merheim; Hinteransicht

Eduardus-Haus, Krüppelheim der Josefsgesellschaft (Bigge) zu Köln-Deutz

Wohnhaus für lungenkranke Familien; Vorderansicht

sene Fürsorge dient der Tuberkulosebekämpfung einmal mit Einrichtungen zur Behandlung von bereits Erkrankten, das sind die Tuberkuloseheilstätten. Die Stadt Köln besitzt seit 1902 eine eigene Heilstätte mit 162 Betten für lungenkranke Männer in Rosbach a. d. Sieg, in landschaftlich reizender, günstiger Lage. Vor wenigen Jahren erst hat sie außerdem in Verbindung mit dem schon erwähnten Kindererholungsheim in Godesberg a. Rh. eine eigene Heilstätte mit 45 Betten für Kinder, die an spezifischen Erkrankungen der Knochen, Gelenke, Drüsen usw. leiden, eingerichtet. In diesem hellen, freundlichen „Sonnenhaus" mit seinen breiten Terrassen bringen neben der sachgemäßen ärztlichen Behandlung, die den Bedürfnissen des Einzelfalles angepaßt ist, die natürlichen Heilfaktoren der frischen Luft und Sonne überraschende Erfolge. Für Frauen sowie Kinder mit Lungentuberkulose hat die Stadt Köln keine eigenen Heilstätten, sondern nimmt je nach Bedarf private Anstalten in der Rheinprovinz oder im Schwarzwald oder bayerischen Hochland in Anspruch. Nicht der Heilung Erkrankter, sondern dem Schutze noch Gesunder, aber von der Tuberkulose Bedrohter, also der vorbeugenden Tuberkulosebekämpfung widmen sich die schon erwähnten Kindererholungsheime. An halbgeschlossenen Fürsorgeeinrichtungen stehen für Zwecke der Tuberkuloseverhütung, namentlich für Schulkinder Licht- und Luftbäder ausreichend zur Verfügung.

Gerade wie hinsichtlich der Tuberkulosebekämpfung, so ist auch hinsichtlich einer anderen Fürsorgeeinrichtung außer dem ärztlich-gesundheitlichen der wirtschaftliche Erfolg schon auf den ersten Blick unverkennbar; d. i. die K r ü p p e l f ü r s o r g e. Sie will die jugendlichen Krüppel geeigneter ärztlicher Behandlung und einer ihren körperlichen Fähigkeiten angepaßten Berufsausbildung zuführen, um sie so in den Stand zu setzen, selbst ihr Brot zu verdienen und nicht der Allgemeinheit zur Last zu fallen. Dieser Aufgabe werden in vorbildlicher Weise die Krüppelheime gerecht, welche „Klinik, Schule und Handwerkslehre unter einem Dach" vereinen. Die Stadt Köln ist durch die hochherzige Stiftung eines Kölner Arztes, Dr. Dormagen, in der glücklichen Lage, in einem derartigen ausgezeichneten Heim von 180 Betten die Krüppel zu frohen, zufriedenen, arbeitsfähigen Menschen und nützlichen Gliedern der Gesellschaft heranzubilden. Derselben Aufgabe widmen sich auch zwei Heime der Josefsgesellschaft (Bigge), das Vincenzheim und das neue, sehr schöne Eduardus-Haus; letzteres umfaßt Klinik, Lehrwerkstätten, Handelsschule und gewerbliche Fortbildungsschule und wird nach völliger Fertigstellung des Baues 180 Krankenbetten zählen.

Wohnhaus für lungenkranke Familien; Hinteransicht

Die Bekämpfung der Geschlechtskrankheiten erstrebt die Beratungsstelle für Geschlechtskranke, die von der Landesversicherungsanstalt der Rheinprovinz eingerichtet worden ist. Sie gewährt den Kranken oder Krankheitsverdächtigen kostenlose fachärztliche Untersuchung und Beratung und vermittelt ihnen die notwendige Behandlung. (Die Tätigkeit dieser Beratungsstelle ruht leider seit der Inflation, dürfte jedoch in Kürze wieder aufleben.) Die Wirksamkeit der staatlichen Sittenpolizei auf diesem Gebiete ist bekannt und braucht hier nicht geschildert zu werden. Weniger bekannt ist ein noch junger Zweig der Fürsorge, die Gefährdetenfürsorge, die dem Jugendamt angegliedert ist; sie will junge Mädchen, die in Gefahr sind, auf die schiefe Bahn zu geraten, vor dem Absinken bewahren und hat sich in der kurzen Zeit ihres Bestehens durch ihre zielbewußte und erfolgreiche Arbeit schon Anerkennung erworben.

Gegen den Alkoholismus wendet sich die Trinkerfürsorge, welche in enger Verbindung mit den hiesigen alkoholgegnerischen Vereinen nach denselben Grundsätzen wie allerwärts arbeitet. Falls notwendig, erfolgt die Anstaltsunterbringung der Trinker in auswärtigen privaten Trinkerheilstätten.

Die sogenannte Fürsorge für Nervöse widmet sich den Geisteskranken, soweit sie nicht anstaltspflegebedürftig sind, ferner den Epileptischen, Idioten, Psychopathen usw. Sie legt das Hauptgewicht auf die ärztliche (poliklinische) Untersuchung, Beratung und laufende Ueberwachung und veranlaßt nötigenfalls die Unterbringung in auswärtigen Pflegeanstalten.

Für Blinde sorgt der Blindenverein, hauptsächlich durch Vermittlung von Arbeit usw.

Die Taubstummen erhalten in der Provinzial-Taubstummenschule in Köln Unterricht und Erziehung, in den Erzbischöflichen Lehrwerkstätten für Taubstumme handwerkliche Ausbildung. Die wirtschaftliche Unterstützung und Förderung der Taubstummen läßt sich ein privater Verein, „Zentrale für Gehörlose", angelegen sein. Ueber Schwerhörigenschule, Absehkurse und Sprachheilkurse vergleiche Kapitel Schulwesen.

Nicht den unwichtigsten Zweig der sozialen Gesundheitsfürsorge bildet die Wohnungspflege. Der Zusammenhang zwischen Wohnung und Gesundheit bezw. Krankheit („Wohnungskrankheiten") ist bekannt. Die Wohnungspflege betrachtet es daher als ihre Aufgabe, die Bevölkerung soweit nötig durch Aufklärung und Erziehung zu hygienischen Wohnsitten anzuhalten, um Schädigungen der Gesundheit durch unhygienische Wohnverhältnisse zu vermeiden.

Besonders wichtig ist bekanntlich die Wohnungsfrage für Tuberkulöse. Allge-

Pallenbergs Arbeiterheim zu Köln-Merheim

meines Interesse finden dürfte der Weg, den die Stadt Köln in dieser Hinsicht eingeschlagen hat. Sie hat i. J. 1914 an der Peripherie der Stadt an verschiedenen Stellen je ein Doppelhaus für Lungenkranke errichtet. Jedes Haus enthält 4 Wohnungen, die untereinander völlig abgeschlossen sind und getrennten Eingang besitzen. Die Insassen stehen unter dauernder ärztlich-fürsorgerischer Ueberwachung der Fürsorgestelle für Lungenkranke. Um den eigentlichen Zweck zu erreichen, nämlich die Ansteckung der gesunden Familienangehörigen zu verhüten, wird streng darauf gesehen, daß der Lungenkranke ein eigenes Zimmer für sich erhält. Zu jeder Wohnung gehört auch ein Garten sowie Hofraum und Stall für Kleinviehhaltung.

Auch für Nichttuberkulöse ist durch mehrere wohltätige Stiftungen die Möglichkeit geboten, billig oder gar unentgeltlich eine schöne, gesunde Wohnung zu bekommen. Durch die Stiftung des Kölner Fabrikanten Pallenberg (1908) ist eine Siedlung geschaffen worden, in der tüchtige, ordentliche Handwerker, die arbeitsunfähig geworden sind, unentgeltlich eine Wohnung erhalten können. Die Siedlung, genannt Pallenbergs Arbeiterheim, besteht aus 17 Einfamilienhäusern, je einem Haus für alleinstehende Männer und Frauen und dem „Gemeindehaus", das jetzt in 3 Familienwohnungen aufgeteilt ist. Die Häuser gruppieren sich um eine hübsche Gartenanlage herum und machen einen außerordentlich freundlichen Eindruck. In ähnlicher Weise bietet die vom Rath-Stiftung „Wilhelmsruhe" (seit 1888) in einer Siedlung ca. 90 billige und gesunde Wohnungen für ordentliche und fleißige Arbeiter, desgleichen in kleinerem Umfange die Guilleaume-Stiftung.

Hier ist sodann die Obdachlosenfürsorge anzufügen, welche dem (wirtschaftlichen) Wohlfahrtsamt obliegt. In eigener städtischer Regie befinden sich 2 Heime für Frauen und Kinder obdachloser Familien mit annähernd 300 Betten. Darüber hinaus können Frauen und Kinder in Klöstern und privaten Heimen vorübergehende Unterkunft finden. Für Männer bieten eine Reihe privater Einrichtungen Unterkunftsmöglichkeit. So betreibt der Obdachlosenasyl-Verein E. V. mit namhaftem städtischen Zuschuß ein Obdachlosenasyl von 600 Betten. Besondere Erwähnung verdient auch die „Heimstatt" der Arbeiterwohlfahrt, welche, mit ihren 300 Betten zwar einstweilen in Baracken untergebracht, aber nach modernen Grundsätzen eingerichtet und betrieben, teils vorübergehende Unterkunft für eigentliche Obdachlose, teils für alleinstehende Arbeiter ein Ledigenheim mit Verpflegung für längeren Aufenthalt bietet. Während alle diese Einrichtungen entweder nur Frauen und Kinder oder nur Männer

Städtisches Pflegehaus (Invalidenheim) zu Köln-Vingst

Städtisches Waisenhaus zu Köln-Sülz; Nordflügel, vom Innengarten aus gesehen

aufnehmen, hat die Stadtverwaltung neuerdings für 181 Familien Notwohnungen in Baracken zur Verfügung gestellt, die in ihrer sehr zweckmäßigen Anlage und Einrichtung einem dringenden Bedürfnis abhelfen.

Das ausgedehnte segensreiche Wirken des Wohlfahrtsamtes in der wirtschaftlichen Wohlfahrtspflege für die unterstützungsbedürftige Bevölkerung kann im Rahmen dieser Besprechung nicht geschildert werden. Erwähnt sei hier nur, daß rund 520 pflegebedürftige Sieche und Altersschwache in 5 städtischen Invalidenhäusern Aufnahme finden können; für denselben Zweck werden ferner 77 private, meist außerhalb Kölns gelegene Heime nach Bedarf in Anspruch genommen. Für 310 weibliche Personen über 60 Jahre bieten außerdem die „Konvente", 6 an der Zahl, eine gewisse Altersversorgung. Sie gehen auf alte Stiftungen zurück, werden aber heute von der Stadt unterhalten. Der Waisenpflege ist bereits in den obigen Ausführungen wiederholt Erwähnung getan. Das i. J. 1917 eingerichtete große, moderne städtische Waisenhaus in Köln mit Aufnahme- und Durchgangsstation für alle der öffentlichen Fürsorge anheimfallenden Kinder bietet Platz für 752 Insassen. Ein weiteres städtisches Waisenhaus in Hoffnungsthal bei Köln hat 90 Betten. Außerdem bestehen 21 private (konfessionelle) Waisenhäuser in Köln mit insgesamt rund 1 700 Betten.

Der Hebung der Volksgesundheit dienen zum Schluß auch die öffentlichen Badeanstalten. Hierüber ist in dem Kapitel „Die städtischen Bäder" genaueres berichtet.

Ebenfalls findet sich an anderer Stelle ein Bericht über das städtische Museum für Volkshygiene, das sich die Aufklärung der Bevölkerung über gesundheitliche Fragen zum Ziel setzt.

Die vorstehenden Ausführungen geben ein Bild von der vornehmen Pflichtauffassung, die eine moderne Großstadt in der Sorge für ihre vom Glück weniger begünstigten Bewohner bekundet. Es dürfte aber auch das eine klar daraus hervorgehen, daß die Ausgaben für diese Zwecke keine nutzlose Kapitalanlage darstellen, sondern sich mit reichlichen Zinsen bezahlt machen. Denn die Hebung der Volksgesundheit wird in letzter Linie wiederum der Volkswirtschaft und der Allgemeinheit zugute kommen.

DER FLUGHAFEN DER STADT KÖLN

VON FLUGHAFENLEITER MAJOR A. D. HANTELMANN

Die Stadt Köln besitzt in dem etwa 6 km nordwestlich des Stadtinnern gelegenen alten Militärflugplatz eine Anlage, die alle Vorbedingungen für einen großen Luftverkehrshafen aufweist. Das haben auch bereits die Engländer während der Besatzungszeit erkannt. Vom Oktober 1922 ab wurde der Flugplatz der Ausgangspunkt einer Linie Köln—Brüssel—London, die zunächst von der Instone-Air-Line, später von der Imperial Airways Ltd. betrieben wurde. Damit wurde die Grundlage für die luftpolitische Bedeutung Kölns gelegt. Mit der Räumung Kölns durch die Besatzung kam die Stadt in die Lage, sich selbst aktiv am Luftverkehr zu beteiligen. Der Ausbau der vorhandenen alten Flugplatzanlagen für die Erfordernisse des modernen Luftverkehrs wurde hierzu nötig.

In Deutschland war in den Jahren nach dem Kriege ein ausgedehntes Luftverkehrsnetz entstanden. Hand in Hand mit den beiden großen deutschen Luftverkehrskonzernen, Aero-Lloyd und Junkers, wetteiferten die großen Städte vielfach in hartem Wettbewerb miteinander in der Einrichtung immer neuer Luftlinien.

Die unerfreulichen Nebenwirkungen dieses Wettbewerbes veranlaßten das Reich, im letzten Viertel 1925 seinen Einfluß auf einen Zusammenschluß der beiden Konzerne geltend zu machen. Auf diese Weise entstand Anfang 1926 die Gründungsgesellschaft der späteren deutschen Lufthansa A.-G., die heute in beinahe monopolartiger Weise, im Verein mit den großen ausländischen Gesellschaften, sämtliche über Deutschland führende internationale und den weitaus größten Teil der nationalen Linien betreibt. Für Köln war die Lage insofern schwierig, als die großen Städte im benachbarten Ruhrgebiet, die früher als Köln von der Besatzung geräumt worden waren, es schon 1925 verstanden hatten, Anschluß an das deutsche und teilweise auch an das internationale Luftnetz zu erhalten. Trotzdem gelang es Köln, sich im Liniennetz 1926 einen seiner Bedeutung entsprechenden Platz zu sichern.

Zu gleicher Zeit führte Deutschland in Paris einen schweren Kampf um die Befreiung von den ihm aufgezwungenen Begriffsbestimmungen. Der schließlich günstige Ausgang der Verhandlungen gab uns auch im internationalen Luftverkehr unsere volle Bewegungsfreiheit wieder. Für Köln war dies von entscheidender Bedeutung, da die Stellung Kölns im Luftverkehr gerade auf seiner günstigen Lage zu den großen internationalen

Flugzeughalle

Luftlinien beruht. Vom Kölner Standpunkt aus war es daher auch zu begrüßen, daß die englische Gesellschaft nach Abzug der Besatzung die Linie Köln—London weiter betreiben durfte.
Am 31. März erfolgte die Gründung der Rheinischen Luftverkehrsgesellschaft m. b. H. mit dem Sitz in Köln unter Beteiligung der Städte Aachen, Bonn, Düren, Eschweiler, Koblenz, Köln, Krefeld, M.-Gladbach, Neuß, Saarbrücken, Solingen, Stolberg, Trier. Die Gesellschaft will zunächst keinen eigenen Luftverkehr betreiben. Sie stellt gewissermaßen eine Interessen-Vereinigung der Städte des rheinischen Wirtschaftsgebietes von Krefeld im Norden bis Saarbrücken im Süden dar, die die Aufgabe hat, die Luftverkehrsinteressen des gesamten Gebietes nach außen zu vertreten.
Am 1. Februar 1926 landeten 2 Flugzeuge der deutschen Lufthansa A.-G., von Berlin kommend, als erste deutsche Flugzeuge im befreiten Köln. Zu gleicher Zeit wurde mit großen Mitteln darangegangen, den Hafen für die Erfordernisse des Luftverkehrs auszubauen. Zunächst galt es, die dem Reich gehörenden alten Anlagen zu erwerben, alsdann wurde mit einer großzügigen Erweiterung des Platzes begonnen. Wenn auch der Flugplatz in seinen alten Ausmaßen von 750×850 m bei freier Einschwebemöglichkeit von allen Seiten für den Anfang ausreichend war, so erforderte doch die Rücksicht auf die in einer nahen Zukunft zu erwartende Steigerung des Verkehrs, die fortschreitende Vergrößerung der Maschinen und nicht zuletzt den künftigen Nachtluftverkehr schon heute die Erweiterung des Rollfeldes auf ein Maß von 1 000 × 1 000 m. Für eine spätere Zukunft ist bei der freien Lage des Flughafens außerhalb der Straße noch genügende Erweiterungsmöglichkeit vorhanden.
Neben der Erweiterung des Platzes ging man an den Umbau der Flugzeughallen und an die Einrichtung eines Abfertigungsgebäudes. Von einem Neubau mußte wegen der Kürze der Zeit, die bis zur Betriebseröffnung zur Verfügung stand, und mit Rücksicht darauf, daß noch keine örtlichen Betriebserfahrungen vorlagen, zunächst abgesehen werden. Dafür wurde ein Teil einer früheren Flugzeughalle in ein provisorisches Abfertigungsgebäude umgewandelt.
Das Abfertigungsgebäude bildet das Herz eines Flughafens. In ihm befinden sich die Büros der Luftverkehrsgesellschaften, die Räume für den Wetter- und Funkdienst, sowie Post- und Zollabfertigung. In einer großen Empfangshalle werden die mit Kraftwagen ankommenden Fluggäste von den Gesellschaften in Empfang genommen, die in der Stadt gelösten Flugscheine kontrolliert und das Gewicht der Reisenden, sowie ihres Gepäcks festgestellt, um eine Ueberlastung der Flugzeuge zu vermeiden. Von der Empfangshalle gelangen die Gäste in einen komfortabel eingerichteten Warteraum, verbunden mit Restaurationsbetrieb. Durch hohe Glasfenster fällt der Blick von hier auf den Flugplatz und die vor dem Gebäude befindliche Plattform, an welche die Flugzeuge vor dem Abflug und nach der Landung heranrollen. Bei schönem Wetter laden Tische im

Baracken mit Beobachtungsturm

Freien zum Aufenthalt ein. Wenn die Abflugszeit herangekommen ist, begeben sich die Gäste auf ein Signal durch die Sperre zum Flugzeug auf die Plattform. Die Fluggäste steigen ein und die Maschine rollt zum Startplatz, von wo der Flug angetreten wird. Ankommende Flugzeuge rollen nach der Landung ebenfalls zur Plattform, wo die Fluggäste aussteigen und das Gepäck ausgeladen wird. Die Flugscheine werden kontrolliert, alsdann begeben sich die Gäste zu den bereit stehenden Kraftwagen, die sie zum Zentrum der Stadt bringen.

Bei den Auslandslinien findet vor dem Abflug und nach der Landung eine Revision der Pässe durch die Luftpolizei, bezw. des Gepäcks durch die Flughafenzollstelle statt.

Ein unentbehrliches Hilfsmittel für den Luftverkehr ist der Wetterdienst. Durch die Meteorologen der Wetterstation werden die telefonisch und funktelegraphisch aus dem In- und Auslande eingehenden Wettermeldungen gesammelt und zu Wetterkarten zusammengestellt. Der Flugzeugführer erhält vor dem Abflug alle diejenigen Wetternachrichten, die für ihn von Bedeutung sind, in erster Linie Windmessungen und Nebelbeobachtungen.

Die Funkstationen dienen neben der Sammlung der Wettermeldungen dem Verkehr der Flughäfen untereinander, die sich auf diesem Wege Start- und Landezeiten mitteilen; ferner in neuerer Zeit dem Verkehr der Flughäfen mit den in der Luft befindlichen Flugzeugen. Wichtige Wet-

Abfertigungsgebäude mit Plattform

Abfertigungshalle

Flughafenrestaurant mit Aussicht auf den Flugplatz

Flughafen der Stadt Köln

ternachrichten können den Flugzeugen noch während des Fluges übermittelt werden. Von außerordentlicher Bedeutung für die Orientierung ist neuerdings die funktelegraphische Anpeilung der Flugzeuge. Der so gefundene Standort wird den Flugzeugen auf funktelephonischem Wege weitergegeben. Die Flugzeuge unterrichten ihrerseits die Flughäfen von besonderen Vorgängen an Bord und melden ihre bevorstehende Ankunft.

In der Nähe des Abfertigungsgebäudes liegt eine Baracke, in der die Luftpolizei untergebracht ist, dicht bei ihr der Beobachtungsturm, von dem aus die Flugverkehrsleitung im Hafen erfolgt. Aufgabe der Luftpolizei ist die Ueberwachung der Flughäfen, die Prüfung der gesetzlichen Zulassung der Flugzeuge und Flugzeugführer und die Regelung und Ueberwachung des Luftverkehrs. Zu letzterem Zweck ist der Beobachtungsturm während der Verkehrszeiten mit Beamten besetzt, die den Verkehr durch Signalaustausch mit den an der Plattform und am Startplatz aufgestellten Beamten regeln.

Ankommende Flugzeuge werden vom Turm aus durch ein Sirenensignal gemeldet. Ein auf dem Beobachtungsturm hochgezogener roter Signalball bedeutet Startverbot für den ganzen Hafen.

In der Nähe der Polizei-Baracke gruppieren sich um eine hübsche Anlage die Büro- und Wohnbaracken des Flughafens mit den Büros der Flughafenverwaltung, Unterkunfts- und Ruheräumen für Piloten und Angestellte des Flughafens, sowie Bade- und Duschräumen. An diese Baracken schließt sich die Kantine an. Ueber eine größere Lücke hinweg, die den Flugzeugen als Einfluglücke bei West- und Südwestwind dient, gelangt man an die am Nordrand gelegenen Flugzeughallen. Die eine von ihnen kann bei 10 m Höhe und einer Toröffnung von 50 m die heutigen größten Maschinen aufnehmen. Die 2. Halle genügt bei einer Höhe von 5½ m und einer Toröffnung von 25 m für die kleineren, heute im Verkehr befindlichen Maschinen. Vor der großen Halle befindet sich eine ausgedehnte Solidititbefestigung, auf der die Flugzeuge zum Tanken und Ueberholen der Motore nach dem Fluge Aufstellung finden. An der gegenüberliegenden Südostecke des Platzes erheben sich die Maste der Sendestation, deren Apparate in einer daneben gelegenen Baracke untergebracht sind.

Für Landungen bei Nacht ist eine einfache Nachtbeleuchtung vorgesehen. Die Einrichtung einer umfangreicheren Nachtbefeuerung wird erst dann

erfolgen, wenn die Versuche, die z. Zt. an anderen Häfen gemacht werden, abgeschlossen sind.
In den ersten 2 Monaten nach der Räumung Kölns blieb es auf dem Flugplatz noch still. Nur die englische Gesellschaft setzte mit Erlaubnis der deutschen Regierung ihre Flüge nach London fort. Anfang April wurde in ganz Deutschland der Luftverkehr, der während der Fusionsarbeiten im Winter geruht hatte, wieder aufgenommen. Als erste Maschine im regelmäßigen deutschen Luftverkehr landete am 6. April ein Flugzeug der Linie Berlin—Köln auf dem Platz. Am gleichen Tage wurden die Strecken Hamburg—Bremen—Dortmund—Essen—Düsseldorf—Köln und Dortmund—Essen—Köln—Frankfurt—München eröffnet. Am 12. April folgte die Linie Gleiwitz—Breslau—Halle—Köln und schließlich am 19. April die Linie Amsterdam—Düsseldorf—Köln—Frankfurt—Mannheim—Basel.
Wie in Köln, so war auch im übrigen Deutschland bis zu diesem Termin der weitaus größte Teil der Linien in Betrieb genommen worden. In Verbindung mit dem günstigen Ausgang der Pariser Verhandlungen folgte dann am 18. Mai die Eröffnung der dänischen Linie Kopenhagen—Hamburg—Köln mit Anschluß nach Paris, und am 26. Mai begegnete sich das erste von Paris kommende französische Flugzeug mit dem ersten nach Paris fliegenden deutschen Flugzeug im Flughafen Köln. Ein Ereignis von historischer Bedeutung. Die alte Feindschaft zwischen beiden Ländern war zum ersten Mal allen sichtbar überbrückt und das völkerverbindende Flugzeug die Brücke geworden. Köln aber Zeuge dieses welthistorischen Geschehens.
Köln ist im Streckennetz 1926 der deutschen Lufthansa einer der großen Knotenpunkte im Westen Deutschlands geworden. Die großen internationalen Linien London—Berlin, Paris—Berlin, Kopenhagen—Paris und Amsterdam—Basel schneiden sich in Köln und bilden das Rückgrat des Kölner Luftverkehrs. Es fehlt nur noch eine Fortsetzung der Linie London—Köln über Wien nach dem südöstlichen Europa.
Vom Standpunkt Kölns weist das Luftverkehrsnetz 1926 noch manche Mängel auf, doch ist zu hoffen, daß sie in den nächsten Jahren beseitigt werden.
Das Liniennetz des Jahres 1926 ist aus dem Widerstreit der verschiedensten Interessen, aus historischer Entwicklung und finanziellen Gesichtspunkten heraus entstanden. In dem Maße, wie der Luftverkehr selbst wirtschaftlicher werden wird, werden auch die großen Gesichtspunkte der Schnelligkeit und Zuverlässigkeit, die allein für den Luftverkehr maßgebend sein sollen, in den Vordergrund treten.
Dann erst wird Köln im Luftverkehrsnetz Europas den Platz einnehmen, der ihm auf Grund seiner wirtschaftlichen und verkehrspolitischen Bedeutung zukommt. Möge diese unsere Hoffnung sich in einer nahen Zukunft erfüllen!

★

AUS DER GESCHICHTE DER KÖLNER MASCHINENINDUSTRIE

VON DIPL.-ING. PROF. KARCH
DIREKTOR DER MASCHINENBAU-ANSTALT HUMBOLDT

Kölns Ruf als Handelsstadt läßt sich auf viele Jahrhunderte zurückführen. Jedoch erst seit wenigen Jahrzehnten hat die rheinische Metropole die gleich große Bedeutung auch als Industriestadt erlangt. Die Zeit der Kölner Industriegründungen fällt ungefähr zusammen mit dem lebhaften industriellen Aufschwung, der anfang der 50er Jahre des verflossenen Jahrhunderts nach längerer Zeit der wirtschaftlichen Unsicherheit in ganz Deutschland einsetzte. Damals wurde in Köln der Grund gelegt zu den beiden stärksten Pfeilern seiner heutigen Industrie, der Maschinenindustrie und der Chemischen Industrie.
Die Maschinenindustrie ist ein Kind des Bergbaues. Die Dampfmaschine, das unsterbliche Werk des großen James Watt, die noch in der zweiten Hälfte des 18. Jahrhunderts in England das Maschinenzeitalter einleitete, erfüllte zunächst

ihren Zweck als Wasserhaltungsmaschine für den Bergbau. Das Wasser „mit Feuer" aus dem Schacht zu heben, anstatt mit Pferden am Göpel, war damals ein unerwarteter und gewaltiger Fortschritt und dennoch nur der Anfang einer vielseitigen Entwicklung der Dampfmaschine, die recht bald die bergbaulichen Aufgaben der Dampfmaschinen zu einem verhältnismäßig kleinen Sondergebiet der Verwendung der Dampfmaschine machte.

Abb. 1. Förderung in englischen Bergwerken um 1840

Der Bergbau gab dann auch in Deutschland den ersten Anreiz, den harten Kampf mit dem überlegenen englischen Maschinenbau aufzunehmen. Man bezog damals fast alle Maschinen aus England. Unter Preußens energischer Hand, zuerst in Schlesien, später auch im Westfälischen, begann es sich zu regen. Schon zu Anfang des 19. Jahrhunderts wirkte im deutschen Westen ein Dinnenthal, beginnt die Gutehoffnungshütte und die Kruppsche Gußstahlfabrik die Arbeit, gründete Friedrich Wilhelm Harkort in Wetter die „Mechanische Werkstätte Harkort & Co." In Aachen beginnt Reuleaux, in Lüttich John Cockerill Maschinen zu bauen. Allenthalben sucht man den englischen Vorsprung einzuholen. Man hat mit ungeheuren Widerständen zu kämpfen, mit Arbeiter- und Materialschwierigkeiten, Verständnislosigkeit der Abnehmer. Es geht nur langsam vorwärts, und oft hemmen wirtschaftliche und politische Nöte die Entwicklung bis zum Stillstand. Der erste lebhafte Aufschwung, eine Art Vorfrühling des deutschen Maschinenbaues, kam in den 50er Jahren, nachdem durch das werdende Eisenbahnnetz und durch die Fortschritte in der Eisen- und Stahlerzeugung neue wichtige Grundlagen geschaffen waren. Jetzt erst begann auch im Kölner Bezirk, der bis dahin an industriellen Erscheinungen im wesentlichen nur die Webwaren- und die Zucker-Herstellung kannte, die Metall verarbeitende Industrie Fuß zu fassen. Als erste Unternehmungen dieser Art, die es in ständiger Entwicklung zu Weltruf gebracht haben, werden im gleichen Jahre 1856 die Kölner Maschinenbau A.-G. in Köln-Bayenthal, die spätere „Bamag", und die Maschinenfabrik für den Bergbau von „Sievers & Co.", der spätere Humboldt, gegründet.

Da in der Kölner Bucht keine Steinkohle und kein Eisenerz gefördert werden, hat sich die Kölner Metallindustrie naturgemäß von vornherein auf die Weiterverarbeitung und Veredelung eingerichtet und auf diesem Gebiete auch bis heute ihre größte Bedeutung behalten. Ihre Bedeutung, die nicht zuletzt darin liegt, daß ihr Erzeugungsgebiet von einer außerordentlichen Vielseitigkeit geworden ist und sozusagen vom Schraubenbolzen bis zur Spezialmaschine beliebiger Art alles umfaßt, was der moderne Maschinenbau heute herzustellen in der Lage ist. Den Weg bis zu dieser Vielseitigkeit, der so charakteristisch ist für die technische industrielle Entwicklung überhaupt, kann man in seiner typischen Eigenart kaum besser verfolgen als an der Geschichte jener ältesten Kölner Maschinenfabriken.

Am Anfang dieses Weges steht wieder der Bergbau. Die Maschinenindustrie, die schon eingangs ein Kind des Bergbaues genannt wurde, hat sich auch in den Jahren der Kölner Industriegründungen zunächst fast ausschließlich auf die Bedürfnisse eingestellt, die der Bergbau als stärkste und wichtigste aller Schlüsselindustrien hatte. Um so näher lag diese Einstellung, als gerade in den 50er Jahren eine stürmische Neugründung von Bergwerken und damit auch ein ungeahntes Anschwellen des bergbaulichen Maschinenbedarfs begann. So haben z. B. die Gründer des heutigen Humboldt, Sievers, Breuer und Neuerburg ihr Arbeitsprogramm zuerst völlig auf den Bergbau spezialisiert. Köln lag für ein solches Programm auch absatzgeographisch nicht ungünstig inmitten der bergbaulichen Reviere der Ruhr, der Sieg und des rheinischen Vorgebirges. Um die Kohlen- und Erz-Lagerstätten dieses Gebietes wirklich rationell auszubeuten, galt es besonders, die Technik der Aufbereitung aus gro-

Abb. 2. Watt'sche Betriebsdampfmaschine 1788—1858 (Kensington Museum London)

ben Anfängen heraus zu entwickeln und zu verfeinern. Es mußten Maschinen und maschinelle Anlagen geschaffen werden für das Ausscheiden der Beimengungen, der fremden Mineralien und des tauben Gesteins, für das Sortieren, das Verteilen nach Korngrößen, das Anreichern usw. So wurden zuerst Siebereien und Verladeanlagen gebaut, in denen die geförderten Rohkohlen, in verschiedene Korngrößen geteilt, die groben „Berge" von Hand ausgelesen und die so angereicherte Kohle verladen wurde. Im Laufe der Zeit wurden daraus vollkommen selbsttätig arbeitende Anlagen entwickelt und ausgeführt. Dann wurde das Waschverfahren für die Kohlenaufbereitung eingeführt und die erste mechanisch arbeitende Kohlenwäsche gebaut. Die Technik der Kohlenaufbereitung entwickelte sich allmählich zu einem bedeutenden Industriezweig, der nicht nur in alle Welt die verschiedenen Aufbereitungsmaschinen und Anlagen liefert, sondern auch durch eigene wissenschaftliche Versuche für jede vorkommende Kohlenart jeweils das richtige Aufbereitungs-Verfahren ermittelt.

Eine ähnliche Entwicklung zu weltbeherrschender Bedeutung hat die Technik zur Erz-Aufbereitung durchgemacht. Die naßmechanischen Erzaufbereitungsanlagen wurden vervollkommnet, die elektromagnetische Aufbereitung für schwer magnetisierbare Erze und Mineralien aus dem Versuchsstadium heraus zu brauchbaren und vorteilhaften Verfahren entwickelt, elektromagnetische Scheider für die Aufbereitung leicht magnetisierbarer Erze und anderer Stoffe geschaffen. Auch hier wieder wuchs das Absatzgebiet bald über das Dreieck Ruhr—Sieg—Vorgebirge hinaus, bis es schließlich die ganze Welt umspannte. Von der Kölner Industrie ist die primitive Handklauberei im Siegerland durch große Rohspataufbereitunganlagen ersetzt worden, von ihr wurden schließlich die Aufbereitungswerke geliefert für Hämatit nach Schweden, für Magnesit nach Rußland, für Manganerz nach dem Kaukasus, für Kupfererze und für Diamanten nach Afrika.

Mit der Entwicklung der chemischen Industrie griff die Aufbereitungstechnik, sich immer mehr veräste1nd, auch auf diese über. Die Verarbeitung von Schwefelkiesen und die Schwefelsäureherstellung ist nur ein Beispiel dafür, oder die Zinn-Wolframaufbereitung, die während des Krieges die Nutzbarmachung unserer heimischen Vorkommen möglich machte. Der elektromagnetische Eisenausscheider wiederum wurde über seine ursprüngliche Aufgabe als Aufbereitungsmaschine hinaus zu den verschiedensten Zwecken durchgebildet, sei es um das Eisen als schädlichen Bestandteil oder unerwünschte Beimengung aus Formsand, Schlacken, Metallspänen, aus Kohle, Kali, Schmirgel, aus Getreide, Knochen, Thomasmehl und chemischen Produkten auszuscheiden, sei es, um aus Schutt und Abfällen das Eisen restlos wieder zu gewinnen. Die Abfallverwertung, die erst in den Nachkriegsjahren zu ihrer vollen Bedeutung gekommen ist, hat eine starke Helferin in der Brikettierungstechnik gefunden, die sich der Aufbereitungstechnik zwanglos angegliedert hatte. Zur Stempelpresse mit ihrer hervorragenden Bedeutung für die Braunkohlenbrikettherstellung kam die Walzenpresse, mit der man in den Jahren der Not auch feinkörnige Abfälle, Koksgruß, Rauchkammerlösche und minderwertige Steinkohle zu Eiformbriketts verarbeitete.

Nicht ohne Reiz ist es zu verfolgen, wie die Herstellung der Maschinen zur unmittelbaren Verarbeitung der Bergbauprodukte immer wieder

Abb. 3. Siegerländer Eisensteingruben

Abb. 4. Siegerländer Eisensteingruben

neue Zweige des Maschinenbaues entstehen ließ. So werden z. B. in den Aufbereitungsanlagen ständig gelochte Bleche aller Art für die Klassiersiebe, die Trommeln, die Setzmaschinen usw. gebraucht. Die maschinelle Herstellung dieser gelochten Bleche wurde schließlich zu einem Sonderzweig der Fabrikation und konnte sich so auch auf die Anfertigung von Kollergangblechen, Trockenhorden, Trieuren, von Zentrifugensieben, Fußbodenbelegen, Zierblechen für Heizkörper, Fenstervorsätze und dergl. ausdehnen.

Die Zerkleinerungstechnik ist so alt wie die Aufbereitungstechnik. Schon 1857 wurde von Sievers & Co. in Köln-Kalk der erste Steinbrecher auf dem Kontinent gebaut. So vielseitig die Zerkleinerungstechnik schon durch die Mannigfaltigkeit der Erz- und Gesteinsvorkommen wurde, so dehnte sie sich doch durch die Einstellung auf die Bedürfnisse anderer Industriezweige noch viel weiter aus. Zerkleinerungsmaschinen wurden gebraucht in den Schotteranlagen des Eisenbahn- und Straßenbaues, in der Zement- und Tonindustrie, in der Kaliindustrie, für die als Besonderheit die Hammermühle zur Vermahlung der Kalisalze geschaffen wurde, in der Kalciumkarbid-, Kalkstickstoff- und Aluminiumindustrie und in fast allen Betrieben der chemischen Großindustrie. Die Industrien, die mineralische Stoffe verarbeiten und die wichtigsten Abnehmer der Zerkleinerungsmaschinen sind, brauchten für ihre Mineralien auch die nötigen Trocknungs- und Brennanlagen. Aus diesem Bedürfnis hat sich der Trocknerbau entwickelt, für den vor allem die Herstellung der Trockner und Oefen zur Bereitung von Portlandzement, Eisenportlandzement und Hochofenzement ein wichtiges Arbeitsfeld wurden. Von den Trocknungsanlagen für Mineralien war es kein weiter Weg zum Trocknerbau von Vegetabilien, wie sie von der Textil-, Holz-, Papier-, Nahrungs- und Futtermittelindustrie in den verschiedensten Ausführungen benötigt werden. Ueber Anlagen zur Verwertung von Küchenabfällen führte diese Technik schließlich zu ihrem letzten neuzeitlichen Zweig, der Errichtung von Müllverbrennungsanstalten. Aus dem Mühlen-, Trockner- und Ofenbau für die Zementindustrie ist endlich auch die moderne Kohlenstaubfeuerung hervorgegangen.

Wieder ein anderer Entwicklungszweig führte von der Erzaufbereitung in das große Gebiet der Metallurgie. Man begann alles herzustellen, was zur Weiterverarbeitung der aus den Aufbereitungsanlagen kommenden Erze gehörte, die Röstöfen, in denen die Erze für den nachfolgenden Schmelzprozeß vorbereitet wurden, die Schmelzöfen selbst und alle zu ihrer Beschickung und Entschlackung nötigen Nebenapparate. Elektrostahlöfen und Elektrometallöfen sind die jüngsten Kinder dieses Zweiges der Metallindustrie.

Anfangs der 30er Jahre hatte Bergrat Albert in Clausthal das Drahtseil erfunden. Als dieses im Bergbau aber mehr das hänfene Förderseil verdrängte, ging der Kölner Maschinenbau auch zur Herstellung von Verseilmaschinen über. Das Aufblühen der Elektrotechnik dehnte dann diesen Industriezweig weiter aus auf den Bau von Maschinen und Vorrichtungen für die Kabelindustrie und die eng verschwisterte Gummi- und Bleiindustrie. Anderseits schloß sich an die Drahtverarbeitung die Drahtverfeinerung an und mit ihr der Bau von Drahtzügen und von Einrichtungen

Abb. 5. 500 PS Tandem-Verbund-Ventilmaschine für die Staatliche Berginspektion Achenbacherschacht in Staßfurt

Abb. 6. Doppelschachtanlage mit Kohlensieberei und Verladung der Zeche Sachsen in Hessen bei Hamm, ausgeführt von der Maschinenbauanstalt Humboldt in Kalk

für die Drahthärtung, Verzinkung und Verzinnung.

Auch die Kältetechnik ist im Kölner Bezirk zu Hause, wieder zurückgehend auf den Bergbau, nämlich auf die Schachtabteufung nach dem Gefrierverfahren und den Bau der hierfür nötigen Kältemaschinen. Die Entwicklung konnte nicht dabei stehen bleiben, so daß man auch bald Kältemaschinen und vollständige Kühl- und Gefrieranlagen für Brauereien, Schlachthöfe, Hotels, Speisehäuser, Schiffe und alle Zweige der Lebensmittelindustrie anfertigte; vielmehr knüpfte sich auch hieran wieder die Herstellung aller sonstigen maschinellen Einrichtungen für diese Betriebe.

In Köln beheimatet sind auch all die großen Sonderzweige des Maschinenbaues, denen man längst nicht mehr ihr Verwandschaftsverhältnis zum Bergbau anmerkt. Da ist der allgemeine Maschinenbau mit der Dampfmaschine und Dampfturbine, mit dem Gasmotor, als dessen Geburtsort sich Köln rühmen kann, mit Pumpen, Gebläsen, Kompressoren und allen Arten von Arbeitsmaschinen, Transmissionsbau, Transport- und Fördertechnik und Eisenkonstruktionsbau — auch sie aus bergbaulichen Bedürfnissen heraus entstanden — sind zu hochentwickelten Zweigen der Kölner Maschinenindustrie geworden. Dampfkesselbau, Lokomotivbau und Waggonbau haben Erzeugungsstätten von Weltruf im Kölner Bezirk.

Diese große Vielseitigkeit, die schon eingangs als typisch für die Kölner Maschinenindustrie bezeichnet wurde, erstreckt sich nicht nur auf das Kölner Industriegebiet als Ganzes; sie ist auch typisch für die einzelnen großen Werke, deren Alter bis in die Gründungszeit der 50er Jahre zurückreicht. Deren Fabrikationsprogramm ist im Gegensatz zu jüngeren, von vornherein spezialisierten Werken so erstaunlich mannigfaltig, daß man ihr geschichtliches Werden kennen muß, um sie als organisch gewachsene Körper zu begreifen. Das organische Anwachsen der ersten Keimzelle, die nur für den Bergbau zu keimen schien, zu den heutigen vielgliedrigen Riesengebilden ist ganz besonders charakteristisch für die alteingesessene deutsche Maschinenindustrie, die heute in der zweiten Hälfte einer hundertjährigen Geschichte steht, und von der das Kölner Gebiet eine Reihe der bedeutendsten Vertreter beherbergt.

Peter Hecker: Phönixkasel 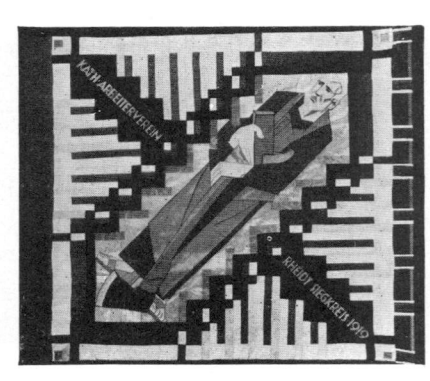 Anton Wendling, Arbeitervereinsfahne in Seide, Samt und Leder Ria Kuhlmann: Kaselentwurf und Stickerei

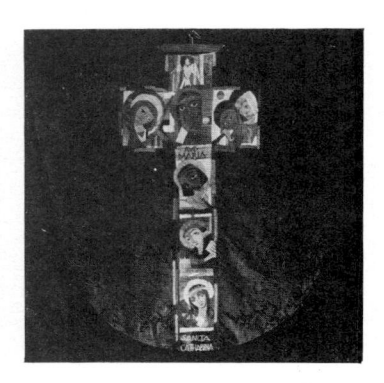

INSTITUT FÜR RELIGIÖSE KUNST DER STADT KÖLN

„Auf den Trümmern einer alten Welt, die uns lieb war, sollen wir eine neue aufbauen. Es kann für die Geistlichkeit nicht gleichgültig sein, welche Kräfte führend an dem Baue beteiligt sind. Sie selbst muß und wird kraft uralter Tradition uraltes Kulturmaterial in lebenskräftiger Erneuerung beibringen, damit Christi Fahnen über dem Baue wehen.

Ein mächtiges Mittel in der Hand des Geistlichen ist die religiöse Kunst. Ein Friedensengel ist sie und eine Freudenbringerin; sie ist aber auch ein Seelsorgsmittel von großem Einfluß. Und gerade jetzt läuft sie vielfache Gefahr, zu verflachen und zu versanden in jenseits wirklicher Religion liegender Theosophie, oder gar zu einer Tendenzkunst gegen die Religion zu werden. Beiden Gefahren müssen wir steuern, mit dem religiösen Thema ist es nicht getan, die künstlerische Durchführung muß von religiöser Ueberzeugung und Begeisterung getragen sein. Die Künstler, die Einlaß in die Kirchen wünschen, müssen aus den tiefsten Tiefen des Christentums zu schöpfen bereit und imstande sein. „Sancta sanctis" lautet auch hier die Forderung.

Wir haben in Köln ein „Institut für religiöse Kunst" aufgetan, verbunden mit Musterwerkstätten für alle Zweige kirchlichen Kunstschaffens, das sich zur Aufgabe stellt, die Künstler, junge wie alte, in die Schönheiten und Fundgruben der Religion einzuführen, sie dafür zu begeistern und dadurch sie zu fruchtbringendem Schaffen anzuregen und zu befähigen. Die Werkstätten dienen als Lehrstätten in künstlerischer wie in rein technischer Beziehung; sie sollen zugleich den Künstlern außerhalb Kölns die Gelegenheit bieten, sich vorbildliche Entwürfe und gegebenenfalls auch Proben zu verschaffen für ihr eigenes Schaffen. Den Geistlichen vor allem will das Institut jederzeit mit Rat und Tat zur Hand gehen, wenn sie mit Plänen für Neubauten, Inneneinrichtungen und jegliche Anschaffung kirchlicher Gebrauchsgegenstände sich tragen.

Alle Zweige religiöser Kunst sollen gepflegt werden: Die kirchliche Kunst vorerst, dann aber auch die so bedeutsame religiöse Haus- und Volkskunst, nicht zuletzt das so sehr im Argen liegende Gebiet der Devotionalien."

Diese vorstehenden Ausführungen, geschrieben von dem Gründer des Institutes, Herrn Professor Dr. Witte, kennzeichnen Geist und Aufgabe dieser Einrichtung. Dasselbe beweisen auch die nebenstehenden Abbildungen, die aus der Fülle der bisher vom Institut geleisteten Arbeiten herausgegriffen sind. Es sind teils vollständig freie Schöpfungen, teils solche Arbeiten, die in enger Berührung mit der großen mittelalterlichen Kunst Kölns stehen. Seit dem 15. September 1926 ist das Institut für religiöse Kunst in enge Verbindung mit den Kölner Werkschulen getreten, um auch, mehr wie bisher, den Geist der werdenden Künstlergeneration durch Aufgaben zu befruchten.

Dominikus Böhm: Ciborium in Silber mit Bergkristallknauf

Peter Hecker: Mittelschiffmalerei in St. Mechtern, Köln-Ehrenfeld

Peter Hecker: Kuppelmalerei in St. Mechtern, Köln-Ehrenfeld

Hanz Zepter: Ausmalung der südlichen Empore der Pfarrkirche St. Peter, Köln

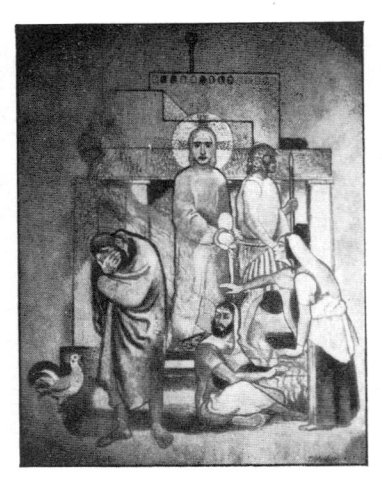

Peter Hecker: Lünette in St. Mechtern, Ehrenfeld. Verleugnung Petri

Hans Hansen: Hochaltar in St. Bruno Köln-Klettenberg

Hans Hansen: Seitenaltar und Kommunionbank, St. Bruno, Köln-Klettenberg

Hans Zepter: Freskomalerei in der Sakristei St. Peter, Köln

Hans Zepter: Malerei und Fenster aus der Krypta St. Gereon, Köln

UNIVERSITÄT KÖLN

WIEDERERÖFFNET MAI 1919

DIE ALTE UNIVERSITÄT KÖLN BESTAND VOM JAHRE 1388-1798

*

Fakultäten

Wirtschafts- und Sozialwissenschaftliche, Rechtswissenschaftliche, Medizinische (für vorklinische und klinische Semester), Philosophische Fakultät.

Die frühere Handels-Hochschule, die Hochschule für kommunale und soziale Verwaltung sowie die Akademie für praktische Medizin sind in der Universität aufgegangen.

Zahl der immatrikulierten Studierenden:					
	Wiso Fak.	Rechtsw. Fak.	Med. Fak.	Phil. Fak.	Insgesamt
im W.S. 1924-25	2 443	760	115	758	4 076
im S. S. 1925	2 668	897	108	936	4 609
im W.S. 1925-26	2 541	968	162	979	4 650
im S. S. 1926	2 411	1 086	214	1 145	4 856

Die Drucksachen der Universität (Vorlesungsverzeichnis, Zulassungsbedingungen, Promotionsordnungen und Prüfungsordnungen) können vom Sekretariat bezogen werden

*

Beginn der Studiensemester Mitte April und Mitte Oktober

DIE MUSIKPÄDAGOGISCHEN ANSTALTEN DER STADT KÖLN

Um die Mitte des vorigen Jahrhunderts hatten kunstsinnige Kölner Bürger unter der Führung Hillers in dem Kölner Konservatorium eine Musikbildungsstätte geschaffen, die jahrzehntelang an führender Stelle stand. Waren doch noch in jüngerer Zeit Dirigenten wie Fritz Busch, Volkmar Andrae, Hans Knappersbusch, Instrumentalisten vom Range eines Adolf Busch und einer Elly Ney aus ihm hervorgegangen. Doch die Folgen des verlorenen Krieges schienen mit so manchem anderen den Bestand auch dieser Anstalt zu bedrohen. Der Tatkraft und finanziellen Opferbereitschaft der Stadt Köln ist es zu danken, daß das, was Leiter und Lehrer des Konservatoriums zielbewußt aufgebaut, in der Zeit, da die wirtschaftlichen Verhältnisse alles in Frage stellten, erhalten und im Augenblicke, als eine Befestigung der Wirtschaftslage eintrat, neu belebt und auf breitere Grundlage ausgestaltet wurde.

Die Gliederung des musikalischen Bildungswesens, wie sie nach der Revolution in Preußen festgelegt wurde, sieht an der Spitze einige wenige Hochschulen vor. Köln wußte sich als erste Stadt den Ausbau seines Konservatoriums zu der einzigen Musikhochschule des Westens unter einer gewissen finanziellen Unterstützung des Staates und der Provinz zu sichern. Zum Unterschied von den Konservatorien ist der Musikhochschule die Aufgabe gestellt, nur Berufsmusiker zu erziehen und unter diesen wieder nur solche bis zur Reife auszubilden, die durch Talent und Charakter Anspruch haben, einmal an erster Stelle zu stehen. Gemäß unserer pädagogischen Ueberzeugungen ist die Ausbildung der Musiker, abgesehen von ihrem eigentlichen Fachstudium, zu einer sehr vielseitigen geworden; sie soll eine reiche geistige, künstlerische Entwicklung gewährleisten. Diesem Ziele entsprechend ist die Gliederung der „Staatlichen Hochschule für Musik in Köln", die unter der Leitung von Generalmusikdirektor Abendroth und Professor Braunfels steht, eine viel verzweigte, und eine noch weitere Ausgestaltung steht unter den Plänen des Direktoriums. Die eigentliche Hochschule umfaßt eine Kapellmeisterklasse, eine Abteilung für Komposition und Theorie der Musik und die Ausbildungsklassen für Violine und

Violincello, für Klavier, für Orgel und für Gesang. Als wahlfreies Hauptfach kommen zu diesen Abteilungen noch Kurse für Cembalo und für Rhythmik.

Diesem Kern der Hochschule ist noch eine Chorklasse angegliedert, die Herrn Direktor Trunk, dem Leiter des Kölner Männer-Gesangvereins, untersteht und außer einem großen Chor, der bereits an die Oeffentlichkeit getreten ist, eine zweijährige Chorschule umfaßt, ferner eine Klasse für Orchesterspiel und endlich eine unter finanzieller Beihilfe des Deutschen Musiker-Verbandes aufgebaute Orchesterschule, die den Professoren Abendroth und Ehrenberg untersteht und das Ziel hat, den durch die Nachkriegsverhältnisse ungemein gefährdeten Nachwuchs an Orchestermusikern für die Zukunft wieder sicher zu stellen.

Diese Abteilungen, welche durch musikwissenschaftliche Kurse und Kurse für Rhythmik und Gehörübungen noch ergänzt werden, entsprechen in ihrer Gesamtheit etwa dem Arbeitsgebiet der staatlichen akademischen Hochschule zu Berlin. In Köln ist nun aber der Versuch gemacht, die in der Akademie für Kirchen- und Schulmusik in Berlin getrennt entwickelten Unterrichtsdisziplinen, nämlich die Ausbildung zum Kirchenmusiker, sowohl katholischer wie evangelischer Konfession, sowie die Vorbereitung für das künstlerische Lehramt an höheren Schulen, mit dem Körper einer Hochschule aufs engste zu verbinden, um so die Gefahr eines zu großen Spezialistentums, der gerade Kirchen- und Schulmusiker leicht ausgesetzt wären, möglichst zu vermindern. Wie schon oben erwähnt, hat dieser ganze vielgestaltige Organismus der Musikschule in Köln das Ziel, Berufsmusiker auszubilden. Damit hat die Hochschule aber nur einen Teil der Aufgaben des alten Kölner Konservatoriums übernehmen können. Die so wichtige Aufgabe, der kunstfreudigen Bürgerschaft Kölns und seiner Umgebung eine Bildungsstätte zu bieten, an der auch sie die Musik bis zur künstlerischen Vollendung studieren kann, ist der Rheinischen Musikschule vorbehalten, die unter dem gleichen Direktorium zu gleicher Zeit wie die Hochschule gegründet worden ist und in dem reizvollen Alexianerkloster auf dem Mauritiussteinweg eine Stätte gefunden hat. Ein großer Teil der Lehrer des alten Konservatoriums unterrichtet in der Rheinischen Musikschule und neben ihm ein Stab neu gewonnener Künstler. Als stellvertretender Direktor waltet hier Richard Trunk. Einen großen Raum nimmt gerade in dieser Anstalt die Pflege der Kammermusik ein. Chor- und Orchesterklassen sind mit denen der Hochschule verbunden. Ein mit dem Sommersemester ins Leben getretenes Seminar gibt den Schülern der Musikschule wie auch Externen Gelegenheit, sich für die staatliche Musiklehrerprüfung vorzubereiten.

Aus diesen wenigen Andeutungen ist zu ersehen, wie vielseitig die Ausbildungsmöglichkeiten für Musik sind, die in der Stadt Köln jetzt aufgebaut wurden, entsprechend dem Gebot der Zeit, die uns überall gebieterisch zuruft: Arbeiten, arbeiten mit aller Kraft dem Ziele einer neuen Größe entgegen, einer neuen Achtung in den Augen aller Nationen, wenn nicht durch politische, durch geistige Kraft. *W. Braunfels.*

Trauner Ulmen-Allee

DIE FRIEDHÖFE

FRIEDHOFSDIREKTOR OSTERTAG

Köln, an Flächeninhalt wie auch an Einwohnerzahl eine der größten Städte Deutschlands, darf sich rühmen, mit seinen heutigen Friedhofsanlagen das Großzügigste, was Bürgersinn und Tatkraft zu schaffen vermag, mit an der Spitze zu stehen.

Neben 7 größeren, um den Stadtkern gelegenen Friedhöfen, besitzt Köln noch eine Anzahl kleiner Friedhöfe, die im Laufe der letzten 40 Jahre durch die erfolgten Vororteingemeindungen in die Verwaltung der Stadt Köln übergegangen sind. Köln besitzt heute für eine Einwohnerzahl von 750 000 Einwohner insgesamt 39 Friedhöfe, von denen einer bereits für die Belegung geschlossen ist.

Anfang des vorigen Jahrhunderts hatte Köln nur den auf Anordnung Napoleons I errichteten Friedhof

Melaten.

Der mit einem Flächeninhalt von 3 ha für eine Bevölkerung von 54 000 Seelen angelegte Friedhof wurde am 10. Juli 1810 dem Betrieb übergeben. Schon nach einem 20jährigen Bestehen wurde eine Erweiterung vorgenommen. Die fortschreitende Zunahme der Bevölkerung erforderte in den Jahren 1868 und 1875 weitere Vergrößerungen. Der Friedhof war nun auf die ansehnliche Größe von 20 ha angewachsen und bildet heute noch den alten Friedhof Melaten. Im Jahre 1886 erfolgte eine weitere Vergrößerung, getrennt durch die Mechternstraße. Es wurde der heutige neue Friedhof Melaten mit einem Flächeninhalt von 17½ ha eröffnet. Nach menschlichem Ermessen erschien nun der Gesamtfriedhof mit seinem Flächeninhalt von 37½ ha für einen längeren Zeitraum ausreichend. Doch stellte sich die Unzulänglichkeit bald heraus. Die mit Ende der 80er Jahre einsetzenden Eingemeindungen und das schnelle Anwachsen der Stadt und deren Bevölkerungszunahme zeigten, daß der Friedhof in absehbarer Zeit nicht mehr genügen werde. Eine räumliche Vergrößerung war wegen des Heranwachsens der Stadt und der Inanspruchnahme des

Hauptallee

Geländes für Wohnungs- und Industriebauten nicht mehr möglich. Es wurden daher im Jahre 1896 im Norden der Stadt der heutige Nordfriedhof, im Jahre 1901 im Süden der Südfriedhof und als Ersatz für den Friedhof Melaten, an der Venloerstraße bei Bocklemünd am 1. Oktober 1917 der Westfriedhof eröffnet. Im rechtsrheinischen Gebiete wurde 1894 zwischen Deutz und Poll ein neuer Friedhof dem Betrieb übergeben.

Mit den bei der Eingemeindung der Vororte hinzugekommenen Friedhöfen erhöhte sich die gesamte Friedhofsfläche auf rund 240 ha. Die Anlage des Friedhofes Melaten und seine Erweiterungen erfolgten im regelmäßigen geraden Stile. Damit wurde der Eindruck eines einheitlichen Ganzen geschaffen, welches heute den Friedhof in seiner Gesamtanlage so eigenartig und sehenswert macht, sowie auch bei den Vergrößerungen zum außerordentlichen Vorteile gereichte. Letztere konnten sich dem bestandenen Teile gleichförmig anschließen. Dadurch entstanden die heutigen, breiten und langgestreckten Wege, die mit dem im Laufe der langen Jahre herangewachsenen wohlgepflegten Baumbestande dem ganzen Friedhof das Ansehen von Großzügigkeit, gepaart mit wohltuender Ruhe, Uebersichtlichkeit und doch gewollter Einfachheit verleihen. Der Baumbestand des Friedhofes hat sich in der langen Reihe von Jahren bei sachkundiger liebevoller Pflege zur hervorragenden Schönheit entwickelt. Während an dem über der Achse des Hauptportales verlaufenden Hauptweg mächtige breitästige Platanen (Platanus orientalis) im Sommer Schatten spenden, findet man auch Alleen, die mit Trauer-Ulmen (Ulmus americana pendula) mit hochaufstrebenden Ahornbäumen (Acer platanoides) und mit Birken (Betula alba) bewachsen sind. Auch findet man Alleen, die mit dem charakteristischen Baum der Friedhöfe, dem Lebensbaum (Thuya occidentalis), bepflanzt sind. In einem weiter abgelegenen, wenig besuchten Teile des Friedhofes ist eine Allee, deren Bepflanzung aus Thuya gigantea Nutt besteht. Diese Bepflanzung ist einzig in ihrer Art und dürfte anderswo kaum mehr anzutreffen sein.

Dem Botaniker wie auch dem Naturfreund bietet sich bei dem Besuche des Friedhofes Melaten Gelegenheit, noch eine weitere größere Menge seltener Baumarten kennen zu lernen, die im Laufe der langen Jahre zur Anpflanzung kamen und sich durch sorgfältige Pflege zu hervorragend selten schönen Stücken entwickelt haben. Der Künstler, wie auch der Kunstliebhaber findet in den Alleen herrliche, wert- und kunstvolle Grabmäler und Grüfte, die die einzelnen Kunstepochen ihrer Herstellung und auch die Hersteller erkennen lassen.

Im Verein mit den von der Natur geschaffenen

Parterre am Eingang

Schönheiten und den schönen gärtnerischen Anlagen erwecken die an den Hauptwegen, mit ihren kunst- und pietätvollen Grabmälern geschmückten Gräber und Grüfte einen erhabenen, Tod nicht fürchtenden Eindruck.

Nordfriedhof.

Zur Entlastung des Friedhofes Melaten wurde dieser Friedhof mit einem Flächeninhalt von 15,5 ha im Jahre 1896 dem Betrieb übergeben. Im Jahre 1920 erfolgte eine Erweiterung um eine Fläche von 12,2 ha. Die Anlage dieses Friedhofes erfolgte im Gegensatz zum Friedhof Melaten in landschaftlichem Charakter. Die gerade Linienführung wurde jedoch bei der ersten Erweiterung wieder angewandt.

Für die an den Wegen zu errichtenden Grabmäler wurde durch Hinterpflanzung von Gehölz- und Koniferengruppen ein wirkungsvoller Hintergrund geschaffen. Damit wurde auch erreicht, daß die, hinter den an den Wegen liegenden Eigengräber befindlichen Begräbnisfelder der allgemeinen Reihe nur von einzelnen besonders vorgesehenen Stellen erreicht werden können und dies doch, soweit wünschbar, sichtbar bleibt. Die bei der Anlage des Friedhofes getroffene Anordnung hat sich vollauf bewährt. Der Gesamteindruck der ersten Teilanlage ist in jeder Hinsicht ein durchaus günstiger und sind die gehegten Erwartungen in bezug auf die Entwickelung der künstlerischen Gestaltung vollauf erfüllt.

Die Anlagekosten des Friedhofes einschließlich der im Jahre 1920 vorgenommenen Erweiterung betragen 775 000 Mark.

Südfriedhof.

Der rapide Ausbau des südlichen Stadtteiles und auch, um die Belegungserschöpfung des Friedhofes Melaten noch hinanzuhalten, führte zur Anlage dieses, am Ausgang des Vorortes Zollstock befindlichen Friedhofes. Die im Jahre 1915 und 1923 vorgenommenen Erweiterungen wurden durch die stetig wachsende Bevölkerungszahl und durch die Inanspruchnahme eines großen Geländes zur Errichtung eines Ehrenfriedhofes für die im Weltkriege Gefallenen erforderlich. Die Gesamtfläche des Südfriedhofes umfaßt 50,7 ha. Für die Anlage selbst waren hier dieselben Gesichtspunkte maßgebend, wie für den Nordfriedhof. Auf die Ausgestaltung des Einganges und der denselben umgebenden Schmuckanlagen wurde jedoch besonders Bedacht genommen. An den geraden Wegen, am Hochkreuz und an den Schnittpunkten der Wege wurde durch reichliche Baum- und Gehölzgruppen der landschaftliche Charakter der Anlage besonders hervorgehoben.

Die gute Beschaffenheit des Bodens erzeugt bei den Pflanzen, namentlich den Nadelhölzern, ein

Großkreuz

vorzügliches Wachstum. Der Kenner und Liebhaber findet hier seltene Koniferen in gleicher Vollendung nicht häufig in einer Anlage vereint. Die Anlage des auf dem Südfriedhofe befindlichen Ehrenfriedhofes mit seiner großen Anzahl an Gräbern macht auf jeden einen nachhaltenden Eindruck. Haben doch hier 3500 Krieger ihre letzte Ruhe gefunden.

Die für die Gesamtanlage des Südfriedhofes einschließlich Verwaltungsgebäude, Leichenhalle, Gewächshäuser, Gärtnerei und Wohnung des Friedhofinspektors erforderlichen Kosten betragen 1 400 000 Mark.

Westfriedhof.

Als Zentralfriedhof und gleichzeitig als Ersatz für den zur Schließung kommenden Friedhof Melaten wurde rechts an der Venloerstraße vor dem Orte Bocklemünd der Westfriedhof mit einem Flächeninhalt von 30 ha angelegt und am 1. Oktober 1917 eröffnet. Eine Vergrößerung dieses Friedhofes kann bis auf 300 ha erfolgen. Aus einem Wettbewerb gelangte der Entwurf des Professors Wach in Düsseldorf zur Annahme und Ausführung. Die Anlage zeigt durchweg die gerade Linienführung. Von der Venloerstraße gelangt man durch eine Pergola auf einen großen Vorplatz, welcher rechts von den Leichenhallen begrenzt ist. Beim Eintritt in den Friedhof wird man von der geraden 600 m langen und 45 m breiten Hauptallee aufgenommen.

In gleicher Richtung laufen zu beiden Seiten 5 m breite Alleen, die durch mehrere Queralleen geschnitten werden. Dadurch wird der Friedhof in gleichmäßige Abschnitte geteilt, auf denen die einzelnen Gräberfelder angelegt sind. Die äußere Umrandung der Gräberfelder ist in Eigengräber eingeteilt, welche die Gräber in der allgemeinen Reihe umschließen.

Durch nischenartige Bepflanzung der Eigengrabstätten mit Koniferen und Stauden erhalten diese einen stimmungsvollen Abschluß.

Obwohl dieser Friedhof noch kein Dezenium im Betriebe ist, macht er heute schon in seiner Anlage und Bepflanzung einen bemerkenswerten und achtunggebietenden Eindruck. Wo vor wenigen Jahren noch Brachfeld und Ackerland war, erblickt man heute schöne Alleen und Gehölzgruppen, die zum Beschauen, Verweilen und Ausruhen einladen. Verspricht doch dieser Friedhof in bezug auf seine Anlage, worin er dem Friedhof Melaten gleicht, nach einer längeren Reihe von Jahren der schönste und erhabenste zu werden!

Die Anlagekosten des Friedhofes und der vorhandenen Gebäude belaufen sich auf 600 000 Mark.

Eingang zum Friedhof

Deutzer Friedhof.

Bei der Eingemeindung der Stadtgemeinde Deutz zeigte sich bereits die Unzulänglichkeit des für die Bewohner von Deutz zur Verfügung stehenden Friedhofes an der Deutz-Kalker Straße. Es wurde daher zwischen den Gemeinden Deutz und Poll der heute 25,3 ha umfassende Friedhof Deutz angelegt und 1894 dem Verkehr übergeben. Die Gesamtanlage ist in geradem Stile gehalten und macht der ältere Teil mit seinen schönen und gut gehaltenen Anpflanzungen, sowie teilweise recht schönen und kunstvollen Grabmälern einen vorteilhaften Eindruck.

Kalker Friedhof.

Der in der Gemeinde Merheim am Kratzweg im geraden Stile angelegte Friedhof bedeckt einen Flächenraum von 22½ ha und bietet in seiner Anlage und Bepflanzung recht viel Schönes und Sehenswertes.

Mülheimer Friedhof.

Die alten innerhalb der Stadt gelegenen Friedhöfe sind für Bestattungen geschlossen.
Im Jahre 1904 wurde der, an der Frankfurter Straße gelegene Friedhof eröffnet. Die Anlage ist fast durchweg in gerader Linienführung erfolgt. Die Kapelle mit Leichenhalle liegt im Mittelpunkte des Friedhofes. Die bis jetzt fertigen Anlagen und Baumpflanzungen künden heute schon das Entstehen einer stimmungs- und eindrucksvollen Anlage an. Für Beerdigungszwecke sind bisher 14,6 ha in Anspruch genommen.

Den Betrieb der sämtlichen Friedhöfe, wie auch des gesamten Beerdigungswesens leitet der Friedhofsdirektor mit den ihm unterstellten technischen und Verwaltungsbeamten. Für jeden der vorgenannten Friedhöfe ist ein Friedhofsinspektor als verantwortlicher Beamter angestellt, dem zur Führung des Betriebes die erforderlichen Gartentechniker, Obergärtner, Gärtner und Arbeiter unterstellt sind.

Für den Gesamtbetrieb der Friedhöfe waren im Rechnungsjahr 1926 angestellt:

    1 Friedhofdirektor
    7 Friedhofinspektoren
    1 Friedhofpfarrer
    7 Gartentechniker
  10 Obergärtner
  80 Gärtner
300 Arbeiter
    1 Bürooberinsp. mit 15 Büroangestellten.

Im Rechnungsjahre 1926 sind an Gesamteinnahmen der Friedhöfe und des Begräbniswesens 1 850 000 Mark vorgesehen, denen an Ausgaben die gleiche Summe gegenübersteht.

Jeder der großen Friedhöfe besitzt eine eigene Gärtnerei und geschieht die Neuanlage, Bepflan-

30 Jahre alte Ulmenallee mit Gräbern 1. Klasse

zung und Pflege der Gräber durch die eigenen Gärtnereien. Mehr als 90% der Neuanlagen und Grabpflege werden von den Gärtnereien der Friedhöfe ausgeführt. Jedoch ist es jedem freigestellt, das Grab seiner Angehörigen selbst zu pflegen oder die Pflege Privatgärtnern zu übertragen. Um den Friedhöfen einen stimmungsvollen Eindruck und ein harmonisches Zusammenwirken mit der Umgebung zu schaffen, auch ungeeignete Grabdenkmäler, die leicht Anstoß oder Aergernis erregen könnten, von den Friedhöfen fernzuhalten, wurden bereits im Jahre 1917 Bestimmungen für die Errichtung von Grabdenkmälern erlassen. Diese Bestimmungen haben sich in jeder Beziehung bewährt. Obwohl anfangs dagegen ein gewisser Widerstand bemerkbar war, werden sie jetzt doch angenehm empfunden. Die Begutachtung der zu errichtenden Grabdenkmäler geschieht von der städtischen Bauberatung, die den Herstellern gern mit Rat und Tat zur Seite steht. Mit der Eröffnung des Westfriedhofes am 1. Oktober 1917 wurde auch das Beerdigungswesen für die Stadt Köln neu geregelt. Entsprechend den 7 größeren Friedhöfen und den einzelnen Stadtteilen wird die Stadt in 7 Beerdigungsbezirke eingeteilt. Die Beerdigungen können in Reihen-, Eigen-, Privat-, Familien-, Genossenschafts- und Ehrengräbern erfolgen. Für die Beerdigung in ein Reihengrab ist der Friedhof zuständig, in dessen Bezirk das Sterbe- oder Wohnhaus des zu Beerdigenden liegt. Beerdigungen in Eigen-, Privat- und Genossenschaftsgräbern können auf jedem gewünschten Friedhof erfolgen, sofern der für die Benutzung eines dieser Gräber zu entrichtende Erwerbspreis gezahlt wird. Die Ehrengräber sind für gefallene Krieger oder verdienstvolle Bürger vorbehalten.

Auf sämtlichen großen Friedhöfen befinden sich Leichenhallen. Leichenzüge vom Hause nach den Friedhöfen finden nur mehr in sehr seltenen Fällen statt. Die meisten Beerdigungen werden jetzt von den Leichenhallen aus vorgenommen, nachdem die Leiche vorher mit dem städtischen Leichenwagen in eine Leichenhalle überführt worden ist.

Durch eine im Jahre 1917 erlassene Polizei-Verordnung darf die Beförderung der Leichen nur vom städtischen Leichenfuhrwesen ausgeführt werden.

Die Verwesungsfrist beträgt für Kinder bis 2 Jahre 10 Jahre, von 2—8 Jahre 15 Jahre und für Personen über 8 Jahre 20 Jahre.

Eine Feuerbestattungsanlage besitzt die Stadt Köln nicht. Aschenreste können in jeder Art von Gräbern beigesetzt werden. In Eigengräbern ist die Beisetzung von gleichzeitig 3 Aschenreste gestattet.

Eisbärfelsen

ZOOLOGISCHER GARTEN IN KÖLN

Der Zoologische Garten stammt, wie die Mehrzahl der deutschen Tiergärten, aus den 60er Jahren des vorigen Jahrhunderts. Er wurde in der gesetzlichen Form einer Aktiengesellschaft begründet, war aber nie ein gewerbliches Unternehmen, das den Aktieninhabern mehr oder weniger großen Gewinn lieferte, sondern hat sich zu einem rein gemeinnützigen Institut entwickelt und ist auch als solches von den Staats- und städtischen Behörden anerkannt worden. Die Satzungen der Gesellschaft fanden am 23. Januar 1860 die landesherrliche Genehmigung, und schon am 22. Juli 1860 konnte der Garten für die Besucher eröffnet werden. Das Aktienkapital betrug ursprünglich M. 300 000, wurde aber schon 1862 auf M. 450 000 erhöht. Es genügte für die ersten Anlagen, die naturgemäß sehr einfach waren. Nachdem man von einem anderen Plane, der den Garten nach der Marienburg legen wollte, abgekommen war, wurde zunächst der vordere Teil des Gartens, der hinter dem Elefantenhaus endete, in einer Ausdehnung von etwa 6 ha angelegt. Bald dann der Teil, der jetzt vom großen Weiher und dem Vogelhaus eingenommen wird, etwa 1,5 ha, und 1871 wurden weitere 1,5 ha erworben, die aber leider durch eine öffentliche Straße von dem übrigen Garten getrennt waren, und als sie 1882 den Besuchern zugänglich gemacht wurden, durch eine Ueberbrückung der Straße mit dem alten Teil des Gartens verbunden werden mußten. 1912 und 1914 kam dann der neue Teil, etwa 2,5 ha hinzu, auf dem jetzt Raubvogelgebirge, Eisbärfelsen und Affeninsel sich befinden. Die trennende Straße wurde, dank dem Entgegenkommen der städtischen Verwaltung, unterdrückt, so daß der Garten jetzt ein zusammenhängendes Ganzes bildet, dessen unbeschränkte Besitzerin die Aktiengesellschaft ist. Der Kölner Garten ist in dieser Hinsicht glücklicher, wie die meisten anderen deutschen Gärten, deren Anlagen sich auf gepachteten oder vom Staat oder Städten zu ihren Zwecken zur Verfügung gestellten Grundstücken sich befinden.

Als erster Direktor wurde Dr. H. Bodinus aus Greifswald am 24. April 1859 gewählt, und man kann wohl heute behaupten, daß diese Wahl das größte Glück für den Kölner Garten und für die Entwicklung unserer deutschen Gärten überhaupt war. Wie ich von Freiherrn Eduard von Oppenheim, der schon bei der Gründung des Gartens tatkräftig mitgewirkt und bis zu seinem Tode dem Verwaltungsrat angehört hat, hörte, ist Bodinus auch der geistige Urheber unseres Gartens. Er mag wohl durch eine Notiz in der Kölnischen Zeitung vom 24. April 1856, die von einem Ernst Müller, der in Lindenthal einen Wirtsgarten mit einer Anzahl von Tieren besaß, herrührte, auf den Gedanken gebracht worden sein, daß Köln ein geeigneter Platz für einen Zoologischen Garten sei. Er wandte sich daher an seinen Freund Dr. C. Garthe in Köln, der durch seine Schüler in der Bürgerschaft den Boden für den Plan so gründlich vorbereitete, daß er nach seiner ersten öffentlichen Aufforderung am 13. August 1857 in der Kölnischen Zeitung mit dem Sammeln des Aktienkapitals beginnen konnte und in allen Kreisen der Bevölkerung das größte Vertrauen und Entgegenkommen fand. So ist auch sein Verdienst um das Entstehen des Gartens nicht geringer, auch wenn er nicht der Vater des Gedankens war. Der Garten hat, wie alle deutschen und ausländischen Gärten, durch den Weltkrieg sehr gelitten, und sein Tierbestand war auf ein Viertel des Vorkriegsbestandes zurückgegangen. Auch die Besetzung des Rheinlandes, namentlich aber der Ruhreinbruch der Franzosen und Belgier, der Köln zeitweise von aller Verbindung mit dem übrigen Deutschland abschloß, machte eine Erneuerung des Tierbestandes geradezu unmöglich. Durch den Rückzug aus dem Ruhrgebiet und die Befreiung der Kölner Zone von der Besatzung ist jetzt ein glücklicher Wechsel eingetreten. Die lange vernachlässigten Anlagen und Gebäude konnten gründlich ausgebessert, neue Gebäude wieder erstellt und namentlich das große Wirt-

Flamingo-Weiher

schaftsgebäude den Ansprüchen der neuen Zeit angepaßt werden. Die Hauptsache aber war die Ergänzung des Tierbestandes zu seiner alten Höhe, die jetzt wieder erreicht ist, so daß unsere heranwachsende Jugend, der die Mehrzahl der ausgestellten Tiere geradezu neu ist, jetzt wieder Gelegenheit hat, ihre zoologischen und biologischen Kenntnisse zu erweitern. Diese wird denn auch zu unserer Genugtuung lebhaft ausgenutzt. Auch finanziell hat sich der Garten glücklich über die Inflationszeit hinübergerettet, und das Aktienkapital von 450 000 Papiermark konnte auf den unveränderten Betrag in Reichsmark umgestellt werden.

Die Tierwelt umfaßt nahezu alle Klassen und Ordnungen der Tierwelt, soweit solche überhaupt einer größeren Besucherzahl zugänglich gemacht werden können. Seit 1905 zeigt ein reich besetztes Insektenhaus Schmetterlinge und Käfer in allen Entwicklungsstadien. Besonders die farbenprächtigen Schmetterlinge der Tropen finden stets Bewunderung.

Für Fische, Lurche und Kriechtiere sind im Vogelhause passende Einrichtungen getroffen und mit besonders interessanten Kaltblütern reich besetzt. Sehr reichhaltig ist die Sammlung der Vögel, die etwa 400 Arten umfaßt und in geräumigen Häusern und Flugkäfigen untergebracht ist. Die Strauße sind durch alle Gattungen vertreten. Zahlreiche Weiher ermöglichen es, eine große Schwimmvogelsammlung zu unterhalten. Ihr steht die Sammlung der Stelzvögel nicht nach. Eine etwa 70köpfige Flamingoherde belebt den kleinen Weiher vor dem Affenhause und bietet wohl das schönste Bild des Gartens. Die Familie der Raubvögel bevölkert den großen Flugkäfig auf den Bergen an der nördlichen Gartengrenze. Für die große Schar der Papageien, Kletter- und Baumvögel dient das stattliche Vogelhaus, das 1900 erbaut wurde und seinesgleichen sucht.

Die Sammlung der ausgestellten Säugetiere ist naturgemäß eine beschränktere, umfaßt aber doch alle wichtigen Familien der Vierfüßler. Von Beuteltieren sind die Raubbeutler und die Springbeutler in mehreren Arten vertreten. Reichhaltiger ist die Sammlung der Hirsche, die in der langen Allee vom Eingang bis zum Bärenzwinger recht wirkungsvoll in die Erscheinung tritt. Als begehrtes Schaustück fehlen die Nilpferde nicht, ein alter Bulle und ein junges Weibchen, das hier gezogen wurde. Auch ein schönes Giraffenpaar konnte im Mai 1926 wieder gekauft werden, das sich hoffentlich für die Pflege ebenso dankbar erweist, wie das frühere Paar. Zebras und Elefant sind natürlich vorhanden, und auch die Rinder sind durch mehrere, recht wirkungsvolle Arten vertreten. Für die Robben wurde 1887 das Seelöwenbecken dem Betrieb übergeben, das wohl als eine der schönsten Anlagen bezeichnet werden kann und vielen neueren Anlagen als Vorbild gedient hat. Seelöwen aus dem kalifornischen und Seebären aus dem südafrikanischen Ozean bevölkern es. Wer einmal Gelegenheit hatte, ihrer Fütterung beizuwohnen, wird das lebhaft bewegte, halb belustigende, halb aber auch geradezu aufregende Bild gewiß nicht so leicht vergessen. Unter den Raubtierarten nehmen die Bären einen hervorragenden Platz ein, während das große Raubtierhaus eine schöne Sammlung Löwen, Tiger, Leoparden u. a. m. beherbergt. Im Affenhaus finden wir eine reiche Sammlung der verschiedensten Meerkatzen, Makaken und Paviane, von denen die große Herde Mantelpaviane ein geradezu paradiesisches Unterkommen auf der interessanten Affeninsel gefunden hat. So ist es dem Kölner Garten gelungen, aus eigener Kraft zu hoher Blüte zu gelangen. Er ist dabei getragen von der wohlwollenden Unterstützung der Behörden, von der Gunst der einheimischen Bevölkerung, wie der zahlreichen, die rheinische Hauptstadt besuchenden Fremden. Möge ihm dieses Wohlwollen stets erhalten bleiben, auf daß ihm auch in Zukunft die Mittel nicht fehlen, seine Sammlungen und ihre Unterkunftsräume auszubauen, und er in der Lage ist, sein Teil zur Weiterbildung und Unterhaltung kommender Geschlechter beizutragen.

Direktor Dr. L. Wunderlich.

1. Eingang des Schlacht- und Viehhofes.

DER STÄDTISCHE SCHLACHT- UND VIEHHOF KÖLN

VON DIREKTOR VETERINÄRRAT DR. BUTZLER.

Nach dem Erlaß des Gesetzes über die Errichtung ausschließlich zu benutzender Schlachthäuser vom 18. März 1868 wurde in Köln ein gemeinsamer Schlachthof errichtet, der aber nach wenigen Jahren durch einen Neubau ersetzt wurde. Dem damaligen Charakter der Stadt als Festung mußte Rechnung getragen werden, sodaß die Anlage innerhalb der Stadtmauern gelegen war.

Der jetzige Schlacht- und Viehhof, der am 1. Juli 1895 eröffnet wurde, liegt in dem Vorort Köln-Ehrenfeld, nahe an der Grenze des Vorortes Köln-Nippes, also im Norden der Stadt Köln. Die Anlage wurde nach den neuesten Erfahrungen auf dem Gebiete des Schlachthofwesens erbaut und mit allen Neuerungen eingerichtet. Sie umfaßt den Viehhof mit der Viehhofbahn und den Schlachthof. Der Eingang ist von der Liebigstraße aus (s. Bild 1), hinter dem Pförtnerhaus liegt die Börse mit den Büros der Gewerbetreibenden; auch eine Bank, Sparkasse und Postanstalt haben ihre Geschäftsräume dortselbst (s. Bild 2). Rechts vom Eingang liegt der Viehhof, links der Schlachthof.

Der Viehhof gliedert sich in die Verkaufshallen und die Viehställe, die wieder nach den verschiedenen Tiergattungen eingeteilt sind. Die Anlage hat besonderen Eisenbahnanschluß mit dem Staatsbahnhof Köln-Nippes, Uebergabestelle. Drei städtische Lokomotiven dienen zur Abwickelung des Fahrdienstes für die Beschickung des Schlacht- und Viehhofes mit Vieh, Fleisch und sonstigen Gütern (s. Bild 3). Die vorhandenen Großviehställe können zweitausend Stück Großvieh aufnehmen, die an den Markttagen in der Großviehverkaufshalle (s. Bild 4) zum Verkauf gestellt werden. Für das Kleinvieh (Kälber, Schafe, Ziegen) und die Schweine dienen die Stallräume gleichzeitig auch als Verkaufshallen. 2000 Kälber und Schafe können aufgenommen werden, während die Halle für Schweine Platz für 7 000 Stück hat für Einstellung und Verkauf.

Für die Ausführung der Schlachtarbeiten ist der Schlachthof vom Viehhof vollkommen abgetrennt und mit 5 Schlachthallen versehen, davon 2 für Großvieh (Bullen, Ochsen, Kühe, Jungrinder), eine für Kleinvieh (Kälber, Schafe, Ziegen) und zwei für Schweine (s. Bild 5).

Für den Verkauf von Fleisch im Großhandel dient eine Fleischverkaufshalle, die seit 1924 in Benutzung ist (s. Bild 6).

Außer diesen verschiedenen Hallen gehören zum Schlachthofe noch zwei Kühlhäuser (für Großvieh und Schweine je 1), eine Eisfabrik, die entsprechende Maschinenhausanlage, die Kaldaunenwäsche, das Häutelager und die Talgschmelze.

An der Hornstraße sind die besonderen Stallungen mit Schlachteinrichtungen:

a) als Ueberständehof,
b) als Metzgerhof,
c) als Sperr- und Polizeischlachthof,
d) als Pferdeschlachthof.

In allen diesen Räumen herrscht gewerbliches Leben, das sich mit der Versorgung der Stadt sowohl als auch der Umgebung mit Fleisch befaßt. Die Fleischversorgung der Stadt erfolgt:

1. durch die Zufuhr als Schlachtvieh (s. Tab. 1),
2. durch die Zufuhr von frischem Fleisch,
3. durch die Zufuhr von Gefrierfleisch und Fleischwaren (s. Tab. 2).

Die Zufuhr von Schlachtvieh erfolgt in der Hauptsache aus dem Inlande, indessen beteiligt sich auch das Ausland (Holland, Dänemark und Amerika) an der Versorgung des Marktes mit Schlachtvieh.

Neben dem Rheinland sind es vorwiegend Norddeutschland und Mitteldeutschland, die als Bezugsquellen herangezogen werden.

Die mit der Eisenbahn ankommenden Tiere werden sofort bei der Ankunft durch beamtete Tierärzte untersucht. Mit der veterinärpolizeilichen Untersuchung zusammen fällt die Schlachtviehbeschau, wie sie für die lebenden Tiere vorgeschrieben ist. Bis zum Verkauf am Markttage werden die Tiere in den Stallungen untergebracht. Die Schlachtungen richten sich in der Hauptsache nach der Höhe der Auftriebe zu den einzelnen Märkten (s. Tab. 1). Von den Schlachtständen in den einzelnen Schlachthallen, wie von den Verkaufsständen in der Fleischverkaufshalle, führen Transportgleise auf Hochbahnen bis in die Kühlhäuser, auf denen das Fleisch, an Laufkatzen hängend, dem Kühlhause zugeführt werden kann. Beim Schlachten werden sämtliche Tiere, mit Ausnahme der zu schächtenden, betäubt. In den Schlachthallen findet die Fleischbeschau nach den Bestimmungen des Reichsfleischbeschaugesetzes durch städtische Tierärzte statt. Bei dem Schweinefleisch ist außer der allgemeinen Fleischbeschau auch die Untersuchung auf Trichinen vorzunehmen. Dies geschieht in besonderen Räumen, wo aus jedem Schwein besonders entnommene Proben entweder mit dem Mikroskop oder mit dem Trichinoskop untersucht werden. Bei der Untersuchung mit dem Trichinoskop erscheint das Bild der Fleischprobe auf der Wand, ähnlich wie bei einem Lichtbildapparat. Die Untersuchungen mit dem Trichinoskop sind schneller durchgeführt als mit dem Mikroskop (s. Bild 7).

Das als minderwertig oder bedingt tauglich beanstandete Fleisch wird in besondere Kühlzellen gebracht und hier aufbewahrt, bis es entweder in rohem Zustande oder nach Brauchbarmachung durch Kühlung, Kochen oder Pökeln zum Verkauf auf der Freibank gelangt (s. Tab. 1). Das zur menschlichen Nahrung untaugliche Fleisch wird in der städtischen Tierkörperverwertungsanstalt unschädlich beseitigt.

Die Fleischeinfuhr geschieht entweder aus der näheren oder weiteren Umgebung oder aus dem Auslande.

Besonders an der Fleischzufuhr beteiligen sich Holland, Belgien, Dänemark, Jugoslavien, Polen, Ungarn mit Frischfleisch, Amerika mit Gefrierfleisch.

Die Gesamteinfuhr im Berichtsjahre vom 1. 4. 25 bis 31. 3. 26 zeigt Tabelle 2.

Tabelle 1. Viehzufuhren und Schlachtungen.

	1	2	3	
Zufuhr	Stück*)	geschlachtet Stück	aus Spalte 2 d. Freibank überwiesen Stück	vernichtet Stück
Rinder	68 850	32 372	485	38
Kälber	85 142	79 597	77	26
Schafe und Ziegen	32 251	31 328	36	8
Schweine	237 718	154 366	315	16
Pferde	4 402	2 157	—	15

*) Die Zufuhrzahl der Tiere übertrifft die Zahl der Schlachtungen erheblich, weil Köln nicht nur ein Lokalmarkt, sondern auch ein Exportmarkt ist und die Umgegend der Stadt sowie das große Gebiet der Rheinlande mit Fleisch und Vieh versorgt.

Tabelle 2. Fleischeinfuhr. (Ausland.)

Land	kg Fleisch vom			
	Rind	Kalb	Schaf	Schwein
Holland	1 596 030	764 426	2 487	3 055 024
Belgien	329 347	11 197	—	739
Dänemark	604 791	3 040	—	8 970
Jugoslavien	—	—	—	121 915
Mandschurei	—	—	—	13 739
Polen	—	—	—	62 820
Ungarn	—	—	—	43 788
Amerika	11 580 985	1 005	—	963
Sa.	14 111 153	779 668	2 487	3 307 958

Tabelle 3. Fleischgewinnung und Verteilung

Nr.	Tiergattung	Jahreszahlen		Vierteljahreszahlen*)		Monatszahlen*)		Wochenzahlen*)	
		Stück	kg	Stück	kg	Stück	kg	Stück	kg
1	Rinder	32 372	9 711 600	7 104	2 131 200	2 629	788 700	608	182 400
2	Kälber	79 597	2 785 895	26 057	911 995	7 225	252 875	1 745	60 075
3	Schafe	30 991	743 784	5 772	138 528	1 202	28 848	289	6 936
4	Ziegen	337	5 055	104	1 560	21	315	5	75
5	Schweine	154 366	11 577 450	42 105	3 157 875	12 032	902 400	3 088	229 775
6	Pferde	2 157	431 400	439	114 140	105	27 300	23	5 980
	zusammen	299 820	25 255 184	81 581	6 455 298	23 214	2 000 438	5 758	485 241
	dazu das eingeführte Fleisch		19 108 735		3 777 039		1 196 518		269 129
	Gesamt-Sa.		44 363 919		10 234 337		3 196 956		754 370

*) Tatsächliche Abschnittszahlen, durch entsprechende Teilung der Jahreszahlen nicht genau zu errechnen.

2. Börsengebäude des Viehhofes.

3. Abladen eines Zuges lebender Schweine, die in die Schweineverkaufshalle getrieben werden.

4. Verkaufshalle für Großvieh am Marktmorgen.

5. Ansicht der Schweineschlachthalle an einem Schlachttage.

6. Teilansicht aus der Fleischverkaufshalle.

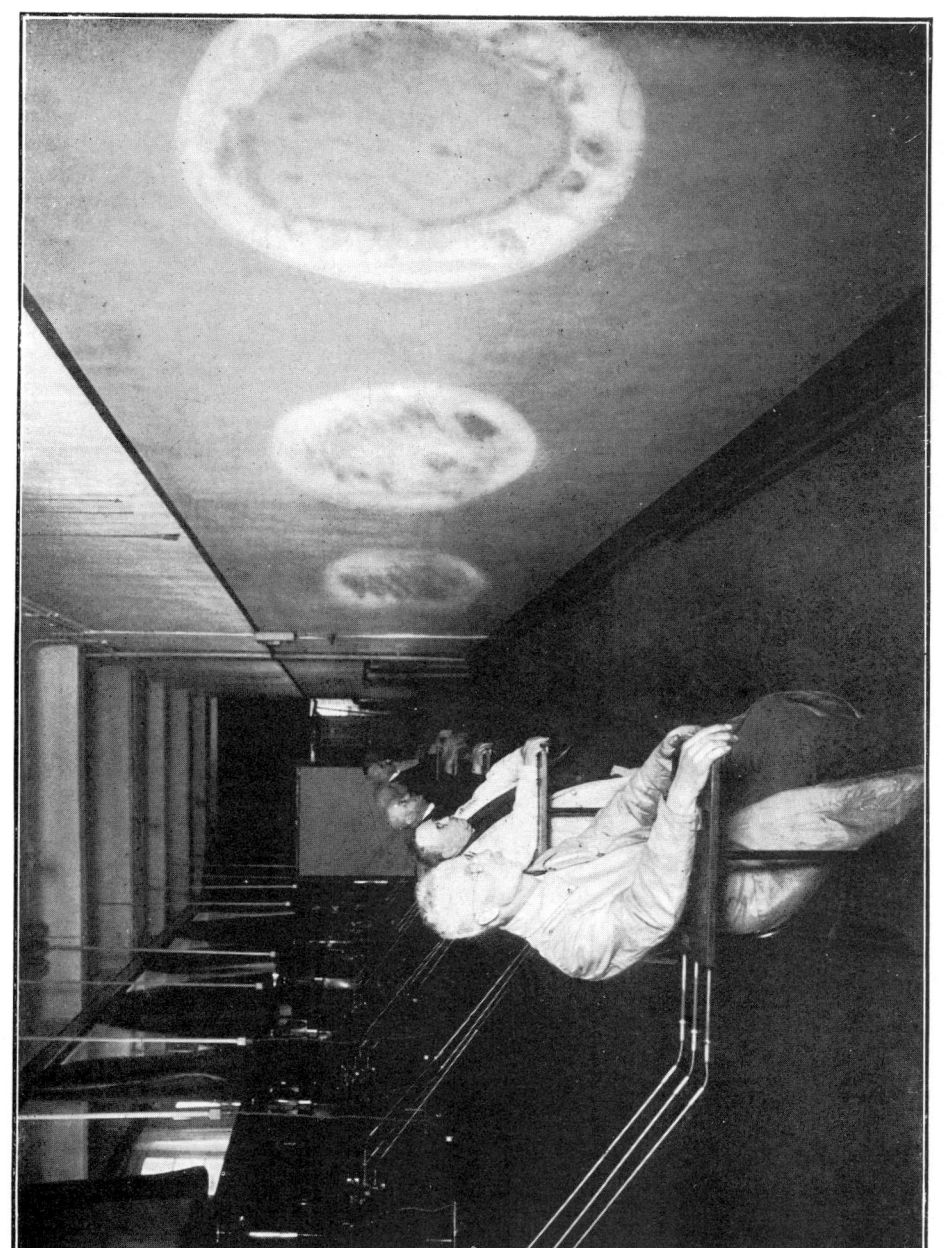

7. Ansicht aus dem Trichinenschausaal, in dem mit dem Trichinoskop die aus den einzelnen Schweinen entnommenen Proben untersucht werden.

Gesamtansicht der Stadtmolkerei

DIE MILCHVERSORGUNG DER STADT KÖLN

VON ERNST ZANDER

GESCHÄFTSFÜHRER DER „MILCHVERSORGUNG KÖLN G. M. B. H."

Köln verbraucht täglich 180 000 Liter Milch; die Menge steigt an heißen Tagen und am Wochenende bis auf 200 000 Liter. An der Versorgung ist neben der Landwirtschaft der nächsten Umgebung vor allem das Bergische Land, die Erft-Niederung und ganz besonders der Niederrhein beteiligt. Die Milch wird in den späten Nachmittagsstunden an den Sammelorten in Bahnwaggons verladen, kommt in der Frühe des nächsten Tages zwischen 4 und 5 Uhr in Köln an und gelangt durch Vermittlung Kölner Molkereien und Milchgroßbetriebe an die Kleinhändler, die dann von 7 Uhr ab die Einwohner mit dem so außerordentlich wichtigen Nahrungsmittel versorgen.

Stadtverwaltung, Milchhandel und Landwirtschaft haben es sich in der Nachkriegszeit angelegen sein lassen, die Kölner Milchversorgung auf eine wünschenswerte Höhe zu bringen. Unter städtischem, die Allgemeinheit vertretenden Einfluß wurde angestrebt, nicht nur die Menge, sondern auch die Beschaffenheit der Milch zu heben. So wurde, um zu erreichen, daß die für die Einwohner Kölns bestimmte Milch nur durch Hände geht, die verstehen mit ihr umzugehen, für den Milchgroß- und Kleinhandel das Konzessionierungsverfahren durchgeführt. Köln war die erste Stadt, die Lehrgänge für Milchhändler einrichtete. Personen, die den Milchhandel beginnen wollen, müssen an einem drei Monate währenden Lehrgang teilgenommen und durch Ablegung einer Prüfung den Nachweis erbracht haben, daß sie sich die gehörigen Sach- und Fachkenntnisse erworben haben. Die Zuverlässigkeit ist durch polizeiliche Führungszeugnisse nachzuweisen. Die Räumlichkeiten und Einrichtungen des Milchhandels stehen dauernd unter Kontrolle der Stadtärzte und der Gesundheitspolizei. Letztere entnimmt täglich zahlreiche Proben sowohl bei den Händlern, wie auch in der Molkerei und bei der Landwirtschaft. Milchverfälschungen sind infolge der straffen Regelung in den letzten beiden Jahren beim Milchhandel nicht vorgekommen.

Auch bei der Preisbildung arbeiten die drei an der Milchversorgung beteiligten Faktoren — Stadt, Landwirtschaft und Handel — Hand in Hand. Der Grundpreis wird von einem Milch-

Milchversorgung Köln G. m. b. H. Milch-Verarbeitungsraum der Stadtmolkerei

preisfestsetzungsausschuß, dem Vertreter der oben genannten drei Gruppen angehören, für das Rhein.-Westfälische Industriegebiet gemeinsam festgesetzt. Dem ist es auch zu verdanken, daß sich der Milchpreis weit unter den allgemeinen Preissteigerungen im Verhältnis zum Friedenspreise bewegt.

Die Milchversorgung der Großstadt ist zu einer wichtigen kommunalen Frage der Gegenwart geworden, der in Köln erhöhte Aufmerksamkeit gewidmet wurde. Und dies mit Recht. Das unentbehrliche Nahrungsmittel ist in gesundheitlicher und volkswirtschaftlicher Beziehung von ganz besonderer Bedeutung. Kaum ein anderes Nahrungsmittel bietet einen so günstigen Nährboden für krankheiterregende Keime, wie gerade die Milch. Bei den Typhusepidemien in den Vorjahren hat fast in allen Fällen die Milch die Infektionsquelle abgegeben. Ebenso hängt die Säuglingssterblichkeit in großem Maße von der Beschaffenheit und von der Behandlungsart der Milch ab. Eingedenk dessen hat es die Stadtverwaltung Köln nicht nur beim Erlaß von Verordnungen, bei der Milchkontrolle und bei der Preisfestsetzung bewenden lassen; sie beteiligt sich auch praktisch an der Versorgung der Einwohner mit Milch. Als im Herbst 1924 die Zwangswirtschaft der Milch ihr Ende erreichte, wurde von der Stadt ein Milchhof errichtet. Das Unternehmen ist rein städtisch. Es muß, wenn es sich im freien Wettbewerb durchsetzen soll, die gleiche Beweglichkeit haben, wie der freie Handel. Deshalb ist der Milchhof als „Milchversorgung Köln G. m. b. H." nach rein kaufmännischen Grundsätzen, unabhängig von behördlichem Zwang, ins Leben gerufen.

Hauptaufgabe der „Milchversorgung Köln G. m. b. H." ist neben der Belieferung der Anstalten und Schulen mit frischer, guter Milch und neben der Belieferung von Kleinhändlern und Ausgleichsstellen für den gesamten großen Stadtbezirk, die Herstellung und der Vertrieb einer einwandfreien Säuglings-, Kinder- und Krankenmilch.

Die Stadtmolkerei befindet sich in Köln-Nippes, Geldernstraße 46. Sie ist mit den modernsten Maschinen ausgestattet. Das Nahrungsmittel-Untersuchungsamt Köln und das Hygienische Institut der Universität Köln üben dauernde Kontrollen über den Molkereibetrieb und beamtete Tierärzte über die Stallungen der Vorzugsmilchlieferanten aus.

Sämtliche Milch wird bei Ankunft auf Säure- und Fettgehalt geprüft, von Stall- und Transportschmutz gereinigt, auf 60° vorgewärmt und mittels des Dauererhitzungsverfahrens eine halbe Stunde auf 65° warmgehalten, dann tiefgekühlt und bis zum Abfahren im Kühlraum aufbewahrt. Im Gegensatz zu dem Pasteurisierungsverfahren (Erhitzung auf 85—90°) werden bei der sogenannten schonenden Behandlung die schädigenden Keime — wie Tuberkulose, Typhus, Paratyphus usw. — abgetötet, während die lebenswichtigen guten

Milchversorgung Köln G. m. b. H.   Herstellung der Degerma-Flaschenmilch in der Stadtmolkerei

Bestandteile in der Milch erhalten bleiben.
Eine ganz besondere Aufmerksamkeit wird der Kinder- und Krankenmilch zugewandt. Schon mehr als 20 Jahre stellt die Stadt Köln diese Milch im eigenen Betriebe her. Sie hat sich die Erfahrungen der Neuzeit zu eigen gemacht und nach Anhörung der maßgebenden Fachleute aller einschlägigen Wissenschaftsgebiete im Milchhof eine Degerma-Anlage eingebaut. Die für Degermamilch verwandte Milch stammt aus Vorzugsställen aus unmittelbarer Nähe Kölns. Diese sind dem staatlichen Tuberkulose-Tilgungsverfahren angeschlossen, verwenden nur einwandfreies Futter und stehen unter dauernder tierärztlicher Aufsicht.
Das Degermaverfahren — Entkeimungsverfahren — beruht auf dem Dauererhitzungssystem. Die Degermamilch wird gereinigt, vorgewärmt und dann sofort in die Verkaufsgefäße, verzinnte Stahlflaschen, gefüllt, mit 30 Atmosphärendruck mittels Aluminiumkappe abgeschlossen und dann eine halbe Stunde im Wasserbad auf 65° erhitzt und sofort tiefgekühlt. Infektionskeime kann die Milch daher nicht wieder aufnehmen. Auch Fälschungen sind ausgeschlossen, da der Verschluß nur durch Zerreißen entfernt werden kann. Der Verschluß ist mit dem Ausgabetage versehen, so daß der Verbraucher vor alter abgestandener Milch gesichert ist.
Die Degermamilch wird in verzinnten Stahlflaschen mit einem Liter Inhalt abgegeben. Die Milch kann verbraucht werden wie die im Haushalt schon abgekochte Milch; sie kann, je nach der Jahreszeit, in kaltem oder angewärmtem Zustande ohne weiteres an Kinder und Kranke verabreicht werden. Ein Aufkochen ist nicht nötig; es soll sogar vermieden werden, um den Geschmack und die wichtigen Eigenschaften der Rohmilch zu erhalten. Degermamilch besitzt die Rohmilcheigenschaften und ist frei von Schmutz und schädigenden Keimen. Die Degermamilch ist deshalb eine hochwertige Kinder- und Haushaltungsmilch.
Daß Milch eines der notwendigsten Nahrungsmittel, für Kinder und Kranke sogar ein unentbehrliches Nahrungsmittel ist, darüber besteht überall Klarheit. Es ist aber eine bedauerliche Tatsache, daß der Verbrauch an Milch in Deutschland bei weitem nicht die Höhe erreicht, wie in anderen Ländern. Der entschuldigende Hinweis auf die deutsche Verarmung und Arbeitslosigkeit vermag in keiner Weise zu wirken angesichts der für Bier, Schnaps und Tabak ausgegebenen Millionen. Nachdem aber Behörden und Wissenschaftler in den letzten Jahren sich mit der so wichtigen Milchfrage eingehend befaßt haben und nachdem vor allem auf der ganzen Linie auf eine hygienisch einwandfreie Gewinnung und Behandlung der Milch hingearbeitet wird, ist zu erhoffen, daß mit der Zeit aus den Milchverächtern Milchanhänger werden. Die Steigerung des Milchverbrauches in Köln beweist, daß hier ein guter Anfang gemacht ist.

HOHENSTAUFENBAD / HERRENSCHWIMMHALLE / ERBAUT 1885 / UMGEBAUT 1925

DIE STÄDTISCHEN BÄDER

In hervorragender Weise hat sich die Stadt Köln des Badewesens angenommen. Heute zählt sie zu den Städten, die die meisten öffentlichen Badeanstalten besitzen. Als anfangs der achtziger Jahre durch die erste Stadterweiterung neue Bauplätze geschaffen wurden, erwachte auch sofort der Gedanke, ein Hallenbad zu errichten. Bereits im Jahre 1885 konnte das Hohenstaufenbad, ein stattlicher Renaissancebau, mit großer monumentaler Freitreppe, säulegetragenem Vestibül, am Hohenstaufenring, einer der verkehrsreichsten Ringstraßen gelegen, in Betrieb genommen werden. Seine an allen vier Seiten freie Lage gestattete eine für Bäder ideale Grundrißlösung, die auch vielen anderen neuen Anstalten zum Vorbild diente. Den im Laufe der Zeit wesentlich gestiegenen Anforderungen, insbesondere an die inneren Einrichtungen, konnte durch mehrfache Umbauten entsprochen werden. Daher kann dieses Bad auch heute noch den Vergleich mit den neuzeitlichsten Bädern Deutschlands aushalten. Es besitzt eine Herren- und eine Damenabteilung. Jede Abteilung verfügt über ein besonderes Schwimmbad von 21,6×11 bezw. 18×8 m Größe, Salon-, Wannen-, Kohlensäure-, elektr. Licht- und Wasserbäder. Das Dampf- und Heißluftbad wird tageweise von Herren oder Damen benutzt. Im ganzen sind zwei Schwimmbecken, 60 Wannen-, 8 Kohlensäure-, 7 Licht- und 2 elektrische Wasserbäder vorhanden. Ein gut besuchtes Restaurant und je eine Frisierstube für Damen und Herren vervollständigen die Einrichtung. Im ersten Jahr seines Bestehens hatte das Bad über 100 000 und heute über 550 000 Besucher.

Infolge Ueberlastung des Hohenstaufenbades wurde die Badeanstalt Fleischmengergasse erbaut und im Jahre 1902 in Betrieb genommen. Diese Anstalt liegt in der Nähe des Hohenstaufenbades und des Neumarktes in einem sehr dicht bevölkerten Stadtteil der Altstadt. Sie enthält ein Schwimmbad von 14×9 m Größe (nur für Herren), ein kleines Dampf- und Heißluftbad, ein elektr. Lichtbad, 31 Wannen- und 8 Brausebäder.

Durch das schnelle Anwachsen der Vororte wurde hier das Bedürfnis nach Badeanstalten immer mehr fühlbar. Im Jahre 1912 wurde in dem größten linksrheinischen Vororte Ehrenfeld das „Neptunbad" und 1914 auf der rechten Rheinseite auf dem früheren Festungs-Rayongelände zwischen den Vororten Deutz und Kalk das „Deutz-Kalker Bad" eröffnet. Der Hauptwert ist bei diesen Anstalten auf eine gediegene innere Ausstattung gelegt, in der nur das zweckdienlichste Material zur Verwendung kam. Erstmalig fanden hier in Zellen, Vestibül, Fluren und Schwimmbädern Wandfliesen in größtem Ausmaß Verwendung. Alle Wannen sind aus Feuerton angefertigt. Beide Anstalten machen äußerlich einen einfachen, innen jedoch einen gediegenen, außerordentlich

NEPTUNBAD / RUHERAUM DES HEISSLUFT- UND DAMPFBADES / ERBAUT 1912

freundlichen und sauberen Eindruck, der zur Hebung des Besuches wesentlich mit beiträgt. Jede Anstalt besitzt ein Schwimmbad von 21×9,5 m Größe, ein Dampf- und Heißluftbad, 30 Wannen, 25 Brausen, mehrere elektrische Lichtbäder und ein elektrisches Wasserbad und die üblichen Nebenräume, Restaurants und Frisierstuben. Schwimmbad oder Schwitzbäder werden tageweise von Herren oder Damen benutzt.

In weiteren sechs Vororten befinden sich Volksbadeanstalten mit Wannen- und Brausebädern, welch letztere zum Teil auch gleichzeitig als Schulbäder benutzt werden. Im Vororte Mülheim ist noch ein privates Schwimmbad in Betrieb, das vor kurzem auf Kosten der Stadt vollständig instandgesetzt wurde.

Außer diesen Landbadeanstalten verfügt die Stadt über drei große geschlossene **Rheinbäder** mit je einem Schwimmbecken, Wannen- und Zellenbädern ein großes **Strandbad** in der Nachbargemeinde Rodenkirchen, das einen Strand von 400 m Länge hat und in schönen Sommern über 200 000 Besucher zählt und ein kleines Strandbad in Worringen. Für Volksbadezwecke sind ferner noch zwei private Rheinbäder an zwei Nachmittagen in der Woche angepachtet.

Im ganzen betreibt die Stadt 19 Badeanstalten mit 5 Hallenschwimmbädern, 5 Dampf- und Heißluft-, 16 Lichtbädern, 235 Wannen-, 164 Brausebädern, 5 Flußschwimmbecken und 2 Strandbädern. Durch den Ausbruch des Weltkrieges erlitt der im steten Fortgang begriffene Bau neuer Anstalten eine jähe Unterbrechung. Neuerdings befaßt die Stadt sich aber wieder mit der Bearbeitung und Förderung bereits früher genehmigter großer Bäderprojekte.

Der Besuch der Anstalten war bis zum Kriege in fortwährendem Steigen begriffen, erlitt aber dann einen Rückgang infolge Schließung mehrerer Anstalten wegen Einberufung des Personals und später wegen Kohlenmangels und Beschlagnahme ganzer Anstalten. Nach dem Kriege hob sich die Besucherzahl vorübergehend. Die Höchstzahl der Besucher brachte das Jahr 1919 mit über 1 800 000. Infolge Zerfalls unserer Währung sank die Zahl 1923 auf 1 150 000 Besucher. Inzwischen hat der Besuch aber wieder eine erfreuliche Steigerung aufzuweisen. 1925 waren trotz eines schlechten Sommers wieder über 1 622 000 Besucher zu verzeichnen.

Für Sportzwecke hat die Stadt im Sportpark in Müngelsdorf eine Kampf-Schwimmbahn von 100×25 m, einen Sprungturm mit Sprungbecken von 32×25 m und 5 m Tiefe und Schwimmler- und Nichtschwimmerbecken von 30×25 m geschaffen.

Die durch die Stadt geschaffenen günstigen Badegelegenheiten haben selbstverständlich auch fördernd auf den Schwimmsport gewirkt und eine Blüte desselben herbeigeführt, welche die alte Rheinmetropole als eine Hochburg dieses Sports erscheinen läßt.

Ansicht vom Gaswerk Ehrenfeld

DIE GAS- UND WASSERWERKE.

In der Reihe der auf stadtkölnischem Boden vorhandenen industriellen Betriebe sowohl, als auch besonders unter den städtischen Unternehmungen kommt den Gas- und Wasserwerken der Stadt Köln eine besondere Bedeutung zu sowohl wegen des Umfanges ihrer technischen Anlagen, der Zahl der dabei beschäftigten Beamten, Angestellten und Arbeiter, als auch vornehmlich hinsichtlich der Aufgaben, die sie zu ihrem Teile in technischer, hygienischer und finanzieller Beziehung innerhalb der städtischen Gesamtwirtschaft zu erfüllen haben. Nachstehende Ausführungen mögen hierüber ein Bild geben, soweit das bei der gebotenen Kürze möglich ist.

A. Die Gaswerke.

Die Gasversorgung Kölns durch ein Gaswerk, welches das Gas dem Verbraucher durch unterirdisch verlegte Röhren zuleitet, besteht seit dem Jahre 1841. Sie erfolgte zunächst durch ein in der Buschgasse erbautes Gaswerk und wurde im Jahre 1862 durch ein zweites Gaswerk am Spieserhof ergänzt. Beide Werke gehörten der „Imperial Continental Gas-Association". Sie gingen am 1. Mai 1873 in den Besitz der Stadt über. Da sich

Ansicht vom Gaswerk Ehrenfeld

Ansicht vom Gaswerk Ehrenfeld

Kohlenschuppen des Gaswerkes; Inneres

die beiden Werke als zu klein und in schlechtem Zustande erwiesen, wurde bereits im Jahre 1875 ein neues, den gesteigerten Anforderungen besser gewachsenes Werk in Ehrenfeld errichtet. Auf demselben dienten zur Gaserzeugung 80 Oefen mit horizontalen, 3 m langen Retorten. Die Anlage war für die höchste Tagesleistung von 120 000 cbm errichtet. Die Gesamtgaserzeugung betrug damals rd. 12 500 000 cbm. Es wurden an Private 9 500 000 cbm und für die öffentliche Beleuchtung rd. 2 000 000 cbm abgegeben. Die Zahl der Gasabnehmer belief sich auf 6 800.

Einen besonderen Aufschwung nahm auch die Gasversorgung, als die mittelalterlichen Festungswerke niedergelegt waren und die Stadt sich weiter in großem Maße ausdehnen konnte. Der Zuwachs an Verbrauchern von Gas bedingte entsprechende Vermehrung der Gasherstellung. Die vorhandenen Anlagen mußten infolgedessen mehrfach durch neue, den technischen Fortschritten entsprechende Einrichtungen vergrößert und verbessert werden. Das ergab im Laufe der Jahre eine beinahe vollständige Umwandlung aller Betriebseinrichtungen und damit verbunden des Fabrikationsprozesses. Es sind jetzt vorhanden zur Gaserzeugung 32 Schrägöfen mit je 9 Retorten, 24 Vertikalöfen mit je 10 Retorten, 5 Vertikalöfen mit je 18 Retorten und 1 Kammerofen, ferner 1 Wassergasanstalt mit einem Generator für 40 000 cbm Produktion in 24 Stunden und 2 Generatoren für zusammen 60 000 cbm in 24 Stunden. Am 1. April 1926 betrug die Länge

Kokstransportanlage

Arbeiterkolonie des Gaswerkes

Neues Maschinenhaus; Inneres

des Gasrohrnetzes 678 225 m, die Zahl der Gasabnehmer 111 750, bei denen 114 649 Gasmesser aufgestellt waren. Es wurden im Rechnungsjahre 1925/26 aus insgesamt 145 116 t Steinkohle 70 164 950 cbm Gas hergestellt, d. s. auf die Tonne Kohlen 391 cbm. Von der Gasmenge wurden 10 173 000 cbm oder 14.49% für die öffentliche Straßenbeleuchtung verwendet, 45 086 630 cbm oder 64.24% an Private zur Beleuchtung und zum Kochen und 8 914 010 cbm oder 12.70% an Private für industrielle Zwecke abgegeben. Die drei ursprünglich vorhandenen Gasbehälter von je 27 000 cbm Inhalt sind im Laufe der Jahre auf einen Gesamtinhalt von rd. 200 000 cbm umgebaut worden. Der Wasserversorgung des Gaswerkes dient ein eigenes Wasserwerk, das das Wasser aus 3 Röhrenbrunnen entnimmt und in einen eigenen Hochbehälter fördert. Zum Werk gehören 8 Arbeiterhäuser mit 31 Wohnungen für Arbeiter und 4 Wohnhäuser für Beamte. Zur Benutzung für die Arbeiter sind Badeanstalten, Kantine und Speisesäle vorhanden.

B. Die Wasserwerke.

Die Wasserwerke wurden im Jahre 1872 in Betrieb genommen. Die erste Pumpstation befand sich im Süden der Stadt in der Nähe des Rheins an der Alteburg. Die im Jahre 1881 begonnene Stadterweiterung hatte eine Vergrößerung der Wasserwerksanlagen in den Jahren 1893/95 zur Folge. Es wurde ein zweites Werk, Pumpwerk Severin benannt, in einer Entfernung von etwa 800 m vom Rhein am Zugweg angelegt. Die Brun-

Wasserwerk Severin

nenanlage besteht aus 6 in zwei Reihen angeordneten Tiefbrunnen von 5,5 m Durchmesser und 20 m Tiefe. Es wurde hier eine Teilung in Schöpf- und Druckpumpen durchgeführt. Jedes der beiden vorhandenen Pumpen-Aggregate, von Woolf'schen Balanciermaschinen mit Kondensation angetrieben, lieferte bei 15 Umdrehungen in der Minute 1 060 cbm Wasser in der Stunde.

Infolge der schnellen Entwicklung der Stadt wurde im Jahre 1898 der Stadtverordnetenversammlung ein neuer Vorschlag zur Erweiterung der Wasserversorgung unterbreitet. Nach eingehenden Untersuchungen und Vorarbeiten entschloß man sich zur Errichtung eines Schöpfwerkes außerhalb der Stadt in Hochkirchen. In der Zwischenzeit war in den Jahren 1899 bis 1900 auf dem Grundstück des Wasserwerkes Severin ein neuer unterirdischer Wasserbehälter von 20 000 cbm Nutzinhalt, und im Anschluß daran im Jahre 1900 bis 1901 ein neues Druckpumpenhaus erbaut worden. Das neue Druckpumpenhaus hat eine Länge von 63 m und eine Breite von 23 m, enthält 5 Druckpumpen, von denen zwei mit je 1250 cbm Stundenleistung im Jahre 1901, zwei weitere mit je 1650 cbm Stundenleistung im Jahre 1904, sowie eine gleich große fünfte im Jahre 1907 beschafft wurden. Alle 5 Pumpen arbeiten in eine gemeinsame Druckleitung von 1000 mm Durchmesser.

Mit dem Bau der Schöpfpumpenanlage in Hochkirchen wurde im Jahre 1903 begonnen und diese nach zweijähriger Bauzeit im Jahre 1905 in Betrieb genommen. Die Brunnenanlage bestand aus

Druckpumpenhaus am Bonnerwall

90 gußeisernen Rohrbrunnen von 240 mm äußerem Durchmesser und 18 m mittlerer Tiefe. Das durch die Brunnen entnommene Wasser fließt durch eine gemeinsame Heberleitung 2 Sammelbrunnen von je 5,5 m Durchmesser und 18,5 m Tiefe zu. Aus letzteren wird es durch 4 Schöpfpumpen von je 1200—1800 cbm Stundenleistung in die zum Ausgleichbehälter des Pumpwerkes Severin führenden Leitungen von 900 mm l. W. gefördert.

Das Pumpwerk Alteburg wurde im Jahre 1905 außer Betrieb gesetzt. Die ursprüngliche Förderanlage des Pumpwerkes Severin liefert seit einigen Jahren fast ausschließlich das Kondenswasser für das daselbst errichtete Elektrizitätswerk, sodaß die Wasserversorgung der Stadt jetzt lediglich durch das Schöpfwerk in Hochkirchen und die neue Druckpumpenanlage auf Severin erfolgt.

Die Schöpfpumpenanlage in Hochkirchen wurde 1913 um 60 weitere Rohrbrunnen auf insgesamt 150 Rohrbrunnen erweitert. Die normale Tagesleistung ist dadurch auf 150—160 000 cbm Wasser erhöht worden.

Am 1. April 1926 betrug die Länge des Wasserrohrnetzes 594 317 m. Es waren vorhanden 35 126 Wasserabnehmer, 35 704 Wassermesser, 3894 eingebaute Wasserschieber und 6000 Hydranten. Gefördert wurden im Jahre 39 697 240 cbm Wasser, davon wurden für öffentliche Zwecke 1 293 500 cbm verbraucht, 23 799 200 cbm an Private abgegeben. Infolge der Eingemeindung der nördlich von Köln gelegenen Gemeinde Worringen im Jahre 1922

Druckpumpenhaus am Bonnerwall; Inneres

wurde die Versorgung dieses neuen Gebietes, in dem noch keine Wasserleitung vorhanden war, mit gutem Leitungswasser notwendig. Da diese Versorgung aus den bestehenden Pumpwerken nur durch Neuverlegung eines sehr langen Zuführungsrohres mit großer Durchlaßfähigkeit möglich gewesen wäre, und in den nördlichen Teilen des alten Stadtgebietes eine Erhöhung des Wasserdruckes erforderlich wurde, die durch die bestehenden Einrichtungen nicht zu erzielen gewesen wäre, wurde die Erbauung eines neuen Wasserwerkes auf dem Gebiete der neu eingemeindeten nördlichen Vororte beschlossen. Dieses neue Werk wird gegenwärtig in der Nähe der Ortschaft Weiler gebaut. Da die Verhältnisse im Norden der Stadt eine schnelle Lösung der Frage der Wasserversorgung verlangten und damit nicht bis zur Fertigstellung des neuen Wasserwerkes bei Weiler gewartet werden konnte, mußte zu einer vorläufigen Abhilfe geschritten werden. Diese wurde erreicht durch den im Jahre 1922 getätigten Ankauf des der Continentalen Wasserwerksgesellschaft in Berlin gehörigen Wasserwerkes in Stommeln bei Köln, das bis dahin nur zur Versorgung der Bürgermeisterei Stommeln gedient hatte, nun aber auch zur Versorgung der nördlichen Stadtgebiete eingerichtet und mit diesen durch Zuführungsrohre verbunden wurde. Nach Fertigstellung des Wasserwerkes bei Weiler wird dieses die Wasserlieferung der jetzt von Stommeln aus belieferten Stadtteile und der Gemeinde Stommeln übernehmen; die Pumpstation

Wasserwerk Hochkirchen

in Stommeln wird dann als Betriebsreserve dienen. Zur Bewässerung des Grüngürtels, der Rasenflächen und des Schwimmbeckens im Stadion, sowie der Teiche im Stadtwald wurde im Stadion eine Pumpstation errichtet. Diese ist mit 2 Saugpumpen und 1 Druckpumpe von je 100 l/sec. Leistung ausgestattet, die durch Elektromotoren angetrieben werden.

Das geförderte Wasser sämtlicher Pumpstationen hat sich nach den laufenden chemischen und bakteriologischen Befunden stets als ein ausgezeichnetes Trinkwasser erwiesen.

Maschinenhaus Wasserwerk Hochkirchen; Inneres

Ansicht des Pumpwerkes Westhoven

RHEINISCHE WASSERWERKS-GESELLSCHAFT KÖLN

Am 18. Juni 1872, vier Monate nach der Inbetriebsetzung des ersten Stadtkölnischen Wasserwerkes an der Alteburg bei Köln, gründeten Herren der ersten Kölner Familien die Rheinische Wasserwerks-Gesellschaft, mit dem Geschäftssitz in Köln, zum Zwecke der Projektierung des Baues und der Unterhaltung von Wasserleitungs-, Entwässerungs-, Kanalisations- und Gasanlagen sowohl auf eigene Rechnung als auch im Auftrage von Gemeinden und Privaten auf deren Kosten. Ferner gehören zum Arbeitsbereich der Gesellschaft die Errichtung und der Ankauf von Anstalten, welche die Herstellung der in das Fach einschlagenden Materialien und Apparate bezwecken. Das Grundkapital betrug 2,5 Millionen Taler und wurde von den Gründern resp. den von ihnen vertretenen Handlungshäusern gezeichnet, und zwar von den Herren:

Theodor Deichmann für das Bankhaus Deichmann & Co.	mit 150 000 Taler
Jacob Löb Eltzbacher für das Bkh. J. L. Eltzbacher & Co.	„ 1 000 000 „
Wilhelm Jentges für das Haus Jacob v. Beckerath Joh. Sohn	„ 100 000 „
Commerzienrath Koenigs	„ 100 000 „
Franz Leiden	„ 50 000 „
Theodor Movius f. d. A. Schaaffhausen'schen Bankverein	„ 800 000 „
für Friedrich Grillo	„ 300 000 „
zusammen:	2 500 000 Taler

Somit waren die Gründer die einzigen Aktionäre der Gesellschaft, und sind auch bis heute die Aktien nur wenig im Verkehr gehandelt worden.

Die Rheinische Wasserwerks-Gesellschaft begann ihre Tätigkeit am 1. August 1872 im Hause Unter Sachsenhausen 16 und alsbald wurden Unterhandlungen angeknüpft mit vornehmlich in der Rheinprovinz gelegenen Städten zum Zwecke der Errichtung von Wasserversorgungen und Gasanstalten. Die Verhandlungen führten zum Bau des Wasserwerkes Bonn, an welches später noch die Stadt Godesberg angeschlossen wurde und zum Bau eines Wasserwerkes für die Städte Mülheim, Deutz und Kalk. Die Werke wurden auf Kosten der Rheinischen Wasserwerks-Gesellschaft gebaut und das Wasser zu vertraglich festgesetzten Preisen an die Konsumenten geliefert. Weiter wurde dann noch die Gasanstalt Mörs auf eigene Rechnung gebaut und betrieben. Außerdem wurden für viele Städte mehr oder weniger umfangreiche Projekte ausgearbeitet.

Die bei der Gründung gehegten Hoffnungen über Verdienstmöglichkeiten durch die Uebernahme von Ingenieurarbeiten haben sich nicht erfüllt, denn in den meisten Fällen wurden nur die Barauslagen berechnet und diese vielfach noch beanstandet. Um die Verwaltungskosten zu verringern, wurde im Jahre 1875 das Geschäftslokal in die Wohnung des Direktors Thometzek in der Blumenstraße 10 zu Köln verlegt. Eine weitere Folge der gedrückten Geschäftslage war die Reduzie-

Blick in das Maschinenhaus des Wasserwerkes Mülheim

rung des Aktienkapitals im Jahre 1876 auf 2 250 000 Mark, mit welchem Kapital die Gesellschaft auch heute noch arbeitet. Von weiteren die Geldmittel der Gesellschaft beanspruchenden Unternehmungen sollte damals Abstand genommen werden und nur Projektierung und Bauleitung für Rechnung der Städte vorgenommen werden. Umfangreiche Projekte wurden alsdann für die Städte Coblenz, Aachen und Elberfeld ausgearbeitet.

Im Jahre 1878 wurde der Sitz der Gesellschaft nach Bonn verlegt. Die Gasbelieferung für die Stadt Mörs wurde im Jahre 1873 begonnen und die geplanten neuen Eisenbahnlinien, welche die Stadt berühren sollten, stellten dem vorerst kleinen Unternehmen eine gute Zukunft in Aussicht. Alsbald stellte sich jedoch heraus, daß eine Verzinsung der angelegten Kapitalien nicht möglich war und auch eine Herabsetzung des Gaspreises führte keinen größeren Absatz herbei. Die Ursache lag in dem Fehlen an industriellen Unternehmungen und der Bedürfnislosigkeit der Bevölkerung sowie in der Konkurrenz des damals außergewöhnlich billigen Petroleums. Im Jahre 1894 ging dann die Gasanstalt käuflich in den Besitz der Stadt Moers über.

Die Konzession für das Wasserwerk Bonn wurde der Rheinischen Wasserwerks-Gesellschaft nach langen Verhandlungen mit den städtischen Körperschaften im Jahre 1873 übertragen. Der Bau des Werkes wurde so beschleunigt, daß bereits nach 11monatiger Bauzeit im Frühjahr 1874 mit der Wasserförderung begonnen werden konnte und ab 1. April 1875 konnten die Bonner Bürger Wasser beziehen. Das Wasser mußte dem derzeitigen Stande der Technik entsprechend in zwei Stufen gefördert werden, denn es war der technischen Schwierigkeiten halber damals nicht angängig, die gesamte Pumpenanlage entsprechend tief in das Grundwasser hinein zu bauen. Das Wasserwerk hatte eine recht gute Entwicklung, und war im Jahre 1893 ein Verbrauch von 180 l pro Tag und Kopf der Bevölkerung zu verzeichnen. Nach 25jähriger Betriebsdauer ging das Werk am 1. April 1900 in den Besitz der Stadt Bonn über.

Das Wasserwerk Mülheim, Deutz, Kalk entstand fast gleichzeitig mit dem Bonner Werk, denn 1873 kam der Lieferungsvertrag mit Mülheim und Deutz zustande, während erst im Jahre 1881 der Vertrag mit der Stadt Kalk geschlossen wurde. Am 1. Januar 1876 wurde der Betrieb eröffnet und nahm bei dem vorwiegend industriellen Charakter besonders der Stadt Mülheim ein ganz anderes Gepräge an wie in Bonn.

Für die Wasserhebung wurde ein Maschinenhaus mit 4 Dampfmaschinen und 3 Dampfkesseln errichtet. Anfänglich arbeitete das Werk ohne Wasserturm, und mußte die Maschinenleistung dem jeweiligen Wasserbedarf unter Zwischenschaltung eines reichlich groß bemessenen Windkessels durch Regulierung der Umdrehungszahl angepaßt werden. Um den Betrieb jedoch gleichmäßiger zu gestalten, wurde im Jahre 1881 ein Wasserturm erbaut, auf welchem im Jahre 1895 ein zweiter Behälter aufgestellt wurde und der somit durch seine ungewohnte Bauweise das Wahrzeichen der Stadt Mülheim wurde, denn unseres Wissens besteht kein weiteres derartiges Bauwerk. Der steigende Wasserbedarf erforderte schon bald eine Vergrößerung der Maschinenanlagen und so kam im Jahre 1898 ein zweites Pumpwerk auf demselben Grundstücke in Betrieb.

Durch den Verkauf des Bonner Wasserwerkes im Jahre 1900 ging der Gesellschaft eine bedeutende Einnahmequelle verloren und galt es zunächst die Verwaltungskosten zu verringern. Die beiden Büros in Bonn und Mülheim wurden vereinigt durch die Verlegung des Sitzes der Gesellschaft von Bonn nach Köln-Deutz, dem Mittelpunkte des Versorgungsgebietes, und des weiteren mußten neue Absatzgebiete geschaffen werden. So fallen in die nächsten Jahre eine große Anzahl von Vertragsabschlüssen mit den an das Versorgungsgebiet angrenzenden Gemeinden sowohl über Wasser- wie auch Gasbelieferungen. Um den gestellten Anforderungen nachkommen zu können, wurde im Jahre 1905 das Wasserwerk Westhoven in Betrieb gesetzt, welches im Gegensatz zu dem Wasserwerk Mülheim mit durch Generatorgas angetriebenen Gasmotoren betrieben wird, die im Betriebe billiger sind und dauernd zur größten Zufriedenheit gearbeitet haben.

Des weiteren fällt in dieselbe Zeit der Bau der Gasanstalten Vingst, Porz und Merheim.

Beim Bau einer neuen Brunnengalerie für das Wasserwerk Stammheim ergaben die Wasseruntersuchungen einen auffallend hohen und stark wechselnden Chlorgehalt des Grundwassers. Die langwierigen und kostspieligen Nachforschungen nach der Ursache hatten das Ergebnis, daß unter der allgemein bekannten wasserführenden Kiesschicht sich eine ca. 20 m starke Tonschicht befindet, unter welcher wiederum eine starke Mineralwasser führende Schicht lagert. Die Untersuchungen des aus der unteren wasserführenden Schicht gewonnenen Mineralwassers, welches vom hygienischen Institut der Universität Bonn eingehend geprüft wurde, hatten das Ergebnis, daß das Wasser große Aehnlichkeit hat mit bekannten Wässern, wie mit dem des Kochbrunnens in Wiesbaden und mit dem der Hauptquelle in Münster am Stein. Das Wasser wird zu Tage gefördert und unter dem Namen Engelbertus-Brunnen in Flaschen in den Handel gebracht, wo es sich seines Wohlgeschmackes wegen allgemeiner Beliebtheit erfreut.

Die Rheinische Wasserwerks-Gesellschaft unterhält des weiteren ein Ingenieurbüro, welches neben der Ueberwachung der eigenen Betriebe und Projektierung der erforderlichen Bauwerke und Apparate auch für fremde Rechnung Projekte macht, Ausschreibungen vornimmt, die Arbeiten überwacht, die Leistungsversuche anstellt und die Schlußabrechnungen vornimmt. Es darf wohl behauptet werden, daß die Rheinische Wasserwerks-Gesellschaft für die Wasserversorgung der Rheinprovinz bahnbrechend gewirkt hat. Außer größeren Projekten für die Städte Coblenz, Aachen, Crefeld, Elberfeld hat sie in Troisdorf, Sieglar, Beuel, Königswinter, Honnef, Wesseling, Rösberg, Brenig, Lengsdorf, Oedekoven, Duisburg, Ippendorf, Meckenheim und anderen Orten Wasserwerke, sowie in Beuel und Troisdorf Gaswerke erbaut und für das Schloß Birlinghoven des Herrn Rautenstrauch ein Wasser- und Elektrizitätswerk errichtet und in Betrieb gesetzt. Zahlreiche Bohrungen wurden mit eigenem Personal und Gerät ausgeführt zur Erweiterung von vorhandenen und Herstellung von neuen Wasserfassungen. Diese Arbeiten wurden unter eigener Verantwortung und unter Mitlieferung der sämtlichen Rohrbrunnenteile vorgenommen. Andererseits wurden auch zahlreiche Bohrungen zur Untersuchung des Untergrundes niedergebracht, so für die Kölner Rheinbrücken für die Bestimmung der Tiefe der Fundamente der Brückenpfeiler. Zurzeit sind derartige Arbeiten im Gange für die neue Rheinbrücke bei Mülheim a. Rhein.

Die Rheinische Wasserwerks-Gesellschaft hat sich seit 1921 mit der Stadt Köln zu einem gemischtwirtschaftlichen Betriebe vereinigt, der in den obengenannten Gebieten die öffentliche Wasser- und Gasversorgung ausführt. Die Vorteile eines gemischt-wirtschaftlichen Betriebes sind vielseitiger Art. Sie liegen darin, daß der Geschäftsleitung in der Abwickelung der laufenden Geschäfte eine mit erhöhter persönlicher Verantwortung verbundene größere Bewegungs- und Handelsfreiheit eingeräumt ist. Eine große Anzahl, gerade in der öffentlichen Wasser- und Gasversorgung auftretender Rückfragen, Ungewißheiten und Meinungsverschiedenheiten findet auf unmittelbar persönlichem Wege ihre schnellste Erledigung an Stelle des sonst erforderlichen umständlichen amtlichen Instanzenweges. Darüber hinaus ist aber der Uebergang in eine Wirtschaftsform gefunden, wo die ökonomische Leistungsfähigkeit des privaten Kapitals in bewährter Form sich in den Dienst der wachsenden Großstadt mit ihren stets wechselnden Ansprüchen stellt, während andererseits die großen öffentlichen Gesichtspunkte durch die Beteiligung und den Einfluß des Gemeindeverbandes gewahrt bleiben.

DIE BAHNEN
DER STADT KÖLN

Köln hat verhältnismäßig früh den Vorzug einer Straßenbahn genießen dürfen. Schon anfangs des Jahres 1877 wurde die erste Pferdebahnstrecke zwischen Deutz und Kalk in Betrieb genommen. Dieser Linie folgten bald weitere nach den damals noch nicht eingemeindeten Vororten Ehrenfeld, Nippes, Lindenthal, Bayenthal und Mülheim. Bis zum Jahre 1886 war das Pferdebahnnetz so erweitert, daß es insgesamt eine Länge von etwa 40 km hatte.

Geschlossener Wagen der früheren Pferdebahn

Am 1. April 1900 übernahm die Stadt Köln das Unternehmen. Sie begann sofort mit der Umwandlung des Pferdebahnbetriebes in elektrischen Betrieb. Gleichzeitig erfolgte eine bedeutende Erweiterung des Straßenbahnnetzes. Die städtischen Straßenbahnen nahmen in der Folgezeit eine durchaus günstige Entwicklung, wie nachstehende Uebersicht zeigt:

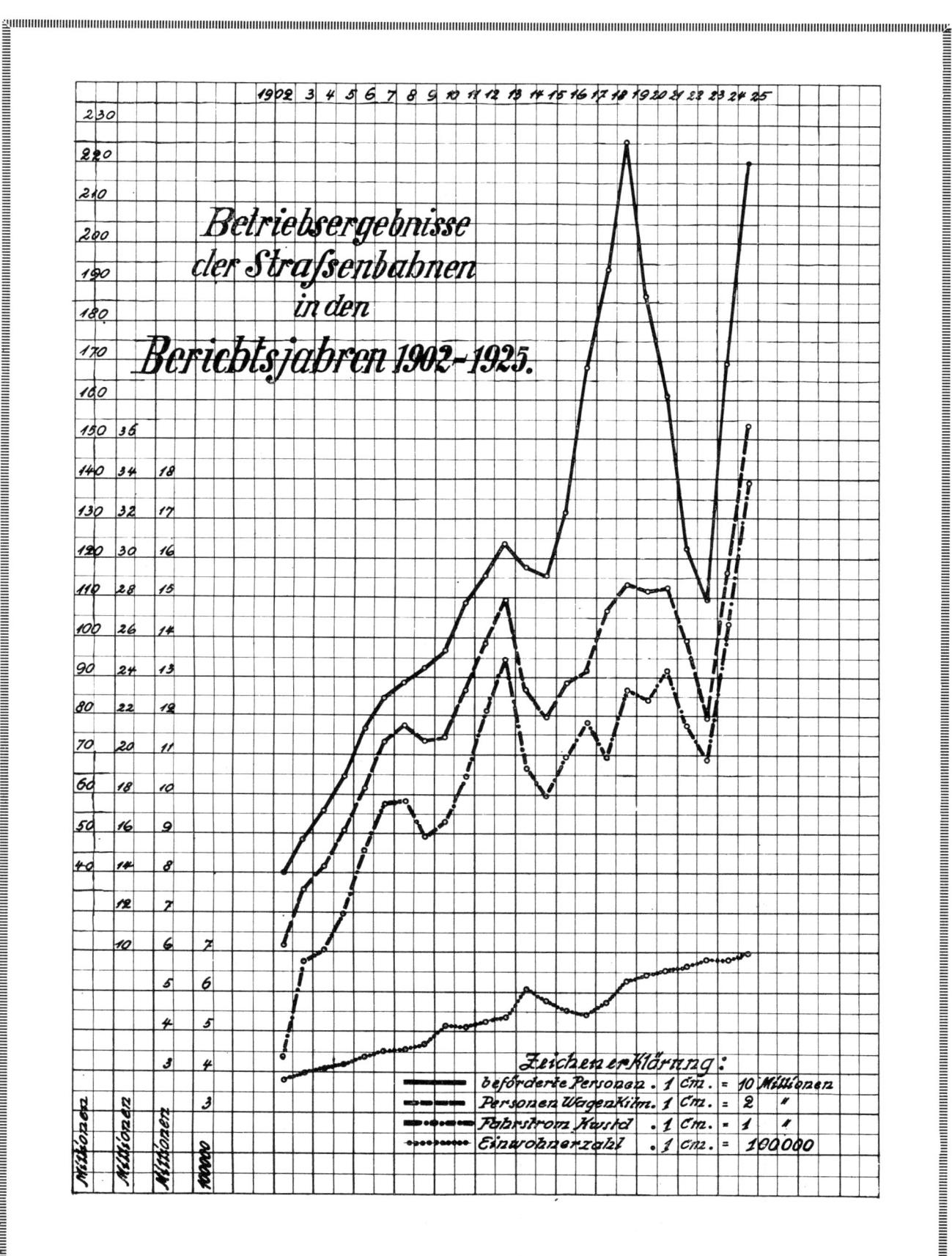

Betriebsergebnisse der Strafsenbahnen in den Berichtsjahren 1902–1925.

Zeichenerklärung:
— beförderte Personen . 1 Cm. = 10 Millionen
– – – Personen WagenKilm. 1 Cm. = 2 "
–··– Fahrstrom Kwstd . 1 Cm. = 1 "
······ Einwohnerzahl . 1 Cm. = 100 000

Nachstehende Aufnahme zeigt das Bild eines modernen Straßenbahnzuges.

Das Straßenbahnnetz wurde, dem Bedürfnis entsprechend, dauernd erweitert. Außerdem wurden in den Jahren 1904 bis 1909 die Kleinbahnen Köln — Königsforst, Köln — Bensberg, $\frac{\text{Köln}}{\text{Mülheim}}$ Bergisch Gladbach, Köln—Porz und im Jahre 1912 die Straßenbahn von Köln nach Weiden—Lövenich gebaut und in Betrieb genommen. Eine weitere Vergrößerung hatte das Bahnnetz außerdem im Jahre 1904 durch Ankauf der Köln—Frechen—Benzelrather Eisenbahn und deren späteren Umbau in elektrischen Betrieb erfahren.

Bild eines neuen Vorortbahnzuges der Kleinbahn $\frac{\text{Köln}}{\text{Mülheim}}$—Berg.-Gladbach

Nachstehende Zahlen geben ein Bild von dem Umfang und der Leistungsfähigkeit der Kölner Straßen- und Kleinbahnen im Jahre 1925:

Betriebslänge km	168,47
Gefahrene Wagenkm	35 027 978
Beförderte Personen	185 076 548
Stromverbrauch Kwst.	16 870 522
Betriebseinnahmen	22 734 860
Zahl der Beamten und Angestellten	572
„ des Fahrpersonals u. der Arbeiter	4 405
Bestand an Triebwagen	471
„ „ Beiwagen	604
„ „ Lokomotiven	26
„ „ Güterwagen	146

23 von einander unabhängige Straßenbahnlinien und 7 Klein- bezw. Nebenbahnlinien dienen zur Bewältigung des außerordentlich starken Großstadtverkehrs.

Abgesehen von den für den Personen- und Güterverkehr der Frechener Bahn vorhandenen Bahnhöfen sind 9 große, mit allen Einrichtungen der Neuzeit versehene Straßenbahn-Betriebs-Bahnhöfe vorhanden, die, den Erfordernissen des Betriebes entsprechend, über das Stadtgebiet verteilt sind. Außer den erforderlichen Wagenhallen, Verwaltungsräumen und Dienstwohnungen besitzen sie kleinere Werkstätten zur Ausführung der dringendsten Instandsetzungsarbeiten an den Betriebsmitteln, Stromzuführungs- und Gleisanlagen.

Straßenbahnbetriebsbahnhof Ost

Außerdem konnte im Jahre 1923 eine mit den neuesten Maschinen und den modernsten Einrichtungen versehene Hauptwerkstätte dem Betrieb übergeben werden, die zur Ausführung größerer Instandsetzungsarbeiten an den Betriebsmitteln dient und die Möglichkeit zur Herstellung neuer Bahnwagen nach eigenen Entwürfen bietet.

Einige Größenangaben dieser Werkstätte mögen infolge des allgemeinen Interesses, das sie beanspruchen, hier Platz finden:

Größe des Grundstücks	136 000 qm
Hauptwerkhalle	14 760 qm
Mechanische Schreinerei	450 qm
Verwaltungsgebäude	390 qm
Eisenlager	850 qm
Holzlagerschuppen	2 250 qm

Die Werkstätte besitzt mehrere Gruppen von Aufstellgleisen und ein um die ganze Werkstätte geführtes Gleis zur Ausführung von Probefahrten.

Hauptwerkstätte: Gesamtansicht

Hauptwerkstätte: Werkhalle

Bei der großen Flächenausdehnung der Stadt Köln haben die städtischen Bahnen, abgesehen von der Bewältigung des innerstädtischen Verkehrs, mehr noch als anderwärts die Aufgabe einer möglichst allseitigen, ausgedehnten Erschließung des gesamten Stadtgebietes. Dazu sind zu schaffen:

a) gute und billige Verbindungen nach der näheren und weiteren Umgebung der mächtig aufblühenden Großstadt,

b) die Möglichkeit der Ansiedlung in gesunden, luftigen und das Bedürfnis nach Eigenheimen befriedigenden Wohnungen an der Peripherie und in der Umgebung der Großstadt, insbesondere für die minderbemittelten Bevölkerungskreise,

c) ausreichende Anlagen zur Befriedigung des in ungeahntem Maße zunehmenden Ausflugsverkehrs, der heute eine solche Ausdehnung angenommen hat, daß täglich Tausende die Bahnen der Stadt Köln benutzen, um Erholung in dem waldreichen rechtsrheinischen Hinterland von Köln zu suchen,

d) die Verkehrsgelegenheiten, um die Bewohner der nicht eingemeindeten, aber zum Wirtschafts- und kulturellen Einflußgebiet der Großstadt gehörenden Nachbarorte an den wirtschaftlichen und kulturellen Einrichtungen der Großstadt teilnehmen zu lassen.

Diese Gesichtspunkte beeinflussen sowohl den Streckenausbau als auch die Tarif- und Fahrplangestaltung maßgebend.

In baulicher Hinsicht ist, wie nachstehender Plan zeigt, schon heute durch zahlreiche vom Stadtmittelpunkt strahlenförmig ausgehende Linien das Stadtgebiet in dem wesentlichsten Teil aufgeschlossen, und durch die rechtsrheinischen Vorortbahnen die direkte Verbindung zu den Walderholungsstätten des bergischen Landes geschaffen.

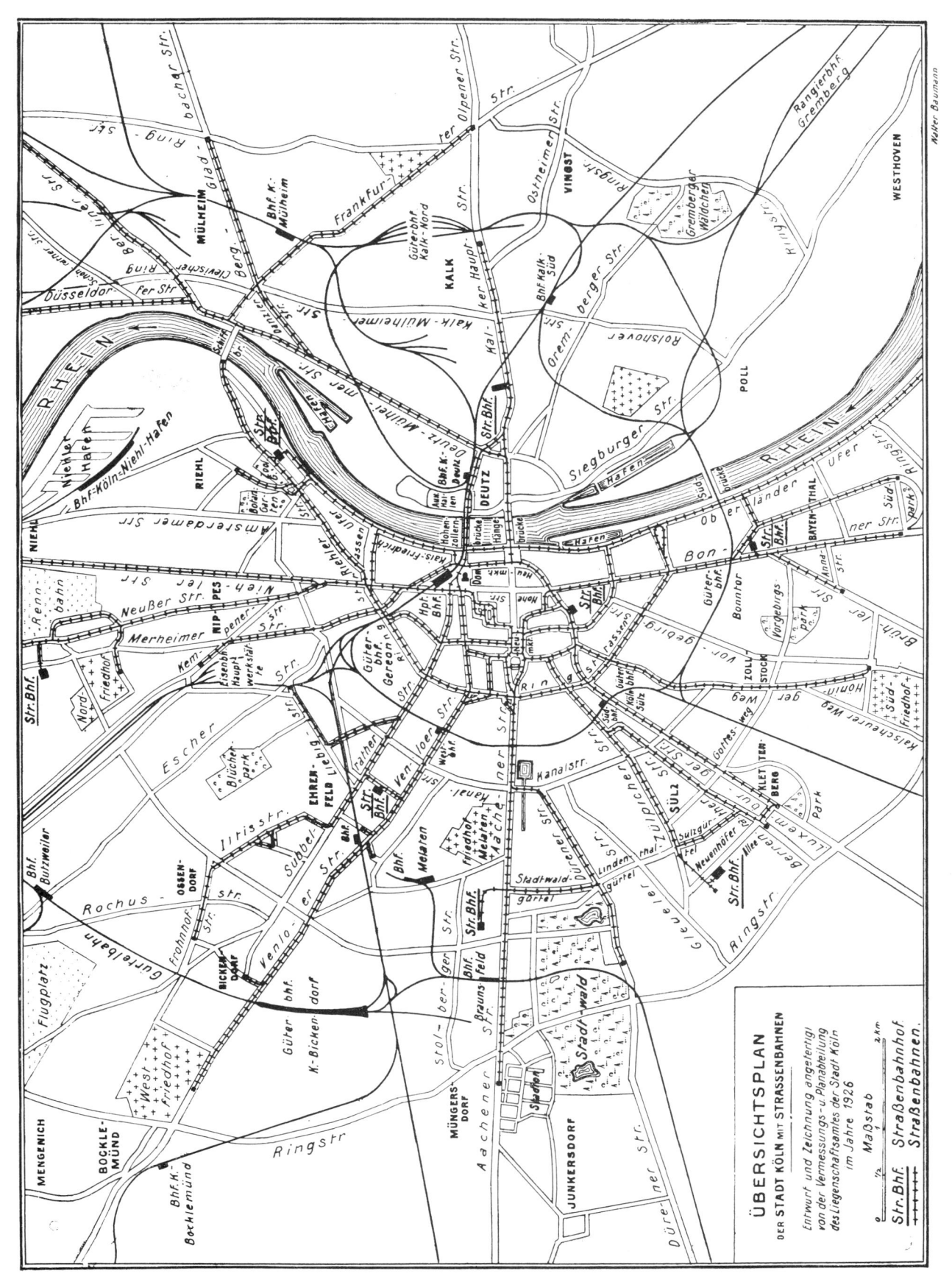

ÜBERSICHTSPLAN
DER STADT KÖLN MIT STRASSENBAHNEN

Entwurf und Zeichnung angefertigt
von der Vermessungs- u. Planabteilung
des Liegenschaftsamtes der Stadt Köln
im Jahre 1926

Maßstab 1 : ...

Str.Bhf. Straßenbahnhof
++++++ Straßenbahnen

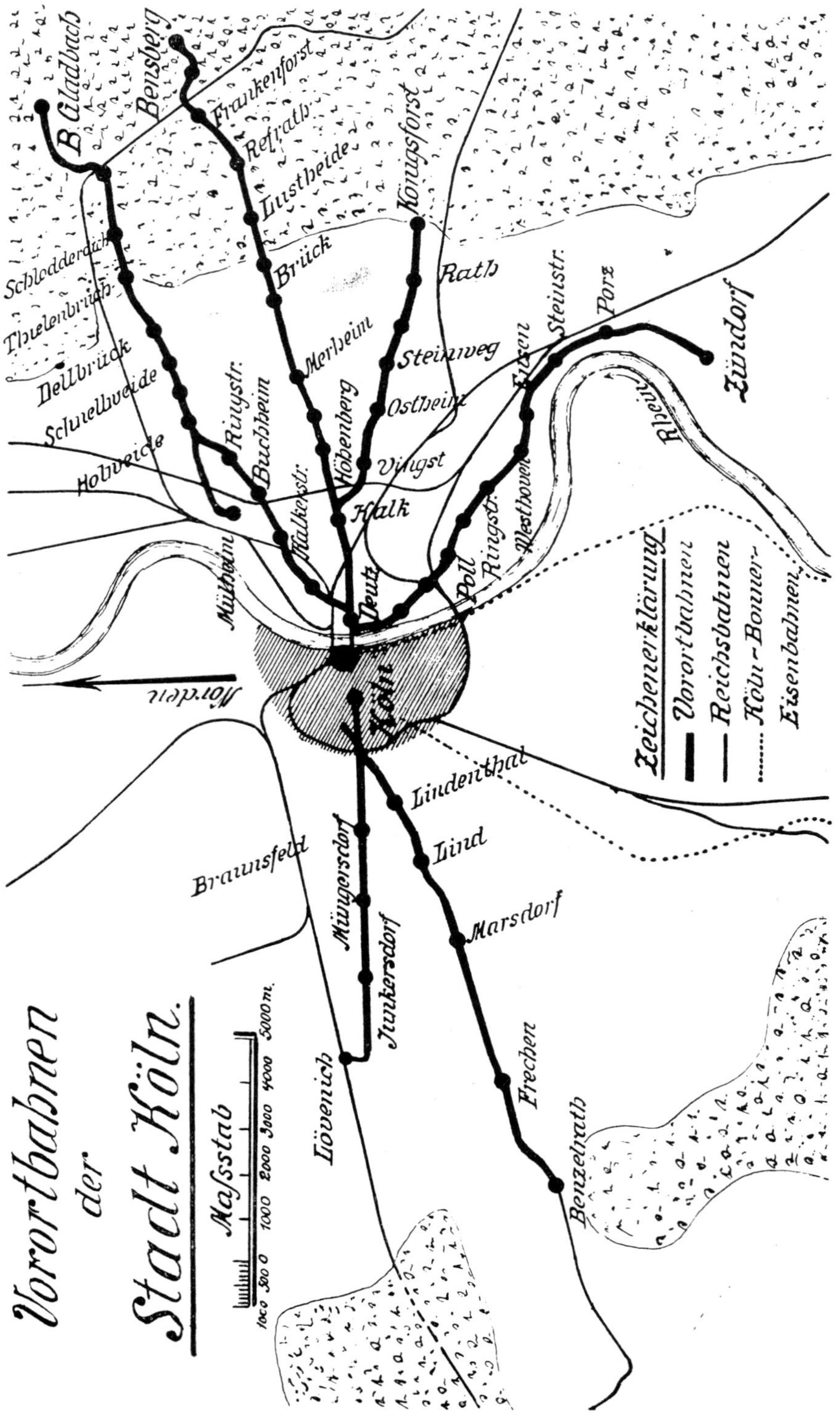
Vorortbahnen
der
Stadt Köln.
Masstab
1000 500 0 1000 2000 3000 4000 5000 m.
Zeichenerklärung
Vorortbahnen
Reichsbahnen
Köln-Bonner-Eisenbahnen
Norden
Köln
Deutz
B. Gladbach
Bensberg
Frankenforst
Refrath
Lustheide
Brück
Königsforst
Rath
Merheim
Steinweg
Ostheim
Höhenberg
Vingst
Kalk
Kalkerstr.
Buchheim
Ringstr.
Schlodderdich
Thielenbruch
Dellbrück
Schnellweide
Holweide
Mülheim
Poll
Ringstr.
Westhoven
Eisen
Steinstr.
Porz
Zündorf
Rhein
Lindenthal
Lind
Marsdorf
Frechen
Benzelrath
Braunsfeld
Müngersdorf
Junkersdorf
Lövenich

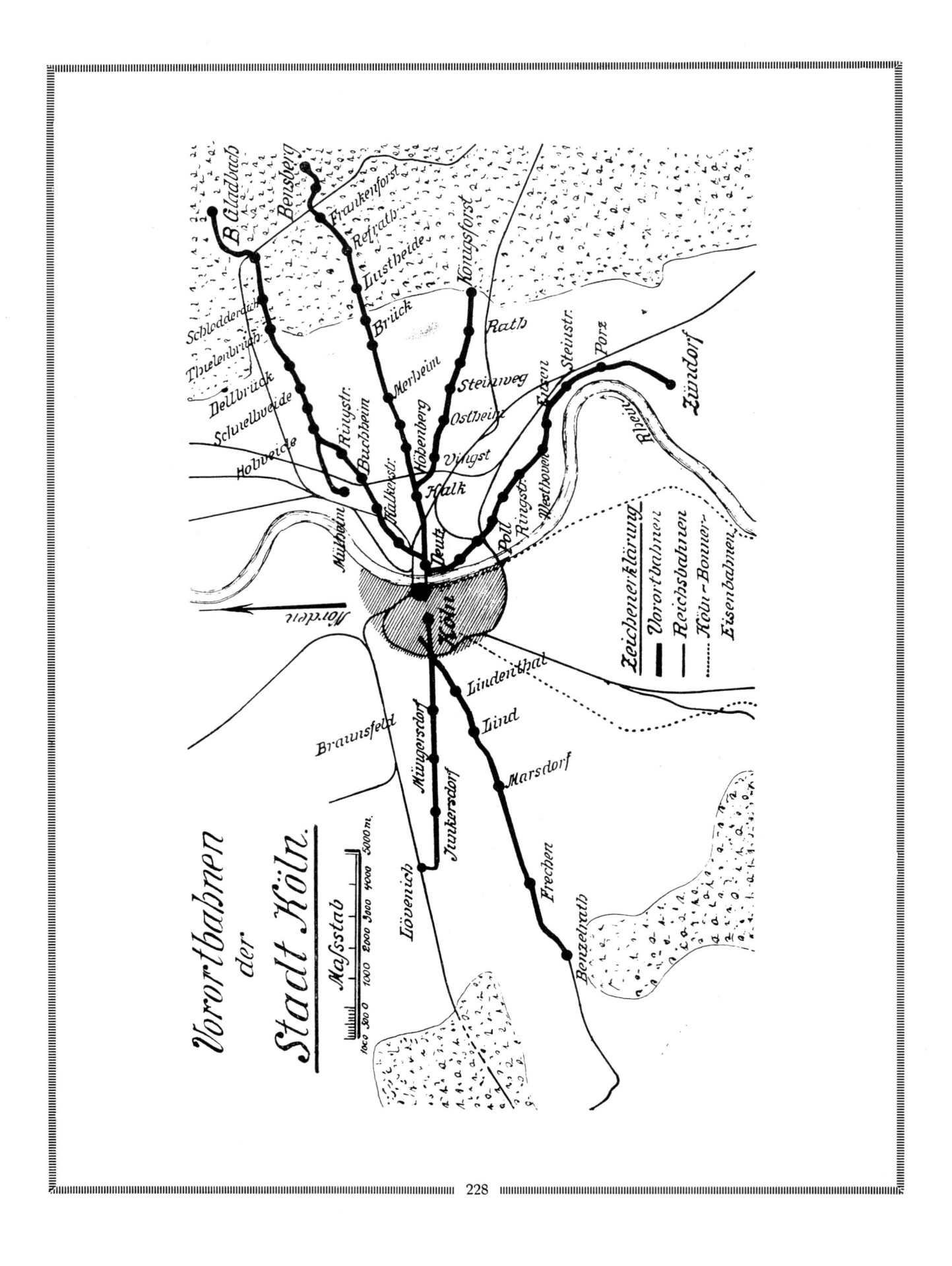

Bei der Tarifgestaltung ist die Verwaltung der Bahnen der Stadt Köln dem Bedürfnis nach billigen Fahrten auf weite Entfernungen in weitgehendstem Maße durch Schaffung eines Einheitstarifes entgegengekommen. Der Einheitstarif von 20 Pfg. für eine Fahrt mit einmaliger Umsteigeberechtigung bietet die Möglichkeit, zu diesem Preise eine Strecke bis zu 17,5 km zurückzulegen. Dabei ist den die Bahnen öfter benutzenden Kölner Bürgern durch Schaffung einer auf 16 Pfg. pro Fahrt ermäßigten Knipskarte ein weiteres Entgegenkommen gezeigt worden, und außerdem hat die Verwaltung eine Reihe von Ermäßigungstarifen für Berufsfahrer, Schüler und Kinder geschaffen, die Ermäßigungen gegenüber dem Einheitstarif von 50 bis 85% gewähren. Die Zugabstände sind dem Verkehrsbedürfnis angepaßt und auf einzelnen Linien bis zu 3 Minuten verdichtet. Dauernd wird außerdem der Verkehr beobachtet, um den Bahnbetrieb möglichst schnell allen Aenderungen des Verkehrs anpassen zu können.

Wie sehr die städtischen Bahnen durch diese Maßnahmen sich in den Rahmen der allgemeinen Kommunalpolitik der Großstadt eingeschaltet haben, die eine gesunde Siedlungspolitik fordert, zeigt die große Ausdehnung der Siedlungsanlagen Kölns gerade in den letzten Jahren.

Daß die Bahnen aber auch selbst dabei bestehen können, wird durch die stete Zunahme ihrer Fahrgäste bewiesen, als bestes Zeichen für die Richtigkeit der eingeschlagenen Wege.

Gustav Cords, Köln am Rhein, Neumarkt 4—6; erbaut 1912

CÖLN GUSTAV CORDS BERLIN
DAS HAUS DER GUTEN QUALITÄTEN

Das große Spezialgeschäft und Versandhaus für
Seidenstoffe, Samte, Wollstoffe, Herrenstoffe, Baumwollstoffe und Futterstoffe
Besätze, Spitzen, Bänder, Kleider, Mäntel, Blusen, Röcke, Schürzen,
Damenwäsche, Socken, Strümpfe, Trikotagen, Handschuhe und Krawatten

Gustav Cords, der Begründer der Firma, wurde am 12. Oktober 1847 zu Mülheim am Rhein geboren. In dem kleinen Manufakturwaren-Geschäft seiner Eltern aufgewachsen, suchte er während seiner Lehrjahre Anregung und Ausbildung in den Textilzentren des Rheinlandes, um dann Anfang September des Jahres 1874 in Köln in der Straße Obenmarspforten sein eigenes Geschäft zu eröffnen. Klein erst begann er und wählte mit Lebensklugheit die Waren als Handelszweig, deren die Menschen immer bedürfen werden: Kleiderstoffe für Damen in zarter Seide, feinster Schafwolle und einfachem Baumwoll-Zeug sowie Leinen. Er kannte alle diese Stoffarten und wußte wohl zu unterscheiden zwischen minderwertigen und guten. Er wollte seinen Kunden nur das Beste bieten, denn er glaubte an den Sieg des Guten. Dann traten ihm seine beiden Brüder zur Seite, das Haus wuchs und bereits zwei Jahre nach der Gründung mußte man in die größeren, erweiterungsfähigen Räume des Hauses Hohestraße 51 umziehen. Die Mitarbeiter mehrten sich und das Haus dehnte sich; von modischen Waren wurde hinzugefügt, was immer auf der weiten Welt an schönsten Erzeugnissen gefertigt wurde und weit über Kölns Grenzen hinaus versandte Gustav Cords seine Qualitätswaren. Das Geschäft wurde größer und größer und im Jahre 1886 folgte Gustav Cords willig und weitschauend dem Rate seines langjährigen Geschäftsfreundes, des Seidenwarengrossisten Arthur Schmidt, und eröffnete in der damals mächtig aufblühenden Reichshauptstadt ein zweites Geschäft. Bald hatte sich das Modenhaus Gustav Cords durch den Verkauf von nur erstklassigen Fabrikaten ausgezeichnet und durch feinen, erlesenen Geschmack auch in Berlin den Platz erobert, der ihm in seiner Heimatstadt schon lange zugehörte. Im Frühjahr 1905 trat der jugendliche Sohn Fritz seines Geschäftsfreundes Arthur Schmidt als Teilhaber in die Firma ein. Zwei Jahre später starb Gustav Cords und seine Brüder zogen sich vom Geschäft zurück.

Unter Festhalten an der alten Tradition des Hauses entfaltete sich die Firma unter nunmehr alleiniger Leitung von Fritz Schmidt immer weiter und schon im Jahre 1911, als das Berliner Haus 25 Jahre bestand, konnte dort der riesige Neubau in durchgehendem Block, zwischen Leipziger-, Charlotten- und Krausenstraße gelegen, bezogen werden.

In Köln, in der Hohestraße, wo Haus an Haus sich raumneidend aneinanderdrängt, schien eine Ausdehnung unmöglich; so entstand im Jahre 1912 der prächtige Bau am Neumarkt, entworfen und gebaut von dem Architekten und Kunsthistoriker Dr. Schulze-Kolbitz, der bahnbrechend für diesen Teil der altehrwürdigen Handelsstadt ein neues Geschäftsviertel erschloß.

Dann kam der Krieg. Der Inhaber der Firma zog ins Feld, wo schon im Jahre 1915 die feindliche Kugel seinem jungen Leben ein Ziel setzte. Sein Vater, Kommerzienrat Arthur Schmidt, wurde alleiniger Inhaber der Firma. Die darauffolgenden schweren Kriegs- und Nachkriegsjahre konnten die festen Mauern des Unternehmens nicht erschüttern. Das Haus der guten Qualitäten, als das sich die Firma in den vielen Jahren bestens eingeführt hatte, stand fest und konnte sogar durch neue Abteilungen weiter ausgebaut werden. Die schon 1911 gegründete, monatlich einmal erscheinende Modenzeitschrift „Gustav Cords' Frauenmode" hat sich trotz Inflationsstürmen, wie ihre alte Beliebtheit im Leserkreise beweist, mehr und mehr verbreiten können. In vollendeter Drucktechnik ist sie ein Blatt der Mode für die praktische deutsche Hausfrau, geleitet von dem Geschmack der großen Welt der Mode.

Nun sind bereits zwei Jahre verflossen, seitdem das Modenhaus Cords auf ein 50jähriges Bestehen zurückblicken konnte, doch immer weiter geht die Entwicklung der Firma. So konnte in diesem Jahre im Kölner Hause die durch Umbau ganz wesentlich vergrößerte und modern ausgebaute Abteilung für fertige Damenkleider, Mäntel, Kostüme, Blusen und Röcke dem Verkehr übergeben werden. Fast zu gleicher Zeit wurde der

Lichtzimmer, Kölner Haus

gesondert gelegene, vornehm und behaglich eingerichtete Leseraum der Schnittmusterabteilung eröffnet, woselbst den Kunden Gelegenheit gegeben ist, sich zwischen den Einkäufen auszuruhen und Einsicht in „Gustav Cords-Frauen-Mode" zu nehmen. Im September dieses Jahres wird in Berlin ein Zweiggeschäft der Firma, am Kurfürstendamm gelegen, eröffnet werden.

Gustav Cords, das Haus der guten Qualitäten, umfaßt jetzt die nachstehenden Spezial-Abteilungen: Seidenstoffe, Samte, Wollstoffe, Herrenstoffe, Baumwoll- und Futterstoffe, Besätze, Spitzen, Bänder, Kleider, Mäntel, Blusen, Röcke, Schürzen, Damenwäsche, Socken, Strümpfe, Trikotagen, Handschuhe und Krawatten, woselbst bei sachkundiger Bedienung stets eine große Auswahl der modischen Waren, nur guter Erzeugnisse zum Verkauf bereit steht. Der Versand des zum Frühjahr und Herbst erscheinenden Kataloges, sowie der Mustersendungen nach auswärts erfolgt pünktlich und kostenlos; ebenso werden in der Versandabteilung des Hauses Bestellungen nach außerhalb promptest erledigt. Für die Zustellung in Köln und den Vororten sorgen 2 Autos sowie verschiedene Fahrräder und Wagen.

Lichthof, Kölner Haus

FELTEN & GUILLEAUME CARLSWERK
ACTIEN-GESELLSCHAFT / KÖLN-MÜLHEIM

Vor etwas über 50 Jahren ist das Carlswerk von dem jetzt 100 Jahre alten Stammhaus Felten & Guilleaume in Köln abgezweigt worden, um in einem besonderen Werk in Köln-Mülheim die Drahtseil- und Kabelherstellung zu betreiben. Die Drahtseilerei war der Anlaß zu dieser Abzweigung, und sie ist die Grundlage für das vielverzweigte Arbeitsfeld des Carlswerkes geblieben. Man kann daher die eigentliche Arbeitsgeschichte des Carlswerkes zurückführen bis auf den Anfang der dreißiger Jahre, als die Mutterfirma Felten & Guilleaume neben ihrer Hanfseilerei die erste Drahtseilerei der Welt einrichtete.

Die Drahtseilerei wurde bald zu einer sehr vielseitigen Technik. Aus dem schlichten Drahtseil, wie es ursprünglich nur für den Bergbau geschaffen war und diesem das Vordringen auf immer größere Teufen ermöglichte, hat sich die Vielzahl von Zugorganen für alle möglichen Zweige der Technik entwickelt. Das Carlswerk hat in dieser Entwicklung bis auf den heutigen Tag die Führung behalten. Es hat die verschlossenen Seile für Hängebrücken und Luftseilbahnen durchgebildet, die flachlitzigen Seile für Bergbahnen-Hebezeuge, die drallfreien, doppelflachlitzigen Seile zum Heben freischwebender Lasten und die dreikantlitzigen Förderseile. Die Herstellung von Fassonseilen aller Art ist eine berühmte Spezialität der Firma geblieben.

Das Walzen und Ziehen der Seildrähte führte dazu, allmählich das gesamte Gebiet der Drahterzeugung und Drahtverarbeitung aufzunehmen. So entwickelte sich als Besonderheit die Herstellung hochwertiger Drähte bis hinauf zum Pflugseildraht mit 200 kg/mm² Festigkeit, zum Klaviersaitendraht und zum Zithersaitendraht, der mit seiner hohen Festigkeit von 300 kg/mm² heute auch für den Flugzeugbau wichtig geworden ist. Daneben hat die Drahtverarbeitung eine Reihe von Sonderabteilungen entstehen lassen, in denen Stacheldraht, Drahtgeflecht, Zug-, Druck- und Springfedern, Transportbänder, Drahtstifte, Stahldrahtkratzen, Webelitzen und ganze Webegeschirre gefertigt werden.

Die Drahterzeugung und -Verarbeitung blieb nicht auf Stahl und Eisen beschränkt. In ähnlicher Weise, doch zu ganz anderen Zwecken, durchlaufen Kupfer, Bronze und Aluminium die Walzwerke, die Grob- und Feinzüge und die Verseilmaschinen. Wie mit seinen Drahtseilen ein Pionier des Bergbaues, so ist das Carlswerk mit seinen Leitungen und Kabeln auch ein Pionier der Elektrotechnik geworden. Der Kabelbau steht seit Jahrzehnten so im Vordergrund des Interesses, daß das Carlswerk heute in erster Linie als Kabelwerk weltbekannt und weltberühmt ist. Die Vielseitigkeit der elektrotechnischen Erzeugung geht aber noch weit über das Gebiet des Kabelbaues hinaus. Das Werk verarbeitet das zum Teil in eigener elektrolytischer Anlage gewonnene Kupfer zu Leitungsdrähten aller Art, vom Freileitungsdraht jeder gewünschten elektrischen und mechanischen Eigenschaft bis zu dem im Diamantzug auf 0,05 mm ausgezogenen Feindraht. Hoch entwickelt ist auch die Herstellung von Bronzedrähten mit besonders hoher Druckfestigkeit und von Doppelmetalldrähten, bei denen ein tragender Kern aus Stahl oder zäher Bronze mit einem hochleitenden Mantel aus Kupfer umgeben ist. Daneben werden Bronzen für besondere Zwecke hergestellt, wie z. B. Aluminiumbronze für Drähte von 90 bis 100 kg Festigkeit, Bilgenbronze für seewasserbeständige Schrauben usw. Eine Besonderheit sind ferner die z. Z. für das Rheinisch-Westfälische Elektrizitätswerk hergestellten Kupferhohlseile für sehr hohe Spannungen. Der Hohlraum im Innern dieser Seile wird auf der ganzen Länge durch eine Schraubenfeder gebildet, die durch ihre Elastizität auch bei Biegungen und Druckbeanspruchungen die Seilform bewahrt. Diese Hohlseile haben die gleiche Zugfestigkeit wie Vollseile vom selben Leiterquerschnitt und Drahtmaterial.

Für den **Straßenbahnbedarf** werden außer Rund- und Profil-Trolleydrähten auch die in allen Ländern eingeführten Schienenverbinder vom Carlswerk hergestellt. Der Kupferschleppzug liefert Stangen, Lamellen, Bänder und Kupferrohre von 2 bis 150 mm lichter Weite. Gleiche Erzeugnisse werden auch aus Aluminium, Zink und Zinklegierungen gefertigt. Den Betrieben für die Herstellung elektrischer Leitungen aller Art gliedern sich wieder die elektrotechnischen Werkstätten an, in denen die Kabelgarnituren und alle sonstigen Zubehörteile für den Leitungsbau gemacht werden. Diese Werkstätten mit eigener Eisen- und Gelbgießerei ermöglichen den **Ausbau vollständiger Leitungs- und Kabelnetze** vom Schaltbrett der Zentrale bis zum Hausanschlußkasten ohne fremde Mitwirkung.

Die Leistungen des Carlswerkes auf dem Gebiet des **Kabelbaues** sind heute auch in der breiteren Oeffentlichkeit bekannt. Man weiß, daß Theodor Guilleaume im Jahr 1850 als erster die noch heute übliche Eisenbewehrung für Unterwasserkabel vorgeschlagen hat, und daß das Carlswerk seit 1876 den größten Teil des Reichstelegraphen-Kabelnetzes geliefert und verlegt hat. Ebenso bekannt ist der hervorragende Anteil der Firma am Ausbau des deutschen überseeischen Telegraphennetzes, das uns im Krieg genommen wurde, und dessen Neuschaffung jetzt — wiederum unter maßgeblicher Beteiligung des Carlswerkes — begonnen hat.

Auf dem jüngeren Gebiet der **Fernsprechkabeltechnik** hat das Carlswerk die entscheidenden Entwicklungsabschnitte eingeleitet. 1892 führte es die Papier-Luftraumkabel ein und hat auch als erste Firma diese Kabel geringer Kapazität als Seekabel verlegt. Die steigenden Anforderungen an die Länge der Fernsprechkabel führten zur künstlichen Einfügung von Selbstinduktion nach dem Pupin- und nach dem Krarup-System. Beide Systeme hat die Firma durch eigene Verfahren weiterentwickelt. Ihre letzte Spitzenleistung auf dem Gebiet der Pupin-Kabel war der Bau der Strecken Dortmund—Köln und Elberfeld—Düsseldorf des Rheinland-Kabels. Das für Seekabel bevorzugte Krarup-System ist besonders bekannt geworden durch die beiden 170 km langen Ostpreußen-Kabel und durch das im April 1926 fertiggestellte Holland—England-Kabel mit 165 km Länge.

Gleich bedeutend war und ist der Einfluß des

KAISER FRANZ JOSEF-BRÜCKE IN PRAG
Nach der Umänderung im Jahre 1898. Ketten ersetzt durch verschlossene Drahtseile des Carlswerks

Verladung des neuen Holland—England-See-Fernsprechkabels    *Kabelverlegung in Indien*

Carlswerkes auf die Entwicklung der **Starkstromkabel**. Die ältesten Lichtzentralen sind mit Carlswerk-Kabeln ausgerüstet. 1888 wurde das erste größere städtische Leitungsnetz in Barmen verlegt und in wenigen Jahren waren über hundert Zentralen vom Carlswerk mit Kabeln ausgebaut. Heute steht der Bau von **Hochspannungskabeln** im Mittelpunkt des Interesses. Die letzte Vervollkommnung dieser Kabel hat das Carlswerk durch künstliche Verdichtung der Isolationspapiere erreicht, durch die es möglich wurde, die Elektrizitätskonstanten der Papierschichten zu staffeln und so bei gleicher Kabelabmessung den Sicherheitsgrad um mehr als ein Viertel zu steigern. Nach diesem neuesten Verfahren wurde das 50 kV-Kabel durch den 5 400 m breiten Oeresund gebaut, und zwar als Dreileiterkabel mit verschlossener Bewehrung. Nach dem gleichen Verfahren sind bereits Einleiterkabel für 110 kV (beispielsweise in Neuenahr in der 100 000 Volt-Anlage des Rheinisch-Westfälischen Elektrizitätswerkes) ausgeführt worden, ohne daß damit die Grenze der Leistungsfähigkeit erreicht wäre.

SCHUTZ- MARKE

Kabelverlegung auf der Hohenzollernbrücke in Köln    *Personenschwebebahn in Rio de Janeiro, mit Carlswerk-Drahtseilen ausgerüstet*

Gebrüder Stollwerck A.-G. Fabrikanlagen in Köln

ENTWICKLUNG DER FIRMA GEBRÜDER STOLLWERCK A.-G., KÖLN

Mit dem Großwerden eines der bedeutendsten Zweige der Nahrungs- und Genußmittelindustrie, nämlich der Kakao- und Schokoladenfabrikation, ist bekannt weit über Rheinlands und Deutschlands Gauen ein Name unzertrennlich verbunden: — „Stollwerck!" —

Die heutige Weltfirma Gebrüder Stollwerck A.-G., Köln, geht in ihrem Ursprung zurück auf das Werk des im Jahre 1815 in Köln geborenen Franz Stollwerck, jenes echten Rheinländers, der schon früh mit Tatkraft und klugem Verständnis das zu verwerten wußte, wonach er in jungen Jahren in der Schweiz und Paris Ausschau gehalten. Die von ihm nach dem Rezept eines Bonner Professors hergestellten Brustbonbons, die bis auf den heutigen Tag ihren Ruf als vortreffliches Mittel gegen Husten und Heiserkeit bewährt haben, trugen seinen Namen schon in den 40er Jahren durch ganz Deutschland. Kaum war im Jahre 1866 die im Innern der Stadt an der Hohestraße gelegene neuerbaute Fabrik, deren technische Ausstattung dem drittältesten Sohne Heinrich oblag, eröffnet, da zeigte es sich, daß das neue Werk der ständig sich steigernden Produktion nicht genügte.

Bald fand sich im südlichen Stadtteil ein geeignetes Terrain, und nun erbauten die soeben aus dem Kriege glücklich heimgekehrten drei Brüder Albert Nikolaus, Peter Joseph und Heinrich unter der Firma Gebrüder Stollwerck eine neue Fabrik, aus der sich allmählich die Werke von heute mit einer Gesamtfläche von fast 100 000 Quadratmeter entwickelt haben. Von entscheidendem Einfluß auf die Entwicklung des jungen Unternehmens war es, daß es in Heinrich Stollwerck einen Mann mit ausgesprochener technischer Begabung und reicher Erfahrung auf dem Gebiete des Maschinenbaues als Mitleiter hatte. Eine eigene Maschinenfabrik wurde angegliedert, in der nach eigenen Entwürfen und Erfindungen neuartige Röster, Mischmaschinen und Walzstühle gebaut wurden. Eine Kisten- und Kartonnagenfabrik, sowie eine große, mit modernen Schnellpressen ausgerüstete Druckerei sorgten dafür, daß man sich mehr und mehr von fremden Betrieben unabhängig machte. Inzwischen traten die beiden jüngeren Brüder, Ludwig und Karl Stollwerck, in die Firma ein.

Das Absatzgebiet vergrößerte sich von Jahr zu Jahr, namentlich als um 1890 wirtschafts- und zollpolitische Maßnahmen dem Export freie Bahn schufen. Nach einem Ausweis des Zollamtes in Newyork führten die Gebrüder Stollwerck im Jahre 1897 dorthin mehr Schokolade aus als alle europäischen Länder zusammen. Da Oesterreichs schutzzöllnerische Politik den Export nach dort erschwerte, wurde 1896 in Preßburg eine Zweigfabrik und im Jahre 1910 eine solche in Wien errichtet, die zusammen im Jahre 1914 schon mehr als 2000 Angestellte und Arbeiter beschäftigten. 1901 entstand in Stamford bei Newyork die Stollwerck Bros-Inc, die sich in verhältnismäßig kurzer Zeit zur drittgrößten Schokoladefabrik Amerikas entwickelte, in London die Stollwerck Brothers Ltd. Der Aufbau und die Organisation des internationalen Geschäfts war in erster Linie das verdienstvolle Werk des im März 1922 verstorbenen Kommerzienrats Ludwig Stollwerck.

Juli 1902 wurde die offene Handelsgesellschaft Gebrüder Stollwerck in eine Aktiengesellschaft umgewandelt mit einem Kapital von zunächst 14, später 16 Mill. M. Nach mehrmaliger Erhöhung in der Inflationszeit beläuft sich das Kapital nach erfolgter Umstellung heute wiederum auf 16 450 000,— RM. 1907 errichtete die Gesellschaft unter dem Namen „Stollwerckhaus" in bevorzugter Lage Kölns, an der Ecke Hohestraße und Wallrafplatz, ein fünfstöckiges mit allen neuzeitlichen Errungenschaften ausgestattetes Geschäfts- und Bürohaus von etwa 1350 qm Bodenfläche.

Die Gesellschaft verfügt heute außer den großen Fabrikanlagen in Köln und der Zweigfabrik der Kölner A.-G. in Berlin über Werke in Wien, Bratislava (Preßburg), Kronstadt (Rumänien) und Budapest (Ungarn). Die Fabrikanlagen in Newyork-Stamford, London und eine Filiale in Brüssel wurden infolge des Krieges sequestriert. Außer den schon erwähnten Beteiligungen ist die Deutsche Automaten-Gesellschaft Stollwerck & Co. ganz in Händen der Gesellschaft. In ihren Betrieben in Köln, Berlin, Bratislava, Kronstadt und Budapest beschäftigt die Gesellschaft zur Zeit rund 6 500 Angestellte und Arbeiter.

Wenn man sich heute überall von der Beliebtheit der Stollwerckschen Fabrikate überzeugen kann, so ist das ein Beweis dafür, daß die Firma ihrem obersten Grundsatz: „Das Beste ist eben gut genug" beim Einkauf des Rohmaterials sowie bei der weiteren Verarbeitung und Ausstattung ihrer Fabrikate treu geblieben ist.

Abb. 1

LINKE-HOFMANN-LAUCHHAMMER A.G.
WERK KÖLN

Die im Jahre 1866 in Köln-Ehrenfeld gegründete Waggonfabrik von „P. Herbrand & Co." wurde Anfang 1918 von den Linke-Hofmann-Werken übernommen, die nach dem Zusammenschluß mit der Lauchhammer A.G. heute unter dem Namen der
Linke-Hofmann-Lauchhammer A. G.
einen der mächtigsten Konzerne in Deutschland darstellen.
In dieser, nun seit 60 Jahren bestehenden Fabrik wurden die ersten deutschen, auf Schienen laufenden Straßenbahnwagen für Pferdebetrieb gebaut und man darf daher behaupten, daß dies Werk die Wiege des Pferde- und Straßenbahnwagens in Deutschland ist.
Als Ende der 80er Jahre die elektrische Straßenbahn eingeführt wurde, übernahm P. Herbrand & Co. natürlich auch die Fabrikation dieser Wagen, von denen bis jetzt ca. 8 000 Motor- und Anhängewagen jeder Art gebaut wurden. Es gibt daher fast keine größere Stadt in Deutschland, in welcher nicht Straßenbahnwagen dieser Firma in Betrieb sind resp. waren und nicht allein in Deutschland, sondern auch im Ausland, insbesondere in Holland infolge der geographischen Lage, ist die Waggonfabrik rühmlichst durch ihre Qualitätsarbeit bekannt.
Durch rastlose Arbeit, vor allem durch das Streben, stets Neues auf diesem Sondergebiet zu schaffen, ist es der Firma gelungen, auch heute noch trotz aller schwierigen wirtschaftlichen Verhältnisse zu den leistungs- und konkurrenzfähigsten Fabriken für Straßenbahnwagenbau zu gehören. (Abb. 1 zeigt den allerneusten Anhängewagen für die Straßenbahn Köln.)
Außer Straßenbahnwagen wurden Personen- und Güterwagen aller Art für das In- und Ausland gebaut. So gehört z. B. die Fabrik auch zu den wenigen Firmen, denen Anfang der 90er Jahre der Bau der vier- und sechsachsigen Durchgangswagen aller Klassen anvertraut wurde. Diese neuen, großen Lieferungen bedingten 1897 die

Abb. 2

Abb. 3

Schaffung eines Zweigwerkes, am Maarweg, in der Nähe der ursprünglichen Fabrik an der Venloerstraße und beträgt nunmehr die jährliche Leistungsfähigkeit ca. 500 Personen- und Straßenbahnwagen und 2 000 Güterwagen, darunter Spezialwagen jeder Art, Kessel-, Bier- und Kübelwagen sowie Selbstentlader nach eigenen Systemen. Im ganzen wurden bis jetzt über 55 000 Wagen jeder Art in den Kölner Werken, die rd. 1 500 Angestellte und Arbeiter beschäftigen, hergestellt. Von den Erzeugnissen der letzten Jahre ist ein neuer Wagentyp, der Niederflurwagen, besonders interessant. Der Vorzug dieser Wagen besteht in dem tiefgelegenen Einstieg und Mittelflur, wodurch die Trittstufen in Wegfall kommen und daher der Verkehr für die Fahrgäste besonders bequem und schnell gestaltet wird. Derartige Wagen in hölzerner und eiserner Ausführung, die auch für die Betriebe durch die Verminderung von Unglücksfällen sowie auch durch die schnellen Abwicklungsmöglichkeiten an Haltestellen von Vorteil sind, wurden für die Bonn—Godesberg—Mehlemer, Dortmunder (Abb. 2) und die Kölner Bahnen gebaut.

Zu den neuesten Errungenschaften der Technik gehört der Benzoltriebwagen, der seine schnelle Entwicklung nur dadurch ermöglichte, daß einerseits die Bahngesellschaften infolge der schlechten wirtschaftlichen Lage nicht zu Elektrifizierungen schreiten konnten, andererseits auf kurzen Teilstrecken mit unregelmäßigem Verkehr eine günstigere Lösung als der Triebwagen durch seine Wirtschaftlichkeit nicht gefunden werden konnte. Diese Wagen, getrieben durch ein oder zwei 75 PS-Motore, bewähren sich mehr und mehr und laufen im In- und Auslande bereits in beträchtlicher Anzahl in den verschiedensten Ausführungen; so bei der deutschen und niederländischen Staatsbahn, in Norwegen und Schweden, in Brasilien und Peru. Den sehr schönen Benzol-Triebwagen der Köln—Bonner Eisenbahnen zeigt Abb. 3. Zur Ausfüllung des Betriebes übernahm das Werk im letzten Jahre noch den Bau von Karosserien, und zwar für Stadt-, als auch Ueberlandomnibusse. Die Innenausstattung entspricht natürlich allen Ansprüchen der Neuzeit. Abb. 4 zeigt einen solchen Stadtomnibus für die Stadt Köln.

Trotz der ernsten wirtschaftlichen Verhältnisse sieht das Werk im Bewußtsein auf seine Anpassungsfähigkeit an die Ansprüche des modernen Verkehrs vertrauensvoll in die Zukunft, besonders im Hinblick auf die Entwicklung der Stadt Köln.

Abb. 4

MOTORENFABRIK DEUTZ A.-G.
KÖLN-DEUTZ

Der Viertakt-Gasmotor", der Stammvater fast aller heutigen Verbrennungskraftmaschinen, feiert in diesem Jahre als echtes Kölner Kind sein 50-jähriges Wiegenfest. Im Jahre 1864 schufen Otto und Langen mit dem atmosphärischen Gasmotor in einer Kölner Werkstätte den ersten wirtschaftlichen Motor des Klein-Gewerbes. Die Motorenfabrik Deutz konnte daraufhin gegründet und schon 1871 in eine Aktiengesellschaft umgewandelt werden. Im Jahre 1876 entstand dann durch das vorbildliche Zusammenarbeiten der beiden Männer der mit Verdichtung des Gas- und Luftgemisches arbeitende Viertakt-Gasmotor. Mit dieser Erfindung setzte die ganze gewaltige Entwicklung des Verbrennungsmotors ein, die aufs engste mit der Geschichte der Motorenfabrik Deutz verbunden ist. Die Jahrtausendausstellung brachte hierüber eine interessante Uebersicht.

Die ersten Motoren waren für das städtische Leuchtgas bestimmt; aber schon an der atmospärischen Gasmaschine wurden Versuche mit dem Benzinbetrieb gemacht, die dann nach Ausbildung des elektrischen Zündapparates in Deutz zu einem brauchbaren Motor führten.

Damit kam der Motor aufs Land und wurde hier ausschlaggebend für die Motorisierung der Landwirtschaft, indem er nicht nur neben dem Elektromotor als ortsfeste Maschine alle Kleinarbeiten verrichtete, als fahrbare Antriebskraft für die Dreschmaschine den Göpel verdrängte, sondern auch als Motorpflug, Motorwalze und Motorzugmaschine zum wertvollsten Hilfsmittel für den intensiven Landbau wurde. Die Motorenfabrik Deutz baut heute ihre liegenden Landwirtschaftsmotoren, um den Bedarf zu decken, in fließender Fertigung.

Eine weitere Verbilligung der Kraft durch Verbrennungsmotoren ließ sich durch ihre Verbindung mit Gaserzeugern, die ein motorisches Heizgas aus Koks und Anthrazit lieferten, erzielen. Deutz führte in den 80er Jahren die ersten „Dowson" oder Halbwassergasapparate ein und gestaltete sie im Jahre 1900 zu Sauergaserzeugern um, die man in den verschiedenartigsten Formen auch für den Betrieb mit Holzkohle, Holz, Braunkohle, Torf und allen vegetabilischen Abfällen der Tropen, wie Olivenschalen, Reishülsen, einzurichten verstand. Wasserwerke, Elektrizitätswerke, Fabriken wurden mit solchen Anlagen ausgerüstet. Man baute diese Apparate sowohl für Kraftzwecke als auch für Heizzwecke. Man erzielte auf diese Weise einen Umsatz von über 11 000 Gasanlagen entsprechend 600 000 PS.

Als durch die Erfindung Rudolf Diesels das Schweröl einem rationellen Motorbetrieb erschlossen war, griff Deutz den Bau der neuen Kraftmaschinen mit Erfolg auf, schuf den ersten kreuzkopflosen Dieselmotor, 1912 den ersten liegenden, 1923 den stehenden, als Schiffsmotor geeigneten kompressorlosen Dieselmotor mit Strahleinspritzung, der in bezug auf günstigste Brennstoffausnutzung und Elastizität des Ganges bei einfachster Bedienung unerreicht ist. Trotz der kurzen Zeit seines Erscheinens auf dem Markte sind hiervon bereits 540 Motoren mit 94 000 PS in Fracht- und Personenschiffe, Schlepper und Fischereiboote eingebaut worden. Ihm folgte für kleinere Kräfte der stehende kompressorlose Vorkammerdieselmotor. Im Ganzen betrug die Gesamtlieferung der von 6 PS bis 1 000 PS ausgeführten Deutzer Dieselmotoren 6 600 Stück mit 330 000 PS. Ein besonderer Zweig des Unternehmens ist dem Bau von Motorlokomotiven gewidmet, von denen bislang 5 000 mit 80 000 PS geliefert wurden.

Das Fabrikgelände umfaßt heute 123 000 qm, wovon 85 000 qm bebaut sind. Das Unternehmen arbeitet mit einem Kapital von Mk. 15,84 Millionen.

Durch Interessengemeinschaft mit der Motorenfabrik Oberursel, die wertvolle Erfahrungen im Motorlokomotivbau einbrachte, mit der Schiffswerft und Maschinenfabrik vorm. Janssen & Schmilinski, die den Absatz in Schiffahrtskreisen hob, und der Maschinenbauanstalt Humboldt, die für den Bau größter Motoren eingerichtet ist, hat sich das Werk betrieblich und vertrieblich gesichert. Seine Leistungsfähigkeit ist dadurch auf nahezu 10 000 Motoren mit 200 000 PS gesteigert. 10 deutsche Verkaufsstellen und zahlreiche Filialen im Auslande sorgen für die Verbreitung der Deutzer Motoren auf der Erde.

Umsteuerbarer kompressorloser Schiffsdieselmotor von 1 000 PS

MASCHINENBAU-ANSTALT HUMBOLDT
KÖLN-KALK

Zu dem Arbeitsgebiet des im Jahre 1856 gegründeten Humboldt gehörte von Anfang an hauptsächlich der Bau von Aufbereitungs- und Zerkleinerungsmaschinen für **Erze und Kohle**, sowie die Einrichtung von vollständigen Aufbereitungsanlagen. Auf diesem Gebiete ist der Humboldt immer führend geblieben. Er hat in seiner großzügig angelegten Versuchsanstalt die wesentlichen Ergänzungen der Aufbereitungs-Methoden für die magnetische sowohl wie für die Schwimmaufbereitung geschaffen. Der Humboldt verfügt über zahlreiche eigene Patente und Verfahren, die ihn mit seinen auf langjährige Erfahrung gestützten erstklassigen Ausführungen überall das große Ansehen verschafft haben. Der Bau **vollständiger Anlagen** verlangte schon bald nach seiner Gründung eine Verbreitung der Fabrikationsgrundlage, wenn man sich nicht der großen Vorteile begeben wollte, die mit der Zusammenfassung der gesamten Lieferung in einer Hand verbunden sind. Der Humboldt ist heute in der Lage, unter Zuhilfenahme seiner groß angelegten Zubringerwerkstätten, wie Schmiede, Gießereien, Eisenkonstruktionswerkstätten, Perforier-Anstalt, Transmissions-Abteilung usw. komplette Anlagen zu bauen und zu liefern, überhaupt alles, was an Maschinen und Einrichtungen hierfür erforderlich ist. Der Humboldt befaßt sich auch nicht nur mit dem Bau von Bergwerksmaschinen für alle Zwecke, wie Wasserhaltungen, Pumpen, Kompressoren, Ventilatoren, Dampfmaschinen und Dampfturbinen, sondern er beschäftigt sich weiterhin mit dem Bau der zur Beförderung von Massengütern, wie Erz und Kohle dienenden Transport- und Verladeeinrichtungen, Krane, Aufzüge usw. und mit der Herstellung von Eisenkonstruktionen aller Art.

Eis- und Kühlmaschinen, sowie deren Gesamtanlagen für Brauereien, Markthallen, Schlachthöfe usw. sind ein Sonderzweig des Arbeitsprogramms. Die umfassende Tätigkeit des Humboldt in der gesamten Bergbauindustrie insbesondere der Ausbau der Erzzerkleinerung und der Erzaufbereitung führten dazu, einem verwandten Arbeitsgebiete Beachtung zu schenken, der Metallurgie. Neben dem Bau von Röstöfen, Wassermantelöfen usw. betreibt der Humboldt die Herstellung von Elektrostahlöfen nach eigenem System. Humboldt baut ferner vollständig eingerichtete Dampfkesselhäuser mit modernen Hochdrucksteilrohrkesseln, die mit Kohlenstaubfeuerungen, schmiedeeisernen Ekonomisern und Lufterhitzern zur Verfeuerung aller vorkommenden Brennmaterialien ausgeführt werden, sowie die dazu erforderlichen Kohlentransport- und Entaschungsanlagen. Die im Jahre 1897 angegliederte Abteilung für Lokomotivbau befaßt sich mit dem Bau von Lokomotiven jeder Größe und Bauart, von der einfachsten Baulokomotive angefangen bis zur neuzeitlichen Heißdampf-Schnellzugslokomotive der Gegenwart. Außer den üblichen normalen Wagen der Staatsbahn baut der Humboldt Sonderwagen für die Industrie, wie Kesselwagen, Wagen für die Beförderung von Kohlenstaub, Kippwagen und dergleichen. Der Bau von Lokomotiven mit Kohlenstaubfeuerung, sowie der Diesel-Lanz-Lokomotiven wurde in der letzten Zeit begonnen. Die Einrichtung vollständiger Zement-Fabriken und der Trocknungs-Vorrichtungen für alle möglichen Stoffe sowie der Brikettierung sind weitere Spezialitäten des Humboldt. Auch ist er im Laufe der Jahre in die Nebenbetriebe der Erz- und Kohlenaufbereitung eingedrungen. Das Förderseil z. B., welches im Bergbau eine so hervorragende Rolle spielt, wird unter Zuhilfenahme von Maschinen hergestellt, deren Fabrikation ebenso wie die im Bergbau vielseitig verwendeten perforierten Bleche zu den Erzeugnissen des Humboldt zählen. So ist der Humboldt wohl eine jener Maschinenbauanstalten, deren Erzeugnisse eine gewisse Vielseitigkeit aufweisen, die jedoch im Hinblick auf die grundlegende Forderung Gesamtlieferung möglichst in einer Hand und weitestgehende Deckung jeglichen Bedarfs im eigenen Betriebe durchaus berechtigt ist.

Schließlich wird bemerkt, daß die Tochtergesellschaft der Maschinenbau-Anstalt Humboldt, die Firma M u s a g , Gesellschaft für den Bau von Müll- und Schlackenverwertungsanlagen, A.-G., Köln-Kalk, mit der Spezialaufgabe betraut ist, die Projektierung von Müllverbrennungs- bezw. Verwertungsanlagen durchzuführen. Die Musag besitzt ein patentiertes Verfahren, wonach der Müll in hygienisch einwandfreier Weise in Hoch- und Tiefbauprodukten umgewandelt wird. In Kiel ist durch die Musag eine Müllverwertungsanlage, die ihr gesamtes Verfahren umfaßt, errichtet und mit Erfolg in Betrieb genommen worden.

Modell der im Bau befindlichen Müllverwertungsanlage der Stadt Köln

» MUSAG «
GESELLSCHAFT FÜR DEN BAU VON MÜLL- UND SCHLACKENVERWERTUNGSANLAGEN AKTIENGESELLSCHAFT, KÖLN-KALK

Die Gründung der Musag fällt in das Jahr 1920. Sie ist eine Tochtergesellschaft der Maschinenbau-Anstalt Humboldt, Köln-Kalk und hat bei ihrer Gründung die Erfahrungen übernommen, die Humboldt in nahezu 20jähriger Tätigkeit auf dem Gebiet der Müllverbrennung schon gesammelt hatte. Der Zweck des Unternehmens ist die Projektierung und Errichtung von Müllverbrennungs- und Müll- und Schlackenverwertungsanlagen. Bis Herbst 1923 war der Sitz der Musag in Berlin; er wurde sodann nach Köln-Kalk verlegt, da sich ergeben hatte, daß das konstruktive Durcharbeiten der Projekte ein enges Zusammenarbeiten mit der Maschinenlieferantin, wofür in erster Linie das Stammhaus in Frage kommt, erfordert.

Die Verfahren der Musag sind im In- und Auslande mehrfach patentiert. Sie ermöglichen es, daß den jeweiligen örtlichen Verhältnissen in weitgehendem Maße Rechnung getragen werden kann, da die Zusammensetzung des Müllanfalles der einzelnen Städte sehr stark voneinander abweicht. Ferner gründen sich die Verfahren der Musag auf der Erkenntnis, daß man bei der Beseitigung des Mülls nicht nur der Hygiene Rechnung tragen muß, sondern auch der Wirtschaftlichkeit der zur Beseitigung des Mülls bestimmten Anlagen. Wie das nachstehend beschriebene Gesamtverfahren der Musag beweist, sind bei zweckentsprechender Verarbeitung des Mülls große Werte zu schaffen. In welcher Weise die Lösung dieses Problems erfolgte, soll nachstehend kurz behandelt werden:

Das Gesamtmüll wird nach seiner Anlieferung in die Anlage maschinell und hygienisch völlig einwandfrei zunächst in 3 Hauptbestandteile zerlegt und zwar in Sperrmüll, Grobmüll und Feinmüll. Das Sperrmüll setzt sich in der Hauptsache aus metallischen Gegenständen zusammen, wie Konservenbüchsen, Eimer, Blechstreifen und dergl. mehr. Sie werden gesammelt und an die weiterverarbeitende Industrie verkauft. Das Grobmüll ist der Siebdurchfall von 3—100 mm Korngröße, bestehend aus einem Gemenge von kleineren Materialien, die sich nicht leicht weiter voneinander trennen lassen, wie unverbrannte oder halbverbrannte Kohlenstücke, Schlacken, Holz, Stroh, Papier, Küchenabfälle, Leder, Porzellan- und Glasscherben usw. Das Feinmüll ist der Siebdurchfall bis 3 mm Korngröße und besteht aus den feinen erdigen Bestandteilen des Mülls, wie Braunkohlenasche, Zimmer- und Straßenkehricht. Das Grobmüll bildet nach seiner Zusammensetzung und dem daraus sich ergebenden Wärmeeffekt den Stoff für die Verbrennung in den Müllverbrennungsöfen, wozu mechanisch arbeitende Roste dienen. Hierdurch werden Dampf und Schlacke erzeugt. Der Dampf wird in einer Maschinenzentrale in elektrische Energie umgesetzt, die teil-

Vorderansicht der Kieler Müllverwertungsanlagen

weise zum Betrieb der Anlage Verwendung findet, während die überschüssige Energie an das städtische Netz oder an naheliegende gewerbliche Betriebe abgegeben werden kann. Das Kühlwasser der Dampfturbinen findet für Heizungs- oder Badezwecke in öffentlichen Bürogebäuden, Badeanstalten und Krankenhäusern Verwendung. Die Müllverbrennungsschlacke wird aufbereitet, d. h. zerkleinert, von Koks und Eisen befreit und entweder zu porösen Leichtbausteinen mit einer mittleren Druckfestigkeit von ca. 35 kg/qcm oder zu Festbausteinen mit einer durchschnittlichen Druckfestigkeit von 120—150 kg/qcm verarbeitet. Ca. 400 Häuser sind bereits in Barmen und in Kiel aus Müllschlackensteinen errichtet. Je nach Bedarf kann die Gesamtproduktion in „Vulkanexsteine" durch Zusatz von Bitumen umgewandelt werden. Die „Vulkanexsteine" sind für Straßenbauzwecke bestimmt. Sie sind nicht nur billiger wie alle sonstigen Straßenbaumaterialien, sondern auch praktisch dazu berufen, in erster Linie die Guß- und Stampfasphalt- sowie Macadamstraßen zu ersetzen.

Das Feinmüll würde die Durchführung des Grobmüllprozesses nur störend beeinflußen, da es keinen oder nur einen geringen Heizwert besitzt. Es wird ähnlich dem Eisenhüttenprozeß niedergeschmolzen und sodann in Formen vergossen, wodurch basaltähnliche Produkte erzeugt werden, wie Bürgersteigplatten, Belag für Hallen, Garagen und Werkstätten, Bordsteine, Schieneneinfassungssteine und dergl.

In den Jahren 1922/23 errichtete die Musag die Müllverwertungsanlage in Kiel mit einer tägli-

Aus Müllschlackensteinen errichtete Häuser

Mechanisch arbeitender Müllverbrennungsofen

chen Leistung von 120 t Müll. Sie ist seit April 1924 ununterbrochen in Betrieb.

1925 errichtete die Musag eine Müllverbrennungsanlage in Moskau. Diese Anlage hat eine tägliche Leistung von 80 t Müll und ist seit Mai 1926 in Betrieb. Vorgesehen ist, daß diese Anlage entsprechend dem Gesamtmüllanfall in Moskau ausgebaut wird.

In Auftrag hat die Musag:

die Errichtung einer Müllverwertungsanlage für die Stadt Köln, tägliche Normalleistung 550 t Müll. Der Ausbau der Anlage erfolgt nach dem vorskizzierten Gesamtverfahren. Sie wird in dem neuausgebauten Rheinhafen Köln-Niehl errichtet, damit die aus dem Müll erzeugten Produkte beim weiteren Ausbau des Hafens Verwendung finden können;

die Erweiterung der Müllverbrennungsanlage in Berlin-Schöneberg, die eine tägliche Normalleistung von 300 t Müll bekommen soll. Zunächst wird eine Siebanlage angegliedert zur Trennung des Mülls, worauf sich der Gesamtausbau der Anlage anschließt;

die Erweiterung und Modernisierung der 1911 durch unser Stammhaus, die Maschinenbau-Anstalt Humboldt, errichteten Müllverbrennungsanlage der Stadt Aachen, die für eine tägliche Leistung von 160 t Müll ausgebaut wird. Auch in dieser Anlage wird das Gesamtverfahren der Musag Anwendung finden.

Lagerplatz einer Müllverwertungsanlage

KÖLN-LINDENTHALER METALLWERKE
AKTIENGESELLSCHAFT

ALLRIGHT- UND CITO-FAHRRÄDER UND FAHRRADTEILE
ALLRIGHT-MOTORRÄDER UND TIGER-FEDERGABELN

Die Gründung der Köln-Lindenthal erfolgte am 31. Januar 1899. Als Spezialität wurde die Fabrikation der sich inzwischen Weltruf erobernden Allright-Fahrräder und Motorräder aufgenommen. Vor mehreren Jahren erwarben die Köln-Lindenthaler Metallwerke die Cito-Werke, welche ebenfalls die Fahrradfabrikation seit über 25 Jahren in großem Umfange betrieben haben. Seit der Vereinigung der beiden Werke werden die beiden, allgemein als erstklassig anerkannten Markenfahrräder Allright und Cito von den Köln-Lindenthaler Metallwerken in deren Großbetrieben hergestellt. Mit den modernsten Spezialmaschinen ausgerüstet und durch die vorzüglichen Fabrikations-Einrichtungen in ihren eigenen mechanischen Werkstätten: Schleiferei, Härterei, Löterei, Galvanisierung, Schlosserei, Emaillierung, Montage etc., verbürgen die Köln-Lindenthaler Metallwerke eine erstklassige Qualität ihrer Fabrikate. Der beste Beweis für die Qualität der Allright- und Cito-Fabrikate, als deren Hauptvorzüge die überaus große Zuverlässigkeit, Dauerhaftigkeit sowie höchste Formvollendung und Eleganz anzusehen sind, ist wohl der Umstand, daß die Fabrikate der Köln-Lindenthaler Metallwerke seit Bestehen bis auf den heutigen Tag einen so großen Absatz in sämtlichen Kulturstaaten der Welt erfahren haben und daß der Abnehmerkreis täglich im Zunehmen begriffen ist. Die Betriebsanlagen ermöglichen eine Produktion von über 100 000 Fahrrädern pro Jahr.

Montage

Rahmenschlosserei

JOHANN MARIA FARINA
GEGENÜBER DEM JÜLICHS-PLATZ
GEGRÜNDET 1709

Auf eine mehr als 200jährige glänzende Entwicklung kann das Welthaus Johann Maria Farina gegenüber dem Jülichs-Platz als älteste bestehende Kölnisch-Wasser-Fabrik zurückblicken. Kein Fremder versäumt wohl bei seinem Aufenthalt in Köln, neben dem Kölner Dom auch jenem eleganten Verkaufsladen, Ecke Obenmarspforten-Gülichs-Platz, einen Besuch abzustatten, um sich am Orte der Herstellung ein Kistchen des zart duftenden Riechwassers zu erstehen. So war es schon vor zwei Jahrhunderten, so ist es noch heute.

Im Jahre 1705 war der Italiener Johann Maria Farina auf Geheiß seines gleichnamigen Onkels aus Maastricht in dessen Kölner Filialgeschäft eingetreten, daß er von 1706 ab selbständig führte. Zu dieser Zeit hatte er bereits einen kleinen Handel mit einem von ihm hergestellten „Wunderwasser" „Eau admirable" getrieben. Ein Zerwürfnis mit seinem Onkel veranlaßte ihn, sich von diesem zu trennen und als Teilhaber in die 1709 gegründete Kölner Firma „Farina & Co." einzutreten, die sich mit dem Handel von „französischem Kram", worunter man Schminken, Duftwässer, Puderquasten, feine Seiden- und Lederwaren u. a. m. verstand, befaßte. Er betrieb das Geschäft gemeinsam mit seinem Bruder Johann Baptist und brachte als Einlage das Rezept zur Herstellung der „Eau admirable" mit. Ursprünglich als Quelle des Nebenerwerbs gedacht, zwang die allmählich stärker einsetzende Nachfrage, sich auf ihre ausschließliche Herstellung zu werfen und alle anderen Geschäftszweige — es waren auch u. a. zeitweilig bedeutende Speditions- und Kommissionsgeschäfte betrieben worden — aufzugeben. Unter dem Namen Johann Maria Farina gegenüber dem Jülichs-Platz — an diesem Orte befinden sich seit 1723 die Geschäftsräume der Firma — eroberte sich ihr Erzeugnis die ganze Welt als Absatzgebiet. Keine lärmende Anpreisung, sondern ausschließlich Empfehlung der einzelnen Verbraucher haben ihm den Weg gebahnt. Schrittmacher waren die Franzosen, welche während des 7jährigen Krieges in dem Fabrikat Johann Maria Farinas ein neues Toilettenwasser schätzen lernten, dessen Ruf sie überall verbreiteten, wohin sie im Verlaufe des Krieges kamen. Durch sie wurde dann auch der Name „Eau de Cologne" eingeführt, welcher die bisherige Bezeichnung „Eau admirable" völlig verdrängte.

Nach dem Original-Rezept des ersten Herstellers wird aus erlesenen, wohlriechenden Essenzen unter Zusatz feinsten Weinsprits, der hierzu besonders sorgfältig bearbeitet wird, das Wasser bereitet. Die genaue, auch bei dem heutigen hohen Stande unserer chemischen Wissenschaft nicht feststellbare Zusammensetzung ist ein allzeit streng gehütetes Geheimnis der seit ihrer Gründung im Familienbesitz gebliebenen Firma, und nur bekannt den jeweiligen Chefs des Hauses, die eigenhändig die verschiedenen ätherischen Oele in strengster Abgeschlossenheit anzusetzen verpflichtet sind. Die charakteristischen Eigenschaften dieses echten Kölnischen Wassers beschrieb schon der Erfinder Johann Maria Farina folgendermaßen: Der überaus aromatische, angenehm erfrischende Geruch des fast farblosen Wassers läßt keinen spezifischen Geruch der einen oder anderen zur Herstellung verwendeten Essenzen hervorstechen. Auf Tuch gegossen, behält die benetzte Stelle einen Tag und noch länger den eigenartigen Duft des Wassers.

Während ursprünglich jedem Fläschchen eine Gebrauchsanweisung mit eigenhändiger Unterschrift des Erfinders bezw. jeweiligen Chefs des Hauses unter Beidruck des Familienwappens beigepackt war, wurde bei Einsetzen des Massenverbrauchs die Unterschrift faksimiliert. Die heute weltbekannten Gebrauchszettel und Etiketten werden seit 1811 bezw. 1832 verwendet. Sie verbürgen die stets gleichgebliebene, hervorragende Qualität des Kölnischen Wassers des Hauses J o h a n n M a r i a F a r i n a g e g e n ü b e r d e m J ü l i c h s - P l a t z. Zur besonderen Kennzeichnung führte die Firma im Januar 1925 die rote Schutzmarke ein.

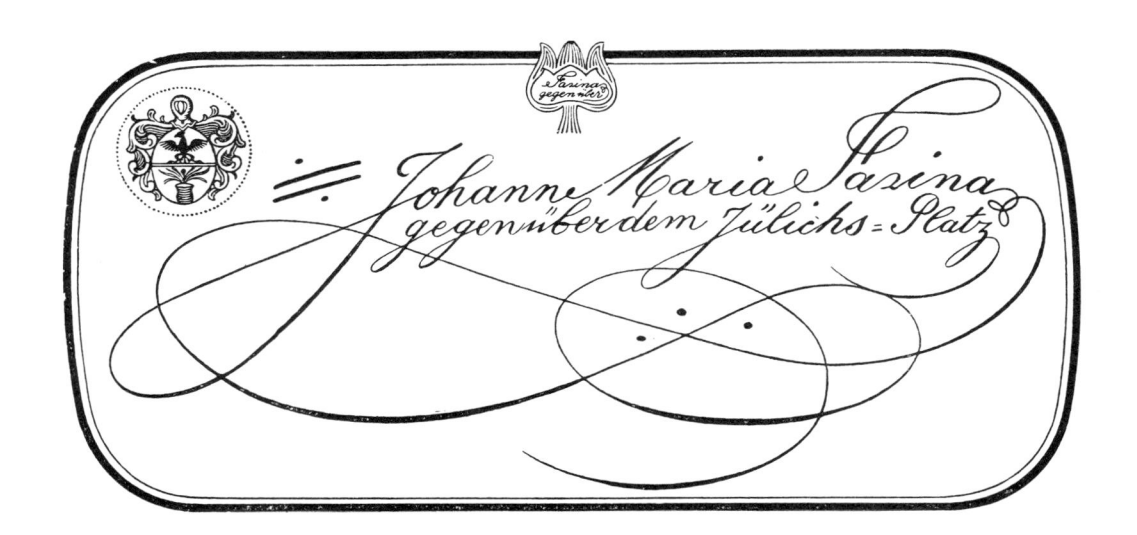

GEDRUCKT MIT PRACHTILLUSTRATIONSFARBE DER FARBWERKE FRANZ RASQUIN AKT.-GES.

FARBWERKE FRANZ RASQUIN
AKTIENGESELLSCHAFT

GEGRÜNDET
1876

KÖLN-MÜLHEIM

FERNRUF
60041

DRAHTANSCHRIFT: RASQUIN KÖLNMÜLHEIM

*

FABRIKATION ALLER PIGMENTFARBEN:
CHEMISCHE BUNTFARBEN · ERDFARBEN
OELFARBEN

*

ABTEILUNG DRUCKFARBEN
BUCHDRUCKFARBEN / STEINDRUCKFARBEN / OFFSETFARBEN
DRUCKFIRNISSE

FARBWERKE FRANZ RASQUIN AKT.-GES., KÖLN-MÜLHEIM

M. LISSAUER & Co. / KÖLN
ELISENSTRASSE 17-19

Die Firma M. Lissauer & Co., die im Jahre 1903 gegründet wurde, entwickelte sich bereits in den letzten Vorkriegsjahren zu einer führenden Firma im Erz- und Metallhandel. Sie unterhält eigene Filialen an den wichtigsten Metallzentren im In- und Ausland.

Nach Beendigung des Krieges ist es ihr in denkbar kürzester Zeit gelungen, die alten Beziehungen zum Ausland nicht nur wieder aufzunehmen, sondern sogar erheblich auszubauen. Die Filialen werden von eigenen Mitarbeitern, deren Werdegang in der Zentrale begonnen hat, geleitet. Die Firma unterhält solche eigenen Filialen innerhalb Deutschlands in den Städten Berlin, Hagen, Hamburg, Beuthen; im Ausland Wien, Mailand, Basel, Madrid, Paris und London und ist an gleichartigen Unternehmungen in Amsterdam, New York und Mexiko maßgeblich beteiligt.

Am Sitz der Hauptverwaltung in Köln wird ein Personal von ca. 160 Köpfen beschäftigt.

Die aus dem Handelsgeschäft gewonnenen Beziehungen führten mit der Zeit zur Aufnahme der Verarbeitung von Erzen und metallischen Produkten in eigenen Betrieben; so besitzt die Firma gegenwärtig eigene Hüttenwerke, Gruben und chemische Fabriken, teils als Alleininhaber, teils durch maßgebliche Beteiligung.

Der Sitz der Hauptverwaltung befindet sich in Köln, Elisenstraße 17/19 (in nächster Nähe des Hauptbahnhofes gelegen), Telegramm-Adresse ist: „Menoxyd". Telefonisch ist sie zu erreichen unter: Rheinland 5293/97, Mosel 1352, 4353/54, Fernanschlüsse: F. 277/278.

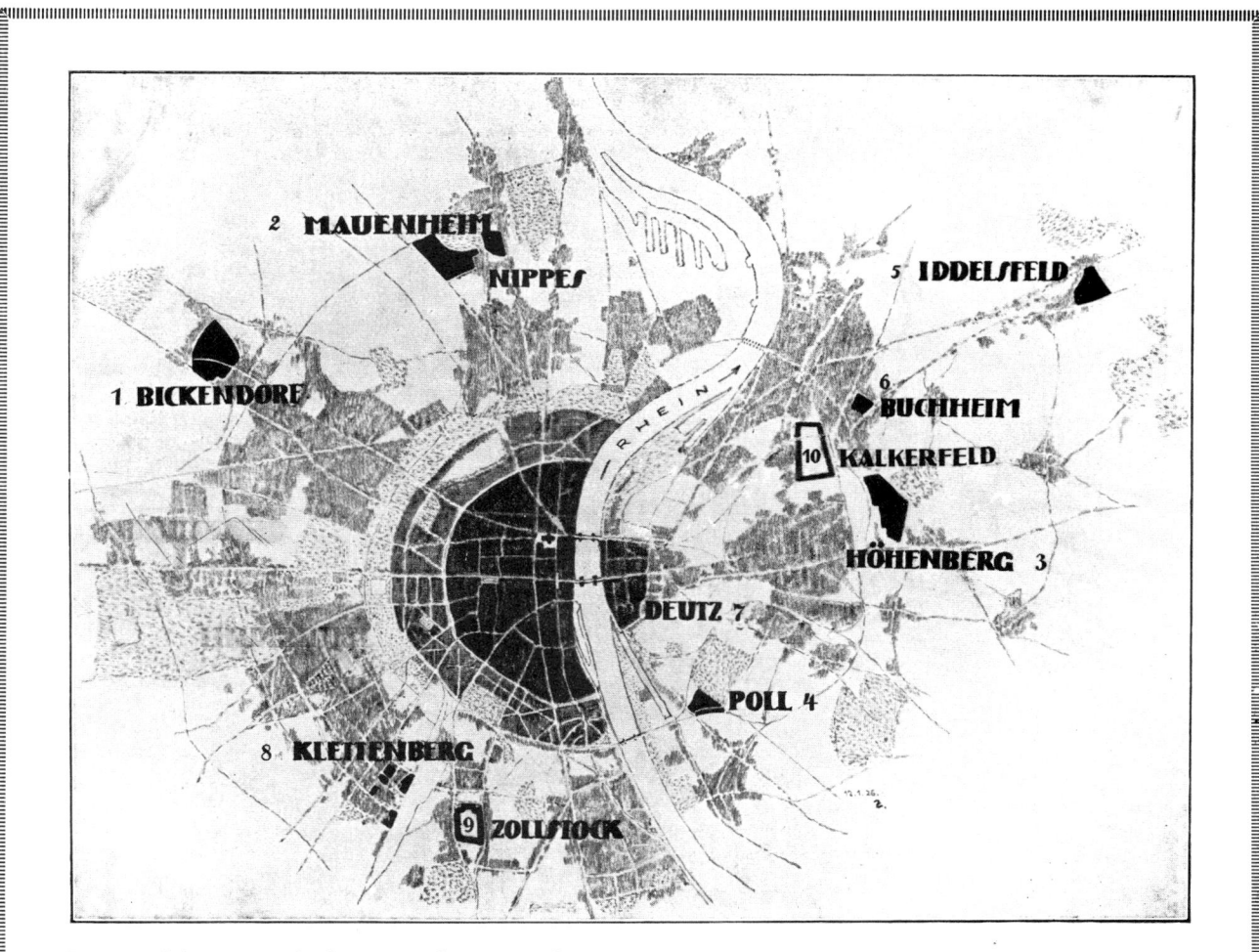

Plan von Köln mit den Siedlungen der Gemeinn. A. G. für Wohnungsbau

1. Siedlung Bickendorf	545 Wohnungen in Kleinhäusern	und	683	Wohnungen in Mehrfamilienhäusern
2. „ Mauenheim/Nippes	481 „ „ „	„	553	„ „ „
3. „ Höhenberg	110 „ „ „	„	906	„ „ „
4. „ Poll	123 „ „ „	„	—	„ „ „
5. „ Iddelsfeld	142 „ „ „	„	—	„ „ „
6. „ Buchheim	— „ „ „	„	114	„ „ „
7. Baublock in Deutz	— „ „ „	„	34	„ „ „
8. Baublöcke in Klettenberg	— „ „ „	„	291	„ „ „
9. Siedlung in Zollstock	geplant			
10. „ in Kalkerfeld	geplant			

DIE GEMEINNÜTZIGE AKTIENGESELLSCHAFT FÜR WOHNUNGSBAU IN KÖLN

VON BEIGEORDNETER DR. GREVEN

Die Gemeinnützige Aktiengesellschaft für Wohnungsbau wurde im Jahre 1913 auf Grund von Vorschlägen, die der Verfasser in einer Denkschrift entwickelt hatte, unter wesentlicher Beteiligung der Stadt gegründet. Zweck der Gesellschaft war vor allem, in großzügigerer Weise, als es bis dahin geschehen war, den gemeinnützigen Wohnungsbau in Köln zu fördern. Anlaß zu der Gründung bot einerseits die in den letzten Jahren vor dem Krieg auch in Köln zunehmende Verknappung des Wohnungsvorrats, daneben aber auch die Erkenntnis, daß die notwendigen Vorbedingungen für einen wirtschaftlichen Wohnungsbau und besonders für den Kleinhausbau besser durch eine Großunternehmung zu schaffen sind. Aufgabe der Gesellschaft sollte es vor allem sein, durch einheitliche und zweckmäßige Erschließung geeigneter größerer Geländeflächen die Erstellung von Einfamilienhäusern in der Großstadt zu ermöglichen. Planmäßig sollte in den Außenbezirken die Schaffung von umfangreichen Kleinhaus-Siedlungen in die Wege geleitet werden. Wäre der Krieg nicht gekommen, so würde heute der Kern von Köln mit einem Kranz von Kleinhaus-Siedlungen — wie Bickendorf und Mauenheim — umgeben sein. Weiter bestand die ausgesprochene Absicht und begründete Hoffnung, durch die Aufnahme des Wohnungsbaus im großen, durch Typisierung usw., die Wohnungserstellung und insbesondere den Kleinhausbau so zu verbilligen, daß auch den minderbemittelten Schichten der Bevölkerung gute und einwandfreie Wohnungen zu sehr günstigen Bedingungen geboten werden konnten.

Erfreulicherweise beteiligte sich das private Kapital bei der Gründung mit dem nicht unerheblichen Betrag von 620 000,— Mk. in Vorzugsaktien und die Stadt selbst übernahm 600 000,— Mk. in Stammaktien, so daß die Gesellschaft mit dem stattlichen Kapital von 1 220 000,— Mk. ins Leben trat.

In der Verwaltung der Gesellschaft ist der Stadt maßgebender Einfluß dadurch gesichert, daß von den Mitgliedern des Aufsichtsrats satzungsgemäß 3 Magistratspersonen (Oberbürgermeister oder Beigeordnete der Stadt Köln) und 8 Stadtverordnete sein müssen. Auch bedarf die Bestellung von Vorstandsmitgliedern der Genehmigung des Oberbürgermeisters. Es handelt sich hiernach bei der Gesellschaft um eine gemischt-wirtschaftliche Unternehmung, d. h. um eine Unternehmung, bei der trotz ihrer privatwirtschaftlichen Form die Wahrung der öffentlichen und allgemeinen Interessen gesichert ist. Derzeitiger Vorsitzender des Aufsichtsrats der Gesellschaft ist Oberbürgermeister Dr. Adenauer, während Stadtverordneter Geheimer Kommerzienrat Dr. h. c. Hagen — dieser seit Gründung — und Bürgermeister Dr. Matzerath das Amt des stellvertretenden Vorsitzenden bekleiden. Erster und die ersten Jahre alleiniger Vorstand der Gesellschaft war der Verfasser, der auch noch heute Vorsitzender des Vorstands ist. Neben diesem gehören zurzeit als technischer Direktor Dipl.-Ing. Fritz Hans Kreis und als kaufmännischer Direktor Friedrich Schmidt dem Vorstand an. Die privatwirtschaftliche Gesellschaftsform hat den Vorteil einer größeren Beweglichkeit und leichteren Geschäftsführung. Gerade beim Wohnungsbau und auch für die Verwaltung der erstellten Wohnungen ist dies von Bedeutung. Auf die Dauer wird sich die Stadt sicher besser dabei stehen, wenn sie den Wohnungsbau durch die Gesellschaft betreiben läßt, als wenn sie in eigener Regie Wohnungen errichten würde.

Nach verschiedenen Kapitalerhöhungen beträgt heute das voll eingezahlte Aktienkapital 4 Millionen RM., wovon auf die Stadt 1,8 Mill. RM. in Stammaktien und auf private Geldgeber 2,2 Mill. RM. in Vorzugsaktien entfallen. Erwähnenswert dürfte sein, daß die Gesellschaft trotz der Inflation den Goldwert des eingezahlten Aktienkapitals voll erhalten hat. Weitere Zeichnungen auf Vorzugsaktien liegen bereits vor, so daß sich die nächste Generalversammlung wiederum mit einer Erhöhung des Aktienkapitals befassen wird.

Alsbald nach ihrer Gründung ging die Gesellschaft an die Ausführung ihrer Pläne, indem sie sich zunächst ein für eine Kleinhaus-Siedlung geeignetes Gelände in Bickendorf aus dem städtischen Grundbesitz sicherte. Zur Gewinnung eines geeigneten Bebauungsplans und zweckmäßiger Haustypen, wurde ein Wettbewerb unter den in Rheinland und Westfalen ansässigen oder dort geborenen Architekten ausgeschrieben. Als erster Preisträger ging aus diesem Wettbewerb der Diplom-Architekt Caspar Maria Grod in Essen hervor. Seine Entwürfe wurden sowohl dem Bebauungsplan wie für die Errichtung der einzelnen Einfamilienhäuser des ersten Abschnitts der Siedlung Bickendorf zu Grunde gelegt. Der Ausbruch des Kriegs brachte die eben begonnenen Bauarbeiten an der Siedlung Bickendorf ins Stocken. An eine Weiterbearbeitung der damals schon vorliegenden Pläne für ähnliche Siedlungen in Nippes-Mauenheim, ferner auf der rechten Rheinseite und im Süden der Stadt war recht nicht zu denken. Nur mühsam und unter den größten Schwierigkeiten wurde der erste Teil der Siedlung Bickendorf mit rd. 200 Einfamilienhäusern in den Jahren 1914—1918 fertiggestellt. Zum Schluß kamen die Bauarbeiten fast ganz zum Stillstand und erst nach Kriegsende konnte an die Fortführung herangegangen werden. Zunächst versuchte die Gesellschaft ihre Pläne aus der Zeit vor dem Kriege weiter auszuführen. Sie ging daher an die Fertigstellung der Siedlung Bickendorf und begann mit der Errichtung einer weiteren großen Kleinhaussiedlung in Mauenheim nördlich Nippes. Kleinere Einfamilienhaus-Siedlungen wurden in Poll und in Iddelsfeld (an der Vorortbahn nach Berg.-Gladbach) in Angriff genommen. Diese Eigenheime werden durchweg bei einer ganz kleinen Anzahlung mit Kaufanwartschaft vermietet, derart, daß ein Teil der jeweiligen Miete fortlaufend als Tilgung gutgeschrieben wird. Nachdem ein gewisser Teil des Kaufpreises getilgt ist, wird das Haus dem Kaufanwärter zu Eigentum aufgelassen unter grundbuchlicher Eintragung eines Wiederkaufrechts für die Gesellschaft, das jedoch nur im Falle der Veräußerung oder bei Vernachlässigung der Instandhaltung in Kraft tritt, nicht aber bei Besitzwechsel im Erbgang.

Bald jedoch wurde die Gesellschaft durch die Kriegsfolgen, d. h. die große Wohnungsnot einerseits und die Inflation andererseits, von ihrer ursprünglichen Hauptaufgabe, der Schaffung vorbildlicher Wohnungsverhältnisse in Form von Einfamilienhaus-Siedlungen abgedrängt. Die große Wohnungsnot machte es notwendig, für die Masse der Bevölkerung in möglichst großem Umfang Wohnungen zu schaffen. Es konnte nicht mehr, wie vor dem Krieg, eine Auslese der für den Siedlungsgedanken geeigneten Anwärter getroffen werden. Es mußten vor allem auch kleinere Wohnungen von nur 3 oder gar nur 2 Räumen erstellt werden, die sich im Einfamilienhaus nicht

Siedlung Bickendorf
Einfamilienhäuser
Architekt Caspar Maria Grod
Baujahr 1914/1916

Siedlung Bickendorf
Einfamilienhäuser
Architekt Wilh. Riphahn
Baujahr 1919

Siedlung Mauenheim, Einfamilienhäuser
Architekt Wilh. Riphahn, Baujahr 1919

Siedlung Poll, Einfamilienhäuser — Architekt Emil Mewes Baujahr 1921

Siedlung Höhenberg
Einfamilienhäuser — Architektengruppe: Mattar u. Scheler, Friedrich u. Recht Baujahr 1921

Siedlung Höhenberg
Mehrfamilienhausgruppe als Eingang der Siedlung an der Verkehrsstraße — Architektengruppe: Klemens u. Viktor Klotz Baujahr 1921

Siedlung Mauenheim
Einfamilienhäuser zwischen Zweifamilienhäusern gruppiert
Architekt Wilh. Riphahn
Baujahr 1921

Siedlung Mauenheim
Neußer Straße
Sechsfamilienhäuser Eingang und Treppenhaus
Architekt Wilh. Riphahn
Baujahr 1922

Siedlung Höhenberg
Sechsfamilienhausgruppe mit Ladeneinbau
Architekt Hermann von Berg
Baujahr 1925

Siedlung Iddelsfeld
Einfamilienhausgruppe

Architekt Manfred Faber
Baujahr 1924

Baublock Klettenberg, Petersbergstraße
Mittelstandswohnungen in Vierfamilienhäusern

Architekt Manfred Faber
Baujahr 1924

Siedlung Mauenheim „Grüner Hof" Architekt Wilh. Riphahn
Mehrfamilienhäuser mit 3- u. 4-räumigen Wohnungen Baujahr 1923/24

Siedlung Bickendorf Architekten Riphahn u. Grod
Sechsfamilienhäuser mit dreiräumigen Wohnungen
Baujahr 1925

Siedlung Bickendorf Architekten Riphahn u. Grod
Neunfamilienhäuser mit zwei- und dreiräumigen Wohnungen
Baujahr 1925

schaffen lassen. Dann aber schien auch infolge der Inflation der Mehraufwand an Kosten für ein Einfamilienhaus gegenüber den Kosten der Wohnung in einem Mehrfamilienhaus ins Ungeheuerliche gesteigert. Die Baukostenzuschüsse oder Bauhypotheken hatten genau die gleiche Höhe für die Wohnung im Einfamilienhaus wie im Mehrfamilienhaus. In der Inflationszeit war es unmöglich, diesen Mehraufwand auch nur einigermaßen von den Wohnungsanwärtern selbst herein zu holen. Notgedrungen mußte daher die Gesellschaft in größerem Umfang zum Bau von Mehrfamilienhäusern übergehen. Die große Siedlung Höhenberg — östlich von Kalk —, die ganz im Einfamilienhausbau geplant war, wurde infolgedessen zum größten Teil in Mehrfamilienhäusern ausgebaut. Daneben erwarb die Gesellschaft einzelne Baustellen oder Baublocks in Buchheim (Mülheim), Deutz und Klettenberg, auf denen dann Mehrfamilienhäuser, größtenteils Sechsfamilienhäuser in 3 Geschossen, zum Teil auch Achtfamilienhäuser in 4 Geschossen errichtet wurden. Auch in der Nähe der Siedlungen Mauenheim und Bickendorf wurde für den Mehrfamilienhausbau geeignetes Gelände erworben und in der vorerwähnten Weise bebaut. Hierbei war die Gesellschaft stets bestrebt, auch beim Mehrfamilienhaus möglichst vorbildlich zu wirken. Den größten Wert legte sie auf eine gründliche Durcharbeitung der Baupläne, insbesondere der Grundrisse. Anbauten und Querflügel waren grundsätzlich zu vermeiden, allen Räumen wurde beste Belichtung und Belüftung, jeder Wohnung Querlüftung gesichert. Soweit nur irgend möglich, wurden unnütze Flurflächen vermieden. Die Größe der einzelnen Räume durfte weder zu groß noch zu klein gewählt, sondern es mußte eine richtige Mitte gehalten werden. Das Gleiche kann bezüglich der Höhe der Stockwerke gelten, die im allgemeinen 2,70—2,80 m im Lichten beträgt. Es wurde danach gestrebt, jede Wohnung wenigstens mit einem, wenn auch kleinen Austritt in Form einer Laube (Loggia) zu versehen. Auch wird angestrebt, allen Wohnungen einen Baderaum beizugeben, der allerdings vorläufig im allgemeinen noch nicht wieder eingerichtet wird. Vor dem Krieg war geplant, alle zu schaffenden Wohnungen mit eingerichtetem Bad zu versehen, und in den ersten Siedlungen ist dies auch noch geschehen. Bei der Ausführung wird weiter darnach gestrebt, die Bauten so haltbar wie möglich herzustellen, um an Instandsetzungskosten zu sparen. So wurde z. B. neuerdings dazu übergegangen, bei den Mehrfamilienhäusern die Wände im Treppenhaus mit Plattensockel zu versehen. Im Aeußeren wird unter Vermeidung jeden unnützen Zierrats doch eine künstlerische Gestaltung erstrebt. Von Anfang an ist nicht nur auf eine gute Ausgestaltung der Vorderseite, sondern auch auf eine, wenn auch einfache, so doch gute Ausgestaltung der Rückseite Wert gelegt worden, so daß im Gegensatz zu so vielen anderen Siedlungs- und Unternehmerbauten auch die Hinterfronten der Häuser der Gemeinnützigen Aktiengesellschaft für Wohnungsbau einen durchaus befriedigenden Anblick gewähren.

Soweit es sich um die Schaffung besonderer Siedlungen handelt, werden die Bebauungspläne im allgemeinen von den Architekten der Gesellschaft in Verbindung mit den berufenen Städtebauern der Stadt ausgearbeitet. Nachdem der erste Bebauungsplan für die Siedlung Bickendorf (Flachbau) von dem Architekten G r o d entworfen war, sind die Bebauungspläne für die Siedlungen Mauenheim (Flachbau- und Hochbausiedlung) und Bickendorf (Hochbausiedlung) von dem Architekten Wilhelm R i p h a h n und die Bebauungspläne der Siedlungen Poll, Höhenberg und Iddelsfeld von dem technischen Direktor Dipl.-Ing. Fritz Hans K r e i s entworfen worden.

Im Jahr 1925 hat die Gesellschaft zusammen mit der Gemeinnützigen Baugenossenschaft e. G. m. b. H. ein größeres Gelände in Zollstock (im Süden der Stadt) erworben. Um einen geeigneten Bebauungsplan hierfür zu gewinnen, wurde ein engerer Wettbewerb unter 12 im Siedlungsbau bewährten Kölner Architekten ausgeschrieben. Zuvor fand in Gemeinschaft mit diesen Architekten eine Studienreise nach Holland statt, um aus dem dort im modernen Siedlungsbau Geleisteten Anregungen zu schöpfen. Aus dem Wettbewerb ging Architekt Wilhelm R i p h a h n als Träger des ersten und zweiten Preises hervor. Der mit dem ersten Preis ausgezeichnete Bebauungsplan bildet die Grundlage des inzwischen im Einvernehmen mit dem Städtebauamt festgesetzten Fluchtlinienplans für das Gelände. Die Bebauung wird voraussichtlich im kommenden Jahre in größerem Umfange hier einsetzen.

In jüngster Zeit hat die Gesellschaft ein Gelände von rd. 160 000 qm im sogenannten Kalker Feld erworben, welches Raum für etwa 1 500 Wohnungen bietet. Für diesen Ankauf waren vorwiegend städtebauliche Gründe maßgebend. Es handelt sich darum, ein trotz guter Verkehrsverbindungen bis jetzt noch fast völlig brachliegendes Stadtgebiet, zwischen den großen Industrievororten Mülheim und Kalk, in einheitlicher Form dem Wohnungsbau dienstbar zu machen, woran bei den derzeitigen Verhältnissen die Privatunternehmung in absehbarer Zeit nicht herangehen könnte.

Bisher hat die Gesellschaft einschließlich der im Jahre 1926 noch im Bau befindlichen Wohnungen schon geschaffen:

1474 Wohnungen im Kleinhaus (davon 1 356 in Einfamilienhäusern und 118 in Zweifamilienhäusern),
2550 Wohnungen in Mehrfamilienhäusern
4024 Wohnungen.

Auf die einzelnen Siedlungen verteilt sich diese Wohnungszahl wie folgt:

Siedlung	Häuser	mit	Wohnungen	
Bickendorf	645	Häuser mit	1228	Wohnungen
Mauenheim	565	,,	1034	,,
Höhenberg	273	,,	1016	,,
Iddelsfeld	142	,,	142	,,
Poll	123	,,	123	,,
Im Baublock Buchheim	17	,,	114	,,
In den Baublöcken Klettenberg	44	,,	291	,,
An verschiedenen Stellen	24	,,	76	,,

Insgesamt: 1833 Häuser mit 4024 Wohnungen

Nachdem die Inflation überwunden ist, und nachdem sich jetzt langsam auch ein Abbau der weit über das Maß der allgemeinen Teuerung hinaufgeschnellten Baukosten und der durch die Kapitalknappheit maßlos verteuerten Hypothekenzinsen bemerkbar macht, wird die Gesellschaft sich wieder in größerem Umfang ihrer ursprünglichen Aufgabe, der Schaffung von Kleinhaus-Siedlungen, widmen können. Allerdings ist es dabei unerläßlich, die räumlichen Ansprüche nicht zu hoch zu stellen, weil sonst bei den immer noch bestehenden wirtschaftlichen Erschwerungen die Geldmittel nicht zu beschaffen wären und die Mieten für die breiteren Volksschichten unerschwinglich würden. Die Bauausführung muß in jeder Hinsicht einwandfrei sein, doch ist es wohl möglich, im Einfamilienhaus bei der engen Verbindung der Wohnung mit dem Garten mit geringeren Raumabmessungen auszukommen, als in der Stockwerkswohnung.

Weiterhin muß in jeder Weise erstrebt werden, durch Ausnützung der Vorteile des Großbetriebs Verbilligungen zu erzielen. Leider haben die Nachkriegsverhältnisse und das Bauzuschuß- und Bauhypothekenwesen erst recht zu einer bedauerlichen Zersplitterung im gemeinnützigen Wohnungsbau Kölns geführt. Infolge der drückenden Wohnungsnot entstanden zahlreiche neue, kleine und kleinste Baugenossenschaften, die ihren Anteil bei der Verteilung der Bauzuschüsse fordern. Ein großer Teil dieser Gründungen dürfte auf die Dauer nicht lebensfähig sein. Im übrigen muß versucht werden, durch eine engere Zusammenfassung dieser kleinen Baugenossenschaften unter Führung der Gemeinnützigen Aktiengesellschaft, durch gemeinschaftliche Verdingung der Arbeiten auf einheitlicher Grundlage, Großbezug der Baustoffe usw. den nachteiligen Folgen der Zersplitterung entgegen zu wirken. Auch das oben erwähnte Zusammengehen mit der Gemeinnützigen Baugenossenschaft zur Erschließung des Geländes in Zollstock deutet einen Weg in dieser Richtung an. Trotz den durch Krieg und Inflation bedingten Hemmungen hat die Gemeinnützige Aktiengesellschaft für Wohnungsbau für die Stadt Köln wachsende Bedeutung in wohnungspolitischer und städtebaulicher Hinsicht gewonnen. Für die kommenden Jahre harren ihrer noch weitere große Aufgaben, wobei neben der baulichen Erschließung neuer Wohngelände in den Außenbezirken unter anderem auch an die Sanierung unhygienischer Wohnviertel der Altstadt zu denken ist. Leider ist die Gesellschaft in ihrer Tätigkeit noch in gewissem Sinne behindert, solange das Bauen neuer Wohnungen noch nicht wirtschaftlich und die Aufbringung der Mittel wegen der Kapitalknappheit nur unter Beihilfe von Gemeinde und Staat möglich ist. Einstweilen kann die A.-G. immer nur soviele Wohnungen bauen, als ihr Bauhypotheken bewilligt werden. Wenn die Gesundung unserer wirtschaftlichen Verhältnisse soweit fortgeschritten sein wird, daß eine so weitgehende Unterstützung des Wohnungsbaues aus öffentlichen Mitteln nicht mehr erforderlich ist, wird die Gesellschaft ihre großen Aufgaben hoffentlich in verstärktem Maße erfüllen können.

Luftbild der Siedlung Bickendorf.
Im Hintergrund Kleinhaus-Siedlung, erbaut 1914—1921; vorn: Mehrfamilienhaus-Siedlung, im Bau seit 1922

Rückfront der an der Neuenahrer Straße gelegenen 5 Dreifamilienhäuser
Architekt Ernst Scheidt, B. D. A., Köln

HEIMSTÄTTEN-BAUGENOSSENSCHAFT
» FORTSCHRITT «
KÖLN-MANNSFELD
MANNSFELDER STR. 49. FERNRUF ULRICH 7102

Die Heimstätten-Baugenossenschaft „Fortschritt", von der wir einige Häusergruppen hier veröffentlichen, wurde im Herbst des Jahres 1919 in Köln gegründet. Das nachfolgende Zahlenmaterial, welches wir der Jahresbilanz vom 31. 12. 1925 entnommen haben, zeigt uns die günstige Entwicklung dieser Genossenschaft. Die Zahl der Mitglieder betrug am Schlusse genannten Jahres 470. Das Geschäftsanteilkonto bezifferte sich auf 62 155,70 GM. Das Reserve- und Rücklagenkonto betrug 148 985,32 GM. Das Gebäude- und Neubaukonto hatte am Schlusse des Jahres eine Wertschätzung von 1 101 426,19 GM. erreicht. Die Zahl der fertiggestellten Wohnungen betrug 251. Dieselben verteilen sich auf die Bezirke Köln-Raderthal, Köln-Mannsfeld, Köln-Sülz und rechtsrheinisch auf den Vorort Poll. Im Bau begriffen sind zurzeit 51 Wohnungen, wovon ein Teil im Laufe des Jahres 1926 schon bezogen werden kann. Der Genossenschaft zur Verfügung stehendes Gelände gestattet es ihr, das Bauprogramm im kommenden Jahr noch erheblich zu erweitern.

TEILANSICHTEN DER HÄUSERGRUPPE DER HEIMSTÄTTEN-BAUGENOSSENSCHAFT
„FORTSCHRITT"

Vorderfront der an der Neuenahrer Straße gelegenen 5 Dreifamilienhäuser
Architekt Ernst Scheidt, B. D. A.

Fassadendetail der Gruppe Sülz, Rheinbacher Straße
Architekt Ernst Scheidt, B. D. A.

Siedlung Mannsfeld. Giebelseite eines Zweifamilienhauses
Architekt Ernst Scheidt, B. D. A.

Aus der Wohnungsgruppe Köln-Zollstock Architekt Ernst Scheidt, B. D. A., Köln

GEMEINNÜTZIGE WOHNUNGSBAUGENOSSENSCHAFT »AM VORGEBIRGSPARK«
E. G. M. B. H.
GESCHÄFTSSTELLE: VORGEBIRGSSTR. 205 / FERNRUF ULRICH 190

Die Genossenschaft wurde 1920 gegründet mit dem Bestreben, insbesondere für den Mittelstand gute, gesunde und auskömmliche Wohnungen zu angemessenen Mietbedingungen zu schaffen. In den ersten Jahren ihres Bestehens stellte die Genossenschaft ihre Häuser, und zwar 4-, 6- und 8-Familienhäuser, an der Vorgebirgsstraße in unmittelbarer Nähe des Vorgebirgsparkes, eine der schönsten und blumenreichsten Anlagen Kölns, her, während sie in letzter Zeit auch Wohnhäuser in anderen verkehrsgünstig zur Stadt gelegenen und wohnlich angenehmen Lagen, z. B. am Sülzgürtel etc., baut. Unter der bewährten Bauleitung des Herrn Architekten Scheidt wurde schon während der ungünstigen wirtschaftlichen Inflationszeit eine möglichst einwandfreie Friedensausführung bei dem Bau der Wohnhäuser angestrebt und auch, soweit dies in der Inflation möglich war, erreicht. In den letzten Jahren ist sie restlos erreicht worden, sodaß die Wohnungen, welche in der Hauptsache aus 4 Zimmer und Küche, sowie Diele und Bad, evtl. auch noch aus einer Mädchenkammer bestehen, hinsichtlich Qualität, gediegener Aufmachung und günstiger baulicher Einrichtung nicht zu übertreffen sind und den Ansprüchen des Mittelstandes vollkommen genügen. Zum Erwerb einer Wohnung ist die Zeichnung eines Anteilscheines in Höhe von RM. 200,— erforderlich. Ferner muß ein Baukostenzuschuß, der später auf die Miete verrechnet wird, bezahlt werden. Dieser Zuschuß der Mitglieder stellt das Eigenkapital, welcher notwendigerweise für jedes Haus aufgebracht werden muß, dar. Die Höhe richtet sich jeweilig bei jedem Bauabschnitt nach den Finanzierungsmöglichkeiten und den jeweils gültigen Gestehungskosten ohne Einrechnung irgend welcher Gewinne. Die Monatsmieten werden auf Grund der zur Verfügung gestellten Quadratmeter nutzbarer Wohnfläche genauestens errechnet und belaufen sich je nach Größe der Wohnung auf RM. 65,— bis RM. 80,—. Durch Aufnahme unserer Mieter in die Genossenschaft, die gemeinnützigen Charakter hat und daher nur nach einheitlichen Gesichtspunkten unter Ausschaltung jeder Erwerbsabsicht geleitet wird, ist auch ein angenehmes, reibungsloses Wohnen gewährleistet. Die Geschäftsleitung unserer Gesellschaft ist zu jeder weiteren Auskunft gerne bereit.

Architekt Ernst Scheidt, B. D. A., Köln

Architekt Ernst Scheidt, B. D. A., Köln

GEMEINNÜTZIGE WOHNUNGSBAUGENOSSENSCHAFT
»AM VORGEBIRGSPARK«
E. G. M. B. H.

Architekt Ernst Scheidt, B. D. A.

Architekt Ernst Scheidt, B. D. A.

AUS DER WOHNUNGSGRUPPE KÖLN-ZOLLSTOCK

Wohnhausgruppe an der Bülowstraße zu Köln-Nippes Arch. Ernst Scheidt B. D. A., Köln

KÖLNER HAUSBAU-GESELLSCHAFT M.B.H.
GESCHÄFTSSTELLE: KÖLN, KAESENSTR. 6

ARCHITEKTONISCHE LEITUNG:
ARCH. ERNST SCHEIDT B. D. A., KÖLN-RIEHL, MATHIAS-SCHLEIDEN-STR. 13

Die Kölner Hausbau-Gesellschaft m. b. H. veröffentlicht nebenstehend einige Ansichten der von ihr erbauten Gebäudegruppen. Die Gesellschaft wurde im Frühjahr 1924 gegründet, zu dem Zwecke, für den Mittelstand geeignete und erschwingliche Wohnungen zu schaffen. Im Laufe der letzten Jahre erstellte sie eine Gruppe Wohnungen in der Bülowstraße in Köln-Nippes, bestehend aus 4 Zimmer, Küche, Bad und allem Zubehör, eine weitere Gruppe Wohnungen an der Blücherstraße, bestehend aus 3 Zimmer bezw. 4 Zimmer, Küche, Bad und allem Zubehör. Im vergangenen Jahre wurde in Köln-Deutz ein größerer Block Wohnungen mit besserer Ausstattung (5 Wohnräume, Küche, eingerichtetes Bad, Logia, Zentralheizung und Warmwasserbereitungsanlage) errichtet. Im Laufe dieses Jahres soll eine größere Wohnbaugruppe in Köln-Riehl in schöner Wohnlage errichtet werden, die neben vierzimmerigen Wohnungen auch solche kleineren Umfanges enthalten soll.

KÖLNER HAUSBAU-GESELLSCHAFT M. B. H., KÖLN

Wohnhausgruppe an der Blücherstraße zu Köln-Nippes
Arch. Ernst Scheidt B. D. A.

Detail der Wohnhausgruppe an der Blücherstr. zu Köln-Nippes
Arch. Ernst Scheidt B. D. A.

Wohnhausgruppe an der Graf-Geßler-Straße, Köln-Deutz
Arch. Ernst Scheidt B. D. A.

Rückfront der Wohnhausgruppe Graf-Geßler-Str., Köln-Deutz
Arch. Ernst Scheidt B. D. A.

ARCHITEKT B.D.A. E. SCHEIDT
KÖLN-RIEHL

MATHIAS-SCHLEIDENSTR. 13   MATHIAS-SCHLEIDENSTR. 13

Wohnhausgruppe für bürgerliche Wohnungen in Köln-Braunsfeld   Architekt Ernst Scheidt B. D. A., Köln-Riehl

Kleine Einfamilienhäuser in Köln-Riehl   Architekt Ernst Scheidt B. D. A., Köln-Riehl

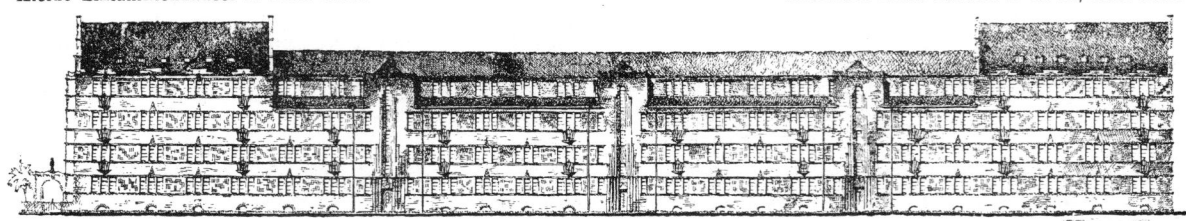

Neubauten der Kölner Hausbau G. m. b. H. an der Esenbeckstrasse in Riehl   Architekt Ernst Scheidt B. D. A., Köln-Riehl
Ansicht nach der Esenbeckstrasse

Eingebautes Einfamilienhaus in Köln-Riehl
Architekt Ernst Scheidt B. D. A., Köln-Riehl

Detail einer Wohnhausgruppe in Köln-Zollstock
Architekt Ernst Scheidt B. D. A., Köln-Riehl

Kleinwohnungsgruppe für die Heimstättenbaugenossenschaft „Fortschritt" in Köln-Sülz in altrosa Putz mit weißen Einlagen

Detail der Kleinwohnhausgruppe
Architekt Ernst Scheidt B. D. A., Köln-Riehl

Siedlung Bickendorf
Einfamilienhäuser am Sandweg

Architekt Breuhaus

BAUGENOSSENSCHAFT KÖLNER GARTENSIEDLUNG
EINGETRAGENE GENOSSENSCHAFT M. B. H.

Die Baugenossenschaft Kölner Gartensiedlung, eingetragene Genossenschaft m. b. H. wurde im Jahre 1919 von den Obmännern der städtischen Arbeiterausschüsse der Stadt Köln ins Leben gerufen. In dem Bestreben, jeder Familie ein Eigenheim mit genügend großem Garten zu verschaffen, wurde in Bickendorf im städtischen Erbbaugelände mit dem Bau von Einfamilienhäusern begonnen. Die wirtschaftlichen Verhältnisse zwangen die Genossenschaft jedoch, Zwei- und Mehrfamilienhäuser zu erstellen. Dem Gelände in Bickendorf sollte der Charakter einer Gartensiedlung erhalten bleiben, weshalb hier nur Ein- und Zweifamilienhäuser mit je rd. 200 qm großen Gärten gebaut wurden, während man für die Mehrfamilienhäuser ein größeres Gelände in Köln Zollstock erwarb. Im Stadtteil Köln-Braunsfeld erwarben wir ein Gelände, auf dem wir 8 größeren Ansprüchen genügende Einfamilienhäuser erstellten.

Während in den ersten Nachkriegsjahren den Bauten doch noch mancher nicht vermeidbare Fehler anhaftete, hat die Genossenschaft unter Leitung des Vorsitzenden Herrn Stadt-Oberinspektor Otto Hesse und dem Architekten Herrn Anton Franken in den letzten Jahren die Bauten wieder gut friedensmäßig erstellt. Die Genossenschaft, die sich vornehmlich aus städtischen Angestellten und Arbeitern zusammensetzt, zählt z. Zt. 588 Mitglieder und hat 305 Wohnungen fertiggestellt, während weitere 26 sich im Bau befinden.

Köln-Bickendorf, im Juli 1926.

gez. Oskar Schaumburg.

Siedlung Bickendorf
Ein- und Zweifamilienhäuser U. Birnen

Architekt Breuhaus

Siedlung Bickendorf Architekt A. Franken, Köln-Bickendorf
Zweifamilienhäuser am Akazienweg

Siedlung Bickendorf Architekt A. Franken, Köln-Bickendorf
Zweifamilienhäuser am Akazienweg

Siedlung Bickendorf Architekten Dondorff & Ruff
Ein- und Zweifamilienhäuser U. Birnen

Siedlung Braunsfeld Architekt A. Franken, Köln-Bickendorf
Einfamilienhäuser Herzogenrather Straße

Siedlung Südfriedhof Architekt A. Franken, Köln-Bickendorf
Mehrfamilienhäuser am Höninger Weg

BEAMTEN-WOHNUNGSVEREIN ZU KÖLN
⁂ 1911 ⁂

Hausgruppe in Köln-Nippes, 6 Häuser mit 42 Wohnungen   Architekt: Studienrat August Drexel

FÜR DIESE HAUSGRUPPE HAT DIE STADT KÖLN EINE PLAKETTE
VERLIEHEN MIT DER INSCHRIFT:
ANERKENNUNG
FÜR BAUKÜNSTLERISCHE LEISTUNGEN

Der Beamten-Wohnungsverein zu Köln, e. G. m. b. H., ist am 18. Oktober 1898 gegründet worden. Die Geschäftsstelle befindet sich in der Genter Straße Nr. 9.

Gegenstand des Unternehmens ist der Bau, der Erwerb und die Verwaltung von Wohnhäusern. Der Zweck der Genossenschaft ist ausschließlich darauf gerichtet, minderbemittelten Familien und Personen gesunde und zweckmäßig eingerichtete Wohnungen in eigens erbauten oder angekauften Häusern zu billigen Preisen zu verschaffen. Die Häuser bleiben Eigentum der Genossenschaft.

Als Mitglieder können aufgenommen werden: Reichs-, Staats-, Gemeindebeamte und Lehrer, auch nach ihrer Versetzung in den Ruhestand oder auf Wartegeld, Reichs-, Staats- und Gemeindearbeiter

BEAMTEN-WOHNUNGSVEREIN ZU KÖLN
· 1 9 1 4 ·

Hausgruppe in Köln-Deutz, 7 Häuser mit 63 Wohnungen　　　　　Architekt: Studienrat August Drexel

derjenigen Verwaltungen, die dem Verein Darlehen oder Arbeitgeberzuschüsse gewähren und endlich Witwen und alleinstehende Töchter und Schwestern verstorbener Genossen, wenn sie dem Verstorbenen den Haushalt geführt haben. Ausnahmsweise können auch andere als die vorgenannten Personen, insbesondere Förderer der Genossenschaft, Mitglieder werden. Das Eintrittsgeld beträgt 10 RM., der Geschäftsanteil 300 RM. Es können bis 5 Geschäftsanteile übernommen werden.

Von den 11 Hausgruppen des Vereins befinden sich 5 in Köln, 3 in Köln-Nippes, 1 in Köln-Ehrenfeld, 1 in Köln-Kalk und 1 in Köln-Deutz. Sie umfassen zusammen 74 Häuser mit 586 Wohnungen. Davon sind 16 Häuser mit 128 Wohnungen nach dem Kriege erbaut worden. Sämtliche Häuser hat der Verein gebaut, angekaufte Häuser besitzt er nicht.

Die zuständigen Behörden haben das Unternehmen des Vereins als gemeinnützig anerkannt.

Bauten des Erbbauvereins in den Jahren 1914—1916

ERBBAUVEREIN KÖLN
E. G. M. B. H.

Der Erbbauverein Köln, e. G. m. b. H. wurde im Jahre 1913 als Zweigverein des Erbbauvereins Berlin-Moabit gegründet.

Der Zweck der Gründung war, weniger bemittelten und kinderreichen Familien gute und gesunde Wohnungen zu schaffen und zwar in Miethäusern oder auch als Einzelwohnungen in Einfamilienhäusern.

Die Anfänge waren erst klein, jedoch konnte man schon nach wenigen Monaten der Gründung einen zahlreichen Zuwachs feststellen.

Infolgedessen wurde schon im Anfange des Jahres 1914 die Selbständigmachung der Genossenschaft unter dem Titel „Erbbauverein" Köln e. G. m. b. H. vorgenommen.

In demselben Jahre wurde mit den ersten Bauten begonnen und wurde im Juli kurz vor Beginn des Krieges der erste Teil an der Barmer Straße in Köln-Deutz, den ersten Wohnungsbewerbern übergeben.

Der Beginn des Krieges brachte erst eine kurze Stockung im Bauen, jedoch waren die Schwierigkeiten bald überwunden und war die Genossenschaft nun in der Lage, an der Barmer Straße bis zum Barmer Platz die ganze Gruppe bis zum Jahre 1916 zu vollenden.

Während des Krieges wurde dann gleichzeitig an der Odenkirchener Straße, Wickrather und Wevelinghovener Straße in Köln ein neues Gelände erworben, auf welchem während des Krieges der erste Teil dieser Gruppe begonnen wurde.

Derselbe konnte aber nicht fertiggestellt werden, sondern mußte unterbrochen werden durch das im Jahre 1916—1917 einsetzende Bauverbot. Ein ganzes Jahr lang mußte dieses Bauwerk ruhen.

Es gelang jedoch, auf die außerordentliche Genehmigung des Kriegsministeriums hin, die Erlaubnis zum Weiterbauen zu erhalten und wurde vor Kriegsschluß auch dieser Bauteil zum Bewohnen fertiggestellt.

Im Jahre 1919 sofort nach Kriegsschluß wurde die Bebauung der Gelände an der Odenkirchener und Wevelinghovener Straße vollendet.

Gleichzeitig wurde in Köln-Deutz in Verlängerung der Barmer Straße an der Vohwinkeler Straße ein neues Gelände erworben und wurde dort weitergebaut.

Bauten des Erbbauvereins in den Jahren 1925—1926 Phot.: H. Schmölz, Köln

Alle die bisher zur Ausführung gelangten Bauten wurden entworfen und geleitet von dem Architekten B. D. A. Theodor Roß, Köln, Gladbacher Straße 4.

Im Jahre 1920/1921/1922 bis in das Jahr 1923 hinein, wurden trotz der Inflation dort über 100 neue Wohnungen errichtet.

Während des Krieges hatte man Gelegenheit, am Riehlertal von einer Kölner Firma ein neues großes Gelände zu erwerben und errichtete man dort ebenfalls 64 neue Wohnungen, die in der Inflationszeit auch fertiggestellt wurden.

Um aber auch dem Bedürfnis der Genossenschaft nach Einfamilienhäusern Rechnung zu tragen, kaufte der Erbbauverein in Köln-Longerich in der Nähe des Bahnhofs eine Gelände, welches er mit 36 Einfamilienhäusern bebaute.

Im Jahre 1924 nach der Stabilisierung ruhten die Bauten des Erbbauvereins und zwar aus dem Grunde, um Klarheit und Ordnung, welche durch die Inflation sehr gelitten hatten, wieder herzustellen.

Im Jahre 1925 wurde mit den Bauwerken an der Lenneper Straße in Köln-Deutz an der Parallelstraße der Barmer Straße begonnen und sind inzwischen 48 Wohnungen dort errichtet.

Augenblicklich ist man beschäftigt, in der Schachtstraße in Köln-Riehl einen Baublock zu bebauen, auf welchem 104 neue Wohnungen errichtet werden sollen.

Der Erbbauverein hat zur Zeit ca. 1000 Mitglieder und von diesen 1000 Mitgliedern sind erst 499 Mitglieder mit Wohnungen versehen.

Die von dem Erbbauverein errichteten Wohnungen bestehen in der Hauptsache aus drei Zimmer, Küche und Bad.

Die Räumegrößen bewegen sich zwischen 12 qm und 20 qm.

Die Küche ist als Wohnküche ausgebildet und besitzt außerdem jede Wohnung eine kleine Diele, ein Abort, ein eingerichtetes Badezimmer, welches zu gleicher Zeit einen Waschkessel enthält, der auch zur Bereitung des Badewassers dienen soll. Dieses Badezimmer wird dann auch von den Hausfrauen als Waschküche benutzt.

Außerdem enthält jede Wohnung ein Spind und die meisten Wohnungen haben eine Loggia oder einen Balkon nach der Straße zu, vielfach sind Erker vorgesehen.

Ferner hat jede Wohnung einen Kellerraum und einen abgeschlossenen Speicherverschlag.

Die Genossenschaft wird geleitet durch einen Vorstand, welcher aus fünf Mitgliedern besteht und einem aus neun Mitgliedern bestehendem Aufsichtsrate. Die Vorstandsmitglieder arbeiten ehrenamtlich.

Zweifamilienhäuser, Köln-Merheim, Simonskaul

GEMEINNÜTZIGE BAUGENOSSENSCHAFT
DER STÄDT. BAHNANGESTELLTEN KÖLNS, E.G.M.B.H. ZU KÖLN

Die nach dem unglückseligen Weltkriege entstandene Wohnungsnot nötigte auch die Angestellten der städtischen Bahnen Kölns, sich zu einer Baugenossenschaft zusammenzuschließen. So wurde denn unter dem Vorsitz des Herrn Direktor Thomas im Jahre 1919 die Baugenossenschaft gegründet. Zweck der Genossenschaft war, den Genossen vor allen Dingen in der Nähe der Straßenbahnhöfe der Stadt Köln gesunde und wohnliche Eigenheime zum späteren Erwerb erstehen zu lassen, was ja auch nicht zuletzt im betrieblichen Interesse der städtischen Bahnen lag.

Nachdem die Stadt Köln in großzügiger Weise Mittel aus Ueberteuerungszuschüssen zur Verfügung gestellt hatte, konnte man im Frühjahr 1920 mit dem Bau von 75 Wohnungen beginnen.

Weitere Bauten folgten im Jahre 1921 und 1922, so daß die Baugenossenschaft in verhältnismäßig kurzer Zeit und unter Anspannung aller Kräfte 98 Häuser ihr Eigentum nennen konnte, und zwar baute sie in:

Köln-Raderberg, Markusstraße: 12 Einfamilienhäuser, 8 Zweifamilienhäuser;

Köln-Sülz, Neuenhöfer Allee: 18 Zweifamilienhäuser, 1 Dreifamilienhaus;

Köln-Bickendorf, Feltenstraße: 3 Zweifamilienhäuser, 2 Vierfamilienhäuser,

Köln-Bickendorf, Rochusstr.: 3 Zweifamilienhäuser;

Köln-Riehl, Stammheimer Straße: 6 Einfamilienhäuser, 10 Zweifamilienhäuser, 2 Dreifamilienhäuser;

Ein- und Zweifamilienhäuser, Köln-Riehl, Stammheimer Straße

Ein- und Zweifamilienhäuser, Köln-Radertal, Markusstraße

Köln - Merheim, Simonskaul, (linksrheinisch): 11 Einfamilienhäuser;
Köln - Merheim, Jesuitengasse (linksrheinisch): 13 Zweifamilienhäuser, 4 Vierfamilienhäuser;
Köln-Höhenberg, Germaniastraße: 3 Einfamilienhäuser, 2 Zweifamilienhäuser.

Sämtliche Häuser wurden nach den Plänen und Entwürfen des Architekten B. D. A. Adolf Engel, Köln, Apostelnkloster 15, dem auch die Bauleitung übertragen war, ausgeführt.

Zweifamilienhäuser, Köln-Riehl, Stammheimer Straße

Köln-Radertal, Markusstraße

Ansicht der Zülpicher Straße mit Durchblick Kerpener Straße—Kerpener Platz Arch. B. D. A. Franz Seuffert

KÖLN-LINDENTHALER
VEREINIGTE SPAR- UND BAUGENOSSENSCHAFT
ARCHITEKT B. D. A. FRANZ SEUFFERT, MITARBEITER H. OSTER, ARCHITEKT

Die Köln-Lindenthaler vereinigte Spar- und Baugenossenschaft hat in der Nähe des Krieler Domes in den letzten Jahren das Gelände zwischen Mommsen-, Zülpicher-, Freiligrath- und Gleueler Straße mit Ein-, Zwei und Mehrfamilienhäusern bebaut. Das äußere Bild dieses neu erstandenen Stadtteiles zeigt mit Rücksicht auf die Nähe des unter Denkmalschutz stehenden Kirchleins mit seinem anschließenden Friedhof, ein eigenes Gepräge.

Die abwechselnden Bewilligungen von Ein- und Mehrfamilienhäusern in verschiedenen Bauabschnitten durch das Wohnungsbauamt waren in künstlerischer Hinsicht für die einheitliche Durchführung der Bauaufgabe besonders schwierig. Es konnte mit Rücksicht hierauf und auf die Eigenart des Bebauungsplanes, der städtischerseits bei der Uebernahme des Geländes bereits vorlag, eine Zusammenfassung großer räumlicher Momente in den Straßen und auf dem Kerpener Platz weniger erreicht werden. So erstrebenswert es bei einer solchen Bauaufgabe ist, durch gleichmäßige Typen einheitliche Straßen- und Platzbilder zu erreichen, so angenehm kann man die mehr romantische Art hinnehmen, die sich aus den obengeschilderten Verhältnissen ergab.

Den Gipfelpunkt der Anlage bietet ein Blick vom neuen Betriebsbahnhof der Straßenbahn über die Gesamtanlage. In einem landschaftlichen Rahmen von Wiesen, Buschwerk und Baumgruppen ziehen sich lange Häuserstreifen hin, abwechselnd mit Trierer Kalk und rotgefärbtem Putz versehen,

Baugruppe am Krieler Dom, Freiligrathstraße. Blick zur Gleueler Straße
Arch. B. D. A. Franz Seuffert

Baugruppe am Krieler Dom, Freiligrathstraße. Blick zur Zülpicher Straße

Blick in die Sielsdorfer Straße   Arch. B. D. A. Franz Seuffert

Innenhof Mommsen—Zülpicher Straße.   Arch. B. D. A. Franz Seuffert

bekrönt von dem Turm der Lindenthaler Feuerwehr. Der Blick von Norden sowie von Süden in die Freiligrathstraße zeigt ganz die Absicht des Erbauers, hier die Baumassen mit Rücksicht auf die Kleinheit des Kirchleins energisch zurückzudrängen. Ein Gang durch die Gleueler Straße zeigt dann das Ansteigen der Baumassen nach der Mommsenstraße zu und dem übrigen Gebietsbereich.

Die Sielsdorfer Straße gibt ein eigenes Bild durch die konsequente Anwendung eines einheitlichen Einfamilienhaustyps. Man kann hier deutlich sehen, daß beide Möglichkeiten, die eine mehr im rationellen Prinzip, die andere der bilderischen Art entsprechend, neben einander auftreten können.

Von besonderer Eigenart sind die rückwärtigen Gartenfrontbildungen, bei denen jede Benachteiligung gegenüber den Vorderfronten vermieden wurde. Dies dürfte auf dem Gebiete des Wohnungsbaues einen Erfolg darstellen.

Dem Charakter der ganzen Bauaufgabe entsprechend, sind Erker, kleinere Vorbauten, Gartenhäuschen, Abschlußmauern und dekorative Mittel mit Sorgfalt verwandt worden.

Der Kerpener Platz wird von 3 Hauswänden umschlossen, wobei die Gruppierung der verschiedensten Bautypen noch zu einer verhältnismäßig starken räumlichen Wirkung führt.

Mehr stadtwärts gelegen wächst an der Zülpicher Straße von der gleichen Genossenschaft und den gleichen Erbauern eine Bauaufgabe hoch, die schon jetzt erkennen läßt, daß sie in ihrer bald zu erwartenden Vollendung ein charakteristisches Beispiel für die neueste Bewegung auf dem Gebiete des Wohnungsbaues geben wird.

Neuer Baublock Zülpicher-Projekt und Mommsenstraße, 114 Wohnungen   Arch. B. D. A. Franz Seuffert

KÖLNER GEMEINNÜTZIGE
SIEDLUNGS-VEREINIGUNG E. G. M. B. H.
KÖLN-LINDENTHAL, HEIMBACHER STR. 2

Wohnhausgruppe an der Palanter und Marsiliusstraße in Köln-Sülz
Entwurf und Bauleitung: Architekt Dr. ing. h. c. Jacob Koerfer, Köln.

Baujahr 1921
Phot. Schmölz, Köln

Wohnhausgruppe an der Heimbacher und Zülpicher Straße in Köln-Sülz
Entwurf und Bauleitung: Architekt Müller-Blondiau, Köln.

Baujahr 1925
Phot. Schmölz, Köln

AUSFÜHRENDE FIRMEN:

Maurer- und Verputzarbeiten: Baugeschäft Franz Stürmer, Köln-Lindenthal, Sülzburgstraße 239. / Zimmererarbeiten: Joh. P. Klosterhalfen, Köln-Lindenthal, Gleueler Straße 186. / Bedachung: Karl Küster, Köln-Sülz, Marsiliusstraße 32. / Schlosserarbeiten: Adam Danz, Köln-Sülz, Gerolsteiner Straße 67. / Sanitäre Installation: Broich & Friedrichs, Köln-Klettenberg,

KÖLNER GEMEINNÜTZIGE SIEDLUNGS-VEREINIGUNG E.G.M.B.H.
KÖLN-LINDENTHAL, HEIMBACHER STR. 2

Wohnhausgruppe an der Sülzburg- und Zülpicher Straße in Köln-Sülz
Entwurf und Bauleitung: Architekt Müller-Blondiau, Köln.
Baujahr 1925
Phot. Schmölz, Köln

Wohnhausgruppe an der Heimbacher, Zülpicher und Gmünder Straße in Köln-Sülz
Entwurf und Bauleitung: Architekt Müller-Blondiau, Köln.
Baujahr 1925
Phot. Schmölz, Köln

AUSFÜHRENDE FIRMEN:

Siebengebirgsallee 61. / Elektrische Installation: Ing. Paul Merkelbach, Köln-Sülz, Zülpicher Straße 330; Heinrich Welter, Ingenieur, Köln, Schildergasse 47/49. / Schreinerarbeiten: Adalbert Meermann, Köln-Sülz, Palanterstr. 38. / Lieferung der Baubeschläge: Walter Hutmacher, Köln, Panteleonswall 53. / Glaserarbeiten: Julius Strobl, Köln-Sülz, Sülzburgstr. 21/23. / Tapeten-

KÖLNER GEMEINNÜTZIGE
SIEDLUNGS-VEREINIGUNG E. G. M. B. H.
KÖLN-LINDENTHAL, HEIMBACHER STR. 2

Rückfronten der Wohnhausgruppe an der Heimbacher, Zülpicher und Gmünder Straße in Köln-Sülz
Phot. Schmölz, Köln

Wohnhausgruppe am Blankenheimer Platz in Köln-Sülz (im Bau begr.)
Entwurf u. Bauleitung: Arch. Müller-Blondiau, Köln.
Baujahr 1925/26
Phot. Schmölz, Köln

AUSFÜHRENDE FIRMEN:
und Linoleumlieferung: Franz Meyer & Leiffmann, Köln, Hohenstaufenring 42; Tapeten- u. Linoleumhaus Reinh. Henne, Köln, Mittelstraße 16. / Maler- u. Anstreicherarbeiten: Viktor Kreusch, Köln, Riehler Straße 29; Hauck & Dehne, Köln-Sülz, Marsiliusstr. 66.

WOHNBAU-AKTIENGESELLSCHAFT KÖLN
ZU KÖLN

Architekt: Gustav Dittmar, Köln-Klettenberg Phot. J. Syberz, Köln-Ehrenfeld

BAUBLOCK: SIEBENGEBIRGSALLEE, KLETTENBERGGÜRTEL, NONNENSTROMBERGSTRASSE ZU KÖLN-KLETTENBERG

GEMEINNÜTZIGE BAUGENOSSENSCHAFT

TELEFON: AMT MÜLHEIM NR. 835   E. G. M. B. H.   TELEFON: AMT MÜLHEIM NR. 835

KÖLN-DELLBRÜCK / GESCHÄFTSSTELLE: HAUPTSTR. 137

Baugruppe Berg. Gladbacher Straße und Grafenmühlenweg

Baugruppe Berg. Gladbacher Straße

HEIMSTÄTTENBAU FÜR DIE KÖLNER ANGESTELLTENSCHAFT
„GAGFAH"

Der Druck der unzulänglichen Wohnungsverhältnisse in den Vorkriegsjahren und die Vorahnung der ungeheuren Wohnungsnot der Nachkriegszeit führte schon während des Krieges die Angestelltenverbände zum Gedanken der Selbsthilfe und veranlaßte sie bereits im Jahre 1918 die

„Gagfah"
Gemeinnützige Aktien-Gesellschaft für Angestellten-Heimstätten,

Berlin-Steglitz, Paulsenstraße 48, zu gründen mit der Aufgabe, überall im Reiche den Angestellten bei der Beschaffung ausreichender und gesunder Wohnungen zu helfen und ihnen in Heimstätten Eigenheime zu schaffen. Die „Gagfah" spannte ein Netz von Tochtergesellschaften über das ganze Reich und begann dort zuerst zu wirken, wo der Druck der Wohnungsnot am stärksten war: im Ruhrgebiet, im oberschlesischen Industriegebiet, in Berlin, in Hamburg und in Köln, wo in der Vorkriegszeit der enggezogene Festungsgürtel zur Zusammendrängung großer Menschenmassen auf unzureichender Fläche und in ungenügenden Wohnungen geführt hatte. Die „Gagfah" baute in Köln durch ihre Tochtergesellschaft, die Gemeinnützige Heimstätten-Aktien-Gesellschaft (Heimag), Köln, fortlaufend in den vergangenen Jahren folgende Siedlungen: In Köln-Mülheim in der Kieler Straße 28 Heimstätten, am Klettenberggürtel 25 Heimstätten und in einem Etagenhaus 4 Wohnungen, in Deutz an der Alarichstraße 34 Heimstätten und sie begann in diesem Jahre in Delbrück am Mauspfad mit dem Bau von 42 Wohnungen in dreigeschossigen Etagenhäusern. Die „Gagfah" und die „Heimag" Köln planen in den kommenden Jahren ihr Kölner Bauprogramm wesentlich zu erweitern im Vertrauen auf eine verständnisvolle Förderung durch die Stadt, wie sie den Siedlungsbestrebungen der Kölner Angestelltenschaft schon in den vergangenen Jahren zuteil wurde.

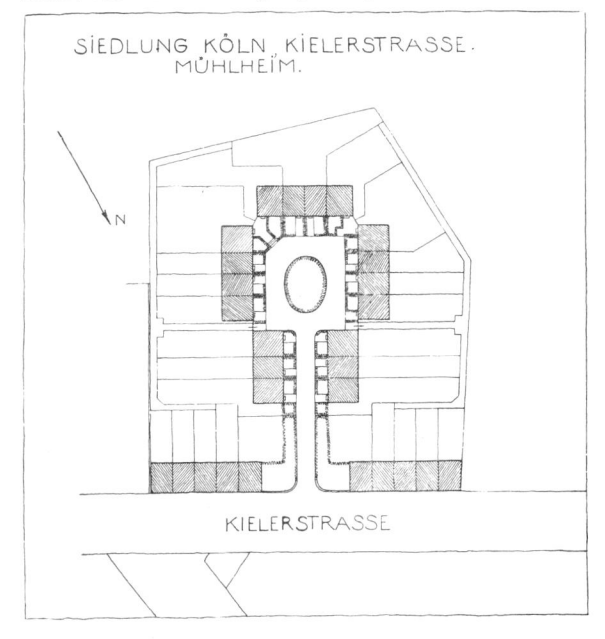

Kriegerdenkmal im Hindenburgpark

REGIERUNGSBAUMEISTER OTTO SCHEIB
ARCHITEKT B.D.A.

DAS KRIEGERDENKMAL IM HINDENBURGPARK

Der Kreiskriegerverband Köln-Stadt E. V. sowie sämtliche Regimentsvereine der ehemaligen Garnisonregimenter haben nach aufopfernder Sammeltätigkeit am 1. November 1926 den Grundstein zu einem Denkmal für die Gefallenen des Weltkrieges gelegt. / Das Denkmal steht im Zeichen des einfachen Gedenkens der Toten. / Seine Gestaltung entspricht der herrschenden Geistigkeit, die zu nichts mehr anregt als zu der Idee der Säule, des Sarkophags, des einfachen Gedenksteins oder der ästhetisch-architektonischen Formung. / Die Plattform, auf die das Denkmal zu stehen kommt, das Fort Erbgroßherzog Paul von Mecklenburg läßt auch keine andere Möglichkeit der Lösung zu. / Regierungsbaumeister Scheib (Mitarbeiter Regierungsbaumeister Dr. Westhofen) entschied sich für die Säule. / Die horizontale Kraft der Festungsanlage ist in bewußter Weise als architektonische Basis aufgenommen und die Ueberschneidung der Horizontalen und Vertikalen ist klar erfaßt. / Das Emportragen eines Adlers verschärft das Auftreten der Säule, betont ihre Einstellung zur Umgebung. / Die grundrißliche Struktur der Anlage bleibt unverändert und gab dem Künstler Anlaß, 2 Treppenaufgänge zum Denkmal hinaufzuführen. / Der späteren Zeit wird es vorbehalten bleiben, die Innenräume des Forts zu einem Museum und zu Versammlungszwecken umzugestalten.

Wettbewerb für einen — *Hotel-Neubau in Bochum*

Otto Scheib: Neubau der Halpaus Cigarettenfabrik in Köln

Otto Scheib: Wettbewerbsentwurf zur Bebauung des Brückenkopfes in Köln

Wettbewerbsentwurf Bahnhofsvorplatz Duisburg

DIPL.-ING. HELMUTH WIRMINGHAUS
ARCHITEKT B.D.A.
KÖLN

Wohnhaus der Industrie- und Handelskammer zu Köln

Wohnhaus Dr. H., Köln-Marienburg, Südseite

DIPL.-ING. HELMUTH WIRMINGHAUS
ARCHITEKT B. D. A.
KÖLN

Wohnhaus Dr. H., Köln-Marienburg

HEINR. BENOIT & JOH. BERGERHAUSEN
ARCHITEKTEN B.D.A.
FERNSPRECHER A. 3694   KÖLN A. RH.   MOZARTSTRASSE NR. 35
ATELIER FÜR ARCHITEKTUR UND RAUMKUNST

GESCHÄFTSHAUS MICHEL & CO. AKT.-GES., KÖLN

VILLA DES HERRN HERM. MICHEL, KÖLN-LDTHL.
PHOT. SCHMÖLZ, KÖLN

VILLA DES HERRN HERM. MICHEL, KÖLN-LDTHL., BLICK IN DEN DACHGARTEN
PHOT. SCHMÖLZ, KÖLN

HANS BLUHME / ARCHITEKT / B.D.A.

TEL. ULRICH 7508   KÖLN-KLETTENBERG   WOLKENBURGSTR. 4

Gesamtansicht Haus K., Westfalen

Vorraum Haus Hartmann, Köln    Haus K., Westfalen    Herrenzimmer Haus K., Westfalen

Ladengeschäft A. Zuntz sel. Wtw., Köln

ATELIER FÜR ARCHITEKTUR, INNENAUSBAU U. KUNSTGEWERBE

Bebauung des Simarplatz

Marienheim, K.-Ehrenfeld, Schönsteinstraße

Kirche und Pfarrbauten am Ansgarplatz

Die Obere Burg zu Rheinbreitbach
des Herrn Schriftsteller Rudolf Herzog

KARL COLOMBO KÖLN - RHEIN
ARCHITEKT B. D. A. FERNRUF: RHLD. 2455

E. WEDEPOHL, REG.-BAUMSTR. A. D., ARCHITEKT
KÖLN A. RH.
BÜRO: KOMÖDIENSTRASSE 44   FERNSPRECHER ANNO 7463

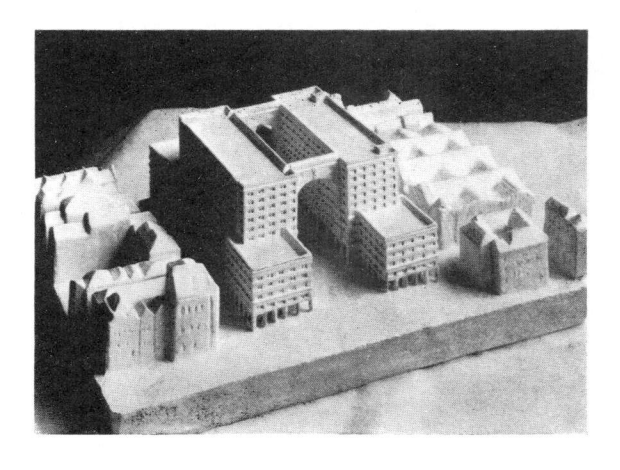

MODELL ZU EINEM HOCHHAUS AN DER HÄNGEBRÜCKE IN KÖLN

BÜCHERSCHRANKNISCHE IN EINEM HERRENZIMMER

SCHLAFZIMMER IN HELLGRÜNEM SCHLEIFLACK. — DECKE AUS WEISSEM ALABASTERGLAS

ARCHITEKT B.D.A. B. ROTTERDAM, BENSBERG B. KÖLN

Wettbewerbsentwurf für das Erzbischöfl. Priesterseminar in Bensberg. 2. Preis
Architekt B. D. A. B. Rotterdam; Mitarb. Dipl. Ing. C. Mataré, Düsseldorf

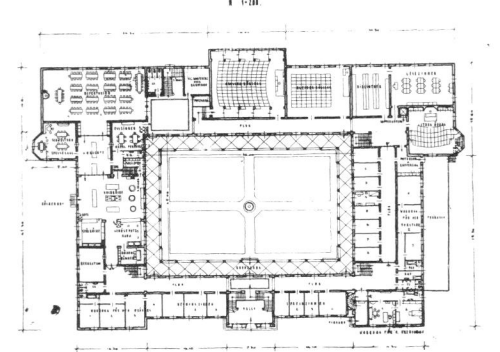

Grundriß zum Wettbewerbsentwurf Priesterseminar Bensberg

Wettbewerbsentwurf für die Erweiterung einer historischen Landkirche. 1. Preis   Architekt B. D. A. B. Rotterdam

Entwurf für eine Kirche mit Pfarrhaus im bergischen Lande. Architekt B. D. A. B. Rotterdam

ADAM LANG, ARCHITEKT B.R.A. KÖLN-NIEHL

Die Nachkriegszeit und die wirtschaftliche Lage haben es mit sich gebracht, daß anstelle der bis dahin möglichen vielen Einzelbauherren heute in der Hauptsache Baugenossenschaften auftreten, um den Wohnungsbedürfnissen Rechnung zu tragen. So hat denn heute der Architekt die Aufgabe, im Rahmen der zum Teil nur beschränkt zur Verfügung stehenden Mittel das zu schaffen, was jeweils nach Lage der einzelnen Siedlungen verlangt wird. So sehen wir, daß die Gemeinnützige Baugenossenschaft „Raderberg", e. G. m. b. H., Köln-Zollstock, (Vors. Herr Ing. Schmidt, Köln-Zollstock, Theophanostr. 32), in der Kyllburger Straße Großwohnungen geschaffen hat, welche den Verhältnissen und dem Charakter des Stadtviertels angepaßt sind.

Die nächsten vier Bilder zeigen Baugruppen der Köln-Nippeser Bau- & Spargenossenschaft (älteste Genossenschaft Kölns, früherer Vorsitzender Herr Ernst Schulin, Nippes, heutiger Vorsitzender Herr Postinspektor Hundertmark, Nippes), welche als Zweifamilienhäuser dem Charakter der Kleinstadthäuser entsprechen. Die Häusergruppe der Siedlungs-Genossenschaft Merkenich (Vorsitzender Herr Wilh. Antons, Merkenich), sowie die Häusergruppe der Gemeinnützigen Heimstätten-Baugenossenschaft Worringen in Köln-Worringen (Vorsitzender Herr Johann Zimmermann, Worringen) zeigen Einfamilienhäuser für die Genossen, welche zum größten Teil durch Selbsthilfe bezw. in eigener Regie errichtet sind.

Bei allen diesen Bauvorhaben war das Hauptaugenmerk des Herrn Architekten Adam Lang, B. R. A., Köln-Niehl, Hermesgasse 99, darauf gerichtet, die Baugruppen den örtlichen Verhältnissen und Lagen anzupassen, um im Rahmen des Bestehenden einen harmonischen und einheitlichen Charakter zu erzielen. So wirken denn auch die einzelnen Baugruppen als eine Einheit und schließen sich malerisch der Umgebung an. Alle Grundrisse sind entsprechend den Bedürfnissen und Anforderungen der jeweiligen Bewohner ausgebildet und kamen bei Erbauung der einzelnen Häuser nur gute Materialien zur Verwendung, wodurch eine friedensmäßige Ausführung gesichert ist

Gemeinnützige Baugenossenschaft Raderberg — Kyllburger Straße, 1925

ADAM LANG, ARCHITEKT B. R. A., KÖLN-NIEHL

Bergstraße — Wohnhausgruppe der Köln-Nippeser Bau- und Spargenossenschaft

Bergstraße
Wohnhausgruppe der Köln-Nippeser Bau- und Spargenossenschaft

Gieselherstraße
Wohnhausgruppe der Köln-Nippeser Bau- und Spargenossenschaft

Kempner- und Eisenacher Straße — Wohnhausgruppe der Köln-Nippeser Bau- und Spargenossenschaft

ADAM LANG, ARCHITEKT B. R. A., KÖLN-NIEHL

Bitterstraße, Vorderansicht — Gemeinnützige Heimstätten-Baugenossenschaft Worringen

Merkenicher Hauptstraße — Siedlungsgenossenschaft Merkenich

Daverkausener Straße — Siedlungsgenossenschaft Merkenich

Bitterstraße, Hinteransicht — Gemeinnützige Heimstätten-Baugenossenschaft Worringen

Eschweiler Bergwerks-Verein, Zeche Anna I, Alsdorf Schachthalle mit Separation, Doppelfördermaschinenhaus und Kohlenwäsche

Wohnhaus in Köln-Marienburg

Wohnhaus in Köln-Marienburg

REG.-BAUMEISTER ERBERICH & SCHEEBEN

ARCHITEKTUR- UND INGENIEURBÜRO

KÖLN A. RH.   PROJEKTIERUNG ALLER BAUTEN / SPEZIALITÄT: INDUSTRIEBAUTEN   HANSARING 97
KUNSTGEWERBE / STATISCHE BERECHNUNGEN / TAXEN UND GUTACHTEN

Hotel Komödienhof in Köln

Bierrestaurant im Hotel „Minerva"

Entwurf für eine Großgarage in Köln

REG.-BAUMEISTER ERBERICH & SCHEEBEN
ARCHITEKTUR- UND INGENIEURBÜRO

KÖLN A. RH.   PROJEKTIERUNG ALLER BAUTEN / SPEZIALITÄT: INDUSTRIEBAUTEN   HANSARING 97
KUNSTGEWERBE / STATISCHE BERECHNUNGEN / TAXEN UND GUTACHTEN

Druckerei und Verlagshaus des Iserlohner Kreisanzeigers

BAUTEN DER DIPL. ING. ULLMANN & EISENHAUER
ARCHITEKTEN
KÖLN, BISMARCKSTRASSE 62

Fast zwei Jahrzehnte baukünstlerischer Tätigkeit der Kölner Dipl. Ing. Ullmann & Eisenhauer können wir heute überblicken. Von im Jahre 1908 erbauten Reihenwohnhausbauten bis zum Druckerei- und Verlagshaus des Iserlohner Kreisanzeigers, das sich der Vollendung nähert, finden wir neben künstlerischem Takt seltenes Verständnis, instinktives Erfassen der Aufgabe in Zweck, Mittel, Ausdruck.

Von jeher war alles Bauen auch eine Geldfrage und vielleicht gerade der Umstand, daß den Architekten auch die Finanzierung ihrer Bauten oblag läßt sie so harmonisch und ansprechend schlicht erscheinen.

In dem ganzen Bautenkreis finden wir keine Sensation und keine Effekthascherei, doch in allem und jedem die gebändigte Kraft, die spurig ins Ziel geht. Es erscheint uns dies als besonderer Vorzug in einer Zeit, in der man Lohe mit Glut verwechselt und formalistische Spielereien als Ausdruck des Zeitgeistes feiert.

Nun zu den Abbildungen: Das Druckerei- und Verlagshaus des Iserlohner Kreisanzeigers wuchtig, kantig, klar, hell, den Schwerbetrieb der Presse aufzunehmen, zugleich ihre heimlich unheimliche Macht symbolisierend.

Rein auf den Zweck gestaltet das Fabrikgebäude von Gustav Funkenberg, rein kubische Masse, doch ohne das Finstere, Abstoßende, das uns die Fabriken der Gründerjahre so widerwärtig macht.

Fabrikgebäude von Gustav Funkenberg

Klosterbau der Dominikaner in Walberberg bei Brühl
Phot.: Schmölz, Köln

Michel & Co., Elberfeld Phot.: Schmölz, Köln

Haus Weihenstephan, Köln Phot.: Schmölz, Köln

Das Dominikanerkloster in Walberberg bei Brühl mit dem mächtigen schützenden Dach und dem überragenden Turm atmet Frieden und Schutz und Ruhe. Die Stätte stiller Arbeit und Gebets kündet sich schon im Aeußeren an, ehe wir von dem wissen, was die Gebäudetrakte im Innern bergen. Der ausgeführte Bau bildet einen Teil der geplanten Klosteranlage, bei deren Planung die ehemalige Rheindorfer Burg mit altem Bergfried als Grundlage diente.

Das Warenhaus Michel & Co. in Elberfeld und das Haus Weihenstephan in Köln entstanden vor dem Kriege. Im Innern wie im Aeußeren zeigen sie souveräne Beherrschung der Aufgabe.
Die im Bau begriffene Bergkapelle in der Eifel verspricht nach dem Entwurf ein besonderes Schmuckstück ihrer Gegend zu werden. Die reizvolle Gestaltung der kleinen Andachtsstätte verrät die Liebe zur Aufgabe auch bei kleinem Objekt.

Dipl. Ing. C. Herren, Aachen.

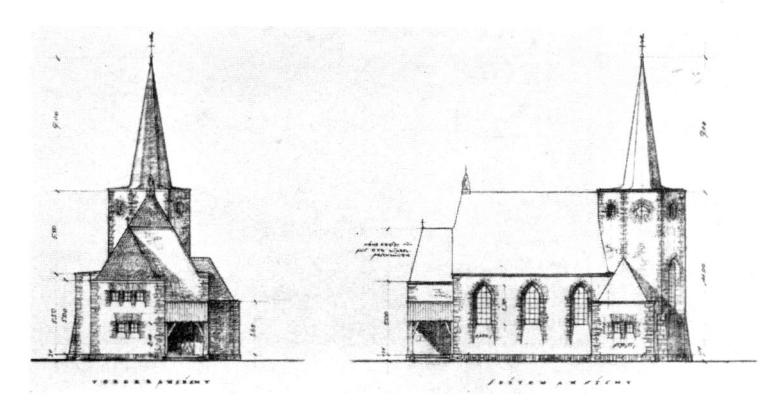

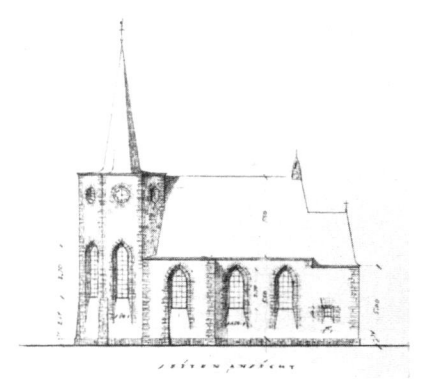

Wohnhaus Stamm, Köln-Lindenthal, 1925

Wohnhaus Hintze, Köln-Braunsfeld, 1925

J. VOLBERG, W. u. K. PHILIPPSON
ARCHITEKTEN
KÖLN-LINDENTHAL VIRCHOW-STRASSE 3

Eingang Villa A. Schlüter, Köln-Lindenthal, 1925

Haus Amtsgerichtsrat F. Komp, Köln-Lindenthal, 1925/26
Blick in den Wintergarten

GOTTFRIED HAGEN
AKTIENGESELLSCHAFT
KÖLN-KALK

Das Unternehmen wurde gegründet zu Köln im Jahre 1827 von dem Kaufmann Franz Hagen (1803—1862).

Anfangs befaßte sich die Firma nur mit Metallhandel; im Jahre 1839 wurden ihre ersten Bleirohrpressen in Betrieb gesetzt.

Im Jahre 1853 trat Gottfried Hagen (1827—1900), der Sohn des Gründers, als Teilhaber in die Firma ein.

Unter seiner Leitung wurde der Betrieb bedeutend vergrößert und das Arbeitsgebiet ausgedehnt (Bleiwalzwerk, Jagdschrotfabrik in Mechernich). Außerdem wurden besondere Werkstätten für die Herstellung von Bleiplomben sowie Kupfer- und Zinkpolen für galvanische Elemente eingerichtet.

Im Jahre 1880 wurde Kommerzienrat Franz Hagen, der Sohn Gottfried Hagens, Teilhaber, der nach dem Tode seines Vaters das Werk als alleiniger Inhaber übernahm und zu seiner heutigen Bedeutung weiterentwickelte.

Besonders wichtig wurde in der Folgezeit für das Werk der Bau von elektrischen Stromsammlern (Akkumulatoren).

Schon 1884 hatte die Firma solche für Rechnung einer ausländischen Gesellschaft hergestellt; im Jahre 1890 kam sie mit Akkumulatoren eigener Bauart auf den Markt und gehörte bald zu den führenden Werken auf diesem Gebiete. In diesem Jahre wurden die Betriebe von Köln nach dem Vororte Kalk verlegt.

Durch die Entwicklung des Kraftfahrwesens gegen Ende der 90er Jahre stieg der Bedarf in transportablen Akkumulatoren ganz bedeutend. Da dieser Artikel dem Werte nach zum großen Teil aus Hartgummi besteht, wurde im Jahre 1900 zur Errichtung eines eigenen Gummiwerkes geschritten, welches auch technische Gummiwaren aller Art und Vollgummireifen für Automobile herstellt. Im Jahre 1912 wurde den Gummibetrieben eine eigene Abteilung zur Herstellung von Gummifäden angegliedert, welche inzwischen mehrfach vergrößert werden mußte.

Ende 1922 wurde die Firma in eine Familien-Aktiengesellschaft umgewandelt. Das Unternehmen hat sich in den nahezu hundert Jahren seines Bestehens einen ausgedehnten Kundenkreis im In- und Auslande erworben und seinen Ruf durch strenge Innehaltung seiner altbewährten geschäftlichen Grundsätze immer mehr befestigt.

Abteilungen:

Bleiwerke
Blei- und Zinnröhren, Bleidraht, Walzblei, Bleiwolle, Bleiapparate, Bleiauskleidungen, Homogene Verbleiung, Jagdschrot, Kugeln, Plomben, Zinkzilinder, Metallhandlung.

Kölner Accumulatoren-Werke (K. A. W.)
Lichtbatterien, Pufferbatterien, Automobil-Batterien, Starter- und Radiobatterien.

Gummiwerke
Alle technischen Gummiwaren, Lastwagenreifen „Elastic"

Gummifädenfabrik
Gummi-Fäden und -Platten.

Drahtwort:
Metallhagen Köln-Kalk
Fernr.: Freiheit Sammelnr. 10071
Girokonto: Reichsbank Köln
Postkonto: Köln 254
Bahnsendungen:
Stückgut u. Waggonverladung. n.
Köln-Kalk-Süd Anschlußgleis
Eilgutsendungen:
nach Köln-Kalk-Süd Eilgut

Eigene Zweigniederlassung und Ingenieur-Büros der Abteilung Kölner Accumulatoren-Werke (K. A. W.)

Berlin-Halensee, Kurfürstendamm 147
Fernruf: Uhland 2809 u. Pfalzburg 3690

Dortmund, Johannesstrasse 10½
Fernruf: Dortmund 8322

Ettlingen-Karlsruhe, Göringstraße 2
Fernruf: Ettlingen 217

Frankfurt-Main, Nauheimer Straße 3
Fernruf: Maingau 2350

Hamburg 25, Baustraße 15-17
Fernruf: Hansa 1962

Hannover, Adelheidstraße 19
Fernruf: West 2910

Königsberg-P. Vorstädtische Hospitalstr. 1-3
Fernruf: Königsberg 6652

Leipziger Messe: Frühjahr und Herbst
Haus der Elektrotechnik
Obergeschoß, Stand 232a

Elektrizitätswerke der Stadt Köln. Abbildung 1

DIE ELEKTRIZITÄTSWERKE
DER STADT KÖLN

Als eine der ersten Städte in Deutschland entschloß sich Köln im Jahre 1890, die Versorgung des Stadtgebietes mit elektrischer Energie selbst in die Hand zu nehmen. Nach eingehenden Untersuchungen wählte man das damals in Deutschland noch gar nicht angewendete Einphasenwechselstrom-Transformatorensystem mit 50 Perioden und 2 000 Volt Spannung; diese wurde durch Transformatoren, die bei den Strombeziehern aufgestellt wurden, auf zunächst 72 Volt herabgesetzt. Die Erfahrungen in den späteren Jahren haben gezeigt, daß die Wahl dieses Systems gegenüber dem zu jener Zeit fast ausschließlich verwendeten Gleichstrom für Köln in

Elektrizitätswerke der Stadt Köln. Abbildung 2

technischer wie wirtschaftlicher Hinsicht eine durchaus glückliche war und dem Scharfblick des leitenden Ingenieurs alle Ehre machte.

Das Werk wurde im April 1890 auf dem Grundstück des Wasserwerks Severin am Zugweg begonnen und am 1. Oktober 1891 in Betrieb gesetzt. Zunächst bestand es in der Hauptsache aus 2 parallel zu einander gelegenen Gebäuden, von denen eines die Maschinen, das andere die Kesselanlage enthielt (Abbildung 1). Im ersten Ausbau wurden 2 Dampfmaschinen der Fa. Gebrüder Sulzer-Wintertur mit Dynamos der A.-G. Helios Köln-Ehrenfeld mit einer Leistung von je 600 PS aufgestellt. Die Baukosten betrugen rd. 2 Millionen Mark. Schon im Jahre 1892 mußte ein dritter gleichgroßer Maschinensatz aufgestellt werden. Die Stromabgabe des ersten Halbjahres betrug rd. 155 000 Kilowattstunden.

Die Entwicklung ging anfangs verhältnismäßig langsam voran, weil gerade damals durch die Einführung des Auer'schen Gasglühlichtes die Gasbeleuchtung einen gewaltigen Aufschwung nahm. Mit dem Jahre 1895 setzte eine lebhaftere Aufwärtsbewegung ein, die zur Vergrößerung der vorhandenen und zur Errichtung einer zweiten Zentrale führte (Abbildung 2). Nach Abschluß dieser Erweiterungen betrug im Jahre 1900 die verfügbare Maschinenleistung 3 600 kW, während die Stromabgabe auf rd. 1,9 Millionen Kilowattstunden jährlich angewachsen war. In den folgenden Jahren wurde die Zentrale am Zugweg, insbesondere durch Aufstellung von Dampfturbinen (Abbildung 3) auf eine Leistung von 15 000 kW erweitert, während zur Versorgung der städtischen Bahnen mit Gleichstrom von 500 Volt Spannung die beiden Umformwerke am Cäcilienkloster und an der Weinsbergstraße (Abbildung 4) errichtet wurden.

Seit dem Jahre 1912 bezieht die Stadt neben dem in der eigenen Zentrale erzeugten Wechselstrom von 2 000 Volt auf Grund eines langfristigen Vertrages mit der Rheinischen Aktiengesellschaft

Elektrizitätswerke der Stadt Köln. Abbildung 3

Elektrizitätswerke der Stadt Köln. Abbildung 4

Elektrizitätswerke der Stadt Köln. Abbildung 5

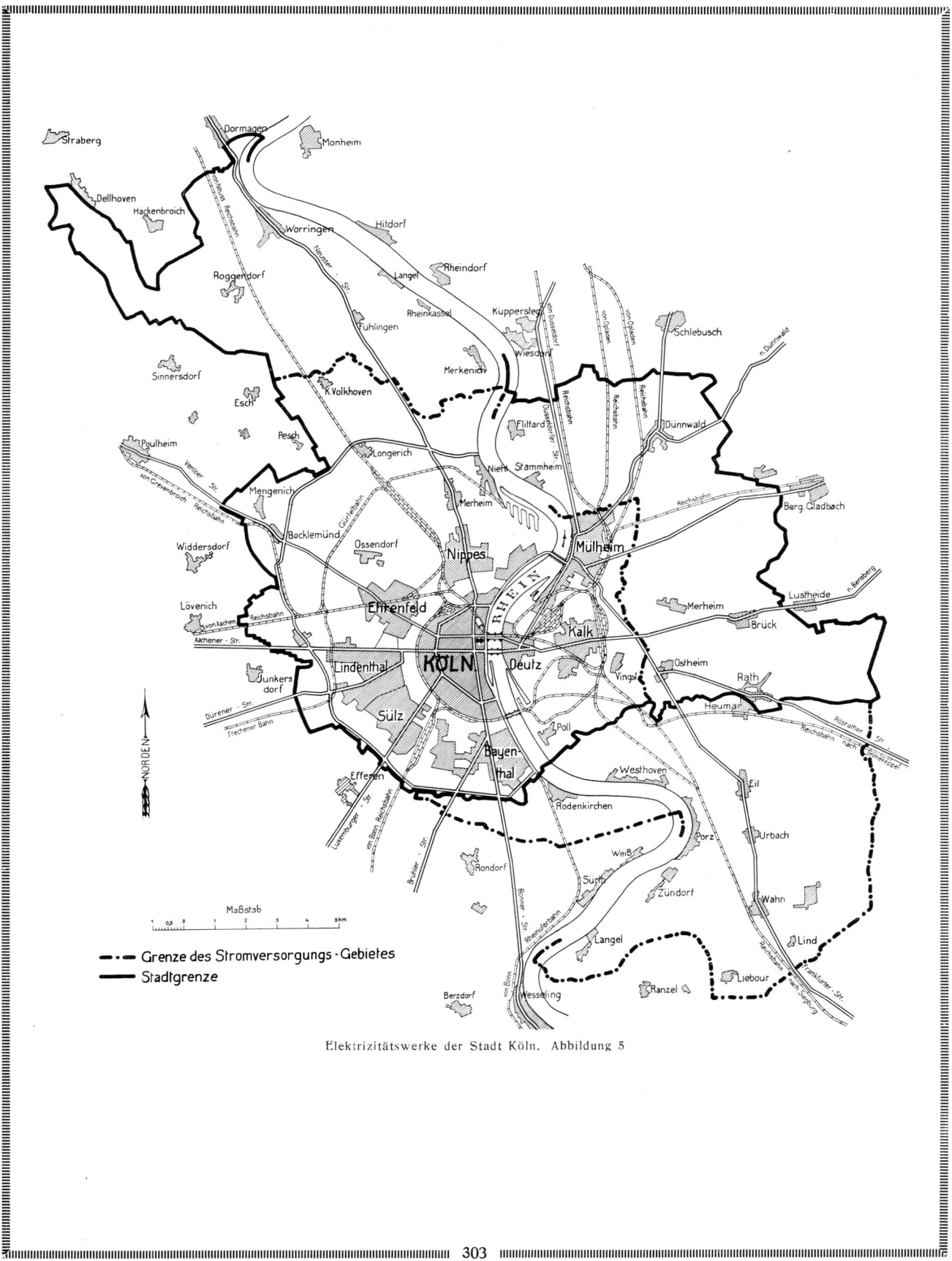

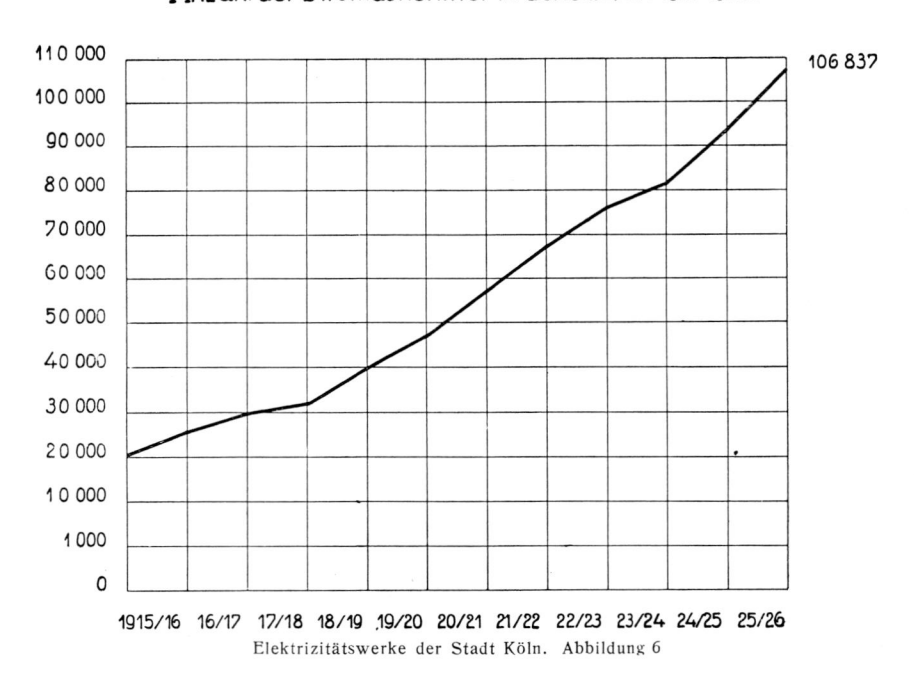

Anzahl der Stromabnehmer in den Jahren 1915 1926.

Elektrizitätswerke der Stadt Köln. Abbildung 6

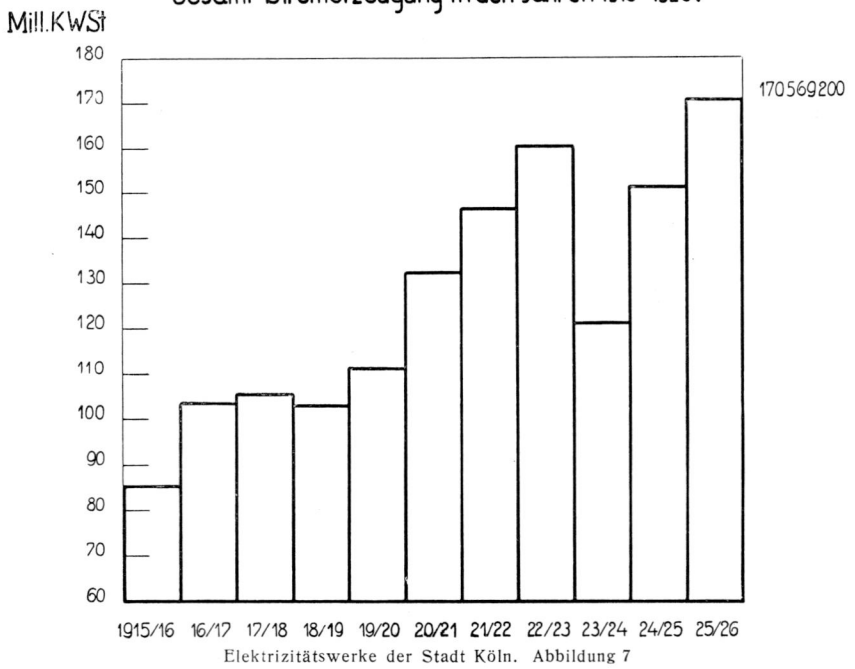

Gesamt Stromerzeugung in den Jahren 1915-1926.

Elektrizitätswerke der Stadt Köln. Abbildung 7

für Braunkohlenbergbau und Brikettfabrikation durch 8 Kabel, die insgesamt 80 000 kW übertragen können, Drehstrom von 25 000 Volt Spannung von der Grube Fortuna bei Quadrath. Die Zuführungskabel münden in der Uebernahmestation an der Weinsbergstraße ein. Von hier aus verzweigt sich ein 25 000 Volt-Netz zu sechs über das Stadtgebiet verteilten Hochspannungsstationen, in denen Transformatoren zur Umspannung auf 6 000, 5 000 und 2 000 Volt aufgestellt sind.

Das Leitungsnetz hatte sich inzwischen über das ganze Stadtgebiet ausgebreitet und wurde im Jahre 1909 auch auf die entfernteren Vororte Longerich, Volkhoven, Bocklemünd, Mengenich und weiter auch auf die nicht zur Stadt Köln gehörenden Bürgermeistereien Heumar und Wahn ausgedehnt, wodurch auch die Elektrizitätswerke der Stadt Köln zu einer Ueberlandzentrale wurden (Abbildung 5).

Z. Zt. ist man damit beschäftigt, das ganze Netz auf Drehstromversorgung umzubauen, wobei von dem bisherigen System der Einzeltransformatoren, die nur einzelne Häuser versorgen, abgegangen wird; sie werden ersetzt durch rund 73 über das ganze Versorgungsgebiet verteilte Transformatoren größerer Leistung, die zur Versorgung ganzer Straßenblöcke dienen. Hiermit verbunden ist die Regelung der Niederspannungsverteilung.

Während im Stadtinnern, begrenzt durch den Rhein und die Ringstraßen, Drehstrom mit einer Niederspannung von 220/127 Volt geliefert werden soll, wird die Niederspannung in der Neustadt und in den Vororten 380/220 Volt betragen. Nach Durchführung dieses Ausbaus werden die Elektrizitätswerke der Stadt Köln in der Lage sein, allen Anforderungen an Strom insbesondere auch für Wärmezwecke zu entsprechen.

Die beiden schematischen Darstellungen Abbildung 6 und 7 zeigen die Zunahme der Stromverbraucher und die Steigerung der Stromerzeugung in den Jahren 1915 bis 1926.

Die Zahl der Stromverbraucher hat sich in der genannten Zeit etwa versechsfacht und ist insbesondere in den letzten Jahren sehr stark gestiegen. Wenn dies beim Stromverbrauch nicht im gleichen Maße zum Ausdruck kommt, so erklärt sich dies aus dem Darniederliegen der Industrie. Aus einem Vergleich der Stromerzeugung in den Jahren 24/25 und 25/26 ergibt sich aber, daß der Tiefpunkt überwunden ist.

Zu der Verwendung des Stromes zu Licht- und Kraftzwecken kommt insbesondere in der letzten Zeit eine immer stärker werdende Entnahme zu Wärmezwecken in Gewerbe und Haushalten, sodaß die Steigerung der Stromerzeugung auch weiterhin anhalten wird.

Kraftwerk Fortuna II

RHEINISCHES ELEKTRICITÄTSWERK IM BRAUNKOHLENREVIER A.-G.
DIE KRAFTWERKE FORTUNA

Der Plan einer Elektrizitätsversorgung Kölns durch ein auf der Braunkohle liegendes Großkraftwerk reicht sehr weit zurück. Zum ersten Male wurde er schon im Jahre 1902 der Kölner Stadtverwaltung vorgelegt. Aber erst 8 Jahre später wurde er verwirklicht. Im Jahre 1910 gründete die **Rheinische Aktien-Gesellschaft für Braunkohlenbergbau und Braunkohlenbergbau und Brikettfabrikation**, die den Gedanken der elektrizitätswirtschaftlichen Ausnutzung der Braunkohle ursprünglich angeregt und Jahre hindurch verfolgt hatte, auf Grund eines Vertrages mit der Stadt Köln das **Rheinische Elektrizitätswerk im Braunkohlenrevier A.-G.** Ein erstes Kraftwerk, das heutige Kraftwerk Fortuna I, wurde im Jahre 1911 mit einer Leistung von 8 000 kW in Betrieb genommen und in den Jahren 1912 bis 1918 auf 40 000 kW erweitert. Im Jahre 1920 begann man mit dem Bau des Kraftwerks Fortuna II, das heute bereits eine instillierte Leistung von 80 000 kW umfaßt und dessen Vollausbau auf 160—200 000 kW geplant ist.

Wenn in jüngster Zeit in der Fach- und Tagespresse auf eine angebliche Unzweckmäßigkeit der elektrischen Fernversorgung für Großstädte hingewiesen wurde, so sind die angeführten Argumente im Falle Kölns nicht stichhaltig. Der Hauptnachteil der Fernversorgung Mitteldeutschlands und Berlins ist (nach Ansicht jener Verfasser) die ungenügende Betriebssicherheit der Höchstspannungs-Freileitungen. Köln jedoch braucht sich um Freileitungen keine Sorgen zu machen. Dank der günstigen nachbarlichen Lage der Braunkohlen-Flöze genügt für die Uebertragung der Elektrizität nach Köln eine Spannung von 25 000 Volt, die eine Verwendung von Kabelleitungen ohne weiteres zuläßt. **Köln genießt also alle Vorteile der elektrischen Fernversorgung, ohne dabei ihre angeblichen Gefahren in den Kauf nehmen zu müssen.**

Die Kraftwerke Fortuna liegen ungefähr 3 km nördlich der Ortschaft Quadrath im Kreise Bergheim, dicht neben der gleichnamigen Braunkohlengrube. Die Grube Fortuna ist eine der ergiebigsten Gruben des Kölner Reviers. Sie liegt auf einer jener seltenen Stellen des Braunkohlenflözes, an denen die Flözmächtigkeit bis zu 100 m beträgt, während die durchschnittliche Mächtigkeit keit der rheinischen Gruben bei 40 m liegt.

Von den beiden Kraftwerken ist das Kraftwerk Fortuna II wegen seiner Neuheit und Größe das interessantere. Man gewinnt einen guten Ueberblick über seine Gesamtanlage, wenn man es von der Fortunaterrasse aus betrachtet (das ist die Zufahrtsstraße, die die Werke mit der großen Landstraße Köln—Jülich—Aachen verbindet). Von hier aus erkennt man deutlich, wie sich die organischen Hauptbestandteile des Kraftwerks, nämlich

die Bekohlungsanlage,
die Kesselanlage,
das Maschinenhaus,
die Schaltanlage,
die Rückkühlanlage

von Süden nach Norden aneinander reihen.

Kraftwerk Fortuna I

Kesselhaus I im Kraftwerk Fortuna II

Maschinenhaus im Kraftwerk Fortuna II

Die Bekohlungsanlage beginnt im Tagebau der Grube mit dem mechanischen Abbau-Bagger. Die Kohlenstücke, die er an der Flözwand abschürft, werden in etwa ein cbm fassende Förderwagen mit einer Kettenbahn ins Brecherhaus gefahren. Im Brecherhaus wird die Kohle zerkleinert und auf Förderbänder über Bandbrücken und Verteiltürme bis in die Bunker der Kesselhäuser gebracht.

Die Kesselanlage ist räumlich unterteilt. Zu je zwei Turbosätzen von je 16 000 kW im Maschinenhause gehört ein besonderes Kesselhaus. Bisher sind zwei Kesselhäuser mit je 14 Kesseln von je 650 qm Heizfläche aufgeführt. Die Kessel stehen in jedem Kesselhause zu je 7 auf jeder Seite eines Mittelganges. Mithin entfällt auf jede Maschine genau eine Kesselreihe. Die Kessel erzeugen pro Stunde 16 250 kg Dampf von 15 5 Atm. Ueberdruck und 375° C. Es sind Steilrohrkessel nach dem Vier-Trommeltyp, System Babcock, Hanomag, Steinmüller und Dürr-Garbe. Die Feuerungen sind durchweg Treppenrost-Feuerungen. Zu jedem Kessel gehören 4 Rostbahnen von je 11 qm Rostfläche, so daß im Ganzen auf jeden Kessel 44 qm Rostfläche kommt. In jüngster Zeit stellt die Leitung des Kraftwerks Versuche an mit Kohlenstaubfeuerungen, die vorab als Zusatzfeuerungen neben den bestehenden Treppenrosten dienen sollen. Die Ergebnisse dieser Versuche scheinen günstig auszufallen, und es ist wahrscheinlich, daß bei einem weiteren Ausbau des Kraftwerks die Kohlenstaubfeuerung in noch viel weiterem Maße angewandt wird.

Besonders interessant ist in beiden Kraftwerken die Entaschungsanlage. Die Verbrennungsrückstände fallen von den Rosten und Feuerzügen in Aschentrichter, aus denen sie jeden Tag auf pneumatischem Wege entfernt, d. h. abgesaugt werden. Die Saugleitungen münden im Entaschungsgebäude in zwei großen Sammelkesseln, die durch rotierende Luftpumpen unter dem notwendigen Vakuum gehalten werden.

Von jedem Kesselhause führt ein gedeckter Uebergang über einen 10 m breiten Hof in das Maschinenhaus. Diese Uebergänge haben neben ihrer Eigenschaft als Verkehrswege noch eine zweite Bedeutung: durch sie verlaufen alle vom Maschinenhaus und umgekehrt führenden Leitungen, insbesondere also die Dampfleitungen.

Das Maschinenhaus ist zweigeschossig. Unter dem eigentlichen Maschinenraum liegt — zu ebener Erde — das Kondensatorgeschoß. Der Maschinenraum ist ein großer, heller luftiger Raum von 19,5 m Breite und gegenwärtig 176 m Länge. Er enthält heute 5 Turbogeneratoren mit einer Leistung von je 16 000 kW, die so hinter einander gestellt sind, daß die Maschinenachsen in die Achse des Gebäudes fallen. Zu jeder Maschine gehört eine Kommandosäule, aus welcher der Maschinenwärter die von der Schaltbühne, dem betrieblichen Brennpunkte des Kraftwerks, aus gegebenen Befehlen ablesen kann. Vom Maschinenhause führen, wieder über eine 10 m breite Werkstraße, Uebergänge ins 25 kV-Schalthaus. Durch diese Uebergänge werden auch die von den Generatorklemmen ausgehenden blanken Stromschienen zu den Transformatoren geführt. Jeder Generator ist mit einem gleich starken Transformator für 25 000 Volt zu einer betrieblichen Einheit fest verbunden. Die ganze Verteilung liegt auf der Oberspannungsseite. Das 25 kV-Hauptsammelschienen-System verläuft durch das oberste Geschoß des Schalthauses. Ein Stockwerk tiefer liegen die Oelschalter-Zellen, während das Erdgeschoß die Zellen für Meßwandler, Erdungsschalter und Kabelausführungen aufgenommen hat.

Vom 25 kV-Schalthaus führen starke Erdkabelleitungen zu einem 100 kV-Schalthaus, das quer zur Achse des Maschinenhauses an der Westseite des Grundstückes liegt. Im Erdgeschoß dieses Schalthauses liegen an der Vorderseite die Transformatorenkammern mit zwei Transformatoren für je 30 000 kVA (Uebersetzungsverhältnis 25/100 kV). Auf der Rückseite stehen die Dreikessel-Oelschalter. Dazwischen verläuft ein heller Bedienungsgang, dessen Decke durchbrochen ist, so daß man von unten die Stellung der im Obergeschoß hängend angeordneten Trennschalter beobachten kann. Durch das Dachgeschoß verlaufen die Sammelschienen. Die Ausführungen der beiden Freileitungen liegen an der Rückseite des Hauses.

Sehr sorgfältig ist die Wasserwirtschaft des Kraftwerks durchgebildet. Die Versorgung des Kraftwerks mit Rohwasser besorgt ein eigenes Wasserwerk „Fortuna", das etwa 4 km entfernt in der Erftniederung liegt. Das für die Kondensatoren und Oelkühlanlagen benötigte Wasser wird vorher nach dem Permutitverfahren enthärtet, während im Kesselbetriebe nur reines destilliertes Wasser gebracht wird. Zur Herstellung dieses destillierten Wassers dient eine eigene große Verdampferanlage.

Die Stromabgabe der Kraftwerke Fortuna von 1911 bis 1925 ist in folgender Tafel zusammengestellt:

Stromabgabe der Kraftwerke Fortuna
(in Millionen Kilowattstunden)

1911	1,5	1916	138,6	1921	150,0
1912	6,7	1917	179,7	1922	162,3
1913	31,0	1918	179,7	1923	149,1
1914	53,8	1919	168,7	1924	172,6
1915	60,7	1920	145,9	1925	214,0

Bemerkenswert ist der starke Anstieg der Stromabgabe während der Kriegsjahre. Dabei ist noch zu berücksichtigen, daß vor dem Jahre 1921 das Kraftwerk Fortuna I die ganze Stromlieferung

Bedienungsgang im 100 000 Volt-Schalthaus

allein zu bewältigen hatte. Die hohen Erzeugungszahlen der Jahre 1916/18 gehen u. a. darauf zurück, daß die Militärbehörde einen beträchtlichen Teil der Kraftwerks-Leistung für die Belieferung einer benachbarten Aluminiumfabrik in Anspruch nahm. In der ersten Nachkriegszeit trat naturgemäß mit dem Abbruch der Kriegsindustrie und der allgemeinen wirtschaftlichen Not ein starker Rückgang in der Stromlieferung ein. Während der Jahre 1921-22 war aber wieder eine stetige Steigerung im Energieverbrauch zu verzeichnen. Dann brachte im Jahre 1923 der Einbruch ins Ruhrgebiet und der darauffolgende passive Widerstand ein starkes Sinken des Stromverbrauches mit sich. Seit 1924 ist jedoch die Stromabgabe wieder ständig im Wachsen begriffen. Mit der Stromabgabe des Jahres 1925 ist das Maximum der Stromlieferung während des Krieges schon überschritten.

Wenn auch der Stromverbrauch auf den Kopf der Bevölkerung berechnet im Rheinlande viel höher ist als im Durchschnitt ganz Deutschlands, so reicht er doch nicht entfernt an den durchschnittlichen Verbrauch in vielen andern Ländern heran. Man kann daher für die nächste Zukunft eine sehr starke Zunahme des Verbrauchs elektrischer Energie voraussagen. Dies gilt insbesondere für Köln, das ja seit Kriegsende in eine Aera beschleunigter Entwicklung eingetreten ist. Es ist daher gerade für Köln von hervorragender Bedeutung, daß seine elektrische Energiequelle in besonders starkem Maße **ausbaufähig** ist. Das Rheinische Elektrizitätswerk im Braunkohlen-Revier hat nämlich für die erwartete Zunahme des Stromverbrauchs seine Vorkehrungen getroffen und wird allen im Bereich des Möglichen liegenden Anforderungen in kurzer Frist nachkommen können: mit dem **Kraftwerk Fortuna II** ist ein **Rahmen** geschaffen, innerhalb dessen eine **Erweiterung der Betriebsmittel** selbst bis auf ein Vielfaches **schnell** und ohne Schwierigkeiten durchgeführt werden kann.

BAUGESCHÄFT UND RINGOFENZIEGELEIEN
GEBR. MARX
KÖLN-RH., RIEHLERSTR. 75, TEL.: ANNO 3385 U. RHLD. 9536
BETON-, EISENBETON-, ERD- UND MAURERARBEITEN
SEIT 25 JAHREN BESTEHEND

Priesterseminar in Bensberg   Entwurf: Arch. B. D. A. Rotterdam

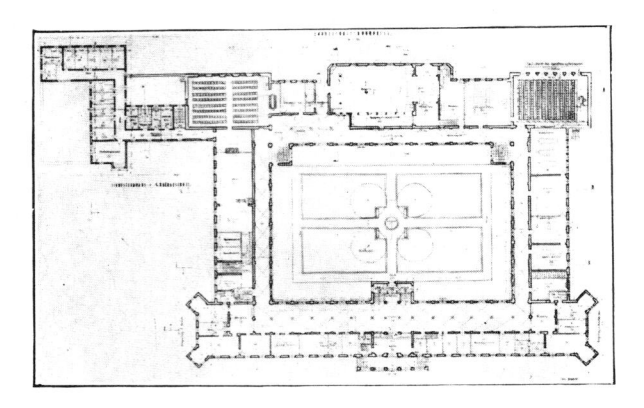

Grundriß zu Priesterseminar Bensberg Arch. B. D. A. Rotterdam

Kraftwerk II Fortuna. Rheinisches Elektricitätswerk im Braunkohlenrevier Akt.-Ges., Köln a. Rh. / Gesamtausführung der Erd-, Maurer- und Betonarbeiten, sowie 21 Stück Steilrohrkesseleinmauerungen

Gruhlwerke in Kierberg. Rheinische Aktiengesellschaft für Braunkohlenbergbau u. Brikettfabrikation, Köln

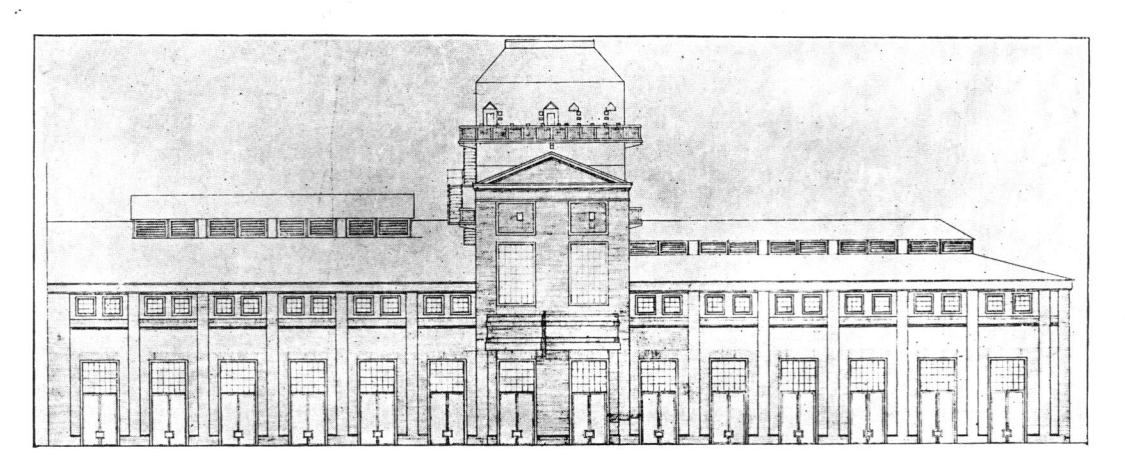

Grube Fortuna. Pressenhaus mit elektrischem Schlot   Ausgeführt in Eisenbeton
Rheinische Aktiengesellschaft für Braunkohlenbergbau u. Brikettfabrikation, Köln

GEBR. MARX / KÖLN A. RHEIN
BEWÄHRT IN INDUSTRIEANLAGEN UND KESSEL-EINMAUERUNGEN ALLER SYSTEME

Mühle Auer, Deutzerhof

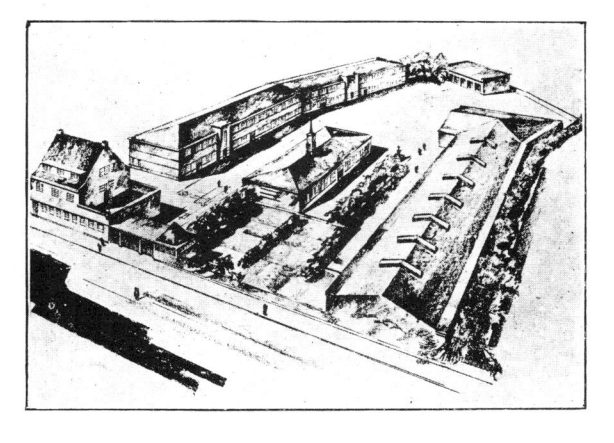

Hans Schober, Färberei und Wäscherei, Köln-Bickendorf
Gesamtausführung

Kesselhaus Beißelsgrube. Rheinische Aktiengesellschaft für Braunkohlenbergbau u. Brikettfabrikation, Köln. / Gesamtausführung.

Kessel-Einmauerung Beißelsgrube. Rheinische Aktiengesellschaft für Braunkohlenbergbau u. Brikettfabrikation, Köln. / Vier Stück Steilrohrkessel

Kessel-Einmauerung Kraftwerk I Fortuna. Rheinisches Elektricitätswerk im Braunkohlenrevier Akt.-Ges., Köln

Kohlentrocknungsanlage Beißelsgrube, Gesamtausführung. Rheinische Akt.-Ges. für Braunkohlenbergbau u. Brikettfabrikation, Köln

GEBR. MARX / KÖLN A. RHEIN
BEWÄHRT IN BANK-, SCHUL- UND KOLONIEBAUTEN
BEKANNT DURCH KURZFRISTIGE BAUTERMINE

Barmer Bank-Verein, Köln
Entwurf: B. D. A. Baurat Moritz

Kaufhaus Michel, Köln
Entwurf: Arch. B. D. A. Benoit & Bergerhausen

Geschäftshaus Reiffenberg, Köln
Entwurf: Arch. B. D. A. Prof. Bonartz

Städtische Schule, 16 Klassen, Köln-Ehrenfeld, Piusstraße

Städtische Schule, 16 Klassen, Köln-Ehrenfeld, Nußbaumer Straße

Israelitisches Asyl, Köln-Ehrenfeld

Villa Komm.-Rat Ribbert, Köln, Oberländer Ufer
Entwurf: Arch. B. D. A. Benoit & Bergerhausen

GRÜN u. BILFINGER

AKTIENGESELLSCHAFT

MANNHEIM / KÖLN

NIEDERLASSUNGEN:
BERLIN, BRESLAU, HANNOVER, HAMBURG, MÜNCHEN
ATHEN, BUENOS-AIRES, SOFIA, STOCKHOLM

TIEFBAU
HOCHBAU / INDUSTRIEBAUTEN

ENTWÜRFE UND BAUAUSFÜHRUNGEN
IN JEDER ART UND GRÖSSE
GROSSER GERÄTEPARK / LAGERPLÄTZE / STEINBRUCH
STÄNDIGER VORRAT AN EISENBETONPFÄHLEN

AUSBAU DES HANDELS-HAFENS KÖLN-NIEHL
Hinterfüllung einer Ufermauer mittelst Bandelevator

GRÜN U. BILFINGER, AKTIENGESELLSCHAFT, MANNHEIM / KÖLN

AUSBAU DES HANDELSHAFENS KÖLN NIEHL
Herstellung der Ufereinfassung mittelst gerammter eiserner Kastenwand nach System Oberbaurat Bock
Im Hintergrund Leitwerksanlage am Braunkohlenkipper. Gründung derselben auf Eisenbetonsenkkasten mittels Druckluft

GRÜN U. BILFINGER, AKTIENGESELLSCHAFT, MANNHEIM/KÖLN

STRASSENBRÜCKE ÜBER DEN RHEIN BEI KÖLN
Gründung der Pfeiler und Widerlager auf Eisenbetonsenkkasten mittelst Druckluft

PETER SELBACH / KÖLN A. RH.
BAUUNTERNEHMUNG
TIEF- UND HOCHBAU / BETON- UND EISENBETONBAU
(SPRENGUNGEN PAT.-AMTL. GESCHÜTZT)

HAUPTLAGER UND WERKSTÄTTEN: KÖLN-BRAUNSFELD, WIDDERSDORFERSTR. 329-31
BÜRO: KÖLN-SÜLZ, ZÜLPICHERSTR. 69
FERNRUF ULRICH 5031

Kesselhaus-Neubau für Ver. Stahlwerke v. d. Zypen u. Wissener Eisenhütten A. G. Köln-Deutz

Die im Jahre 1873 vom Vater des jetzigen Inhabers gegründete Firma zählt zu den ersten Unternehmungen Rheinlands und Westfalens und genießt darüber hinaus auch in ausländischen Fachkreisen großes Ansehen. Im Jahre 1898 übernahm Herr Peter Selbach jun. das Unternehmen, zu dessen Leitung er alle notwendigen Erfahrungen und Kenntnisse mitbrachte. Er hatte vorher während siebenjähriger rastloser Tätigkeit im Auslande sich einen reichen Schatz praktischer Erfahrungen erworben und war besonders auf dem Gebiete des Sprengwesens durch eine in allen Kulturstaaten patentierte Erfindung bahnbrechend tätig. Das Verfahren ist von solcher Vollkommenheit, daß Sprengungen von Eisenbahnbrücken, die im gleichen Augenblick noch durch Eisenbahnzüge befahren werden, kaum merkliche Erschütterungen verursachen.

Die Tiefbauarbeiten erstrecken sich auf Erdbewegungen, Bahnbauten, Rohrgräben, Stollen, Tunnelbauten, Kanalisierungen, Kabellegungen, sowie Wasser- und Straßenbau. Die Abbrucharbeiten umfassen sowohl die Niederlegung von Gebäuden und Kaminen, als auch Aufräumungsarbeiten. Neben dem Tiefbau pflegt die Firma ferner den Hoch-, Beton- und Eisenbetonbau. Zahlreiche Anerkennungen von Behörden und Großindustriellen legen Zeugnis von der mustergültigen Ausführung aller Aufträge ab. Durch ein technisch durchgeschultes Beamten- und Arbeitspersonal wird die Firma in die Lage versetzt, alle Aufträge, selbst die aller schwierigsten, sachgemäß und schnell auszuführen. Sie wird dabei unterstützt von einem ausgedehnten, der Neuzeit entsprechenden Gerätepark. (Nähere Adressenangaben siehe Firmennachweis Seite 318).

Eisenbahnbau

Sprengung nach eigenem Verfahren

HOCHWASSER-SCHUTZDAMM, RODENKIRCHEN

ADOLF BUHLMANN

UNTERNEHMEN FÜR HOCH- UND TIEFBAU
BETON- UND EISENBETON

KÖLN-MÜLHEIM
PRINZ-HEINRICH-STRASSE NR. 48
FERNSPRECHER 409 (AMT KÖLN-MÜLHEIM)

BANK-VERBINDUNG:
A. SCHAAFFHAUSEN'SCHER BANKVEREIN A.-G., ZWEIGSTELLE KÖLN-MÜLHEIM
GEWERBEBANK E. G. M. B. H., KÖLN-MÜLHEIM

POSTSCHECKKONTO NR. 54341 BEIM POSTSCHECKAMT KÖLN

NEUBAU KLAUKERS & KRÜGER, DELLBRÜCK

VIER DAMPFKESSELEINMAUERUNGEN, OPERNHAUS, KÖLN

FRANZ STÜRMER

KÖLN-LINDENTHAL
SÜLZBURGSTRASSE NR. 239
TEL. ULRICH 1168 UND 6657

★

BAUUNTERNEHMUNG
FÜR HOCH-, TIEF- UND
EISENBETONBAU

Hochhaus Köln

Die Firma wurde gegründet im Jahre 1912. Die Leitung des Unternehmens liegt in den Händen des Gründers, Herrn Franz Stürmer, der auch alleiniger Inhaber der Firma ist. Das Betätigungsfeld erstreckt sich in der Hauptsache auf Hochbau. Ebenso wurden Tiefbauarbeiten, wie Kläranlagen, Fundierungen usw. ausgeführt. Das Unternehmen hat sich in kurzer Zeit zu seiner heutigen Größe entwickelt und seinen guten Ruf in der Hauptsache dadurch erhalten, daß sämtliche Arbeiten solide, sauber und in kürzester Zeit ausgeführt wurden. Die letzten größeren Arbeiten waren die Ausführung der Maurer- und Putzarbeiten am Kölner Hochhaus, sowie der Rohbau der St. Bruno-Kirche, Köln-Klettenberg (siehe nebenstehende Abbildungen). Die Firma ist heute mit den modernsten Maschinen eingerichtet und daher in der Lage, jede größere Arbeit in finanzieller und technischer Hinsicht auszuführen.

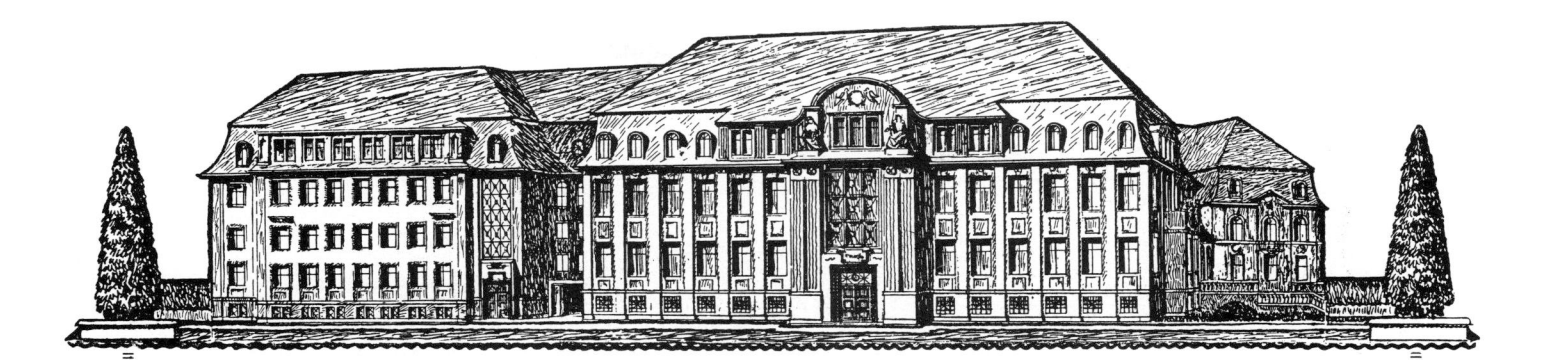

»COLONIA«
KÖLNISCHE FEUER- UND KÖLNISCHE UNFALL-VERSICHERUNGS-AKTIENGESELLSCHAFT
KÖLN

Die Entwickelung des deutschen, insbesondere des preußischen privaten Feuerversicherungswesens, die bekanntlich in das erste Drittel des vorigen Jahrhunderts fällt, war anfangs außerordentlich erschwert durch die Konkurrenz der zahlreichen ausländischen Unternehmen. Die immer wieder vorgebrachten Klagen über die rücksichtslose Geschäftsführung und die maßlosen Prämiensätze einerseits wie andererseits die ausgesprochene Absicht, die Monopolstellung dieser ausländischen Gesellschaften zurückzudrängen und diese durch weitere inländische Anstalten möglichst zu ersetzen, führten zu dem preußischen Gesetz über das Mobiliarfeuerversicherungswesen vom 8. März 1837 „zur Abwendung von Mißbräuchen bei der Versicherung des Mobiliarvermögens gegen Feuergefahr." Alle außerpreußischen Gesellschaften mußten nunmehr für die Fortführung ihres Geschäftsbetriebes die Konzession nachsuchen, die nur in den wenigsten Fällen erteilt wurde. Aber die preußische Regierung hatte doch die Leistungsfähigkeit der inländischen und der wenigen konzessionierten ausländischen Gesellschaften überschätzt und hatte wohl auch nicht erkannt, welche hohen Werte schon damals in den einzelnen industriellen und kaufmännischen Unternehmungen steckten und wie sich diese Kapitalien bei der weiteren Ausdehnung der Wirtschaft noch entwickeln mußten; so kam es, daß bei oft ganz bedeutenden Objekten nur eine vollkommen unzureichende Versicherungsgelegenheit vorhanden war, ein Zustand, der besonders in dem wirtschaftlich in bester Entwickelung stehenden Rheinland nachteilig in Erscheinung trat. Die darin begründete Möglichkeit großer wirtschaftlicher Schädigungen wurde vor allem von den großzügigen Kölner Handlungs- und Bankhäusern bald erkannt und der Gedanke der Gründung eines eigenen leistungsfähigen Versicherungsunternehmens aufgenommen, ein Gedanke, der insbesondere durch Uebernahme des bedeutenden Geschäftes der nicht konzessionierten ausländischen Gesellschaften eine vorteilhafte Verwirklichung erwarten ließ. Der Hauptträger dieses Gedankens war H. Merkens in Köln, auf dessen Anregung sich die Kölner Bank- und Handlungshäuser J. D. Herstatt, Sal. Oppenheim jun. & Co., Abr. Schaaffhausen, Seydlitz & Merkens und J. H. Stein, sowie die maßgebenden internationalen Bankhäuser A. M. v. Rothschild, C. M. v. Rothschild in Frankfurt a. M. und Gebrüder v. Rothschild in Paris zusammentaten und nach Genehmigung durch die preußische Regierung im Jahre 1839 die

Kölnische Feuerversicherungs-Gesellschaft Colonia

mit einem Grundkapital von 3 000 000 preußischen Courant-Talern gründeten. Die Versicherungsbedingungen der neuen Gesellschaft enthielten bereits in den Anfangsjahren gegenüber der Konkurrenz eine Reihe nicht unwesentlicher Vergünstigungen; das Geschäft verlief durchaus befriedigend. Bereits 1839 wurde mit der „Vaterländischen Feuerversicherungs - Gesellschaft in Elberfeld" ein Rückversicherungsvertrag abgeschlossen. In den folgenden Jahren wurden nach oft langwierigen Verhandlungen auch in einer Reihe außerpreußischer deutscher Staaten die Konzession für die Aufnahme des Geschäftsbetriebes erlangt. 1842 folgte ein Rückversicherungsvertrag mit der „Bayrischen Wechsel- und Hypothekenbank". 1851 wurde die erste Milliarde Versicherungssumme bei einer Prämieneinnahme von über 2,2 Mill. und einer Kapitalreserve von rund 1,25 Mill. Mark überschritten. Damit ließ die Colonia die meisten älteren und jüngeren Gesellschaften weit hinter sich zurück. An den damals in Köln gegründeten Gesellschaften, der „Concordia, Kölnische Lebensversicherungsgesellschaft und Rentenbank", wie „Kölnischen Hagelversicherungsgesellschaft" beteiligte sich die Colonia mit größeren Aktienpaketen und wirkte auch so auf anderen Versicherungsgebieten fördernd; die guten Beziehungen zu diesen Gesellschaften haben sich bis auf den heutigen Tag erhalten; besonders die enge Anlehnung der letzteren an den Verwaltungskörper der Colonia brachte dieser wesentlichen Einfluß auf das landwirtschaftliche Geschäft.

Da die alten Geschäftsräume inzwischen zu eng geworden waren, wurde 1858 ein neues Geschäftshaus errichtet, während das alte Haus der Stadt unentgeltlich als Beweis der gegenseitigen guten Beziehungen zwecks Freilegung des Domes überlassen wurde.

An dem Zustandekommen des 1871 gegründeten Verbandes der deutschen Feuerversicherungen hatte die Colonia hervorragenden Anteil.

1879 wurde als Tochtergesellschaft die „Rückversicherungsgesellschaft Colonia" mit einem Kapital von 3 000 000 M. gegründet, die mit der Muttergesellschaft durch Personalunion des Vorstandes in enger Verbindung blieb und zurzeit mehr als je zuvor in jeder Beziehung aufs innigste mit ihr verbunden ist.

Gegen Ende des Jahrhunderts wurde die Organisation vollkommen neu aufgebaut, insbesondere mußte eine ganz erhebliche Vermehrung der Außenorgane vorgenommen werden. Es wurden die veralteten Spezialvorschriften für Ortschaften einer gründlichen Revision unterzogen, eine veränderte Klassifikation der Orte in verschiedene Gattungen eingeführt und die Tabelle der Maxima den neueren Erfahrungen und Anschauungen entsprechend von Grund aus umgearbeitet. Auch die Statistik der Gesellschaft erhielt verbesserte Grundlagen.

1903 wurde die Einbruchdiebstahlversicherung aufgenommen, 1910 die Versicherung gegen Mietverlust infolge von Brand, Blitzschlag oder Explosion, 1911 die Schäden durch Betriebsunterbrechung aus denselben Ursachen in Deckung genommen; in demselben Jahre wurden noch besondere Bedingungen für Versicherung von Preisdifferenzen im Zuckerhandel festgesetzt, denen Zusatzbedingungen für die Versicherung gegen Minderverwertbarkeit von Rohzucker der Raffinerien folgten. 1910 wurde auch die Wasserleitungsschädenversicherung aufgenommen.

1913 betrug die Versicherungssumme fast 7 Mill. M., die Prämieneinnahme abzüglich Ristorni und Rückversicherungsprämien fast 4 Mill. M., die Reserven insgesamt über 12 Mill. M.

Die wirtschaftlichen Schwierigkeiten, die in der Kriegszeit, vor allem aber in der nachfolgenden Inflationsperiode keiner Versicherungsgesellschaft erspart blieben, ließen den Gedanken einer Verschmelzung mit der befreundeten „Kölnischen Unfallversicherungs-A.-G." vorteilhaft erscheinen, ein Gedanke, der bereits 1914 angeregt worden, aber damals nicht zur Ausführung gelangt war.

Die gleichen Finanzkreise des rheinischen Handels und der rheinischen Industrie, welche 1839 die Kölnische Feuerversicherungs-Gesellschaft Colonia, 1844 die Agrippina See-, Fluß- und Landtransport-Versicherungs-Gesellschaft, 1846 die Kölnische Rückversicherungs-Gesellschaft, 1853 die Kölnische Hagel-Versicherungs-Gesellschaft und die Concordia, Kölnische Lebensversicherungsgesellschaft ins Leben gerufen hatten, hatten 1880 die

Kölnische Unfall-
Versicherungs-Aktien-Gesellschaft

mit einem Aktienkapital von 3 Mill. M. geschaffen. Zweck der Gesellschaft war ursprünglich:

Versicherung gegen die Folgen gesetzlicher Haftpflicht aller Art,
Versicherung gegen alle Folgen solcher körperlichen, durch äußeren gewaltsamen Anlaß verursachten Unfälle des Arbeiters, wofür dem Arbeitgeber eine gesetzliche Haftpflicht nicht obliegt,
Versicherung von Personen gegen Unfall auf Reisen und
Versicherung gegen Bruch der Spiegelscheiben.

Bereits im ersten Geschäftsjahr wurde durch Satzungsänderung der Zweck der Gesellschaft erweitert durch die Aufnahme der Valoren-Versicherung.

Die Gesellschaft erzielte im ersten Jahre eine Prämie von M. 164 760,74. Daß nicht eine höhere Prämieneinnahme erzielt wurde, lag zur Hauptsache daran, daß die Organe der Gesellschaft, die allmählich auch in anderen Staaten die Konzession erhielt, erst nach und nach in Wirksamkeit treten konnten und verhältnismäßig wenig Kollektiv-Policen abgeschlossen wurden, weil die Arbeitgeber zum größten Teil bei anderen Gesellschaften versichert waren; zum Teil daran, daß die Frage der Staatsversicherung lähmend auf die Unfall- und Haftpflicht-Versicherung drückte. Schon im Jahre 1883 stellte sich ein ganz bedeutender Zuwachs gegen die besten Monate des Vorjahres ein, wodurch nicht nur der Beweis erbracht wurde, daß die Gesellschaft die erworbene Kundschaft hielt, sondern auch verstand, das Geschäft in allen Branchen auszuarbeiten. Das Bestreben der Gesellschaft war unausgesetzt darauf gerichtet, die Tätigkeit der Vertreter durch prompte und reelle Behandlung der eintretenden Unfälle zu beleben und bei Behörden und dem Publikum der jungen Gesellschaft die Achtung zu erwerben, welche die alten, soliden Versicherungs-Gesellschaften der Stadt Köln überall in besonderem Maße genossen.

Auch in den nächsten Jahren zeigte das Geschäft unter Aufrechterhaltung der die Operationen der Gesellschaft leitenden Prinzipien die gesunde, stetige Entwicklung der ersten Geschäftsjahre, trotzdem 1884 das Reichsunfallgesetz die Ausbreitung des Kollektivgeschäftes in empfindlicher Weise hemmte. Sofort nach Inkrafttreten des genannten Gesetzes wurde beschlossen, kombinierte Unfall- und Haftpflicht-Versicherungen nicht mehr abzuschließen, sondern nur noch Versicherungen mit bestimmten Summen zu gewähren. Da diese der Entschädigung dienten, so kam die Frage der Haftpflicht bei derartigen Versicherungen für die Gesellschaft vollständig in Wegfall.

Die noch laufenden kombinierten Versicherungen wurden gleichfalls sofort vom gedachten Termine ab nach und nach teils aufgehoben, teils, sofern es wünschenswert erschien, die Risiken zu behalten, in einfache Unfall-Versicherungen umgewandelt.

Mit dem Fortfall der Kollektivbranche mußte die Gesellschaft ihre Aufmerksamkeit noch mehr als bisher auf die Einzel-Unfall-Versicherungen richten, welche seitdem die Basis der Gesellschaft bildeten.

Das Einzel-Unfall-Geschäft entwickelte sich auf der ursprünglich geschaffenen soliden Basis in erfreulicher Weise weiter, so daß es der Gesellschaft 1886 möglich war, das geräumige Geschäftshaus der Kölnischen Privatbank in der Agrippastr. 12 zu kaufen, in welchem die Gesellschaft in einer kaum geahnten Weise eine großartige finanzielle Entwicklung erlebte.

Im Jahre 1888 erzielte die Gesellschaft zum ersten Male eine Prämie von über 1 Million Mark und einen Gewinn von M. 189 679,—. Bereits 1892 war die Gesamtprämie über 2 Millionen Mark. Sie stieg in den folgenden Jahren weiter.

Außer in Deutschland arbeitete die Gesellschaft 1894 in Belgien, Holland, Dänemark, Schweden, Norwegen, Oesterreich-Ungarn, der Schweiz, Italien und der Türkei.

Die Geschäftsergebnisse der nachfolgenden Jahre waren bei steigender Entwicklung stets günstig. Im August 1898 wütete im Rheinland ein furchtbarer Sturm, dem unter anderen fast die gesamten Gebäude der Kölnischen Maschinenbau-Aktiengesellschaft in Köln-Bayenthal zum Opfer fielen. Wie mächtig der Versicherungsgedanke bereits in maßgebende Kreise der Bevölkerung hineingedrungen war, zeigte sich nach diesem Sturme in dem Ruf nach Versicherungsschutz. In Amerika wurde die Sturmschäden-Versicherung bereits betrieben. Der Kölnischen Unfall-Versicherungs-Aktiengesellschaft blieb es vorbehalten, als erste europäische Gesellschaft in den Kreis ihres Betriebes auch diesen Versicherungszweig aufzunehmen. Fast zu gleicher Zeit nahm sie, einem wirtschaftlichen Bedürfnis entsprechend, die Einbruchsdiebstahl- und die Kaution- und Garantie-Versicherung auf.

Die durch die Aufnahme der neuen Versicherungszweige bedingte Vergrößerung des Arbeitsfeldes veranlaßte die Gesellschaft im Jahre 1899 zur Erhöhung des Aktienkapitals von 3 Mill. M. auf 5 Mill. M.

Infolge der bedeutenden Ausdehnung des Geschäfts erwiesen sich aber mit der Zeit die vorhandenen Büroräume nicht mehr als ausreichend. Infolgedessen erwarb die Gesellschaft zur Errichtung eines allen Anforderungen entsprechenden Geschäftsneubaues das Eckgrundstück Kaiser-Friedrich-Ufer und Oppenheimstraße sowie ein angrenzendes Grundstück.

Zum Zwecke der Geschäftserweiterung wurde 1911 die Erhöhung des Aktienkapitals von 5 Mill. M. auf 7½ Mill. M. beschlossen.

Der Geschäftsneubau wurde 1911 in Angriff genommen und 1913 vollendet, so daß 1913 der Umzug in das neue Geschäftshaus erfolgen konnte. Das Jahr 1914 brachte den Beginn des Weltkrieges. Ein großer Teil derjenigen Personen, welche in Unfall bei der Gesellschaft versichert waren, wurde zum Kriegsdienst einberufen. Das wirtschaftliche Leben in Handel und Industrie stockte empfindlich. Hand in Hand damit ging eine Verminderung des Versicherungsbestandes sowohl in der Unfall- als auch in der Haftpflicht-Versicherung. Mit der weiteren Entwicklung des Krieges mußte notgedrungen die weitere Verminderung des Versicherungsbestandes sich immer stärker bemerkbar machen. Den Ausdruck fand dies in der geringer werdenden Prämie und dem naturgemäß sinkenden Reingewinn. Als schließlich das furchtbare mehrjährige Ringen, dem eine ganze Anzahl von Beamten zum Opfer fiel, beendet war, da galt es für die Gesellschaft, mit frischen Kräften neu ans Werk zu gehen und aufzubauen.

Der Gedanke, aus dem heraus im Jahre 1919 die Fusion der „Kölnischen Feuerversicherungs-Gesellschaft Colonia" mit der „Kölnischen Unfall-Versicherungs-Aktiengesellschaft" zu der „Colonia Kölnische Feuer- und Kölnische Unfall-Versicherungs-Aktiengesellschaft" durchgeführt wurde, hatte schon 1914 die Verwaltungen der beiden Gesellschaften veranlaßt, den Beschluß zu fassen, ihren Aktionären die Verschmelzung der beiden Gesellschaften vorzuschlagen.

Bis zum Anfang dieses Jahrhunderts brachte die Entwicklnug des Versicherungswesens es mit sich, daß jede Gesellschaft nur wenigen Versicherungszweigen sich zuwandte. Nach und nach ging aber das Bestreben der deutschen Versicherungs-Gesellschaften dahin, immer neue Versicherungszweige in ihren Geschäftsbetrieb aufzunehmen, um dadurch ihre Organisation viel kräftiger und besser auszunützen, die Geschäftsunkosten zu vermindern und durch die breitere Grundlage einen größeren Ausgleich der Risiken herbeizuführen. Auch die beiden in Frage stehenden Gesellschaften, die in den von ihnen bis dahin betriebenen Branchen zu den ersten und angesehensten Unternehmungen gehörten, konnten sich der Erkenntnis nicht verschließen, daß eine Erweiterung ihrer Versicherungsgebiete im Interesse ihrer Aktionäre eine dringende Notwendigkeit sei. Angesichts dieser Sachlage mußte bei beiden Gesellschaften der Gedanke der Fusionierung entstehen; denn die Fusion überhob nicht nur jede der beiden Gesellschaften der Aufgabe, ein Geschäft in neuen Branchen aufzubauen, was erfahrungsgemäß immer Jahre dauert und große Kosten und Verluste mit sich bringt, sondern sie beseitigte auch den neuen Wettbewerb, der anderenfalls entstehen mußte und gerade bei diesen beiden Gesellschaften, die vielfach gemeinsame Organe besaßen und sich in ihrem Kundenkreis begegneten, sich scharf fühlbar gemacht haben würde. Während die Fusion so einerseits gewissen Nachteilen vorbeugte, die ohne weiteres entstanden wären, wenn die Fusion nicht erfolgt wäre, so gewährte sie andererseits ganz bedeutende, bei einer derartigen Vereinigung auf der Hand liegende Vorteile.

Nach der Durchführung der Fusion im Jahre 1919 machten sich die Folgen des Krieges, der schon hemmend die Entwicklung der deutschen Versicherungs-Gesellschaften gedrückt hatte, in immer stärker werdendem Maße geltend. Mit der erfolgten Stabilisierung der Mark hat sich jedoch immer treffender gezeigt, daß der Gedanke des Zusammenschlusses gerade dieser beiden Gesellschaften wohl berechtigt war.

Durch die Goldmarkeröffnungsbilanz wurde das Aktienkapital der Gesellschaft, welches bei der Fusion beider Gesellschaften auf 12 825 000,— M. festgesetzt worden war, auf 8 Mill. GM. festgesetzt. Die mit der Stabilisierung der deutschen Reichsmark auch bei den Versicherungsgesellschaften in den Vordergrund gerichtete Arbeit des Wiederaufbaues hat infolge der unglücklichen wirtschaftlichen Situation im Deutschen Reiche große Opfer an Geld, Arbeit und Mühen verursacht. Diese Opfer waren aber unbedingt erforderlich, nicht zuletzt deshalb, weil eine ganze Reihe von Versicherungsgesellschaften in der Inflationszeit ins Leben gerufen waren, die den Versicherungsnehmern goldene Berge versprachen. Die meisten dieser Gesellschaften sind bereits erloschen und haben durch ihr Erlöschen mit dazu beigetragen, den Weg freizumachen für eine Genesung des gesamten deutschen Versicherungsgeschäftes.

In unermüdlicher Arbeit gelang es der neuen „Colonia", den alten Vorkriegsbestand wieder zu sichern und die Prämieneinnahme des Jahres 1913 wieder zu erreichen, zum Teil noch zu übertreffen. E i n e neue Gesellschaft war geschaffen worden durch die Zusammenschweißung zweier großer Gesellschaften mit nach innen und außen getrennten Organisationen. An der Spitze der einzelnen Gesellschaften standen Männer, welche die von ihnen betriebenen Versicherungszweige dank vieljähriger fruchtbringender Tätigkeit von Grund aus nach allen Richtungen kannten. Die einzelnen Glieder der Innen- und Außen-Organisationen waren gleichfalls in ihren Spezialbranchen durchgebildet und erfahren, so daß ihnen durch die Fusion das Wirken in ihren Hauptzweigen erhalten blieb und außerdem die Möglichkeit gegeben wurde, durch die neuen Beziehungen in den bisher nicht betriebenen Branchen unter Leitung einer in jeder Beziehung fachkundigen Direktion ihr Arbeitsfeld bei freudiger und tatkräftiger Arbeit immer fruchtbringender zu gestalten.

Dienstgebäude der Provinzial-Feuerversicherungsanstalt der Rheinprovinz — Düsseldorf, Kirchplatz

DAS ÖFFENTLICHE VERSICHERUNGSWESEN IN DER RHEINPROVINZ

Der Gedanke „Einer für alle, alle für einen", der dem Versicherungswesen wie keinem anderen Wirtschaftszweige zugrunde liegt, ist ein im besten Sinne sozialer, und es ist daher nicht verwunderlich, wenn im Deutschen Reich Länder und Provinzen im Interesse ihrer Bevölkerung eigene Versicherungsunternehmungen ins Leben gerufen haben, die öffentlichen Feuer- und die öffentlichen Lebensversicherungsanstalten.

Dabei ist das Land bezw. die Provinz nicht, wie bisweilen aus Unkenntnis angenommen wird, an den Ergebnissen des Versicherungsbetriebes dieser Anstalten finanziell interessiert, der Ueberschuß der Anstalten fließt nicht, wie bei einem eigentlichen Staatsbetriebe, in die öffentlichen Kassen, sondern er verbleibt den Anstalten und muß von diesen satzungsgemäß ausschließlich im Interesse der Versicherten verwandt werden. Die Ausschaltung jedes Erwerbszweckes und die satzungsmäßige Bindung, ausschließlich dem Wohle der Versicherten zu dienen, macht es nicht nur möglich, sondern auch notwendig, daß die Beiträge der öffentlichen Versicherungsanstalten nur so hoch bezw. so niedrig bemessen sind, wie sie bei voller Wahrung der Betriebssicherheit nur sein können. Das gilt für alle von dem öffentlichen Versicherungswesen betriebenen Versicherungszweige.

In der Feuerversicherung zeigt sich die Gemeinnützigkeit noch besonders darin, daß die öffentlichen Feuerversicherungsanstalten gesetzlich verpflichtet sind, auch solche Gebäude zu versichern, denen private Gesellschaften den Versicherungsschutz vielfach versagen; sie müssen auch die Versicherung bei Besitzwechsel und nicht pünktlicher Zahlung des Versicherungsbeitrages fortsetzen. Die Anstalten sind ferner gehalten, die Feuersicherheit ihres Geschäftsgebietes zu fördern. Dies wird erreicht durch Beihilfe zur Beschaffung zweckmäßiger Feuerlöschgeräte, durch Hergabe von Mitteln zum Bau von Wasserleitungen und durch ständige Förderung und Unterstützung der Feuerwehren.

Bei der öffentlichen Lebensversicherung tritt die Gemeinnützigkeit noch besonders darin zutage, daß sie die bei ihr sich ansammelnden Kapitalien (die Prämienreserven), ausschließlich in den Gebieten anlegt, die sie durch Versicherungsnahme aufgebracht haben.

Im Gegensatze zu privaten Versicherungsunternehmen, von denen fast jedes im ganzen Reich arbeitet, beschränken sich die Geschäftsgebiete der einzelnen öffentlichen Anstalten jeweils auf ein Land bezw. in Preußen auf eine Provinz. Gegenüber anderen deutschen Versicherungsunternehmen sind daher die öffentlichen Versicherungsanstalten, was das Geschäftsgebiet anbelangt, gewissermaßen nur zusammengefaßt als ein Versicherungsunternehmen anzusehen.

Die sämtlichen öffentlichen Feuerversicherungsanstalten sind im „Verband öffentlicher Feuerversicherungsanstalten in Deutschland" und die sämtlichen öffentlichen Lebensversicherungsanstalten im „Verband öffentlicher Lebensversicherungsanstalten in Deutschland" zusammengeschlossen, zu denen seit kurzem als Dritter der „Verband öffentlicher Unfall- und Haftpflichtversicherungsanstalten in Deutschland" getreten ist, der die Feuer- und Lebensversicherungsanstalten umfaßt, welche in den letzten Jahren die Unfall- und Haftpflichtversicherung aufgenommen haben.

Die volkswirtschaftliche Bedeutung der öffentlichen Feuerversicherung, deren Entstehung bis in das 17. Jahrhundert zurückreicht, geht schon allein daraus hervor, daß $^8/_{10}$ aller gegen Feuer versicherten Gebäude Deutschlands bei öffentlichen Feuerversicherungsanstalten versichert sind. Die öffentlichen Lebensversicherungsanstalten, die nicht auf das Alter der Feuerversicherungsanstalten zurückblicken können, sondern die erst im Laufe der letzten 16 Jahre entstanden sind, haben seit der Stabilisierung unserer Währung einen Versicherungsbestand aufbauen können, der sie an die Spitze der deutschen Lebensversicherungsunternehmungen gebracht hat.

Das öffentliche Versicherungswesen wird in der Rheinprovinz vertreten durch die Provinzial-Feuer- und die Provinzial-Lebensversicherungsanstalt der Rheinprovinz, beide mit dem Sitz in Düsseldorf.

Die Provinzial-Feuerversicherungsanstalt ist hervorgegangen aus der Vereinigung der „bergischen" mit der „nassauischen Feuersozietät auf Beschluß des 4. Rheinischen Provinziallandtages. Am 5. Januar 1836 wurde das Reglement für die „Provinzial-Feuersozietät der Rheinprovinz" vom König erlassen und durch die Gesetzsammlung publiziert. Die Verwaltung der Sozietät, ursprünglich ganz in Händen der preußischen Regierung, lag seit 1852 beim Oberpräsidium in Koblenz und ging 1872 auf den Provinzialverwaltungsrat über. Abgeschlossen wurde diese Ueberführung in die Reihe der Provinzialbehörden mit dem Inkrafttreten der Rheinischen Provinzialordnung vom 1. Juni 1887, nach deren Bestimmung seitdem die Sozietät als Provinzialanstalt von einem Direktor (jetzige Amtsbezeichnung Generaldirektor) verwaltet wird, der der Aufsicht eines Verwaltungsrates untersteht, dem außer dem Landeshauptmann 10 Versicherte angehören.

Eine weitere Instanz ist der Provinzialausschuß und der über ihm stehende Provinziallandtag. Seit dem Jahre 1903 ist der formelle Grundsatz der Gegenseitigkeit und damit der für die Versicherten mitunter so empfindliche Nachteil der Möglichkeit von Nachschußforderungen beseitigt, und die Anstalt trägt seitdem den Namen

Provinzial-Feuerversicherungsanstalt der Rheinprovinz.

Sie hat, von der Gebäudeversicherung ausgehend, immer mehr auch die übrigen Gebiete der Sachversicherung aufgenommen und bietet jetzt Versicherungen gegen alle Schäden, welche entstehen durch

Feuer, Blitz, Explosion, Einbruchdiebstahl, Wasserleitung, Zerbrechen von Verglasungen, Hagel, Haftpflicht; sie vermittelt außerdem

Transportversicherungen.

Im Jahre 1914 beschloß der 54. Rheinische Provinziallandtag die Errichtung einer Anstalt zum

Betriebe der Personenversicherung. Die Gründung erfolgte durch den Provinzialverband der Rheinprovinz im gleichen Jahre, die Aufnahme des Geschäftsbetriebes am 1. Januar 1915. Die Anstalt trägt den Namen

Provinzial-Lebensversicherungsanstalt der Rheinprovinz

und betreibt jetzt auf eigene Rechnung Lebensversicherungen aller Art, Rentenversicherungen, Unfallversicherungen, auf Rechnung anderer gemeinnütziger Unternehmungen außerdem Krankenversicherungen, Autokaskoversicherungen.

Die beiden durch gemeinsame Verwaltungsorgane verbundenen öffentlichen Versicherungsanstalten bieten somit der Bevölkerung der Rheinprovinz Schutz in fast allen Versicherungszweigen. Sie unterstehen als Körperschaften des öffentlichen Rechtes der Aufsicht des preußischen Ministeriums des Innern, das als Aufsichtsbehörde ihnen gegenüber dieselbe Funktionen ausübt, die dem Reichsaufsichtsamt für Privatversicherung über die privaten Versicherungsunternehmungen zustehen. Ebensowenig wie die Provinzial-Feuerversicherungsanstalt kennt die Provinzial-Lebensversicherungsanstalt eine Nachschußpflicht, ein Vorzug, der in den heutigen unsicheren Verhältnissen von Bedeutung werden kann. Dafür haftet für die Verpflichtungen beider Anstalten der Provinzialverband der Rheinprovinz.

Dienstgebäude der Provinzial-Lebensversicherungsanstalt der Rheinprovinz
Düsseldorf, Elisabethstraße

WESTDEUTSCHE BODENKREDITANSTALT
IN KÖLN AM RHEIN

Die Westdeutsche Bodenkreditanstalt ist am 28. November 1893 als Aktien-Gesellschaft mit dem Sitz in Köln errichtet worden. Sie gehört der „Gemeinschaftsgruppe deutscher Hypothekenbanken" an. Außer ihr sind Mitglieder dieser Gemeinschaftsgruppe:

Deutsche Hypothekenbank (Meiningen), Berlin,
Frankfurter Pfandbrief-Bank, Aktiengesellschaft, Frankfurt/M.,
Leipziger Hypothekenbank, Leipzig,
Mecklenburgische Hypotheken- und Wechselbank, Schwerin,
Norddeutsche Grund-Credit-Bank, Weimar,
Preußische Boden-Credit-Actien-Bank, Berlin,
Schlesische Boden-Credit-Actien-Bank, Breslau.

Die Interessengemeinschaft bezweckt die Vereinfachung des Betriebes und der Organisation zur Ersparung von Arbeitskräften und Ausgaben, ferner die gegenseitige Förderung bei Geschäftsabschlüssen sowie die Verwendung der vorhandenen Mittel und Organisationen zu gemeinsamem Zwecke.

Das Grundkapital der Westdeutschen Bodenkreditanstalt war bei der Gründung 8 Millionen M. Es ist nach und nach erhöht worden und hat im Jahre 1923 43800000,— PM. betragen. Im Jahre 1924 wurde das Aktienkapital auf 3 Millionen RM. umgestellt. Die Westdeutsche Bodenkreditanstalt betreibt unter staatlicher Aufsicht die durch das Reichshypothekenbank-Gesetz vom 13. Juli 1899 den Hypothekenbanken gestatteten Geschäfte. Die der Bank bei ihrer Gründung erteilten Privilegien sind durch Erlaß vom 1. Oktober 1923 und 8. November 1923 erweitert worden.

Auf Grund der ihr erteilten Ermächtigungen gibt die Westdeutsche Bodenkreditanstalt auf den Inhaber lautende Goldpfandbriefe und Goldkommunalschuldverschreibungen aus. / Im Umlauf befinden sich:

5 proz., 7 proz., 8 proz. und 10 proz. Feingoldpfandbriefe,
5 proz. und 8 proz. Kommunalschuldverschreibungen.

Die Westdeutsche Bodenkreditanstalt hat es sich angelegen sein lassen, mit den ihr durch den Verkauf ihrer Emissionspapiere zugeflossenen reichen Mitteln die Kreditnot des städtischen und ländlichen Grundbesitzes zu lindern.

Die Westdeutsche Bodenkreditanstalt befindet sich in fortschreitender Aufwärtsentwicklung. Im August 1926 waren rund 50% des Friedensumlaufes erreicht. Mit diesem Erfolg steht die Bank in vorderster Linie der deutschen Hypotheken-Aktien-Banken.

Für das Jahr 1925 gelangte eine Dividende von 8% zur Verteilung.

RHEINISCH-WESTFÄLISCHE BODEN-CREDIT-BANK

AKTIENGESELLSCHAFT

KÖLN A. RH., UNTERSACHSENHAUSEN 2
FILIALE: BERLIN W 8, FRANZÖSISCHE STR. 15

✷

Die Rheinisch-Westfälische Boden-Credit-Bank A.-G. zu Köln wurde am 24. Januar 1894 durch eine Reihe von Banken und Industriellen unter der Führung des A. Schaaffhausen'schen Bankvereins gegründet, nach dem bereits in früheren Jahren die Gründung einer Hypothekenbank in der Rheinprovinz wiederholt Gegenstand eingehender Verhandlungen gewesen war.

Das Privilegium zur Ausgabe von Hypotheken-Pfandbriefen erhielt die Bank am 12. März 1894 und konnte am 1. Mai 1894 ihren Geschäftsbetrieb aufnehmen. Das Gründungskapital betrug 20 000 000,— Mark. Es gelang der Bank sehr bald, bereits in den ersten Jahren, sich einen wesentlichen Platz am Hypothekenmarkt zu verschaffen; sie beschränkte sich ausschließlich auf die im Hypothekenbankgesetze vorgesehenen Geschäfte und betrieb ihr Geschäft über ganz Deutschland.

Bei vorsichtiger Geschäftsführung konnte die Bank regelmäßig bis zum Jahre 1922, vom Gründungsjahr ab, eine angemessene Dividende zahlen, die sich zwischen 6 und 8½ % bewegte.

Bei Umstellung des Aktienkapitals auf Goldmark ist dasselbe im Verhältnis von 10 zu 1 von Papiermark 30 000 000,— auf Reichsmark 3 000 000,— umgestellt worden. RM. 2 000 000.— Vorzugsaktien wurden auf Reichsmark 6 000.— festgesetzt. Das Stammaktienkapital wurde laut Generalversammlungsbeschluß vom 30. September 1926 von Reichsmark 3 000 000,— auf Reichsmark 6 000 000,— erhöht.

Die Dividende für das Jahr 1924 betrug nach reichlichen Reservestellungen 6%, für das Jahr 1925 7%. Die Bank gibt gegen die gewährten Hypotheken und gegen die an Kommunen gegebenen Golddarlehen Goldpfandbriefe und Gold-Kommunal-Obligationen aus. Die hypothekarischen Beleihungen erfolgen nach sorgfältiger Prüfung nur zur ersten Stelle und nur auf solchen Grundbesitz, der einen dauernden Ertrag abwirft. Was die Verzinsung und Rückzahlung der ausgegebenen Goldwerte als Zahlungspflicht der Bank angeht, so greift sie auf die Basis des Feingoldpreises zurück, wodurch den Pfandbriefgläubigern und den Gläubigern der Kommunal-Obligationen inbezug auf Währungsfrage im Rahmen der deutschen Gesetzgebung Sicherheit gewährt wird.

Ebenfalls sind die entsprechenden Forderungen der Bank in der gleichen Art auf Feingold abgestellt.

Am 30. September 1926 befanden sich in Umlauf:
a) Goldpfandbriefe . . . . . GM. 58 437 055,—
b) Goldkommunal-Obligationen GM. 8 854 790,—
Im Deckungsregister waren dagegen eingetragen:
a) Goldhypotheken . . . . . GM. 58 731 674,69
b) Gold-Kommunal-Darlehen . GM. 9 556 760,—

RHEINISCH-WESTFÄLISCHE BODEN-CREDIT-BANK AKTIENGESELLSCHAFT

Erster deutscher **Fernreise-Omnibus** für 18 Pers. mit Gepäckraum unter dem überhöhten hinteren Aufbau auf Daimler-Benz 6 Zyl. Fahrgestell

RHEINISCHE VERKEHRSGESELLSCHAFT
AKTIENGESELLSCHAFT

Verkehr ist Ueberwindung des Raumes. Moderner Verkehr stellt weitergehend die Forderung auf, die Bewegung von Personen und Gütern von einem Ort zum anderen möglichst schnell unter Beanspruchung der geringsten Zeitdauer zu bewerkstelligen. Aus ihr heraus ergibt sich weiter das Verlangen, jede größere Arbeitsstätte mit ihrem Markt, jedes Dorf mit dem anderen und dem Mittelpunkt von Handel und Wandel durch eine rasche, gute und billige Transportgelegenheit zu verbinden. Schneller Güterumschlag, schneller Güterumlauf, schneller Geldumlauf und damit Ersparnis und rationelle Wirtschaft, das sind schlagwortartig die Forderungen moderner Wirtschaft an den Verkehr.

Die bisherigen Transportmittel sind, wenn man von dem immer mehr ausgeschalteten Pferde- oder Ochsenwagen absieht, an Schienenwege gebunden, kostspielige Anlagen, die nur bei Massenbeförderungen von Menschen oder Gütern sich lohnen können. Das schließt ihren Bau einmal für weniger dicht besiedelte Gegenden, vor allem gebirgige Gegenden und für den Verkehr von Dorf zu Dorf aus, macht sie aber auch für den Schnelltransport einzelner, besonders hochwertiger Güter, ungeeignet. Anders liegen die Verhältnisse beim Kraftwagen, sei es in seiner Form als Großpersonenwagen, sei es als Lastwagen. Beweglich, ungebunden, an plötzlich auftauchende Bedürfnisse anpassungsfähig, scheint er der berufene Verkehrsträger der Zukunft zu sein. Seine Auf-

gaben sind mannigfach: Verbindung von Stadt und Land zu Geschäft, Gericht, Behörde, Schule, Theater, Musik und Vortrag, umgekehrt Erholungsmöglichkeit für den Städter, Verbindung auch des Arbeiters mit seiner Arbeitsstätte. Gerade die letztere Möglichkeit verdient besondere Beachtung, liegt doch in ihr als großes Ziel der Zukunft, daß durch den Kraftwagen die unheilvollen und die Menschen entwurzelnden Zusammenballungen in den sogenannten Proletariervierteln gesprengt werden können, der Arbeiter draußen, fern vom Dunst seiner Arbeitsstätte siedeln kann, ja auch umgekehrt, die Fabriken einzeln im Lande verstreut liegen können, da An- und Abtransport von Rohstoff und Fertiggut nicht mehr an Schienen gebunden erscheinen.

Aus solchen Gedanken und Erwägungen, zu denen noch die eine kam, daß an ein solches Aufgabengebiet nur mit festem und wohldurchdachtem Organisationsplan herangegangen werden dürfe, mit einem Plan, der nur das Wohl der Allgemeinheit vor Augen haben und nicht allzusehr nach rein Gewinn fordernden Erwägungen aufgezogen sein dürfte, entstanden in Deutschland allgemein die Verkehrsgesellschaften, im Rheinland die Dachgesellschaft von acht örtlichen Betriebsgesellschaften, die „Rheinische Verkehrsgesellschaft". Sie ist als Aktiengesellschaft gegründet, in privatwirtschaftlicher Art und Weise aufgezogen, um alle Hemmungen von vornherein auszuschalten. So sind bei ihr größere Freiheit

Großraum-Güterwagen für den Eisenbahn-Kraftwagenverkehr auf 5 t Mannesmann-Mulag

und Beweglichkeit, schnellere Anpassungsfähigkeit und Anschlußmöglichkeit gewährleistet, jede Starrheit vermieden. Die Aktien befinden sich zum überwiegenden Teil in den Händen der Provinz, der rheinischen Stadt- und Landkreise und der Reichsbahn, um so einheitlich, nach großen Gesichtspunkten, zielbewußt vorgehen zu können und den Anschluß an die bestehenden Verkehrsmöglichkeiten zu sichern.

Der Rheinischen Verkehrsgesellschaft sind die acht rheinischen Betriebsgesellschaften (Aachen, Aachen-Düren, Bonn, Krefeld, Köln, Koblenz, Wupper-Sieg, Düsseldorf) angeschlossen, denen die Erfassung des örtlichen Verkehrs in Form von Personenkursfahrten und Güterlinien obliegt, die den Ausflugsverkehr innerhalb ihres Gebietes und von ihm aus regeln. Alle Fragen, die über das örtliche Gebiet hinausgehen, sollen Angelegenheit der Rheinischen Verkehrsgesellschaft sein, sie ist gleichsam das Sammelbecken von Wünschen und Erfahrungen der Betriebsgesellschaften der Rheinprovinz. Alle großen Abschlüsse, ob es sich um Betriebsstoffe (Gummi, Benzol, Oel) handelt, ob es um Verhandlungen mit der Reichsbahn oder Reichspost geht, ob gemeinsame Tarife festgelegt werden, sind Sache der Dachgesellschaft. Dazu gehören statistische Erfassung des gesamten rheinischen Linienverkehrs, Abschluß von Versicherungsverträgen usw. Die Erfahrungen des letzten Jahres haben, vielleicht mehr noch, als man es ursprünglich erwartet und angenommen hatte, die Notwendigkeit dieser Zentralstelle, die in allen Verhandlungen mit mehr Gewicht und Stoßkraft als die Einzelbetriebsgesellschaft auftreten kann, erwiesen.

Damit ist die Tätigkeit der Rheinischen Verkehrsgesellschaft nicht erschöpft. Die obigen Aufgaben kann man als die einer Verbandszentrale bezeichnen, die Rheinische Verkehrsgesellschaft widmet sich jedoch darüber hinaus auch Aufgaben, die als reine Verkehrsaufgaben, als Aufgaben, die über den örtlichen Rahmen der Einzelbetriebsgesellschaften hinausgehen, anzusprechen sind. Hierzu gehört vor allen Dingen die Einrichtung des sogenannten „Eisenbahnkraftwagenverkehrs", der, wie der Name sagt, in engster Fühlungnahme mit der Deutschen Reichsbahngesellschaft durchgeführt wird. Diese Transporte erfolgen zu Eisenbahntarifsätzen, auf Eisenbahnfrachtbrief und mit Eisenbahnhaftung. Die bisher eingerichteten Linien haben sich bewährt.

Ebenfalls in enger Zusammenarbeit mit der Reichsbahn ist in Köln-Nippes ein großes Kraftwagenausbesserungswerk für Wagen aller Art entstanden, das eine Vulkanisieranstalt und ein nach dem neuesten Verfahren eingerichtetes Duco-Lackierwerk umschließt. Ihm angegliedert ist eine Fahrschule für Berufs- und Herrenfahrer.

Endlich besitzt die Rheinische Verkehrsgesellschaft einen großen Wagenpark an Omnibussen und Lastkraftwagen, letztere hauptsächlich für den Eisenbahnkraftwagen gebaut und entsprechend eingerichtet, erstere, um sie den Betriebsgesellschaften bei Bedarf zur Verfügung zu stellen, aber auch um größere Ueberlandfahrten für Gesellschaften übernehmen zu können. Es steht zu erwarten, daß sowohl der deutsche, wie auch der ausländische Ausflugs-Reiseverkehr, wie die Erfahrungen des letzten Sommers schon zeigen, immer mehr sich des bequemen und sicheren Omnibusses bedienen wird, der die Schönheit einer Gegend den Insassen unmittelbar nahe bringt, der an keine feste Route gebunden ist und bei dem jede Gesellschaft sich den Tag nach ihrem Belieben einrichten kann.

Die Zukunft aller Verkehrsgesellschaften, auch der Rheinischen Verkehrsgesellschaft, hängt von der allgemeinen Wirtschaftslage ab. Eins ist sicher: Hebt sich unsere Wirtschaft, so wird sie den Kraftwagen notwendig haben, und zwar einen Kraftwagenverkehr, der nach gemeinsamen, großen Gesichtspunkten eingerichtet ist. Es wird ihm gehen, wie der Eisenbahn vor hundert Jahren. Auch sie wurde verspottet und totgesagt, heute umschließen ihre eisernen Bänder die ganze Erde, auch sie wurde bekämpft, weil sie bestehende bewährte Einrichtungen verdränge, während sie im Gegenteil einen ungeahnten Aufschwung aller Verkehrszweige gebracht hat. Verkehrsmöglichkeiten schaffen, heißt Verkehr schaffen.

REICHSVERBAND DEUTSCHER KONSUMVEREINE
E. V.

Der Reichsverband deutscher Konsumvereine wurde im Jahre 1908 als „Verband westdeutscher Konsumvereine" von 42 Konsumgenossenschaften gegründet. Da bald auch aus dem übrigen Deutschland eine Reihe von Konsumgenossenschaften Anschluß an den Westdeutschen Verband suchte, wurde das Verbandsgebiet im Jahre 1912 auf das ganze Deutsche Reich ausgedehnt. / Der Reichsverband deutscher Konsumvereine umfaßte zu Beginn des Jahres 1926 319 Genossenschaften mit rund 700 000 Einzelmitgliedern. Der Reichsverband als Organisation von 700 000 deutschen Verbraucherfamilien stellt also eine beachtliche Macht im deutschen Wirtschaftsleben dar. Der Gesamtumsatz der dem Reichsverband angeschlossenen genossenschaftlichen Organisationen betrug im Jahre 1925 149 Millionen RM. / Der Sitz des Reichsverbandes war zuerst in Köln-Mülheim, später in Düsseldorf-Reisholz. Im Jahre 1926 legte der Reichsverband seinen Sitz wieder nach Köln. Der Reichsverband deutscher Konsumvereine ist die einzige deutsche genossenschaftliche Zentralorganisation, die ihren Sitz im Westen Deutschlands hat. / Die Wirtschaftszentrale des Reichsverbandes deutscher Konsumvereine ist die

„GEPAG", GROSSEINKAUFS- UND PRODUKTIONS-AKTIENGESELLSCHAFT DEUTSCHER KONSUMVEREINE

Die „Gepag" wurde im Jahre 1912 unter dem Namen Groß-Einkaufs-Zentrale deutscher Konsumvereine geschaffen. Sie ist der „Konsumverein der Konsumvereine". In diesem Schlagwort kommt ihre Bedeutung als Zentralwarenanstalt der angeschlossenen Konsumgenossenschaften zum Ausdruck. / Der Umsatz der „Gepag" betrug im Jahre 1925 31,6 Millionen RM. Zwecks besserer Versorgung der nicht in der Nähe der Kölner Zentrale gelegenen Genossenschaften hat die „Gepag" Zweigniederlassungen in Berlin, Leipzig, Nürnberg und Hamm i. W. eingerichtet. Im Dienste der konsumgenossenschaftlichen Eigenproduktion der „Gepag" stehen folgende Betriebe: eine große Seifenfabrik, eine modern eingerichtete Fleischwarenfabrik, eine Zigarrenfabrik, eine Kaffee-Großrösterei und eine Buchdruckerei. / Die neuen Zentral-Anlagen des Reichsverbandes deutscher Konsumvereine und seiner „Gepag" befinden sich im ehemaligen Proviantamt des 8. preußischen Armeekorps am Kölner Hafen in der Bayenstraße. Diese Gebäude — das Verwaltungsgebäude und ein riesiges Lagergebäude, wie obiges Bild zeigt — eignen sich vorzüglich für die Zwecke dieser Genossenschaftsorganisationen, ermöglichen insbesondere eine weitere Aufwärtsentwicklung. Besichtigungen der Kölner Anlagen sind gern gestattet. Ebenfalls ist die Wissenschaftliche Abteilung des Verbandes zu weiteren Auskünften und Materiallieferung über die Verbraucherbewegung bereit.

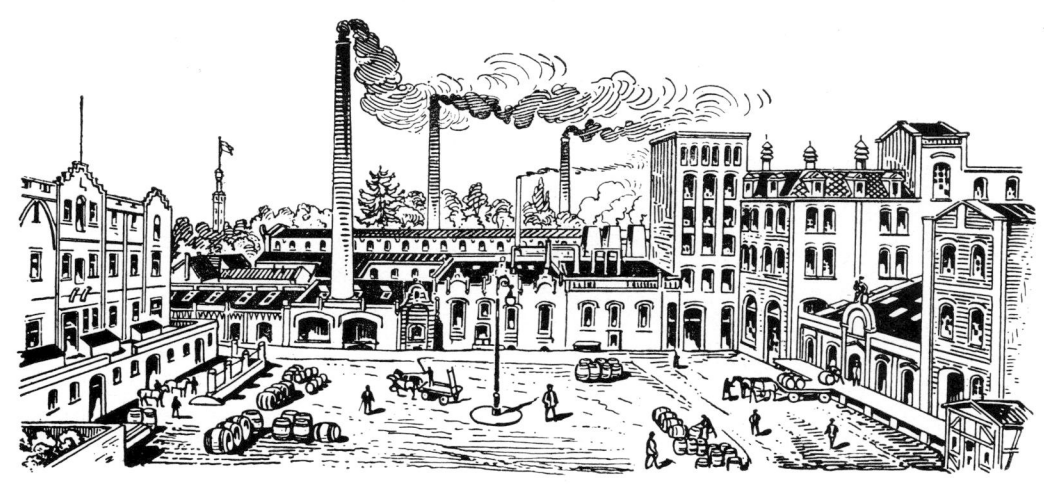

Gesamtansicht

HIRSCH-BRAUEREI KÖLN

AKTIEN-GESELLSCHAFT

KÖLN-BAYENTHAL

Wenn Deutschland auf dem Gebiete des Braugewerbes von jeher eine führende Stellung in der ganzen Welt eingenommen hat, so ist diese wirtschaftliche Tatsache nur zu einem geringen Teile dem Umstand zuzuschreiben, daß der Hopfen- und Gerstenbau in Deutschlands Grenzen heimisch und in sorgfältigster Pflege zu hoher Blüte gebracht worden ist. Mehr ist diese Entwicklung durch die organisatorischen Fähigkeiten und die technischen und kaufmännischen Vorzüge der deutschen Brauer bedingt. Und es hat ganz den Anschein, als ob der Ausbau der deutschen Brauindustrie in vollstem Flusse ist; die syndikatsmäßigen Zusammenschlüsse, die sich während der letzten Zeit in dieser Branche vollzogen haben, sind durchaus geeignet, die wirtschaftliche Stoßkraft der in ihnen zusammengefaßten Unternehmungen ins Ungemessene zu vergrößern. Die deutsche Brauindustrie ist in allen Teilen Deutschlands ziemlich gleichmäßig vorangeschritten. Im rheinischen Braugewerbe steht die Hirsch-Brauerei-Köln A.-G. in Köln-Bayenthal mit in erster Reihe. Sie entsendet ihre Erzeugnisse nach Köln und den größeren Städten im Rheinland, aber auch die zu diesen Städten gehörenden Landbezirke werden von der Hirsch-Brauerei-Köln A.-G. in großem Umfange beliefert. Hier findet sie hauptsächlich Absatz in den Industriebezirken und den Braunkohlen fördernden Gebieten. Auf der anderen Seite hat Köln in den letzten Jahren als Hauptverkehrsstadt des Westens einen bedeutenden Aufschwung genommen, wozu die Messen ein erhebliches Teil beitragen. So bietet sich für die Hirsch-Brauerei-Köln A.-G. ein guter Absatz in dem großen Industriezentrum Köln. Die Fabrikanlage befindet sich jedoch nicht im Innern der Stadt, sondern in dem Vorort Bayenthal, wo die staubfreie Luft und die kühlen Lagerungsmöglichkeiten für die Herstellung des köstlichen Gerstensaftes vorhanden und ebenso die Vorbedingungen der chemischen Zusammensetzung des Wassers in hervorragendem Maße gegeben sind.

Das Brauereigrundstück hat einen großen Gesamtflächenraum von 10 000 qm, so daß die Ausdehnungsmöglichkeit in jeder Beziehung vorhanden ist. Die Produktionsfähigkeit beträgt über 200 000 hl. Die Brauerei ist mit einem Eismaschi-

HIRSCH-BRAUEREI KÖLN AKTIEN-GESELLSCHAFT

Tankabteilung

nenbetrieb mit 500 000 Kältekalorien versehen bei einer täglichen Herstellungsmöglichkeit von 1 000 Ztr. Eis. Eine besondere Gewähr für die Sicherheit der Herstellung ihrer vorzüglichen Produkte bietet ein eigenes, modern eingerichtetes Laboratorium, dem die biologische Betriebskontrolle zur Aufgabe gestellt ist.

Die Hirsch-Brauerei-Köln A.-G. ist ursprünglich aus kleinen Anfängen hervorgegangen, sie konnte im vergangenen Jahre auf ein 25jähriges Bestehen zurückblicken. Früher war sie eine offene Handelsgesellschaft und wurde später in eine Aktien-Gesellschaft umgewandelt. Der Weg zu ihrer heutigen Größe hat durch viele Schwierigkeiten hindurchgeführt. Nicht unerwähnt seien hierbei die Kriegskontingentierung, die späteren Schwierigkeiten in der Inflationszeit und die wirtschaftlichen Hemmungen während der Besatzung. In den letzten Jahren hat die Hirsch-Brauerei-Köln A.-G. einen enormen Aufschwung genommen und zählt heute dank ihrer umsichtigen und tatkräftigen Leitung zu den ersten Unternehmungen der Branche. Sie gilt als die größte lokale Brauerei in Köln. Ihre Biere erfreuen sich einer allgemein großen Beliebtheit und der Name ihrer Spezialmarken „Hirsch-Bräu-Gold-Export" und „Hirsch-Pilsener" ist im Rheinland in Bierkennerkreisen ein geflügeltes Wort geworden. Die Bezeichnungen „Hirsch-Bräu-Gold-Export" und „Hirsch-Pilsener" sind gesetzlich geschützt. Bei mehreren Ausstellungen ist das Erzeugnis der Hirsch-Brauerei-Köln A.-G. mit der Goldenen Medaille prämiiert worden. Die Güte der Biere ist nicht zum mindesten darauf zurückzuführen, daß die Leitung der Hirsch-Brauerei-Köln A.-G. sich dem technischen Fortschritt im Brauereiwesen nicht verschlossen hat. Es sind verschiedene Neuanlagen gebaut worden, u. a. in den letzten Jahren ein Gär- und Lagerkeller nach den neuesten Verfahren und anderes mehr. Weitere Neueinrichtungen und Bauten sind ins Auge gefaßt.

Die Hirsch-Brauerei-Köln A.-G. unterhält an verschiedensten Plätzen Niederlagen, teilweise in ihrem Eigentum, die stetig zur Ausdehnung des Absatzgebietes für die Firma beitragen. Das Unternehmen beschäftigt einen Stab von rund 150 Mitarbeitern. Der vorzügliche Ruf des von der Hirsch-Brauerei-Köln A.-G. vertriebenen Bieres hat der Brauerei auch einen wertvollen Export eingetragen. Zum Transport steht der Brauerei ein ausgedehnter Lastkraftwagenpark zur Verfügung neben den traditionell überlieferten Pferdefahrzeugen. Die Versorgung der Kundschaft wird also auch wie alle übrigen Geschäftszweige von dem Grundsatz geleitet, den Anforderungen der Zeit Rechnung zu tragen und zur Befriedigung der Ansprüche den Betrieb dauernd auszugestalten und zu vergrößern. Auch in der jetzigen für das Brauereigewerbe ungünstigen Konjunktur ist der Absatz fortgesetzt im Steigen begriffen. Die Hirsch-Brauerei-Köln A.-G. trägt somit das ihrige zum Wiederaufbau der Wirtschaft als belebender Faktor bei.

HIRSCH-BRAUEREI KÖLN AKTIEN-GESELLSCHAFT

Gärkeller

Eismaschinenanlage

HIRSCH-BRAUEREI KÖLN AKTIEN-GESELLSCHAFT

Dampfmaschinenanlage

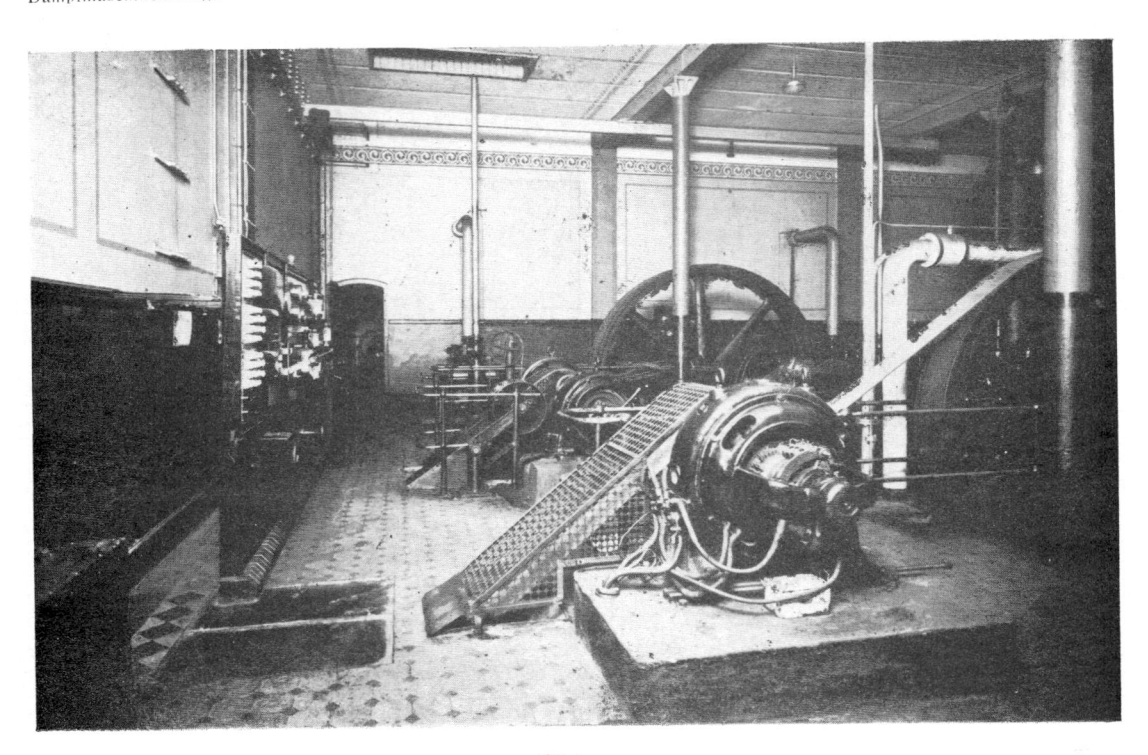

Elektr. Kraftanlage

HIRSCH-BRAUEREI KÖLN AKTIEN-GESELLSCHAFT

Ställe und Garagen

Verladerampe

Festgespann

Abteilung I: Mülheim, Bergisch Gladbacher Straße, Teilansicht des Brauereihofes mit Fuhr- und Autopark

BALSAM BERGISCHE LÖWEN-BRAUEREI
KÖLN-MÜLHEIM

„Hopfen und Malz, Gott erhalt's"

Dieser Ausspruch kennzeichnet treffend die Beliebtheit, die unser volkstümlichstes Getränk, das Bier, in unserem Vaterland besitzt. Die Wenigsten sind sich aber bewußt, wie sehr heute gerade das Bier auch zu einem Volksnahrungsmittel geworden ist, denn seine bedeutenden eiweißhaltigen Bestandteile tragen wesentlich mit zur Ernährung bei.

Deutschland als ausgesprochenes Biertrinkerland besitzt aber auch in der einschlägigen Industrie einen blühenden und im Rahmen der gesamten Volkswirtschaft sehr beachtenswerten Wirtschaftszweig. Bierbrauereien sind heute fast in jeder größeren Stadt zu finden, obgleich der Krieg und die Nachfolgezeit mit der geringen Rohstoffzuteilung große Lücken in den Kreis der Brauereien gerissen hat. Einen modernen Brauereigroßbetrieb, der auf Grund rationellster Arbeitsweise und unter Ausnutzung der neuesten wissenschaftlichen Erkenntnisse seine vorzüglichen Biere herstellt, ist die

Balsam Bergische Löwen-Brauerei
zu Mülheim und Höhenhaus.

Während noch vor dem Kriege am Sitz der Gesellschaft 4 größere Brauereien in Betrieb waren, nachdem schon vorher im Laufe der Jahre durch Fusion oder Stillegung weitere 10 Betriebe eingegangen waren, ist heute die Balsam Bergische Löwen-Brauerei noch der einzigste Betrieb in der ehemaligen Stadt Mülheim a. Rhein, die wegen ihrer guten Biere schon in den ältesten Zeiten berühmt war.

Im Jahre 1871 von der Familie Greven-Balsam als Privatbrauerei gegründet und noch heute im Besitz der Familie, entwickelte sich das Unternehmen aus kleinen Anfängen heraus, Dank des Weitblicks und der zielbewußten Leitung seiner Inhaber, zu seiner heutigen Größe. Wer die Brauerei in ihrer heutigen Gestalt in Augenschein nimmt und berücksichtigt, daß das Unternehmen vor 55 Jahren als Hausbrauerei ins Leben gerufen wurde, wird ermessen können, welchen gewaltigen Aufschwung die Brauerei genommen hat, die heute in Bezug auf Größe und Qualität ihrer Erzeugnisse zu den führenden Brauereien Westdeutschlands gehört. Die Betriebs-Anlagen der Firma haben eine Ausdehnung von 14 000 qm in Mülheim und 37 500 qm in Höhenhaus, sodaß weitgehende Erweiterungsmöglichkeit für evtl. spätere Ausdehnung gegeben ist.

Auch hat sich die Brauerei den Fortschritt auf technischem Gebiet zu Nutze gemacht und das Unternehmen im Laufe der Jahre nach modernsten Grundsätzen aufgebaut. Die Brauerei verfügt über eine Dampfkraft von 300 PS sowie elektrische Kraftanlagen von 350 PS, die die Betriebe mit der erforderlichen Kraft versehen. Außerdem ist die Brauerei an die Starkstromanlage der Städt. Elektrizitäts-Werke Köln angeschlossen und bezieht von dort die zum Betrieb der zahlreichen Motoren und die für Leuchtzwecke benötigte elektrische Energie. Anschließend an das Maschinenhaus befindet sich der Kesselraum, in dem zwei mächtige Cornvallkessel von je 120 qm Heizfläche liegen, die mit modernen automatischen Kohlenbeschickungs-Apparaten versehen sind. Die Kühlung der Keller besorgen drei Linde-Kompressoren mit einer Stundenleistung von 365 000 Kalorien. Acht große Kessel, von denen der größte 170 hl faßt, dienen in den Sudhäusern zum Kochen des geschroteten Malzes und Hopfens. Die Gärkeller, in wel-

Abteilung II: Höhenhaus, Berliner Straße, Teilansicht mit Hof, Sudhaus und Eismaschinenanlage

chen das Bier zur Gärung gebracht wird, zeigen modernstes Aussehen, denn anstatt der bisher verwandten Holzbottiche haben überall Aluminiumbottiche Aufstellung gefunden, die neben größter Raumausnutzung Gleichmäßigkeit, Reinheit und Güte des Bieres gewährleisten.
Die gleichen Grundsätze, die zur Einführung der Großgärgefäße führten, fanden in neuerer Zeit auch bei der Lagerung des Bieres Berücksichtigung. Die zwar immer noch eine beachtliche Größe besitzenden Holzfässer von 100 Hektoliter Inhalt, genügten den modernen Anforderungen des Großbetriebes nicht mehr und wurden durch Lagertanks größten Ausmaßes ersetzt. Diese Lagertanks, die aus Aluminium oder Stahl hergestellt sind, haben eine Größe von 110 bis 346 hl Inhalt und bieten eine sichere Gewähr dafür, daß das Bier während seiner durchschnittlich drei- bis viermonatigen Lagerzeit die gewünschte Reife und den edlen Geschmack bei reichem Kohlensäure-Gehalt erhält. Auch die Abfüll-Vorrichtungen der Brauerei, mit denen das abgelagerte Bier mit Hilfe von Gegendruck-Apparaten und großen Filtern von den riesigen Lagertanks in kleinere Transport-

Abteilung I: Teilinneres der Sudhausanlage Bergisch Gladbacher Straße

Ein Gärkeller von 2 200 hl Inhalt mit modernen Aluminium-Bottichen ausgestattet, Höhenhaus-Pilsener in der Hauptgärung

gefäße abgefüllt wird, sind modernster Art und neuesten Systems.

Die Firma besitzt eine eigene Küferei, Schlosserei, Schmiede und Autoreparaturwerkstätte. Ein Fuhrpark von 18 Pferden bewerkstelligt den Verkehr mit der näheren Kundschaft und ein Autopark von 10 Lastautos modernster Konstruktion führt den im weiteren Umkreis liegenden Kunden das köstliche Naß zu.

Ueberall erfreuen sich die erstklassigen Biere insbesondere **Höhenhaus Pilsener, Balsamator-Urbock, Mülheimer Export** eines ausgezeichneten Rufes und gelangen in den ersten Häusern Kölns und der weiteren Umgebung zum Ausschank. Der Vertriebsradius der Biere dehnt sich in letzter Zeit immer weiter aus, so bis Düren und Aachen, Neuß und Düsseldorf und im gesamten Bergischen Land bis weit hinter Solingen hinaus. Im Siegtal bis Eitorf und auf den Höhen des Westerwaldes bis Buchholz und Asbach, im Rheintal bis Königswinter und Rolandseck und in zahlreichen Orten der Eifel erfreuen sich die Biere der Brauerei steigender Beliebtheit.

Moderne Lagerkeller-Anlage mit zehn Aluminiumtanks von insgesamt 2 800 hl Inhalt

RHEINISCH-BERGISCHE KONSUMGENOSSENSCHAFT „HOFFNUNG"
E. G. M. B. H.

Die Gründung der „Hoffnung" erfolgte am 10. März 1901. Den Anstoß dazu gaben vor allem Weber der Firma Andree in Mülheim a. Rh. Die Absicht der Gründer war ursprünglich, nur Mülheim und die rechtsrheinischen Vorstädte von Köln zu erfassen. Am 1. Juli 1901 wurde der erste Laden in der Bleichstraße in Mülheim eröffnet. Weitere folgten im gleichen Jahre noch in Dünnwald, Kalk und Deutz. Das mit dem 30. Juni 1902 schließende erste Geschäftsjahr ergab einen Gesamtumsatz von 170 127,99 Mk., die Mitgliederzahl betrug 1791. Die Bilanz zeigte einen Reingewinn von 8 103,81 Mk., die zum größten Teil als 4proz. Rückvergütung den Mitgliedern wieder zufloß.

Durch Anschluß an die schon bestehenden konsumgenossenschaftlichen Zentralorganisationen (Rhein.-Westfäl. Konsumgenossenschafts-Verband, Großeinkaufsgesellschaft deutscher Konsumvereine) und eine rege Aufklärungsarbeit sicherte sich der junge Verein die notwendige Verbindung mit der übrigen deutschen Verbraucherbewegung und interessierte immer weitere Kreise der Nurverbraucher für diese Bestrebungen. Die Entwicklung nahm denn auch einen zufriedenstellenden Verlauf. Schon im dritten Geschäftsjahre konnte die Genossenschaft ihr Tätigkeitsgebiet auch auf die andere Rheinseite ausdehnen, indem ein in Ehrenfeld bestehender Konsumverein in die „Hoffnung" aufging und die Stadt-Kölner Verbraucher ihre Absicht, selbst eine Genossenschaft einzurichten, in vorausschauender Einsicht aufgaben. Sie schlossen sich vielmehr von vornherein der Mülheimer Genossenschaft an, die diese Tatsache durch eine entsprechende Aenderung in ihrer Firma zum Ausdruck brachte. Die weitere Ausdehnung des Unternehmens bedingte auch die Schaffung entsprechender Betriebsanlagen. Am 3. Mai 1909 fand die feierliche Einweihung der neuen Zentrale in Vingst statt, die im Laufe der Jahre noch mannigfache Erweiterungen erfuhr. Heute besteht sie aus zwei Hauptgebäuden und einer Anzahl Nebengebäuden. In dem einen, ca. 50 m langen, ca. 30 m tiefen, vier Stockwerke enthaltenden Hauptgebäude sind neben dem Zentrallager nebst Kaffeerösterei auch noch die Büroräume untergebracht. Das andere, mehr als 70 m lange, ebenfalls ca. 30 m tiefe und drei Stockwerke enthaltende Hauptgebäude beherbergt die Großbäckerei. In den Nebengebäuden sind Maschinenanlagen, Werkstätten und Stallungen untergebracht. Die ganze Anlage hat eigenen Gleisanschluß zum Güterbahnhof Köln-Kalk.

Die Zeit des Krieges konnte wohl, wie leicht verständlich, die Entwicklung der Genossenschaft hemmen, aber nicht gänzlich aufhalten. Auch unter den schwierigen Verhältnissen der Nachkriegszeit hat sich die Genossenschaft unentwegt weiter ausgedehnt. Einen starken Zuwachs an Mitgliedern und an materiellem Besitz brachte zuletzt noch die im Jahre 1921 erfolgte Verschmelzung der Genossenschaft „Solidarität" in Ohligs-Solingen mit der „Hoffnung".

Die in Ohligs, dicht an der Eisenbahnstrecke Köln—Elberfeld gelegene Zentrale mit Bäckerei der früheren Konsumgenossenschaft „Solidarität" versorgt auch nach der Verschmelzung noch den ganzen Solinger Bezirk mit den notwendigen Lebensmitteln, vor allem auch mit anerkannt gutem Brot und allen sonstigen Backwaren.

1924 schlossen sich der Bezirks-Konsumverein „Mittelrhein" mit dem Sitz in Koblenz und der Konsumverein für Höhr und Umgegend im vorderen Westerwald ebenfalls der „Hoffnung" an. Die 22 Lebensmittelverteilungsstellen dieses Bezirks werden von einer vorläufig noch in gemieteten Räumen untergebrachten Zentrale in Koblenz-Neuendorf aus bedient.

Der Umsatz des genossenschaftlichen Unternehmens belief sich in den letzten Jahren auf 11 bis 12 Millionen Mark jährlich. Trotz aller wirtschaftlichen Schwierigkeiten, großer Arbeitslosigkeit gerade in den Kreisen der Bevölkerung, aus denen sich die Mitglieder der Genossenschaft vorwiegend rekrutieren, zeigen die Umsatzzahlen eine zwar langsame, aber ständige Tendenz zum Steigen. Das läßt die Annahme einer weiteren gesunden Fortentwicklung dieses großen wirtschaftlichen Unternehmens auf genossenschaftlicher Grundlage wohl berechtigt erscheinen.

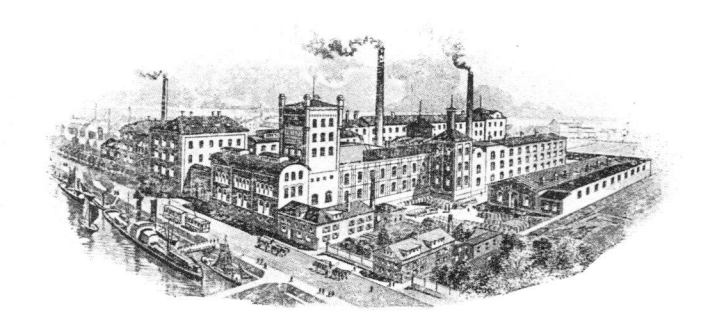

HITDORFER BRAUEREI FRIEDE

AKTIENGESELLSCHAFT

SCHUTZ- MARKE

KÖLN A. RH.
AN ST. KATHARINEN 1
FERNSPRECHER:
ULRICH 1241 UND 1242

HITDORF A. RH.
FERNSPRECHER:
OPLADEN NR. 38
LANGENFELD NR. 73

Die Hitdorfer Brauerei Friede Aktiengesellschaft in Hitdorf a. Rhein wurde vor mehr als 100 Jahren in kleinem Umfange errichtet. Bis in die 70er Jahre des vorigen Jahrhunderts war sie die einzige Brauerei in der Umgegend von Düsseldorf und versorgte diese Gegend und das Bergische Land mit Bier. Die Brauerei hat sich von Jahr zu Jahr immer weiter langsam und stetig entwickelt. Einen besonderen Aufschwung nahm das Unternehmen aber erst zu Anfang dieses Jahrhunderts, als die beiden Schwiegersöhne des Begründers, die Herren Dublon und Treumann, in das Geschäft eintraten. 1903 wurde das Unternehmen in eine Aktiengesellschaft umgewandelt. Von da ab hat sich die Brauerei stets fortentwickelt und stieg ihr Absatz von Jahr zu Jahr. Nach den unglücklichen Kriegsjahren 1914—1918, die naturgemäß auch an diesem Unternehmen nicht spurlos vorübergingen, hat sich die Leitung auf die Herstellung einer Besonderheit in der Bierbereitung das sogenannte

„Hitdorfer Pilsner"

verlegt. Mit diesem einzigartigen Erzeugnis hat das Unternehmen ungeahnte Erfolge aufzuweisen dank der ganz vorzüglichen Güte desselben, die nicht allein von dem biertrinkenden Publikum, sondern auch von den ersten Kapazitäten der Brauindustrie restlos anerkannt wird. Der enorm gestiegene Absatz bedingte natürlich auch die stete Vergrößerung und Verbesserung der vorhandenen Brauereianlagen. Große bauliche Veränderungen mußten vorgenommen werden; der Neuzeit und dem Fortschritt entsprechende maschinelle und sonstige Betriebsanlagen wurden ausgeführt, die Bierlagerräume wurden anstelle der veralteten Lagerfässer mit stahlemaillierten Tanks ausgestattet. Die Einrichtung der Brauerei ist daher heute als in jeder Beziehung mustergültig zu bezeichnen, wie dies von allen, die Gelegenheit zu ihrer Besichtigung hatten, rühmend anerkannt worden ist.

Der Sitz der Hitdorfer Brauerei Friede Aktiengesellschaft und die Verwaltung ist in Köln, während die Brauerei selbst in Hitdorf a. Rh. (zwischen Düsseldorf und Köln) belegen ist. Die Leitung des Unternehmens liegt zurzeit in Händen des Direktors Treumann als alleinigen Vorstandes, dem drei Prokuristen und ein Stab fachmännisch geschulten Personals zur Seite stehen.

DAMPFER RHEINLAND 2500 Fahrgäste, 750 Pferdestärken
erbaut 1926 für die Dampfschiffahrtsgesellschaft für den Nieder- und Mittelrhein

von

GEBR. SACHSENBERG A.G.
ROSSLAU / KÖLN-DEUTZ / STETTIN

SCHIFFBAU, BAGGERBAU, MASCHINENFABRIK, KESSELSCHMIEDE, GIESSEREI, REPARATURWERKSTÄTTEN

DAMPFER FRIEDRICH HASCHKE nach einem Gemälde von Prof. Hans Behrdt
erbaut für die Vereinigungsgesellschaft Rheinische Braunkohlenbergwerke von Gebr. Sachsenberg A.G.
Schleppleistung: 6500 Tonnen, PSi 1700 bis 2000

TREPPCHEN-KELLEREI

MATHIAS BECKMANN · KÖLN A. RH.

Eine der ältesten und angesehensten Weingroßhandlungen am Platze ist die Treppchen-Kellerei Mathias Beckmann mit ihren Weinstuben „Zum Treppchen" in Köln, Am Hof 38/44, in nächster Nähe des Domes. Der Betrieb befindet sich in vier nebeneinander liegenden Häusern, die eine alte Geschichte haben: sie sind über 300 Jahre alt und das älteste Nr. 38 stammt noch aus dem 14. Jahrhundert. Die Häuser dienten ursprünglich Universitätszwecken, wurden später in ein Kloster umgewandelt, wovon heute noch einzelne Zellen Zeugnis ablegen. Natürlich wurde im Laufe der Jahrhunderte mehrfach daran umgebaut, um sie für die Zwecke geeignet zu machen, denen sie heute dienen. / Die Treppchen-Kellerei zählt überhaupt zu den bedeutendsten Firmen des In- und Auslandes, sie hatte vor dem Krieg ein großes Ausfuhrgeschäft nach dem europäischen sowohl, als auch nach dem überseeischen Ausland und die Qualitätsweine, denen die Firma ihren Ruf verdankt, haben ihr einen namhaften großen Kundenkreis, besonders in den ersten Gesellschaftskreisen, erworben. Sie besitzt eigene Weinberge und Kellereien an der Mosel.

BRAUHAUS Wwe. HEINRICH KOLTER, KÖLN, MARIENPLATZ 24

Das Haus, in welchem sich jetzt seit über 60 Jahren die Bierbrauerei Wwe. Heinrich Kolter befindet, hat eine weit zurückreichende Vergangenheit. Auf dem Hügel gelegen, auf welchem sich im frühen Mittelalter der Palast der fränkischen Könige und später das Kloster und die Kirche des adligen Damenstiftes St. Maria im Kapitol erhoben, lag das bereits um das Jahr 1200 urkundlich erwähnte Haus, welches damals von Wolbero Vulprumen an Walter de Aquis von Aachen verkauft worden ist. In den beiden folgenden Jahrhunderten wechselten die Besitzer des Anwesens, welches seit 1302 den Namen „Zur neuen Tür" führte, mehrfach, bis 1425 Sibilla vom Horne es an den Rat der Stadt Köln verkaufte. Dieser richtete hier sein Gruthaus ein zur Herstellung der damals noch zur Bereitung des Bieres benutzten Grut aus den Dolden des Gagel (myrica gale), die erst im 16. Jahrhundert durch den Hopfen verdrängt worden ist. Hiermit verlor die Grutgerechtsame, nach der alle Bierbrauer ihre Grut von der Stadt beziehen mußten, für diese ihre Bedeutung und das Gruthaus ging 1543 wieder in Privatbesitz über, der im Laufe der Zeit mehrfach wechselte. Im Jahre 1863 wurde hier eine Bierbrauerei mit Wirtschaft eingerichtet, welche 1892 Heinrich Kolter übernahm und zu dem heutigen Betriebe ausgestaltete. Seine Witwe ist heute die Inhaberin dieses bei den Kölnern beliebten Brauhauses in dem schönen aus dem 18. Jahrhundert stammenden Patrizierbau am Marienplatz. Im Jahre 1923 übernahm mit deren Schwiegersohn Joseph Maier eine frische, jüngere Kraft die Leitung des Betriebes, unter dessen tatkräftiger Führung der Wirtschaftsbetrieb sich eines sehr großen Zuspruchs erfreut. Das Kolter Bier ("Echt Kölsch" Obergärung) wie auch die Kolter-Küche sind von hervorragender Güte und weit und breit bekannt.

„EM BIRBÄUMCHE"

RESTAURATION VON LAMBER GATZWEILER
KÖLN / URSULASTRASSE 5-7

Das hier im Bilde wiedergegebene Haus der Restauration „Em Birbäumche" erstand im Jahre 1924 im wahrsten Sinne des Wortes „wie ein Phönix aus der Asche": 1922 vernichtete ein Brand, verursacht durch Fahrlässigkeit von belgischen Truppen (im Hause war damals noch der obere Saal von der feindlichen Besatzung beschlagnahmt), das ehemalige „Ursulabräu", das schon im 13. Jahrhundert urkundlich genannt wird. Ausweislich der Urkunden wird auch seit länger als vier Jahrhunderten in dem Hause das edle Gewerbe der Bierbrauerkunst ausgeübt.
Im Jahre 1909 erwarb der heutige Besitzer Lambert Gatzweiler Haus und Brauerei und führte das Lokal bis zum Brande im Jahre 1922 im alten Stile weiter, dabei aber schon damals den fortschreitenden Anforderungen der Zeit an einen verfeinerten Restaurationsbetrieb Rechnung tragend. Der durch den Brand notwendige Neubau gab ihm Veranlassung zu einer vollständigen Umgestaltung. So weist heute das Obergeschoß eine große Küche auf, weiter eine eigene Metzgerei und eine eigene Kühlanlage. Glücklich hat sich in dem neuerstandenen „Birbäumchen" altkölnische Gemütlichkeit mit modernem Restaurationskomfort gepaart. Und wenn das Gebäude als solches eine Zierde der Altstadt von fachmännischer Seite wiederholt bezeichnet wurde, so ist das ebenso berechtigt wie der gute Ruf, den Küche und Keller des „Birbäumchens" in ganz Köln und weit darüber hinaus genießen.

P. JOSEF FRÜH, KÖLN

KÖLNER BRAUHAUS
(KÖLNER HOFBRÄU)
AM HOF 12

Die sogenannten Hausbrauereien, Brauereien, die ihr Bier in der Hauptsache oder ausschließlich im eigenen Hause zum Ausschank bringen, sind ebenso wie das von ihnen erzeugte, obergärige, stark gemälzte und gehopfte Bier von jeher eine besondere Eigentümlichkeit Kölns und seiner Umgebung gewesen. Dem Kölner gilt sein „Kölsch" sozusagen als ein Symbol der alten Stadt, das Brauhaus seines Viertels ist ihm eine Art gesellschaftlichen Mittelpunktes, eine weit geschätzte Pflegestätte Kölner Gemütlichkeit, an der man keine Standesunterschiede kennt; die Güte des Bieres in dem von ihm bevorzugten Brauhaus ist fast sein persönlicher Stolz und mit einer aus der Liebe zu seiner Vaterstadt geborenen Eifersucht wacht er darüber, daß sein Lieblingsbrauhaus sich im Inneren wie im Aeußeren nicht wesentlich verändert, daß es „altkölsch" bleibt wie sein Bier. Unter diesen Umständen war es geradezu ein Wagestück, daß der frühere Besitzer des Apostelbräues in der Apostelstraße, Herr Josef Früh, im November 1905 „Am Hof" und an der Stelle des niedergelegten Gebäudes der „Schützenliesel" ein neuerbautes Kölner Brauhaus eröffnete. Zwar ging dem Herrn Früh, dem Sohn einer alten Brauerfamilie, als Fachmann ein so vorzüglicher Ruf voraus, daß man hinsichtlich der Güte des in seinem Neubau zum Ausschank kommenden Bieres keine Befürchtungen zu hegen brauchte. Aber es entstand die mit einer gewissen Leidenschaftlichkeit in der Stadt erörterte Frage, ob in einem derartigen Neubau überhaupt eine Stätte gewohnter Gemütlichkeit und ein so behagliches, an Altväterzeiten erinnerndes Milieu entstehen könne, wie in den alten Kölner Brauhäusern. Herr Früh aber hatte sein Wagnis, gestützt auf bauliche und künstlerische Kapazitäten, unternehmen dürfen, von denen der Architekt, Herr Regierungsbaumeister Schmitz, Köln, einen Gastraum schuf, der trotz seiner bis dahin in Kölner Brauhäusern noch nicht erlebten Ausmessungen, durch geschickte Gliederung und besonders durch Einziehung eines auf Säulen ruhenden, lichtspendenden Hochganges, sowie durch Schaffung von sonstigen Winkeln und Nischen ein ungemein trauliches Gepräge erhielt, das verstärkt wurde durch dunkle Tönung der Wände, einen hohen Kachelofen, entsprechendes Mobiliar und dann noch besonders durch den von Professor Grasegger, Köln, geschaffenen, figürlichen Schmuck von humoristisch-künstlerischen Werten, sowie durch die von Herrn Schulte, Lehrer der Kölner Gewerbeschule, gemalten Bilder mit Typen Kölner Biertrinker. Es war derart ein Raum entstanden, der durch Thekeneinbau nach dem Flur hin, durch den „Köbes" mit blauem Wams und blauer Schürze usw. alle typischen Merkmale eines Kölner Brauhauses und dabei die Stimmungsreize eines solchen in noch verstärktem Maße aufwies, der dabei aber auch durch Raumeinteilung, Beleuchtung, Lüftung usw. allen berechtigten, modernen Ansprüchen vollauf genügte. Das Wagnis des Herrn Früh war so nach allgemeinem Stadturteil durchaus gelungen und da dessen Bier auch in gleichbleibender Vorzüglichkeit zum Ausschanke gelangte, wurde sein neues Brauhaus bald eine Wallfahrtsstätte für Kölner Biertrinker. Die äußeren Werte des Hauses erhöhten sich noch, als nach Verschwinden des Spohrengäßchens und der Schaffung der Stollwerkpassage im Jahre 1907 ein vornehmer und breiter Verbindungsweg vom „Hof" zur nahen Hohen Straße entstand. Die Nähe dieser Straße, des Domes und des Bahnhofes machten dann das Haus Früh bald zum beliebten Treffpunkte für Besucher Kölns, zu einer weitbekannten Anfangs- und Endstation für Wanderungen und Geschäftswege in der Stadt. Das Haus Früh, das von der Witwe des im Jahre 1915 verstorbenen Gründers und ganz in dessen Geist weiter geleitet wird, hat siegreich die für die Kölner Hausbrauereien so schwierigen Kriegsjahre überwunden und sieht heute wieder, wie in Friedenszeiten, täglich Gästescharen seine Räume füllen.

EMIL HAGEN / KÖLN A. RH.

PFEILSTRASSE 17 / FERNRUF RHEINLAND 4366

INGENIEURBÜRO FÜR GAS-,
WASSER- UND KANALANLAGEN IN JEDEM UMFANG
WASSERWERKS- UND KLÄRANLAGEN,
ZENTRALHEIZUNGEN

Die Fa. Emil Hagen, Ingenieurbüro für sanitäre Anlagen, Zentralheizungen, Wasserwerks- und Kläranlagen in Köln, Pfeilstraße 17, führte an bedeutenden Installationen für städtische und Verwaltungsbehörden aus: Stadt Köln, Westhalle der städtischen Messebauten, Leichenhalle des Waldfriedhofes in Bocklemünd, Rheinisches Braunkohlensyndikat Köln, Verwaltungsgebäude in Köln und Godorf, Rheinisch-Westfälisches Elektrizitätswerk, Wohlfahrtseinrichtungen auf dem Goldenbergwerke, sowie die gesamten Installationen und Zentralheizungsanlagen im Vergnügungspalast Groß-Köln, und außerdem noch viele viele Herrensitze, Villen und Geschäftshäuser, Hotels etc. in Köln selbst und Umgegend.

LITERATUR ZUR GESCHICHTE KÖLNS

Die Literatur über Köln ist außerordentlich reichhaltig. Die Stadtbibliothek hat eine besondere Abteilung für rheinische und kölnische Literatur. Hier seien nur einige orientierende Werke angeführt:

Bender, Franz: Illustrierte Geschichte der Stadt Köln. Mit zahlreichen Originalabbildungen und Literaturverzeichnis am Schluß. 10. Aufl. 1924. Populär.

Bender, Franz: Kölnische Heimatkunde, besonders für Schulen bestimmt. Mit dem Merkatorplan von 1571. Köln 1919.

Ennen, L.: Geschichte der Stadt Köln. 5 Bde. Köln und Neuß 1863 ff. Grundlegend, wenn auch vielfach überholt.

Klinkenberg, Jos.: Das römische Köln. Düsseldorf 1906. Bestes Werk über die Römerzeit.

Klersch, Jos.: Von der Reichsstadt zur Großstadt (Köln 1794—1860) 1925.

Leyb. L.: Kölnische Kirchengeschichte. 2. A., Essen 1917.

Keussen, Herm.: Topographie Kölns im Mittelalter. Gekrönte Preisschrift der Mevissenstiftung. Bestes Werk über das mittelalterliche Köln.

Hansen, Jos.: Die Rheinprovinz von 1815—1915. 2 Bde. Bonn 1917. Bestes Werk über das 19. Jahrhundert.

Steiner's Paradiesbett

Das Feinste u. Beste für moderne Schlafzimmer.

Lieferung ganzer Schlafzimmer-Einrichtungen.

Paradiesbetten-Fabrik
Köln a. Rh. · M. Steiner & Sohn A.G. · Schilderg. 47-49

GUST. CARL LEHMANN
KÖLN A. RH., HOHENZOLLERNRING 48., ANNO 2270, MOSEL 1889

Führendes Haus für

TAPETEN
DEKORATIONEN
BODENBELAG

HERVORRAGENDE AUSWAHL IN MODERNEN
UND STILTAPETEN / LACKTAPETEN / TEKKO
SALUBRA / ALLEINIGER HERSTELLER
DER KÖLNER KÜNSTLERTAPETEN

GROSSES LAGER IN DEKORATIONSSTOFFEN
MODERNE KÜNSTLERSTOFFE IN ERSTKLASSIGEN
QUALITÄTEN / INDANTHRENSTOFFE / CRE-
TONNES / BEDRUCKTE LEINEN-SEIDEN-STOFFE
DAMASTE / MÖBELBEZUGSSTOFFE / ROSSHAAR

VELOUR ZUM AUSLEGEN GANZER RÄUME
TREPPENLÄUFER / KOKOS / HAARGARN
KORKETT-FUSSBODENBELAG / DELMEN-
HORSTER „SCHLÜSSEL-LINOLEUM"

AUSFÜHREN SÄMTLICHER ARBEITEN DURCH
EIGENES GESCHULTES FACHPERSONAL

Sterck Schinzel
Parfümerie

Köln, Hohestraße 135
TELEPHON MOSEL 2800

Westdeutschlands größte u. vornehmste Damen- u. Herrenfrisiersalons

Das führende Haus in
Haarpflege, Haarfärben
Haararbeiten, Schönheitspflege
Manicure, Pedicure
Nestle- und Mayer-Dauerwellen

Sämtliche In- und ausländischen
Parfümerien und Toilettespezialitäten
Feinste Schildpatt, Elfenbein-,
Silber- und Lederwaren

Zweiggeschäfte

HABSBURGERRING 22
TELEPHON ANNO 8004

DOMHOF No. 1
TELEPHON ANNO 2916

DOM- U. EXELSIORHOTEL

H. Walter Reitz

ARCHITEKT B. D. A.

Köln a. Rhein · Am Südpark 37

RHEINISCHE DRAHT- UND KABELWERKE G.m.b.H.
KÖLN-RIEHL

BBC

Fernsprech-Anschlüsse:
Anno 6583 und 6584
Rheinland 5208 und 5209
Telegramm-Adresse:
Rheinkabel Köln

Starkstrom-Bleikabel
für Hoch- u. Niederspannung

Schwachstrom-Bleikabel
für Telephonie, Telegraphie, Signalzwecke etc.

Isolierte Leitungsdrähte
für elektrotechnische Zwecke jeder Art

Scheibel. Köln

Die kulturelle und wirtschaftliche Bedeutung der Bücherreihe

»Deutschlands Städtebau«

Sonderausgaben:

	RM.		RM		RM.		RM.
Aachen	4,—	† Elbing	3,—	Kiel	3,—	† Quedlinburg	2,50
Altenburg	1,—	† Erfurt	3,20	† Kolberg	1,50	Rathenow	1,50
† Altona	2,50	Essen	4,—	Köln	4,—	Ravensburg	2,50
† Amberg	2,—	Eßlingen	2,—	Königsberg	4.—	Regensburg	2,50
† Ansbach	2,—	Falkenstein	2,50	Kulmbach	2,50	† Remscheid	1,50
Apolda	1,50	† Frankfurt a. Oder	2,—	† Landsberg	1,20	Reutlingen	3,—
Aue (Erzgeb.)	1,—	Freiberg	3,—	† Leipzig	3,—	† Riesa	2,50
Bad Kissingen	2,50	Freital	3,50	Lennep (Landkreis)	3,—	Rostock	3,—
Baden-Baden	2,50	Gelsenkirchen	4,—	Liegnitz, Goldberg	3,—	Ruhrland	4,—
Bamberg	3,—	Gera	3,—	† Lippe-Detmold	3,—	† Schlesien (Provinz)	3,—
Barmen	4,—	† Goslar	3,—	† Luckenwalde	2,40	Schwerin	1,50
Bautzen	3,—	Gotha	2,—	Lübeck	3,50	Siegen	1,50
Brandenburg	3,—	Guben	1,50	† Meerane	1,—	† Stargard	2,60
Braunschweig	4,—	Gütersloh	3,—	Merseburg	1,60	† Stendal	1,—
Bremerhaven-Geestemünde-Lehe	2,50	Halberstadt	3,—	Minden - Bückeburg Bad Oeynhausen	3,—	Stettin	4,-
		Halle-Saale	3,—			† Stolp	2,50
† Breslau	3,—	† Hamburg	4,—	Mühlhausen i. Th.	1,20	† Tilsit	2,50
Chemnitz	3,—	† Hamm	2,50	† Münster	2,50	Trier	4,—
Coblenz	4,—	Hannover	4,—	Naumburg	2,50	Ulm	3,—
Cottbus	2,—	† Harburg	2,50	Neumünster	2,50	† Unna	1,—
† Crefeld	3,—	Heilbronn	3,—	Nordhausen	3,—	Velbert	2,50
Danzig	3,50	† Herford	2,50	Offenbach	3,—	Viersen	2,50
† Dortmund	4,—	Herne	2,—	Oppeln	2,50	Weiden	2,50
Döbeln	2,—	Hildesheim	3,—	Osnabrück	3,—	† Weimar	2,50
† Dresden	3,—	Hindenburg O/S.	1,50	Paderborn	3,—	Wernigerode	3,—
Duisburg	4,—	Hof i. Bay.	3,—	Passau	1,50	Wilmersdorf	1,—
Düsseldorf, Reg.-Bez. Bd. I. R. Niederrhein	4,—	Ingolstadt	1,—	Pirmasens	3,—	Wittenberge	2,50
		Insterburg	1,—	Pirna	2,50	† Zittau	2,50
Elberfeld	4,—	† Iserlohn-Hohenlimbg.	2,50	Plauen	3,—	† Zwickau	2,50

»Deutschlands Landbau«

Sonderausgaben:

	RM.		RM
† Niedersachsen	2,50	† Pommern	2,50
Reg.-Bez. Cassel	2,50	Sachsen (Provinz)	2,50
Hessen	2,50		

Die mit einem † versehenen Werke sind z. Zt. vergriffen bezw. befinden sich im Neudruck.

Zu beziehen durch die Buchhandlungen.

»Dari« Deutscher Architektur- und Industrie-Verlag
Berlin-Halensee

Wilhelm Schulz

ARCHITEKT

Köln a. Rhein · Hennenrückenstraße 2-4 · Gutenberghaus

EWALD HÖFFGEN

ARCHITEKT U. BAUUNTERNEHMUNG

KÖLN-KALK
TELEPHON FREIHEIT 14719
GEGRÜNDET APRIL 1909

AUSGEFÜHRTE BAUTEN

Vor Ausbruch des Krieges:

Wohn-, Geschäfts-, und Industriebauten

Nach dem Kriege:

FÜR DIE STÄDTISCHEN BAHNEN

Hauptwerkstätte der städtischen Bahnen Köln-Merheim linksrh. Wagenhallen auf dem Ostbahnhof Köln-Deutz / Umfangreiche Umbauten in dem Kraftwerk Köln-Ostheim usw.

FÜR DAS STÄDTISCHE HOCHBAUAMT

Wohnhausgruppen Riehler Gürtel / Wohnhausgruppen Neusserwall / Ausbau der Schießstände zu den Kampfspielen. Directions- und Nebengebäude I der städt. Müllverwertung

PRIVATBAUTEN

eine große Anzahl Geschäftshausumbauten, Industrieanlagen u. a. Rheinische Konservenfabrik Georg Seidel & Cie., Sechtem b. Brühl

RAUSCH & BALENSIEFEN

G. M. B. H.

ZENTRALE KÖLN-MANNSFELD
RADERBERGERSTRASSE 113
FERNSPRECHER ULRICH 2772-73

BAUABTEILUNGEN:
BENSBERG, SIEGBURG, HERSEL PETERSBERG

BAUUNTERNEHMUNG
ENTWURF UND AUSFÜHRUNG VON
HOCH-, TIEF-, BETON-, EISENBETONBAUTEN

Neuere Ausführung: Volkspark Radertal Köln, Teilausführung Stadion Köln, Stadion Elberfeld, Straßenbau Dürscheid-Obersteeg 10 km und Sülzbrücke, Straßenbau Los II Wahnbachtalstr. Siegburg-Much 5 km mit 5 Brücken, Straßenbau- und Kanalisation Hersel bei Bonn, Bahnbau Teilstrecke Elberfeld-Neviges, Grünanlagen, Wege- und Straßenbau in den Beamten- und Arbeitersiedlungen Fortuna I und Fortuna II, Türnich-Balkhausen, Duisburg, Brühl und Lintorf, Autostraße zum Petersberg bei Königswinter

Arbeiterbestand rund 800　　　　　　　　Arbeiterbestand rund 800

UNTERNEHMUNG FÜR HOCH- UND TIEFBAUTEN

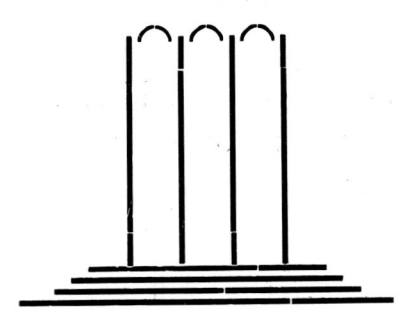

RHEINISCHER BAUHOF

G. M. B. H.

ÜBERNAHME SCHLÜSSELFERTIGER
AUSFÜHRUNG ALLER BAUWERKE

KÖLN / GÖBENSTRASSE 3
TELEPHON WEST 53174 UND RHEINLAND 83

EISENBETONBAUTEN JEGLICHER ART

AUSFÜHRUNG VON HOCH- UND TIEFBAUTEN

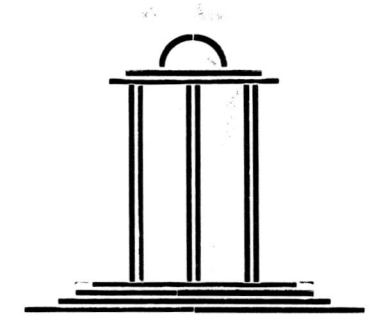

WILH. KUNZ

BAUUNTERNEHMUNG
BUNKERANLAGEN
INDUSTRIEBAUTEN

KÖLN-KALK, GIESSENERSTR. 25

FERNRUF FREIHEIT 14005. PRIVAT FREIHEIT 14681

EISENBETONARBEITEN JEGLICHER ART

HOCHTIEF

Gegr. 1875.   A.G. seit 1896.

AKT. GES. FÜR HOCH- u. TIEFBAUTEN
vorm. GEBR. HELFMANN
KÖLN, Hohenzollernring 42.

Essen, Frankfurt, München, Berlin, Halle, Hannover.

GEGRÜNDET
1857

BAUGESCHÄFT HEINRICH MÜLLER

INHABER
H. J. STEINKRÜGER

KÖLN, PANTALEONSMÜHLENGASSE 16

ÜBERNAHME ALLER
BAUARBEITEN,
NEU- UND UMBAUTEN
REPARATUREN

ERD-, BETON- UND
EISENBETONARBEITEN
MAURER-, PUTZ- UND
ZIMMERERARBEITEN

TEL. ULRICH
1981 · 3088

Hofgut Kriehl

Michael Brehmer

MARTIN & PAGENSTECHER
G.M.B.H.
KÖLN-MÜLHEIM
FABRIK FEUERFESTER ERZEUGNISSE

Die Firma wurde am 1. Oktober 1873 von den Herren Heinrich Martin und Ernst Pagenstecher als offene Handelsgesellschaft gegründet, im Jahre 1892 in eine Gesellschaft mit beschränkter Haftung umgewandelt und entwickelte sich aus kleinen Anfängen im Laufe der Jahre zu ihrer heutigen Größe.

Erzeugnisse
in zweckentsprechenden Qualitäten für alle Industrien- und Verwendungszwecke

**Silika-Steine ∗ Schamotte-Steine
Tongebundene quarzhaltige Steine
Hochofen- und Cowpersteine
Stahlwerksbedarfs, Stopfen u. Ausgüsse
Koksofensteine
Spezialsteine für Kohlenstaubfeuerungen
Retorten, Muffeln**

Eigene Ton- und Quarzitvorkommen im Westerwald und in Hessen sichern den Rohstoffbedarf auf Jahrzehnte hinaus. Eine eigene Ofenbauabteilung, zur Errichtung von Leuchtgasretorten bestimmt, wurde im Jahre 1881 der Firma angegliedert. Neben Leuchtgaserzeugungsöfen aller Art werden auch komplette Industrie-Ofenbauten ausgeführt.
Die Firma beschäftigt 55 Angestellte und über 500 Arbeiter. Ihre Produktion beläuft sich auf ca. 60000 to. jährlich.

SILIKASTEINE / SCHAMOTTESTEINE
OFENBAU-ABTEILUNG
FÜR
INDUSTRIEÖFEN / LEUCHTGASERZEUGUNGSÖFEN

WERK BIRKESDORF

WERK RODENKIRCHEN

ISOLA WERKE
& CARL HEINZ & CO. G.M.B.H.

RODENKIRCHEN B. KÖLN

BLEIKABEL

ISOLIERTE LEITUNGSDRÄHTE

ISOLATIONSMATERIAL

FÜR DIE ELEKTROTECHNIK

TELEGRAMM-ADRESSE-BAUPFAFF

ANTON & JAKOB PFAFF

BAUUNTERNEHMUNG
HOCH- TIEF- u. EISENBETONBAU

ZIMMEREI UND BAUSCHREINEREI

KÖLN

LINDENWALL NR. 27   TELEFON MOSEL 1476

POSTSCHECKKONTO AMT KÖLN 18738

DEUTSCHE SOLIDITIT-CENTRALE

AUGUST LINDEMANN, KOMMANDITGESELLSCHAFT

SOLIDITITSTRASSENBAU, BETON- U. TIEFBAU-UNTERNEHMEN

KÖLN-RADERTHAL
BRÜHLERSTRASSE 298

FERNSPRECH-ANSCHLÜSSE: ULRICH 351 UND 354

EHRENGABE DER STADT KÖLN 1898

AUSFÜHRUNG VON NEUZEITLICHEM STRASSENBAU

D. R. P.

SCHUTZ-   MARKE

SPEZIALITÄT:
SOLIDITIT-BETON-STRASSENBAU

Nur deutsche Rohstoffe

HALLE IM HAUSE DES HERRN GENERALDIREKTORS G., KÖLN-MARIENBURG. ENTWURF U. AUSFÜHRUNG HEINR. PALLENBERG, KÖLN

HEINR. PALLENBERG
KÖLN A. RHEIN

MÖBELFABRIK ✣ INNENDECORATION

AUSSTELLUNGSHAUS: KAISER-FRIEDRICH-UFER 23

ABT.: PARKETT, URACH IN WÜRTTEMBERG

DR. MED. VET.

Leo Dannenberg's

SÄUGLINGS-, KINDER- UND KURMILCH-ANSTALT

Tuberkulose-freier Viehbestand unter ständiger persönlicher Leitung

Hygienisch einwandfreie Milchgewinnung Lieferung in 1/2, 3/4 und 1 l Flaschen frei Haus

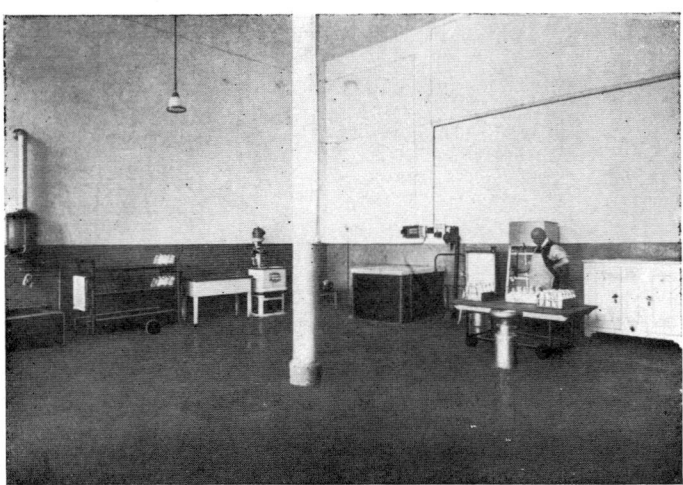

Phot. Otto Lindemann, Köln-Nippes

FERNSPRECHER ANNO 2304 *Köln-Nippes* KNECHTSTEDENER STRASSE 12

Sanitäts-Molkerei

DR. MED. WESTER & CO.

Köln a. Rh., Kurfürstenstraße Nr. 17
FERNSPRECHER ULRICH 3499 UND 6308

Molkereien,
Milch-, Butter- und
Käse-
Großhandlung

SPEZIALITÄTEN:

Flaschenmilch, Sahne, Yoghurt, Butter in Paketen
Weichkäse, Original-Emmenthaler Käse, feinster holländischer Gouda Käse
feinster Tilsiter Käse

A. SCHAAFFHAUSEN'SCHER BANKVEREIN A.G.

GEGRÜNDET 1848

KÖLN A. Rh.
UNTER SACHSENHAUSEN 4

DEPOSITENKASSEN:

| HOHENZOLLERNRING 67 | UBIERRING 1 | GÜRZENICHSTR. 28 |
| FRIESENPLATZ | SEVERINSTOR | AM HEUMARKT |

| KÖLN-EHRENFELD | KÖLN-LINDENTHAL |
| VENLOERSTRASSE 295 | GEIBEL-ECKE DÜRENERSTR. |

KÖLN-MÜLHEIM
BUCHHEIMERSTR. 68

AUSSERDEM NIEDERLASSUNGEN IN 25 STÄDTEN
DER RHEINPROVINZ

VERMITTLUNG ALLER BANKMÄSSIGEN GESCHÄFTE
VERMIETUNG VON STAHLKAMMERFÄCHERN UNTER SELBSTVERSCHLUSS DER MIETER

CAFE-RESTAURANT
LOUIS FISCHER · KÖLN A. RH.

GEGRÜNDET 1863

PASSAGE	LUDWIGSTRASSE
FERNSPRECHER:	BESTE KÜCHE
ANNO NR. 705 UND 310	BILLIGSTE WEINKARTE
3 MINUTEN VOM	DINER VON 12—3 UHR
BAHNHOF	1,75 — 2,50 — 4,50

VORNEHMSTES UND BESTES

WEIN- UND BIER-RESTAURANT DEUTSCHLANDS

PILSNER URQUELL · DORTMUNDER UNION · MÜNCHNER LÖWENBRÄU

Vestibül

Vestibül und Treppenhaus

HOTEL MONOPOL-METROPOL
KÖLN

Zentral gelegen am Bahnhof und Dom

---

110 Fremdenzimmer mit fließendem
kalten und warmen Wasser und Fernsprecher
Größtenteils mit Privatbädern verbunden
Geräumige Halle
Vornehmes Restaurant
Großer Teesalon

Das Haus weist alle Vorzüge einer hochentwickelten Wohnungskultur auf

Die Siechen-Bierhäuser Kölns

DAS HAUS VON RUF

HOTEL COMÖDIENHOF
KOMÖDIENSTRASSE 85-93

DAS HAUS VORNEHMER BEHAGLICHKEIT

HOTEL MINERVA
JOHANNISSTR. 24-28

Dom-Hotel Köln a. Rhein

Das Hotel liegt in unvergleichlicher Lage a. d. gärtnerischen Anlagen des Domplatzes, umgeben von den Hauptsehenswürdigkeiten u. nur wenige Minuten vom Hauptbahnhof u. dem Landungsplatz der Rheindampfer.

Hotel Disch, Köln a. Rh.

Ruhigste Lage / Nähe Dom und Bahnhof

Haus allerersten Ranges

170 Zimmer, sämtlich mit fließendem warmen und kalten Wasser und Posttelefon / Vierzig Privatbäder

Vornehmes Restaurant

Prachtvolle Räume für Festlichkeiten und Konferenzen

Hotel Großer Kurfürst * Savoy-Hotel

Direktion Emil Gögelein   Köln a. Rhein, Domplatz   Tel.: Anno 7105, 7106, 7107

Hotel ersten Ranges

Alle Zimmer mit fließendem Wasser

Zimmer mit Privat-Bad

Reichstelefon

Erstklassiges Weinrestaurant

Grillroom

Pilsener Urquell vom Faß

Separate Säle für Festlichkeiten u. Konferenzen

Hotel Reichshof

Haus ersten Ranges

KÖLN-RHEIN

Am Hof 18, neben der Stollwerckpassage
Fernsprecher: Anno 2736, 5767, 3984

Bier- und Wein-Restaurant

Café mit eigener Konditorei

Otto Betzler · Dekorationsmaler · Köln

KONTOR, WERKSTÄTTEN UND LAGER: DAGOBERTSTR. 90 (ECKE KAISER-FRIEDRICH-UFER)

TELEPHON ANNO 2004   MITGLIED DES B.D.D.   BESICHTIGUNG DER WERKSTÄTTEN UND ATELIERS GERN GESTATTET   GEGR. 1879

Maler-, Lackier- und Anstreicher-Geschäft

Ateliers für Malereien in jedem Stil und jeder Art

Kirchenmalerei

Spezialität: Feinste Lackarbeiten

Auto- und Wagenlackiererei, Vergolderei

Eigene Farbenfabrik

Hotel Kronprinz G.m.b.H. Köln

BAHNHOFSTR. 1-3, AM HAUPTBAHNHOF / TELEPHON A 5346-47

POSTSCHECKKONTO KÖLN No. 51470

BANKKONTO: DEICHMANN & CO., KÖLN

DIREKTION: J. ZEUSEM

Haus I. Ranges mit allem Komfort der Neuzeit · Conferenzräume

Harms Hotel Terminus, Köln

Hermannstraße 9   hinter dem Bahnhof

Kleines, ruhiges komfortables Familien-Hotel, fließend Wasser, Bäder, Licht. Mit feinem privaten Charakter

Keine Restauration

Tel. Anno 1651

Telegr. Terminushotel Köln

Hotel Kölner Hof

FERNSPRECHER ANNO 1900, 5858, 5859 · DIREKTION: C. WURM

HAUS ALLERERSTEN RANGES

Einziges Hotel am Vorplatz des Hauptbahnhofes mit allen Einrichtungen modernster Hotel-Technik Große Terrasse mit imposantem Blick auf Dom und Hauptbahnhof / Künstlerhauskapelle / Hervorragende Küche / Altrenommierte Weinkellerei Konferenz-Räume / Eigener Weinbau

MATHIAS BITTER

KÖLN-POLL / AUF DEM SANDBERG 116 / FERNSPRECHER ULRICH 7266

BAUUNTERNEHMUNG

AUSFÜHRUNG VON HOCH- UND TIEFBAUTEN

JOHANN HEUSER · BAUGESCHÄFT

GEGRÜNDET 1899   KÖLN / VOLKSGARTENSTRASSE 28   TEL. ULRICH 108

ARCHITEKT UND BAUGEWERKSMEISTER

MAURER- U. PUTZARBEITEN	SPEZIALITÄT:
BETON	WASSERDICHTER ZEMENTPUTZ
EISENBETON	UMBAUTEN
FEUERSICHERER RABITZPUTZ IN CEMENT UND GIPS	EINBAU VON GARAGEN
IA REFERENZEN	BESPRECHUNGEN UND RATSCHLÄGE KOSTENLOS

CARL BRANDT

KÖLN A. RHEIN / SACHSENRING 35 / FERNSPRECHER ULRICH 6466 UND 7470

❧

BETON- UND EISENBETONBAU
HOCH- UND TIEFBAU
EISENBAHN- UND WASSERBAUTEN

BAUUNTERNEHMUNG
JOSEF KORTLANG & SÖHNE

KÖLN-MÜLHEIM

TELEPHON: SAMMELNUMMER KÖLN 61041

GEGRÜNDET 1868

❧

HOCH- UND TIEFBAU, BETON- UND EISENBETONBAU

AUSFÜHRUNG VON
GESCHÄFTS-, WOHN-, SIEDLUNGS-, INDUSTRIEBAUTEN UND
ÖFFENTLICHEN GEBÄUDEN IM HOCHBAU
BRÜCKEN, SPEICHER, LAGERHÄUSER, SILOS U. A. INDUSTRIELLE BAUTEN
IN BETON UND EISENBETON
ERDBEWEGUNGEN, ABRAUMARBEITEN,
KANALBAUTEN, FUNDIERUNGEN U. WASSERHALTUNGEN IM TIEFBAU

ARCHITEKT PETER BAUMANN · KÖLN

BÜRO: FRIESENSTRASSE 90 / TELEFON RHEINLAND 4450

INNENRÄUME * NEU- UND UMBAUTEN * BAULEITUNG

HALLE, HOTEL MITTELHÄUSER - KÖLN  · WEINRESTAURANT, RATHAUSKELLEREI DÜREN  · CAFE COMP. KÖLN

Obergärige Bierbrauerei Bröhl

KÖLN A. RH. / AN LYSKIRCHEN 8

EMPFIEHLT IHR SELBSTGEBRAUTES

„Echt Kölsch"

REINE OBERGÄRUNG AUS NUR BESTEM HOPFEN UND MALZ
VERKAUF AUCH NACH AUSSERHALB
GUTE KÜCHE IN DER ALTBEWÄHRTEN ART UND PREISWERT
GEMÜTLICHE GASTRÄUME
SCHÖNER SAAL FÜR GESELLSCHAFTEN UND VEREINE

BORNHEIM'S KUPFERSTICH-KABINETT
KÖLN / ANTONSGASSE 5
REICHHALTIGES LAGER IN WERTVOLLEN ALTEN:
KUPFERSTICHEN * HANDZEICHNUNGEN * GEMÄLDEN * ANTIQUITÄTEN

Kölner Meierei vereinigter Landwirthe
G. M. B. H.

MILCH- UND
BUTTERGROSSHANDLUNG

*

KÖLN, MOLTKESTRASSE 43 / TELEPHON A. 648 / GEGRÜNDET 1883

TELEPHON
ULRICH 1240

TELEPHON
ULRICH 4571

ARTHUR HAHN
ARCHITEKT B.D.A.

KÖLN A. RHEIN
SALIERRING 46

BAUMEISTER DER EVANGELISCHEN
GEMEINDE KÖLN. | GERICHTLICHER
SACHVERSTÄNDIGER FÜR DEN
LANDGERICHTBEZIRK KÖLN

FERNSPRECHER RHEINLAND NR. 1488

DIPLOM INGENIEUR
P. KRÜCKEN

*

REGIERUNGSBAUMEISTER A. D.
W. HARTMANN

*

Architekten

KÖLN, GEREONSTRASSE 63 A

HEINR. STORP NACHF.

KÖLN, MELCHIORSTRASSE 14 * FERNRUF ANNO 701 U. MOSEL 984

GROSSHANDLUNG FÜR BAUBEDARF

Abteilung I
ZEMENT, STUCKGIPS,
PUTZGIPS, KALK
TERRANOVA UND STEINPUTZ

Abteilung II
GAS- UND WASSERLEITUNGS-
ARTIKEL

Abteilung III
MOSAIKPLATTEN UND
GLASIERTE WANDPLATTEN,
VERBLENDER
UND BAUKERAMIKEN

GROSSE STÄNDIGE
KERAMISCHE
AUSSTELLUNG

1500 QUADRATMETER
BELEGTE FLÄCHE

*

WAND-
UND BODENPLATTEN-
AUSFÜHRUNGEN

DURCH EIGENE
GEÜBTE ARBEITER

HÄUSERGRUPPE KÖLN-MARIENBURG

ARCHITEKT CLEMENS KLOTZ B.D.A.
REG. BMSTR. JOSEF FIETH

KÖLN, FRIEDRICH-WILHELM-STRASSE 15 * FERNSPRECHER AMT MOSEL NR. 1858

GEMEINNÜTZIGE
SIEDLUNGS-GENOSSENSCHAFT
„NEU-BRAUNSFELD"
E. G. M. B. H.

FERNRUF ANNO 5926
GIRO-KONTO NR. 16433
STÄDT. SPARKASSE KÖLN

KÖLN-LINDENTHAL, GEMÜNDER STR. 1

Schmidt & Comp.

G. M. B. H.

KÖLN A. RH., LUXEMBURGER STR. 72

BAUUNTERNEHMUNG
MÜLLER & FROITZHEIM
G. M. B. H.

KÖLN-LINDENTHAL
DÜRENER-STRASSE No. 246
FERNRUF RHEINLAND 5161, MOSEL 4374

**HOCH- UND TIEFBAU
STRASSEN- UND BAHNBAU**

M. H. Heidt · Molkerei

BÜRO UND LAGER KÖLN-NEUSSERWALL

BUTTER- EIER- KÄSE-

Import

L. Preckel · Köln

Rolandstraße Nr. 69 / Fernsprecher U 5148 / Gegründet 1900

Kunst-Glasmalerei

KÜNSTLERISCHE GLASMALEREIEN
KUNSTVERGLASUNGEN u. MOSAIKE

Zahlreiche Anerkennungen und Auszeichnungen – Erste Preise bei größeren Wettbewerben im In- u. Auslande

---

M. Bökkerink

Köln, Mauritiuskirchplatz 1　　Telephon Rheinland 9142

Maler- u. Anstreichergeschäft

Ausführung aller Maler-, Anstreicher- und Tapezierer-Arbeiten. – Holz- u. Marmor-Malerei – Fachmännische Ausführung
Kostenanschläge ohne Verbindlichkeit
Billigste Berechnung

Peter Pott · Köln

INHABER: PETER POTT JUN. GEPR. DACHDECKERMEISTER
SCHAAFENSTRASSE No. 63 FERNSPRECHANSCHLUSS 1217a

Ausführung aller vorkommenden Bauklempnerarbeiten   **Ausführung aller vorkommenden Dachdeckerarbeiten**

1872   1926

SILBERNE MEDAILLE - EHREN-
GABE DER STADT KÖLN 1898

Spezialgeschäft für
Pappolein-Klebedächer
mit festsitzender Kiesschicht

D. R. W. Z. Nr. 17467 und 101692

Georg Mohr

DACHDECKER- UND BAUKLEMPNERMEISTER
Köln-Ehrenfeld - Fernsprecher Amt West Nr. 52935

Bedachungen jeder Art

in Kupfer und Zink, sowie in Schiefer, Dachziegel,
teer- und teerfreier Pappe.
Ausführungsrecht für Pappoleinklebedächer mit festsitzender
Kiesschicht. - D.R.W.Z. Nr. 17467 u. 101692

Fr. Wilbertz & Co

Köln-Lindenthal

Lindenthalgürtel Nr. 58

Fernsprech-Anschluß Amt Mosel Nr. 3051

*

Ingenieur-Büro – Sanitäre Installation

Heizungsanlagen

Rohrleitungen aller Art

Adam Jung
Dachdecker- und Bauklempnermeister

Köln-Mülheim

Düsseldorfer Straße Nr. 10, Fernsprecher 61992, Gegründet 1872

Prämiiert Handwerksausstellung Köln 1905

Ausführung von allen Bedachungsarbeiten

Spezialität: Doppellagige und 3 lagige imprägnierte

Pappolein-Klebedächer

mit aufgepreßter Sand- und Kiesschicht – D.R.W.Z. 17 467 und 101 692

Wilhelm Wagner

Dachdecker- und Bauklempnermeister

Köln-Mülheim

Mülheimer Freiheit 93 - Fernruf Mülheim 61632

★

Moderne Eindeckungen von Neubauten

Einwandfreie Arbeiten

Reelle Bedienung - Mäßige Preise - Ia Referenzen

Dampf-Wäscherei

»Gremberger Wäldchen«

INHABER: THEODOR SCHWERM

Köln-Vingst, Kuthstraße Nr. 95

Fernruf Kalk 574 und 632, demnächst Amt Freiheit Nr. 13674 und 13675

liefert zu den billigsten Preisen

Pfund-, schrankfertige und Hotelwäsche

Herren-Stärkewäsche wie neu!

Gardinen-Spannerei

Nur Lufttrocknen - Rasenbleiche - Schonendste Behandlung

Besichtigung erwünscht

Friedr. Althaus

Köln-Kalk / Kalker Hauptstraße Nr. 193-195 / Fernruf Freiheit 13003

Telegramm-Adresse: Althaus Kölnkalk

Girokonto: Deutsche Bank, Depositenkasse Köln-Kalk

Sparkasse Köln Nr. 4603

★

Baugewerks- und Zimmermeister

Säge- und Hobelwerk

Trockenanlage, Bauschreinerei

Zerlegbare Holzhäuser und Baracken, Holzhandlung

Straßenbau-Aktien-Gesellschaft

Köln, Deichmannhaus

Fernsprecher: Amt Anno 1075 und 1076 · Drahtanschrift: Strabages

★

Alle Bauweisen des modernen Straßenbaues

Steinschlagasphalt, Topeka, Teermakadam, Tränkmakadam
Oberflächenbehandlung aller Art

Vielseitige über Jahrzehnte reichende praktische Erfahrungen
eigener, besonders befähigter Fachleute

Hervorragend leistungsfähiger Maschinenpark

---

250 Dampfstraßenwalzen, auch Tandemwalzen, in eigenen Betrieben
Beste Empfehlungen

Katalog und fachmännische Beratung ohne Verbindlichkeit jederzeit zu Diensten

Franz Jos. Schmülling

Köln-Zollstock Weyerstrasserweg 145

Gegründet 1884 / Fernsprecher Amt Ulrich 1630 und Amt Ulrich 3220 / Gegründet 1884

★

Eisenkonstruktionen

Abteilung 1

Eisenkonstruktionen jeder Größe, Hallen einschl. aller zugehörigen Kleinkonstruktionen, Gittermaste,
Treppen, Fenster, Tore usw., Türen, feuerfeste Türen, Förderkorbtüren
Scheren- und Rollgitter, Fördergerüste für Bauunternehmungen,
Schaufensterkonstruktionen, Wellblechkonstruktionen usw.
Behälter- und Apparatebau, Transportwagen und Förderwagen für Industrie

Abteilung 2

Schmiedearbeiten und Kunstschmiedearbeiten

C. F. ESSER · KÖLN A. RH.

Unter Kahlenhausen Nr. 42-44 / Fernsprecher: Amt Anno 1363

Geschäftsgründung 1838

★

Hauptherstellungsarten:

Eisenkonstruktionen
Dach- u. Fachwerkkonstruktionen, Treppen, Wellblechtore, Schiebetore usw.

Blech- und Feineisenkonstruktionen
Feuersichere Türen, Schaufenster-Anlagen, Wintergärten usw.

Schmiedeeiserne Fenster
in Spezialkonstruktion

Kunstschmiedearbeiten
nach eigenen und gegebenen Entwürfen

Die Firma wurde im Jahre 1838 gegründet und ist bis zum heutigen Tage immer im Besitze der Familie geblieben
Zu den ältesten Firmen am Platze gehörend hat die Firma sich durch erste Qualitätsarbeit stets ihren guten Ruf bewahrt.

ALBERT WEISKER · KÖLN
SCHILDERGASSE 77-79 ~ GRÜNDUNGSJAHR 1893

HERREN=MODE= UND BEDARFS=ARTIKEL

HERRENWÄSCHE, UNTERZEUGE
KRAWATTEN, HANDSCHUHE
HERREN·WÄSCHE NACH MASS

GESCHWISTER VAN GEISTEN
ZEPPELINSTRASSE 5   KÖLN   ZEPPELINSTRASSE 5
GEGRÜNDET 1900

ERSTKLASSIGES
LEINEN= UND WÄSCHE=AUSSTEUER=GESCHÄFT

BRAUT=, PENSION= UND
ERSTLINGS·AUSSTATTUNGEN

HERREN=WÄSCHE, KINDER=WÄSCHE
DAMEN=WÄSCHE
BETTWÄSCHE, TISCHWÄSCHE

JACOB BITZ

KÖLN AM RHEIN

DOMSTRASSE NR. 71-73

FEINE HERREN-
SCHNEIDEREI

CARL KNIEPEN

Gravier-Anstalt mit elektr. Betrieb

KÖLN AM RHEIN
AACHENER STRASSE 35
FERNRUF RHLD. NR. 8835

Stahlstempel
Stahlstanzen
Seifenformen

Sämtliche Gravierungen
für industrielle Zwecke

DIE QUALITÄT IST AUSSCHLAGGEBEND!

Die beste Pflege für gute Schuhe

IN SCHWARZ
HELL-BRAUN
MITTEL-BRAUN
ROT-BRAUN
DUNKEL-BRAUN
OCHS-BLUT und
WEISS
FÜR LACKSCHUHE

"NUGGET"
SCHUHPUTZ

ERHÄLTLICH IN ALLEN EINSCHLÄGIGEN GESCHÄFTEN

JEAN KLEINERTZ · KÖLN-RHEIN

DACHDECKER- UND BAUKLEMPNERMEISTER

LÜTTICHER STRASSE 68, FERNSPRECHER: WEST 52213, GEGRÜNDET 1891

GIROKONTO: SPARKASSE KÖLN NR. 9263

POSTSCHECKKONTO: KÖLN 63307

ÜBERNAHME SÄMTLICHER DACHDECKER- UND

KLEMPNERARBEITEN, REPARATUREN

Hans Scheu

Damensalon I. Ranges

Spezialist für Hennéfärbung

Köln am Rhein   *Schildergasse Nr. 6*
Ecke Bohestr.   *Tel. Anno 5110*

OBERGÄRIGE BRAUEREI HAHNENBRÄU

PAUL PETER · KÖLN AM RHEIN

HAHNENSTRASSE NR. 43. FERNSPRECH-ANSCHLUSS: ANNO NR. 2703

---

1 MINUTE VOM BAHNHOF

REICHHALTIGE SPEISEKARTE, EIG. KÜHLANLAGE U. METZGEREI

PRIMA KÖLSCH UND HELL EXPORT

GROSSE SÄLE FÜR VEREINE UND VERSAMMLUNGEN

A. WALDHAUSEN · KÖLN-RHEIN

GEGRÜNDET 1. DEZEMBER 1836

VERKAUFSMAGAZIN: OBENMARSPFORTEN 26, FABRIK U. GROSSVERKAUF: JOHANNISSTR. 65

FABRIK FÜR
REISEARTIKEL, SATTLERWAREN,
AUTOKOFFER, MUSTERKOFFER, WALDHAUSENS ROHRPLATTENKOFFER

SPEZIALITÄT: PFERDEGESCHIRRE, SÄTTEL

KGL. UND FÜRSTL. HOFLIEFERANT · INH. DER PREUSS. STAATSMEDAILLE IN GOLD UND SILBER

Maler- und Anstreichergeschäft

Heinrich Bales · Köln-Rh.

Mozartstraße 32, Fernruf A 952

Atelier für hervorragende Malereien, feinste Lackierungen

KARL DAU · BAUGESCHÄFT

KÖLN-NIPPES

SCHILLSTRASSE NR. 3   FERNSPRECHER: RHLD 7846

Goswin Baumhögger · Architekt

Köln-Braunsfeld

Paulistraße Nr. 9 Fernruf West 50565

Josef Burggraf

Köln-Nippes
Merheimer Straße 47. Fernsprecher A 7940

★

Bauklempner u. Dachdeckermeister

Sämtliche Reparaturen und Neuarbeiten

Sportschule Kölner Hochhaus

Die größte u. modernste eingerichtete Schule Deutschlands für Körperpflege und Körperkultur

Rhythmische Bewegungslehre Kurse in Leichtathletik Mensendieck-Gymnastik	Unterricht in Selbstverteidigung Boxen
Orthopäd. Unterricht für Kinder	Licht-, Schwitz- und Brausebäder
Spezialkurse u. Einzelstunden für Damen, Herren und Kinder	Massagen Fernsprecher: West Nr. 53305

Privatunterricht in allen Fächern nach Vereinbarung

Inh.: W. R. Röhser – Leitung: Sportlehrer W. Mellwig

B. Boisserée G. m. b. H.
Dampfsägewerk und Bretterhandlung

Köln-Bayenthal, Alteburger Straße 203

Fernsprecher Ulrich Nr. 341 und 342

Stadtlager I in Köln, Vor den Siebenburgen 5–7, Tel. Ulrich 7500
Stadtlager II in Köln, Pipinstraße 10, Tel. Anno 2500

Anfertigung von Bauholzlisten.
Großes Lager in Brettern, Harthölzern und
Sperrhölzern
Stets Vorrat in Kistenbrettern, Kiefern, Pitchpine, Buchen, Eichen
und allen von der Industrie benötigten Holzarten

Franz Dommes
Köln am Rhein, Aachener Str. 24, Tel.: West 56679

1901 **25** 1926

Eisenwarenhandlung
Haus- und Küchengeräte

Toni Scholl · Architekt

Köln am Rhein   Klettenberg
                                                 Löwenburgstr. 39

DAMEN-, STROH- UND FILZHUTFABRIK
FR. H. LUCIUS
KÖLN A. RH., HAHNENSTRASSE 48, TELEFON RHEINLAND 5589

*

SPEZIALITÄT: UMARBEITEN UND UMPRESSEN VON DAMENHÜTEN

FRITZ DENSKAT ARCHITEKT
KÖLN A/RH HOHENZOLLERNRING 1-3

ATELIER FÜR ARCHITEKTUR UND BAULEITUNG

Otto Schmitz · Köln-Ehrenfeld

LAKRITZENFABRIK
GEGRÜNDET 1889

Lakritzen in Stangen, Scheiben und Formen. Salmiakpastillen, Cachou und Lakritzenpulver zur Bonbon- und Tablettenfabrikation.

LUDWIG HEIDENHEIMER · KÖLN A. RH.

IM LAACH 16 / TELEFON RHEINLAND 5515 u. 4649
AUSSTELLUNGSRÄUME: LUNGENGASSE 59, MARSILSTEIN 10, LUNGENGASSE 50

GROSS-IMPORT VON PERSER-TEPPICHEN
ECHTE KELIMS / DIVANDECKEN / LÄUFERSTOFFE
STÄNDIGES LAGER VON ÜBER 1000 TEPPICHEN UND VORLAGEN

ORIENT-TEPPICHE   DEUTSCHE TEPPICHE

DEUTSCHE BANK FILIALE KÖLN

JOSEF KLEIN · KÖLN A. RHEIN

MAURITIUSWALL 5, NÄHE BARBAROSSAPLATZ
FERNSPRECHER ULRICH 1833

DAMPF-VULKANISIER-ANSTALT

AUTOBEREIFUNG UND AUTO-ZUBEHÖR

Gehle & Fischer
Hosenträger und Gürtelfabrik

Feinste Erzeugnisse
in Hosenträgern aller Arten
Strumpf- u. Sockenhaltern

bürgt für gute Qualität

Feinste Erzeugnisse
in Leder-Sport-Westen und
Faltengürteln

Köln, Weyerstr. 23-25, Fernruf: Ulrich 4748

ZENTRALHEIZUNGEN
HEIZUNGS- u. LÜFTUNGSANLAGEN

in jeder Art und in jeder Größe
bauen wir in erstklassiger Ausführung seit über sechzig Jahren

*

Abwärmeverwertung u. Fernheizwerke

Großraumheizungen, Etagenheizungen

Warmwasserbereitungen, Badeeinrichtungen, sanitäre Einrichtungen u. s. w.

Ingenieurbesuche und Beratungen kostenlos

*

KÄUFFER & Co. KÖLN
DEUTSCHER RING No. 2 / FERNSPR. ANNO No. 2432

Berlin, Elberfeld, Frankfurt a. Main, Karlsruhe, Mainz, Mannheim, Wiesbaden

---

August Zerres Kommandit-Gesellschaft Köln am Rhein
Weidengasse 37-41, Fernsprecher A 855, M. 2608
Fabriken: Köln, Weidengasse Nr. 37-41, Köln-Sülz, Berrenratherstraße Nr. 313

★

Eisenkonstruktionen aller Art,
Eiserne Fenster, Türen und Tore
Schaufensteranlagen in Eisen und Bronce

Erd- und Hochbau G.m.b.H. Köln-Lindenthal

Hillerstraße 59, Fernsprecher: Rhld. 4424

★

Erdbewegungen, Hochbauarbeiten, Eisenbeton

HAUS D., KÖLN-LINDENTHAL   PHOT. J. BÜLNG. KÖLN

F. VICTOR BERK / ARCHITEKT

KÖLN-LINDENTHAL / HILLERSTRASSE 59 / TELEPHON RHEINLAND NR. 4424

Baer, Menkel & Co. / Köln a. Rhein

KOMMANDIT-GESELLSCHAFT

von Werthstraße 49, Fernsprecher: Anno 6995 u. Rheinland 3560

Telegramm-Adresse: Duxstahl

★

Edelstahle für alle Verwendungszwecke
Feilen-Spiralbohrer

STAPELHAUS

Altkölnisches historisches Gebäude prachtvoll am Rhein gelegen (zwischen Hohenzollernbrücke und Hängebrücke

*

Gasthaus der guten Küche

Große Restaurants- und Gesellschaftsäle, Garten mit schöner Abendbeleuchtung

---

TÄGLICH KONZERTE

Diners: 1,10, 1,60 u. 2,50 Mk.
Größte Auswahl à la carte

Original Hamburger Büfett
Paulaner Märzen / Thomasbräu hell Urtyp / Deutsch Pilsener

Weine nur aus 1. Kellereien
Zivile Preise!

*

Für Tagungen, Kommerse und Festessen der verehrlichen Vereine und Verbände nach vorheriger Verständigung reservierte Räume

---

FRIEDR. WASSERMANN

KÖLN-BRAUNSFELD
Eupener-Straße Nr. 66-84

Fernruf Sammelnummer West 58191 u. 57282
Tel.-Adr. Wassma, Köln

Eigene Gleisanschlüsse:
Köln-Braunsfeld und Köln-Ehrenfeld

Bauunternehmung

für Hoch-, Tief-, Beton-, Eisenbeton-, Eisenbahn-, Kanal- u. Straßenbauten

Maschinenbau u. Reparaturwerkstätten

Fabrikation von Baumaschinen, Duplexkranen, Reparaturen an Groß- und Kleingerät, Lastautos

Rheinkies- und Sandwerke

Großbaggerei 1000 to. Tagesleistung / Reservebecken 20000 cbm. / Sämtliche Kiessorten und Sandsorten I a Qualität in jeder Menge und in kürzester Lieferzeit.

JAKOB KERP

Severin-Straße 156
Ulrichgasse 16a

Fernsprecher Amt Ulrich Nr. 2587
Scheck- und Giroverkehr
Städtische Sparkasse 100 51

GROSSUNTERNEHMEN FÜR
BAU-, GLAS-, LINOLEUM-
UND PARKETTREINIGUNG

Renovieren und Abwaschen von Fassaden aller Art. / Instandsetzung von Parkettböden. Glasreinigung v. größeren Geschäftshäusern, Verwaltungen und Behörden sowie Fabrikglasdächer. / Vacuum-Entstaubung. / Magirusleiter Verleih für Straße, Saal und Kirche.

Beste Referenzen stets zu Diensten

Heinrich Hilgers
Gürzenich-Bräu
Köln, Kl. Sandkaul No. 4=6

Brauhaus für nur reine
Obergärung

Echt Kölsch

Besitzer: Heinrich Hilgers

✽

E lecker Bützge, ne goden Drunk,
Erfreuen et Hätz un och der Mungk.

Kölsche Sprooch un äch kölsch Beer,
Halt die Leeve langk en Ehr!

Muß beim Drinke nit vergesse,
Och e Müffelche zo esse!

Ne kölschen Bräuer ess jet grovv;
Doch bräut hä och ne söffge Stoff.

Halt der Köbes nit lang op;
Dä andre Gass waht och ald drop.

Bubbel un laach, de Freud deit winke;
Doch vergess nor nit et Drinke;

Dun nit nöttlen und nit kühme,
Künns der beste Schluck versüme.

Nen halven Hahn op drei Glas Beer
Halvstündlich immer repeteer!

Vun alle Beere geböht doch der Pries
Dem leckere, söffige, äch kölsche Wies.

Wer mih drink, als hä kann verdrage,
Dä schändt et Beer un kränk der Mage.

Wer winniger drink, als hä kann un mööch,
Dat ess nen ärmen Höösch.

Häss do Angs vorm zwette Glas,
Bess do banger wie nen Has.

Drink un ess heh nit zo knapp;
Aevver eh do geihss, berapp;

Wells do meer heh Spektakel maache,
Blieb leever doh un däu meer de Naache!

Vill Doosch un dann keen Stüver,
Det ess nen ärme Knüver!

Vill Geld un keenen Doosch,
Dat es ne ganz bedröfte Poosch;

Vill Doosch un och vill Geld,
Däm Mann gehö't de Welt.

Kölner Brauhaus „Zum jungen Raben" seit 1747
jetziger Bes. Carl Abels. Vorher Brauhaus „Zum Löwen" seit 1271

KÖLNER BRAUHAUS

ZUM JUNGEN RABEN

KÖLN , BLAUBACH No. 38

Gegründet 1747 in dem
ehemaligen Brauhaus
„Zum Löwen", welches
bereits 1271 bestand

Jetziger Besitzer
CARL ABELS

✱

ECHT KÖLSCH OBERGÄRIGER BRAUART
Gut Bürgerliche Küche
Spezialität Schweine-Rouladen

Der beliebte Aufenthaltsort der besseren
Kölner Bürgerschaft

BERNHARD RICHTER

KÖLN A. RH. **FAHNENFABRIK** WEYERSTRASSE 19 GEGRÜNDET 1869

Fahnen, Flaggen, Banner aller Art, Fahnendampfdruckerei u. Färberei, Vereinsfahnen, Banner, Standarten u. alle einschlägigen Malereien u. Stickereien, alle Vereinsbedarfsgegenstände, Abzeichen in Metall und Emaille, Schärpen, Brustwappen, Diplome, Kränze usw., alle Dekorations- und Illuminationsgegenstände, Feuerwerk, Theaterdekorationen u. Bühnenbau. Alle Vereins-, Volksfest-, Karneval- u. Kotillon-Artikel

TEL. ULRICH 1745 u. 717

Bankkonti: Bankhaus J. H. Stein, Köln Carl Specker & Co. Rheineck, Schweiz.

Telegramm-Adr.: Fahnenrichter

Postschk. Köln Nr. 8011

Gegr. im Jahre 1869

Codes von Bentley u. Rud. Mosse

Reichillustrierte Preislisten, Zeichnungen, Angebote kostenlos und unverbindlich
Vertretungen in Berlin, Hamburg, Zürich usw. / Zur Leipziger Messe: Ringmessehaus

---

JACOBI & BERNARDS / KÖLN A. RH.

BONNER STRASSE 172 / FERNSPRECHER ULRICH 14 u. 217

BAUMATERIAL- U. HOLZGROSSHANDLUNG

LAGER UND VERTRIEB SÄMTLICHER BAUSTOFFE
IN STEIN, HOLZ UND EISEN / KALKLÖSCHEREI

GESTALTUNG VON HEUTE FÜR EINE STADT VON MORGEN.

Boulevard-Pflastersteine mit geschliffenen Oberflächen lösen anspruchsvolle Gestaltungsaufgaben glänzend: Von repräsentativen Fußgängerzonen über Ladenpassagen bis zum Corporate Design-inspirierten Industrie- oder Verwaltungsbau bietet Boulevard von Metten in Spitzenqualität dem urbanen Leben einen glänzenden Auftritt.

METTEN STEIN+DESIGN®

51491 Overath-Hammermühle
Overath A4 – Ausfahrt Nr. 22
Tel. 0 22 06 / 603 - 0 · Fax 0 22 06 / 8 02 86

Köln-Zentrum, Neumarkt, Zeppelinstraße. Boulevard-Pflaster mit geschliffenen Oberflächen.

SEIT 1867

Köln, Kölner, ⓥ **KÖLNER BANK**
VON 1867 · EG · VOLKSBANK

Deutscher Städtetag – Verwaltungsgebäude

Treue zu Köln, enge Verbundenheit mit ihrem angestammten Firmensitz – das ist seit 65 Jahren die Philosophie der Bauunternehmung Eichhorn. Zahlreiche Gebäude aller Sparten – Wohnhäuser, Schulen, Behörden und Verwaltungsbauten, Krankenhäuser und Büros – sind markante Zeugen einer regen Bautätigkeit aus über sechs Jahrzehnten. Namen stehen für solide Tradition, und einige von ihnen sind eng mit dem Wiederaufbau Kölns verbunden: die Kunsthalle, das ursprüngliche Wallraf-Richartz-Museum, die erste Hauptverwaltung der Sparkasse, das Evangelische Krankenhaus in Kalk, Irmgardis- und Liebfrauenschule, Volkshochschule, Messehallen in Köln-Deutz, das Haus des Deutschen Städtetages, die erste Verfassungsschutzzentrale.

Auch als Pionier im Schlüsselfertigbau hat die Firma Eichhorn sich bereits in den 30er Jahren einen ausgezeichneten Ruf bei öffentlichen und privaten Auftraggebern erworben.

Die große Zahl der Referenzen ist ein objektiver Beleg für ein Höchstmaß an Qualität, Preis- und Termintreue.

EICHHORN & CO. GMBH
Bauunternehmung · Köln

Bonner Str. 526 · 50968 Köln · Tel. 02 21/93 70 90-0 · Fax 02 21/93 70 90-99

Bauunternehmen
Schlüsselfertiges Bauen
Hoch- und Ingenieurbau
Metall- und Fassadenbau
Heizungs- und Lüftungsbau

MBN Bauen mit richtigen Lösungen

ELISA Seniorenstift Köln-Porz

ELISA Seniorenstift Köln-Porz

MBN Montage-Bau GmbH
Melatengürtel 131, 50825 Köln
(02 21) 54 50 84/85, Fax (02 21) 54 50 86

Hauptsitz:

Beekebreite 2–8
49124 Georgsmarienhütte
Tel. 0 54 01 / 4 95-0 · Fax 0 54 01 / 49 51 90

Weitere Standorte:

Berlin
Hannover
Magdeburg

Das Unternehmenskonzept von MBN – Technik im System – ist gleichzeitig Firmenphilosophie. Das heißt für MBN: Netzplantechnik, Arbeitsvorbereitung, Vorfertigung, Handarbeit und Maschineneinsatz sinnvoll koordiniert und durchgesetzt.

Der Fortschritt wirkt in alle Bereiche unseres Lebens hinein. Auch im Baugewerbe werden neue Techniken entwickelt und eingesetzt. MBN ist mit dabei. Das Team von MBN denkt mit, weil es weiß, worauf es ankommt.

Neue Techniken und Praktiken werden eingesetzt, um die Forderungen, die die Bauaufgabe stellt, zu erfüllen. Immer jedoch steht Partnerschaft an erster Stelle: Partnerschaft mit dem Bauherrn und dem Architekten und mit allen, die an der Bauausführung beteiligt sind.

Kompetenz auf einer Linie

SF-BAU PROJEKTENTWICKLUNG: LEISTUNGSVIELFALT VOR ORT

Schloß Allner bei Hennef — Ein gutes Beispiel für die Revitalisierung eines historischen Bauwerks

Denn die SF-BAU Projektentwicklung GmbH ist auch in Ihrer Nähe. Unser professionelles SF-BAU-Team der Niederlassung Köln entwickelt für Sie innovative und intelligente Immobilienlösungen in der Region.

Das Leistungsspektrum reicht von der Projektidee über die Grundstücksbeschaffung und Erschließung bis hin zur schlüsselfertigen Realisierung des jeweiligen Bauvorhabens.

Sämtliche Leistungen gelten nicht nur für Neubauvorhaben, sondern auch für städtebauliche Sanierungsmaßnahmen sowie für Revitalisierungen stillgelegter, bebauter Areale, für Umnutzungen von Industriebrachen und für Stadtentwicklungen im Sinne von Public-Private-Partnership.

Durch ihre bundesweiten Aktivitäten besitzt die SF-BAU umfassende Kenntnisse über Entwicklungen von Immobilienstandorten und Nachfrageveränderungen bei den einzelnen Immobilienarten — Vorteile, die private und öffentliche Investoren genauso wie institutionelle Anleger und Immobilienfonds zu schätzen wissen.

SF-BAU Projektentwicklung GmbH

Niederlassung Köln, Siegburger Straße 215, D-50533 Köln, Telefon 02 21 / 82 70 - 0, Telefax 02 21 / 82 70 - 3 65
Zentrale in Köln, Niederlassungen in Berlin, Dresden, Düsseldorf, Freiburg, Hamburg, Köln, Leipzig, München, Stuttgart, Wiesbaden